AF568216

CARSTEN MASCHMEYER

DIE SECHS ELEMENTE DES ERFOLGS

So verändern Sie Ihr Leben

Bibliografische Information der Deutschen Nationalbibliothek:
Die Deutsche Nationalbibliothek verzeichnet diese Publikation in der Deutschen Nationalbibliografie. Detaillierte bibliografische Daten sind im Internet über http://dnb.d-nb.de abrufbar.

Für Fragen und Anregungen:
info@finanzbuchverlag.de

Originalausgabe, 1. Auflage 2021

Türkenstraße 89
80799 München
Tel.: 089 651285-0
Fax: 089 652096

Transparenzhinweis: Im Buch werden viele Start-ups erwähnt. Wenn Carsten Maschmeyer in eines davon investiert ist, wird explizit darauf hingewiesen.

Projektleitung: Georg Hodolitsch, Friederike Thompson
Redaktion: Anke Schenker, Judith Engst
Korrektorat: Silvia Kinkel, Anne Horsten
Umschlaggestaltung: Marc-Torben Fischer
Umschlagabbildung: © Thomas von Aagh
Abbildungen im Innenteil: bearbeitet von Tobias Prießner
Satz: ZeroSoft, Timisoara
Druck: GGP Media GmbH, Pößneck
Printed in Germany

ISBN Print 978-3-95972-478-4
ISBN E-Book (PDF) 978-3-96092-909-3
ISBN E-Book (EPUB, Mobi) 978-3-96092-910-9

Weitere Informationen zum Verlag finden Sie unter:

www.finanzbuchverlag.de

Beachten Sie auch unsere weiteren Verlage unter www.m-vg.de.

INHALT

PROLOG

Und hier war ich. Am Tiefpunkt meines Lebens. Ganz unten. Und mir selbst so fremd wie nie zuvor. Das hier war die Hölle. Meine ganz persönliche Hölle. Ich lag in meinem Bett, eingerollt in eine Decke, und betrachtete mein neues Leben. Ein Leben, das nicht mehr viel mit dem Leben zu tun hatte, das ich noch vor einigen Wochen führte. Das Zimmer hier war klein, vielleicht zehn Quadratmeter, es gab einen Nachttisch, eine Dusche und ein Waschbecken. Einen Kleiderschrank hatte ich auch noch. Und ein Regal. Es diente als Abstellplatz. Zumindest in der Theorie. Ich betrachtete es von meinem Bett aus: Mein Regal war leer. Ich hatte kurz darüber nachgedacht, ein paar Fotos aufzustellen, um dem kargen Raum eine etwas persönlichere Note zu geben. Fotos von meiner Veronica. Von meinen Kindern. Von meiner Familie. Bestimmt hätte mir der Anblick etwas Kraft gegeben in diesen Stunden, die wohl die schwersten Stunden meines Lebens waren. Doch ich hatte keine Fotos mitgenommen. Hatte mich das nicht getraut. Denn an diesem Ort war ich nicht Carsten Maschmeyer. An diesem Ort war ich Herr Saphir. Und wenn Herr Saphir nun ein Foto von Veronica Ferres und Kindern auf dem Regal stehen hätte, nun, das würde nicht nur komisch aussehen, dachte ich. Das würde das Versteckspiel, das ich hier praktizierte, wohl auch ziemlich schnell auffliegen lassen.

Vielleicht wäre das alles gar nicht nötig gewesen, dachte ich in diesem Moment; vielleicht hätte ich mich gar nicht hinter einer falschen Identität verstecken müssen. Aber die Wahrheit war: Ich schämte mich. Ich schämte mich ungeheuerlich für das, was bei mir in den vergangenen Jahren schiefgelaufen war. Es war mir fürchterlich peinlich, dass ich jetzt wimmernd im Bett einer Klinik lag und kaum noch Kontrolle über mich selbst hatte. Der ach so erfolgreiche Carsten Maschmeyer, der es von unten nach ziemlich weit oben geschafft hatte – wenn die Menschen mich so sehen würden.

PROLOG

Ich war in einer katastrophalen Verfassung: innere Unruhe, Zittern, Krampfanfälle, Schwindelgefühle. Immer wieder erschrak ich vor mir selbst. Was war nur aus mir geworden? Nein, ich wollte nicht, dass irgendwer wusste, wie es wirklich um mich bestellt war. Ich wollte den letzten Rest meiner Würde nicht auch noch verlieren. Darum hatten sich der Professor und sein Ärzteteam darauf eingelassen, dass ich hier anonym einchecken durfte.

Ich schloss die Augen und atmete dreimal tief durch. Dann richtete ich mich langsam auf, lehnte mich an die Wand und nahm das Klemmbrett mit Stift und Zettel, das der Professor mir am Morgen mitgebracht hatte. »Füllen Sie bitte diesen Fragebogen aus. Wir müssen herausfinden, welche Ursachen Sie in diesen Zustand gebracht haben könnten«, hatte er mich gebeten. »Versuchen Sie, die Fragen auf den zwölf Seiten zu beantworten. Bis ganz zurück in die Kindheit. Und vor allem die Frage, welches Ereignis in den letzten Jahren der Auslöser gewesen sein könnte. Das sind für uns nützliche Hinweise.«

Der Auslöser. Gab es den wirklich? Diesen einen Auslöser, der mich hierhergebracht hatte? Wo sollte ich anfangen? Ich versuchte, den Stift zu greifen. Ihn festzuhalten. Es gelang mir nicht. Meine Hände zitterten. Vor meinen Augen verschwamm alles, ich hatte Probleme, etwas zu erkennen. Ich biss mir auf die Lippen, zwang mich, den Fokus zu halten. »Konzentrier dich, Carsten, konzentrier dich«, sprach ich mir selber gut zu. Ich setzte mich auf die Bettkante, ordnete meine Gedanken, so weit es ging, und probierte schließlich zu schreiben. Aber das klappte nicht. Ein unleserliches Gekrakel. Als der Professor meinen gescheiterten Versuch bemerkte, schickte er eine Ärztin zu mir, die das alles mündlich mit mir durchgehen würde. Wir setzten uns also in einen kleinen Besprechungsraum, und ich fing an zu erzählen. Wie und warum ich hierhergelangt war – und immer mehr wurde mir bewusst: Ich war gekommen, um noch eine lange Zeit zu bleiben.

Eigentlich, dachte ich, eigentlich fing alles ja ganz harmlos an. Mit einem völlig unverdächtigen Gespräch. Ich saß vor Jahren bei meinem Hausarzt und erzählte ihm von meinem Schlafproblem. Nun, um genau zu sein, erzählte ich ihm von meiner Arbeit, aber das eine hatte ganz offensichtlich etwas mit dem anderen zu tun. Ich war überlastet. Wirklich überarbeitet. Arbeitete jeden Tag sehr lange, kam oft erst spät in der Nacht nach Hause, lag dennoch häufig hellwach in meinem Bett und konnte nicht richtig einschlafen.

»Was kann man da denn machen?«, fragte ich den Doktor, der mit einem Lächeln abwinkte.

»Gar kein Problem«, sagte er. »Kommt häufig vor.« Das kenne er ja auch. Er habe dagegen ein ganz einfaches und wirkungsvolles Rezept: *Stilnox*. Ein Medikament, das so ähnlich wirkt wie Valium. Das sagte er mir damals allerdings nicht. Er drückte mir einfach nur eine 20er-Packung mit Schlaftabletten in die Hand und erklärte mir, wie es funktionierte. »Eine halbe Tablette zerkauen und unter der Zunge auflösen, schon schlafen Sie schnell und fest ein.« Aber er schickte gleich noch eine Warnung hinterher. »Nicht zu oft nehmen! Wenn Sie die Tabletten zu viele Tage hintereinander einnehmen, dann besteht die Gefahr, dass Sie sich daran gewöhnen, abhängig werden und nicht mehr ohne können.«

Ich nickte, nahm die Packung mit nach Hause und probierte es aus. Eine halbe *Stilnox*. Zerkauen. Unter der Zunge auflösen. Zack, ich schlief ein. Es funktionierte ganz wunderbar.

Die Warnung meines Arztes nahm ich mir zu Herzen. Ich wollte es nicht übertreiben, kein Risiko der Gewöhnung eingehen. Am nächsten Tag nahm ich nichts, erst ein paar Wochen später, als ich mal wieder nach einem viel zu langen Arbeitstag abends erschöpft war, aber trotzdem überdreht und hellwach im Bett lag. Das kam schließlich häufiger vor. Und in solchen Situationen griff ich fortan zu den kleinen Wunderpillen. Und so wurden die Tabletten meine Begleiter. Ich griff zu, wenn ich abends lange nicht einschlafen konnte. Oder während eines langen Überseefluges. Zu manchen Zeiten seltener, zu anderen Zeiten öfter. Bis ich irgendwann das Gefühl hatte, nur noch mit meiner halben Pille einschlafen zu können.

Also griff ich täglich zu. Nach ein paar Monaten konnte ich auch trotz der Einnahme einer halben *Stilnox*-Tablette nicht mehr einschlafen. Also nahm ich zusätzlich eine weitere halbe Tablette. Insgesamt also eine ganze.

Ich redete mir ein, ist nicht schlimm, ist ja immer noch nur *eine*. Die normale Dosis. Und so ging es weiter, bis die Tabletten für mich zu einer Art Erlösung wurden aus der Schlaflosigkeit, aus den Einsamkeitsängsten und Angstgefühlen.

»Sie sprechen von Einsamkeit und Angstgefühlen ...«, unterbrach mich die Ärztin.

Ich nickte.

»Wann hat das begonnen? Woher kam das?« Eine gute Frage. Ich massierte meine Schläfen und dachte nach. Ich war mir sicher, dass es mit meiner Arbeit begonnen hatte. Ich arbeitete viel, wahrscheinlich zu viel. Hatte oft 16-Stunden-Tage, kaum Wochenenden und litt wohl an einer Art psychischer Erschöpfung, ohne dass ich das wirklich wahrgenommen hatte. Ein Burn-out. Offenkundig die ersten Anzeichen einer Depression. Aber ich konnte und wollte davon nichts wissen. Wenn ich spürte, dass es mir nicht gut ging, dann flüchtete ich einfach in noch mehr Arbeit.

Eine Zeit lang fühlte sich das noch gut an. Ich hatte sowieso immer einen Stapel unerledigter Dinge auf meinem Schreibtisch. Ich hatte viel zu tun. Hatte beim AWD, den ich einst gegründet hatte (heute Swiss Life) eine Doppelrolle als CEO und Vertriebschef auszufüllen. Beides waren für sich genommen schon Fulltime-Jobs. Dazu kam die Verantwortung für mehr als 10.000 Mitarbeiter und deren Familien, die ich als größter Aktionär und gefühlter Inhaber hatte. Auch den Druck an der Börse bekam ich zu spüren. Ich wollte keinen Aktionär enttäuschen, vor allem diejenigen nicht, die als Mitarbeiter und Kunden Anteilseigner waren. Immer wenn der Börsenkurs mal nachließ, hatte ich ein schlechtes Gewissen – so als wäre ich nicht fleißig genug gewesen. Dann arbeitete ich noch unermüdlicher. Eigentlich war klar, dass ich mich längst in einem Workaholic-Kreislauf befand, aus dem es vermeintlich kein Entkommen gab. Ich bildete mir ein, keine Schwäche zeigen zu können.

Eine Zeit lang ging das zunächst noch gut. Ich ignorierte alle Warnzeichen. Über Jahrzehnte war ich mittlerweile vom Erfolg verwöhnt. Ich hatte den AWD gegründet, der mit über einer Milliarde Euro im MDAX bewertet gewesen war. Ich war finanziell reich und nun endlich in der Lage, mir all das leisten zu können, was ich mir immer erträumt hatte. Ich, der Junge, der als Halbwaise aus einfachsten Verhältnissen stammte. Außerdem hatte ich noch mit meiner ersten Frau und unseren beiden gemeinsamen Söhnen eine tolle Familie, die ich über alles liebte, ich hatte großartige Freunde, auch wenn ich sie zu selten sah. Nein, ich war einfach nicht in der Lage, meine Schwächen zu erkennen. Ich betäubte sie mit noch mehr Arbeit und nachts mit noch mehr Schlaftabletten.

»Und wann«, riss mich die Ärztin aus meinen Erinnerungen, »wann hatten Sie das erste Mal das Gefühl, dass etwas nicht stimmte?«

Ich richtete mich auf meinem Stuhl auf. Das konnte ich ziemlich genau beantworten.

2007 war das Jahr, in dem es begann, endgültig aus den Fugen zu geraten. 2007 hatte ich den AWD an die Swiss-Life-Versicherungen verkauft und nicht ansatzweise bemerkt, dass der für den Deal zuständige Manager Manfred Behrens ein heimliches Motiv für den Kauf gehabt hatte: mich zu verdrängen, um selbst AWD-Chef zu werden. Als die Schweizer im Spätsommer 2008 dann meine letzten 10 Prozent Aktien durch Ziehen der Option erworben hatten und somit 100 Prozent der Unternehmensanteile besaßen, machte er Ernst. Mein AWD war nicht mehr mein AWD. Ich wurde als Vorstandschef geschasst. Ich war raus. Einfach so. Zur Beruhigung der Mitarbeiter bot man mir ein Verwaltungsratsmandat in der Muttergesellschaft Swiss Life an. Das bedeutete im Durchschnitt quartalsweise eine vier- bis sechsstündige Sitzung in Zürich. Das war keine operative Aufgabe und füllte mich nicht im Ansatz aus. Stattdessen Langeweile, Leere – ich fühlte mich überflüssig. Das war quasi eine Vollbremsung von hundert auf null und auch emotional nicht so erfüllend wie zuvor, als ich ein Unicorn, also ein mit mehr als 1 Milliarde Euro bewertetes Unternehmen, aufgebaut und zu immer neuen Rekorden gesteuert hatte.

Und dann begann der wahre Abstieg, denn erst jetzt begriff ich, wie sehr ich eigentlich für die Firma gelebt hatte. Denn nicht nur der AWD war weg. Auch meine Ehe war mittlerweile in die Brüche gegangen, meine Freunde hatte ich komplett vernachlässigt. Dabei fürchtete ich auch ihre möglicherweise unangenehmen Reaktionen, wenn ich mich nach so langer Zeit mal wieder meldete, nach dem Motto: »Ach, gibt's dich noch?« oder »Was willst du denn auf einmal?«

Und so schritt ich eines Abends durch mein großes, wunderschönes Haus, das ich für viel Geld ganz nach meinen Vorstellungen hatte bauen lassen, und ging von Zimmer zu Zimmer. Meine Frau war weg, mit ihr auch die Kinder. Ihre Zimmer waren leer. Ich war leer. Aus meinem Traumhaus war ein Palast der Einsamkeit geworden – und ich erkannte, was ich so oft schon gehört hatte, aber erst jetzt so richtig begreifen konnte: Geld allein macht nicht glücklich. Es tat mir weh, abends an diesem Ort zu sein, der sich nicht mehr wie ein Zuhause anfühlte. Also griff ich weiterhin zu meinen Schlaftabletten und steigerte die Dosis. Wenn ich schon so rumhing, dachte ich, dann wenigstens nicht im wachen Zustand.

Und so betäubte ich mich. Tag für Tag. Ich flüchtete mich mit Tabletten in den Schlaf. Längst reichte eine ganze Tablette nicht mehr zum Einschlafen. Aus einer ganzen Tablette wurden eineinhalb Tabletten. Ein paar Monate später wachte ich nach drei Stunden trotzdem wieder auf und begann den nächsten Fehler, ich schmiss einfach noch eine ganze nach. Ich wollte schlafen. Ich wollte nicht wach sein. Nicht hier, nicht in diesem Haus, in dem noch so viele Erinnerungen waren. So schlich sich das ein. So fing ich an, langsam abhängig zu werden. Ohne zu realisieren, was genau mit mir passierte.

Den ersten Warnschuss bekam ich von einem mir vertrauten Arzt bei einem Check-up. Er untersuchte mich einmal komplett, von der Knochenbeschaffenheit bis zu meinem Reaktionsvermögen. Irgendwann unterbrach er die Untersuchung. »Herr Maschmeyer«, sagte er, legte den Kopf schräg und schaute mich an. »Sie sind um die 50.« Ich nickte. »Aber Sie haben ein Reaktionsvermögen wie ein Greis. Was nehmen Sie?«

Ich verstand zunächst nicht, was er meinte. Ich fühlte mich doch eigentlich halbwegs normal.

»Was ich nehme?«

»Trinken Sie?«, fragte er.

»Nein«.

»Haben Sie gestern Abend getrunken?«

»Nein.«

Dann erzählte ich ihm, dass ich hin- und wieder Schlaftabletten nahm. Ich erklärte ihm, dass ich die Tabletten bräuchte, da ich sonst wach bleiben würde und keine Ruhe fand.

»Das, was Sie mit den Tabletten bekommen, ist kein Schlaf«, warnte mich der Arzt. »Das ist eine Art Narkose. Verzichten Sie darauf. Das macht Sie kaputt. Bleiben Sie lieber wach, das hilft Ihnen mehr. Hören Sie auf mit dem Teufelszeug. Wenn Sie die Tabletten-Einnahme nicht bald stoppen, werden Sie so abhängig, dass Sie immer süchtiger werden und so viele Tabletten schlucken, dass Sie Ihr Gehirn schädigen!«

Aber ich nahm die Warnungen nicht wirklich ernst. Ich machte weiter. Die Wirkung lies wieder nach, und ich steigerte die Dosis erneut. Ich war nun schon bei drei Tabletten pro Nacht.

Wer solch ein Schlafmittel nimmt, der setzt einen Mechanismus im Gehirn in Gang, der die Aktivität besonderer Nervenzellen unterdrückt. Auf diese Weise wird der gesamte menschliche Organismus gedämpft und das Einschlafen gefördert. Doch je öfter man zugreift, desto schwächer wird die sedierende Wirkung, sodass man die Dosis Mal für Mal steigern muss. Genau das passierte mir, und wenn ich noch hätte komplett klar denken können, hätte mir auffallen müssen, dass ich eigentlich nur noch zwischen Couch, Esstisch und Bett pendelte.

Verlassen von der Familie, aus der von mir gegründeten Firma gefeuert, hatte ich keine Aufgabe und fühlte mich nicht mehr gebraucht. Meine beiden Söhne sah ich kaum noch. Der ältere studierte in London, der jüngere ging noch in Nizza zur Schule. So sehr ich die beiden vermisste, so sehr war ich auch froh, nicht ihren Fragen ausgesetzt zu sein, warum ich fast nur noch im Bett lag. Ich hatte immer mehr das Gefühl, dass mein Leben keinen Sinn mehr machte. Diese Gedanken wurden immer stärker, und schließlich waren sie so intensiv, dass es mir selber unheimlich wurde. Ich erkundigte mich nach einem Health Spa mit alternativer Medizin, das Hilfesuchenden bei Tabletten- und Alkoholmissbrauch bereits geholfen hatte. In Asien solle es ein tolles Heilzentrum geben. Bestimmt könnte man mir dort besser helfen, dachte ich. Die arbeiteten viel mit ganzheitlichen Heilmethoden. Heilfasten, Massagen, ganz gesundes Essen und sogar Detox-Kuren gab es dort. Detox klang für mich sehr nützlich, waren meine Schlaftabletten letztendlich doch toxisch.

Also flog ich nach Thailand, ins Chiva Som International Health Resort. Dort probierte ich alles: Yoga, Pilates, jede Form der Ernährungsumstellung, Meditation, Akkupunktur, verschiedene Massagen, um zur Ruhe zu kommen. Auch machte ich eine mehrtägige Liquid-Reinigungsservice-Kur, bei der ich nur Säfte, Tee und Wasser bekam. Und so schaffte ich es dort tatsächlich, die Dosis ein wenig zu verringern. Rückblickend frage ich mich, ob es vielleicht auch an der Zeitverschiebung lag, dass ich mit der Einschlafdosis von zwei Tabletten auskam und durchschlief, weil dort acht Uhr morgens bei uns noch zwei Uhr nachts war.

Als ich nach zwei Wochen im Flieger zurück nach Deutschland saß, war der hoffnungsvolle Effekt aber leider schon wieder verpufft: Der Nachtflug war unruhig, es ruckelte ständig, und ich konnte nicht einschlafen. Ich ließ gute Vorsätze gute Vorsätze sein und nahm meine zwei *Stilnox*, zerkaute sie, ließ sie unter der Zunge zergehen und schlief ein. Ich hatte ja gerade meine Dosis über die Dauer von zwei Wochen stark reduziert, machte ich mir vor. Nach drei bis vier Stunden war ich wieder wach. Und legte eine Pille nach. Es war ja auch zu leicht, denn ich hatte mir angewöhnt, im Handgepäck eine komplette Packung dabeizuhaben. Diese Angewohnheit behielt ich auch bei, als ich mir eingeredet hatte, meine Detox-Kur hätte einen positiven Effekt gehabt. Im Nachhinein frage ich mich, wie ich mich selbst so täuschen konnte. Sogar für den Fall, dass mich eine Stewardess beobachtet hätte, hatte ich eine Lösung: Ich war darin geübt, die Pillen wie ein Tic-Tac-Bonbon einzunehmen, ganz beiläufig, sodass es keiner merkte.

Zurück zu Hause war wieder alles so wie zuvor. Einsamkeit, Schlafprobleme und Sorgen, die ich mit dem künstlichen Schlaf, mit der Flucht aus der Wirklichkeit, die mir die Tabletten bescherten, einfach betäubte. Ich war jetzt regelmäßig bei drei bis vier Stück pro Nacht. Ein paar Monate danach erhöhte ich meine Dosis erneut. Auf mindestens vier Tabletten pro Nacht. Die Folge war, dass ich mich ständig müde fühlte. »Das ist eine ganz logische Folge dieser Tabletten«, erklärte mir die Ärztin. »Am nächsten Tag sind Sie schläfrig, da sich der Körper in der Nacht nicht wirklich entspannen konnte, sondern sein System nur künstlich herunterfuhr.« Ich schaute mich in dem kleinen Zimmer um. Betrachtete die Buchrücken, die im Regal standen. Mir wurde in dem Moment noch einmal bewusst, wie wenig Ahnung ich eigentlich von dem hatte, was ich mir in den letzten Jahren angetan hatte. »Auf diese Weise wird die natürliche Tiefschlafphase ausgesetzt, sodass es langfristig zu einer Veränderung des natürlichen Schlafmusters und einer Verschlechterung der Schlafqualität kommt. Also das genaue Gegenteil von dem, was Sie eigentlich wollen.« Das alles wusste ich nicht.

Der einzig positive Strohhalm, den ich in dieser Zeit hatte, das war die beginnende Liebe zu Veronica. Wir waren räumlich 600 Kilometer voneinander getrennt. Doch auch das war gar nicht so einfach. Sie befand sich gerade in einer nicht ganz leichten Trennungsphase, lebte mit ihrer Tochter in München und ich in Hannover, und sie drehte einen Film nach dem anderen. Der Druck, diese wunderschöne Liebe nicht zu zerstören, die zudem der Öffentlichkeit ausgesetzt war; die Angst, diese wundervolle Frau zu enttäuschen oder gar ihre Reputation zu beschädigen, wuchs ins Unermessliche.

Eine häufige Folge von belastenden Lebenssituationen in Verbindung mit den Nebenwirkungen von Schlaftabletten sind Depressionen. Und eine solche begann sich nun bei mir zu entwickeln. Ein paar Monate später schluckte ich auch mittags schon eine Tablette und legte mich dann zu einem langen Mittagsschlaf hin. Eineinhalb Jahre später spürte ich aber auch abends kaum noch einen Effekt. Und setzte die Dosis noch höher. Nachts war ich nun schon bei zweimal drei Tabletten, mittags bei zwei. Macht pro Tag acht. Noch ein paar Monate später war es nun so weit, dass ich alle paar Stunden ein paar Pillen nachschmiss. Auch vormittags und nachmittags. Was ich nicht wusste: Es ging mir gar nicht mehr um Schlaf. Ich hatte zwar den zwanghaften Wunsch nach Schlaf, es war aber die Abhängigkeit. Mein Gehirn schrie nach immer mehr und immer öfter. Wenn ich meinen Stoff nicht nahm, dann fing ich an zu zittern.

In den weniger werdenden klaren Momenten ahnte ich, dass das Ganze schwer krankhaft war. Neben dem Arzt, der mir – heute im Nachhinein für mich schwer vorstellbar – regelmäßig die Tabletten verschrieb, konsultierte ich eine Psychologin, die mir schon mit guten Gesprächen direkt nach dem Auszug meiner Ex-Frau geholfen hatte. Ich hatte vermeintlich Glück, sie verstand meinen Kummer, meine Ängste und besorgte mir ebenfalls Schlaftabletten von derselben Sorte. Ich hatte ihr natürlich verheimlicht, wie hoch meine Gesamtdosis bereits war, sodass sie keine Ahnung hatte, was sie eigentlich anrichtete. Und meine Abhängigkeit nahm weiter zu.

Der Teufelskreis beschleunigte sich. Die Folge war: Ich fuhr so gut wie gar nicht mehr in mein Büro, das ein vermögensverwaltendes Family Office war, ich wollte keinen sehen oder treffen. Hatte Angst vor allem. Fühlte mich nur scheinbar sicher im Bett, wenn ich mich mit dem Dreckszeug wegschoss, hatte das starke Bedürfnis, mich gleich morgens nach dem Frühstück wieder zu einem »Schläfchen« hinzulegen. Ich war nur noch müde und taumelte durchs Leben.

Einer meiner Ärzte – derjenige, der mir auch regelmäßig Schlaftabletten verschrieb – redete auf mich ein, unbedingt zu probieren, den Konsum zu verringern, weil er überzeugt war, dass es für mich sonst ein böses Erwachen geben würde. Meine Lebensgefährtin Veronica hatte meine Abhängigkeit schon längst bemerkt, hatte sich mit mir hingesetzt, geredet, diskutiert, geweint ... nach Lösungen gesucht. Ich war erleichtert und froh, dass sie meine Probleme offen ansprach, denn insgeheim war mir schon lange klar, dass sie wusste, was los war.

Ich machte einen erneuten Entzugsversuch. Versteckt in einem Schweizer Hotel. Veronica begleitete mich. Auch mein Arzt und die Psychologin waren dorthin gekommen. Das Ziel war, die Dosis langsam herunterzusetzen, den Konsum zu reduzieren und das Gift langsam auszuschleichen. Veronica stand mir bei. Doch noch immer war meine Abhängigkeit stärker, als es ihre Liebe und ihr Zuspruch in dieser Phase hätten je sein können. Und so versteckte ich meine heimlich mitgebrachten Tabletten auch vor ihr, vor Veronica – der Frau, die ich liebte. Sie sprach mit meinem Arzt und meiner Psychologin, um zu erfahren, was sie zusätzlich tun könne, um mich zu unterstützen.

Vergeblich. Der Entzug war viel härter, als ich gedacht hatte. Einen Tag hielt ich die Reduzierung aus, am zweiten Tag fiel ich völlig zusammen. Mein Körper gehorchte mir nicht mehr. Ich fing an zu zittern, verkrampfte mich. Bekam Anfälle. Schaute wieder und wieder auf die Uhr. Ich zählte die Minuten bis zu meiner nächsten Dosis, die von Mal zu Mal reduziert werden sollte. Es klappte nicht. Ich kam von dem Teufelszeug einfach nicht weg. Ich brach den Entzug ab, indem ich mich aus meinen heimlich mitgebrachten Vorräten bediente und die Dosis aufstockte. Auch die Angst, meine große Liebe zu verlieren, wuchs und half mir nicht gerade, von den Tabletten loszukommen.

So versuchte ich mich mit den Tabletten zu arrangieren. Redete mir ein, so schlimm sei das alles nicht und irgendwann würde ich von alleine reduzieren können. Doch ich hatte ein Problem: Irgendwie musste ich für genügend Pillen sorgen, weil ich sie brauchte. Damals hatte ich einen Hausangestellten, der es schaffte, mir große Mengen von dem verschreibungspflichtigen Medikament zu beschaffen. Irgendwann waren wir so weit, dass er große Packungen wahrscheinlich direkt bei einem Pharmalieferanten kaufte. Dies war für mich eine große Beruhigung: Denn – so dachte ich in meinem schlafmittelumnebelten Hirn – das Problem, an genügend Stoff zu kommen, war gelöst.

Und so verging ein weiteres Jahr. Mehrere Entzugsversuche scheiterten. Veronica und ich waren nun schon länger ein Paar. Das gab mir die einzige restliche Zuversicht. Wenn ich an sie dachte, fühlte ich mich besser. Ich wollte sie aber nicht enttäuschen und durfte mich bei dem häufigen Tablettenkonsum also nicht erwischen lassen. Deswegen besuchte ich sie kaum noch. Und wenn wir uns dann trafen, habe ich Übelkeit vorgetäuscht, um mich auch tagsüber hinlegen zu können. Aber auch wenn ich versuchte, Veronica meine Tablettenabhängigkeit zu verheimlichen – sie bekam es immer deutlicher mit. Unsere Beziehung war auf der Kippe. Sie litt immer mehr an meinem Verleugnen der Realität. Es wurde ja auch immer offensichtlicher. Wenn wir mal mit Freunden essen gingen und dazu auch noch Wein tranken, redete ich teilweise wirres Zeugs daher, vergaß sofort wieder das Gesagte und konnte den Gesprächen nicht konzentriert folgen. So offensichtlich, dass auch meine wenigen Freunde und Geschäftspartner, die ich traf, anfingen, sich Sorgen zu machen. Auch wenn mich niemand direkt darauf ansprach, es wurde getuschelt. Einige sagten mir (leider erst im Nachhinein), ich wäre nur noch ein wandelndes Gespenst gewesen. Hätte völlig neben mir gestanden. Wäre gar nicht mehr bei der Sache gewesen. Und so war es auch. Selbst wenn ich einen Termin hatte, nahm ich meine Schlaftabletten. Wenn ich sie in den Mund nahm, tarnte ich sie als Pfefferminzbonbons. Veronica brach es das Herz, zu sehen, wie ich immer weniger Herr meiner Selbst wurde. Ich war nur noch darauf bedacht, mich abzuschießen. Längst war ich bei einer täglichen Gesamtdosis von Schlaftabletten im zweistelligen Bereich angekommen.

Doch ich war immer noch nicht bereit, es mir einzugestehen: Ich war schwer abhängig. Ein Suchtkranker, der immer wieder neue Strategien entwickelt, um eine Abhängigkeit kleinzureden oder zu verheimlichen, weil es mir peinlich war und ich nicht erwischt werden wollte. Veronica sagte ich immer wieder, dass ich ab jetzt reduzieren und bald die Finger ganz davon lassen würde. Aber ich konnte nicht. Und irgendwann fand Veronica eine Riesenmenge an Packungen in meiner Nachttischschublade. Das war im wahrsten Sinne des Wortes zu viel. Alarmiert suchte sie weiter und fand auch im Badezimmer und in der Küche die vielen »Vorräte«, von denen ich dachte, sie gut versteckt zu haben. Spätestens jetzt wusste sie, dass da etwas total schiefläuft.

Veronica war einerseits richtig wütend, dass ich sie in dieser Sache so oft belogen hatte, und andererseits in großer Sorge um meine Gesundheit. Es kam zum Riesenknall: »Liebst du mich nicht?«, »Warum schießt du dich laufend ab?«, »Willst du dich umbringen?«, »Wer besorgt dir das Scheißzeug?«, »Pack jetzt alles aus, sonst siehst du mich nie wieder«. Nach einer Weile und vieler beschwichtigender Beteuerungen meinerseits wurde Veronica konstruktiv und lösungsorientiert. »Hör zu, Carsten, du machst jetzt einen ernsten Entzug. Ich werde das gemeinsam mit dir durchstehen, hörst du? Ob wir nach dieser Sache noch als Mann und Frau zusammenfinden werden, das weiß ich nicht. Aber ich werde jetzt für dich bedingungslos da sein, wie eine Schwester für ihren Bruder da ist. Egal was passiert.«

Das hatte gesessen. Ich wusste, dass ich meinen letzten Lichtblick, nämlich Veronica, verlieren würde, wenn ich jetzt die Situation nicht wirklich ändern würde. Ich liebte sie. Veronica fing sofort an, sich zu erkundigen, und fand in München auf Empfehlung von Dr. Müller-Wohlfahrt den international renommierten Wissenschaftler und Arzt Professor Florian Holsboer, Direktor des Max-Planck-Instituts für Psychiatrie, der schon zahlreichen Prominenten in ähnlichen Situationen geholfen hatte. Holsboer, der in der Behandlung von Depression und Angst eine Koryphäe ist, weiß auch, wie man mit Medikamentenabhängigkeit umgeht.

Ich vertraute Veronicas Empfehlung und fuhr nach München. Der Professor, ein freundlicher, sympathischer und vertrauenswürdiger Herr, unterzog mich einem ausführlichen Untersuchungsgespräch. Holsboer saß vor einem riesigen Bücherregal mit jeder Menge Fachliteratur und strahlte eine natürliche Autorität aus. Er stellte mir ein paar Standardfragen, die ich so ehrlich wie möglich zu beantworten versuchte. Nur bei der Frage nach der Dosis, die ich mittlerweile zu mir nahm, konnte ich einfach nicht die Wahrheit sagen. Ich schämte mich zu sehr.

Nach der Besprechung führte er mich durch die Krankenstation. Es war ein großer abgetrennter Bereich, in dem auch Suchtkranke saßen. Die meisten teilten sich ein Doppelzimmer. Die Klinik roch nach Linoleum und Desinfektionsmittel. Keine sonderlich schöne Vorstellung, hier eine längere Zeit verbringen zu müssen. Als ich alles gesehen hatte, brachte mich der Professor wieder in sein Arbeitszimmer. Er blickte mich ernst an. »Die Wahrheit ist: Ich wollte Ihnen nicht nur die Station zeigen«, sagte er. »Ich wollte vor allem sehen, wie Sie gehen.«

Ich verstand nicht ganz und schaute ihn fragend an. »Wie meinen Sie das?«

»Ihr Zustand, Herr Maschmeyer, Ihr Zustand ist besorgniserregend. Sie haben bereits jetzt neurologische Ausfallerscheinungen. Sie sprechen undeutlich und verwaschen. Sie laufen unkoordiniert. Sie können keine Treppen steigen, ohne sich am Handlauf festzuhalten. Das alles, weil Sie durch die vielen Schlaftabletten die natürlichen Prozesse zwischen den Nervenzellen unterdrücken.« Er machte eine Pause. Es war für mich gleichermaßen peinlich und erschütternd. Was war nur aus mir, einem ehemals fitten Sportler, der nie geraucht und nur selten Alkohol getrunken hat, geworden? Dann sagte er ruhig, aber streng: »Herr Maschmeyer, Sie sind Anfang 50. Wenn Sie so weitermachen, können Sie im Ernstfall an einer Atemlähmung sterben.« Ich konnte nicht glauben, was der Professor da sagte. »Das Gehirn des Menschen ist das Wundervollste, aber auch das Komplexeste, was die Natur geschaffen hat. Und das beschädigen Sie systematisch mit diesen Medikamenten. Noch ein Vierteljahr so weiter, und die Verletzungen der Hirnzellen und ihrer Verknüpfungen bleiben für immer. Sie sind dann nicht mehr derselbe, die Persönlichkeit ist eine andere, sie ist flacher. Ihr Denkapparat ist für immer geschädigt. Das kann man nicht mehr ›rauswaschen‹ und ungeschehen machen, das wird dann nicht mehr gut: Was dann kaputt ist, ist kaputt. Wollen Sie das wirklich? Ich glaube nicht, dass Sie das wollen, sonst wären Sie nicht zu mir gekommen!«

Ich stöhnte und schrie innerlich. Das konnte doch nicht sein. Das war ein absoluter Albtraum. Ich erkannte, dass ich schwer abhängig war. Mir war klar, dass ich ein riesiges Problem hatte, aber diese Prognose hätte ich nicht erwartet. Das war mein Moment des Erwachens. Als mir Professor Holsboer vorzeichnete, was mich erwartete, wusste ich, dass ich jetzt die Notbremse ziehen musste. Dass jetzt der Moment war, zu handeln. Ich musste mein Leben ändern, wenn ich es behalten wollte. Und zwar tiefgreifender ändern, als ich es mir je hätte vorstellen können! Ich entschied mich noch im selben Moment dafür, mich in das Max-Planck-Institut einweisen zu lassen. Am Tiefpunkt meines Lebens. Ganz tief unten. Und ich war mir selbst so fremd wie nie zuvor, aber gewillt, dafür zu kämpfen, dass sich alles ändert, dass dieser Tag der erste Tag meines neuen Lebens wird.

EINLEITUNG

Wenn Sie dieses Buch in den Händen halten und heute 30 Jahre alt sind, dann bleiben Ihnen bei einer durchschnittlichen Lebenserwartung noch 18.250 Tage auf dieser Welt. Wenn Sie 40 Jahre alt sind, dann haben Sie noch 14.600 Tage übrig – Halbzeit! Und wenn Sie 50 sind, dann sind es noch 10.950 Tage. Das ist nicht mehr sehr viel. Aber es ist noch genügend Zeit, einen Teil von Ihrem Leben zu verändern. Vielleicht sogar Ihr ganzes Leben. In den dunkelsten Stunden meines Lebens, in denen ich mich wochenlang in einer Entzugsklinik aufhielt, da wurde mir deutlich bewusst, dass das möglich ist. Dass es machbar ist, sein Leben jederzeit noch einmal ganz neu auszurichten. Müssen Sie, um all Ihre Träume und Ziele realisieren zu können, reich geboren sein? Müssen Sie auf einer Elite-Universität gewesen sein? Geht das nur als Single? Oder bedingt es einen starken Partner an Ihrer Seite? Müssen Sie am Anfang Ihres Berufslebens stehen? Müssen Sie ein großes Talent oder gar eine Gründerin oder ein Gründer sein? Nein! Nein! Nein! Sie müssen einfach nur bereit sein, die Veränderungen zu akzeptieren. Sie zuzulassen.

Jeder neue Morgen bietet Ihnen die Möglichkeit, eine bessere Version Ihrer Selbst zu werden. Jeder einzelne Tag gibt Ihnen die Gelegenheit, glücklicher und zufriedener zu sein. Reicher an Geld und Liebe und Freundschaften zu werden. Reicher an Erfahrungen, Erlebnissen und auch an Weisheit. Jeder neue Tag ist eine neue Chance, ein erfolgreicheres Leben zu führen.

Dieses Buch ist ein Buch über Erfolg. Es ist aber auch ein Buch über Glück. Denn ich bin fest davon überzeugt, dass Glück nicht ohne Erfolg und Erfolg nicht ohne Glück vorstellbar ist. Doch was heißt das eigentlich – Erfolg? Erfolgreich zu sein bedeutet, seine selbstgesetzten Ziele zu verwirklichen. Wer es schafft, heute mehr zu sein, als er gestern noch war, der wird neues Selbstbewusstsein entwickeln und eine tiefe innere Befriedigung verspüren. Mit diesem Buch will ich Ihnen helfen, erfolgreich zu sein. Sie morgen zu einer besseren Version ihres heutigen Ichs zu machen. Ich bin überzeugt, dass wirklicher, ganzheitlicher Erfolg auf sechs Elementen basiert. Das sind die sechs Erfolgselemente. Arbeit. Finanzen. Freunde und Familie. Mentale Stärke. Zeitmanagement und Gesundheit. Wer es schafft, diese sechs Elemente positiv in sein Leben zu integrieren, der wird in der Lage sein, echtes Glück und wirkliche Zufriedenheit zu erfahren. Sie können sich die sechs Elemente auch als Säulen vorstellen, auf denen Ihr Lebensglück steht. Oder wie ein Haus mit solidem Fundament. Wenn das Fundament nicht stabil ist, droht alles einzustürzen. Wenn Sie aber auf meinen Bauplan vertrauen, dann wird Ihr Lebenshaus nicht nur fest und sicher stehen. Sie werden sich in diesem Haus auch für lange Zeit sehr wohlfühlen. So sind die sechs Elemente das Fundament, auf dem wir unser Leben aufbauen. Mit meinem heutigen Wissens- und Kenntnisstand, den ich in diesem Buch mit Ihnen teilen möchte, hätte ich selber weniger gesundheitliche Rückschläge erleiden müssen, hätte schon sehr viel früher ein glückliches Familienleben geführt, hätte mit Geldanlagen von Anfang an mehr Erfolg erzielt, im Job und im Umgang mit Mitarbeitern nicht so viele Fehler gemacht und meine Arbeit in kürzerer Zeit sogar noch viel effizienter geschafft. Diese sechs Elemente werden Ihre sechs Richtigen sein. Nicht im Lotto. Sondern im Leben.

In diesem Buch werde ich Ihnen zeigen, wie Sie in Ihrem Job vorwärtskommen; wie es Ihnen gelingt, um sich herum ein positives und motivierendes Arbeitsklima zu schaffen. Ich werde Ihnen erläutern, wie es Ihnen mit dem Reichwerde-Prinzip gelingen wird, finanzielle Unabhängigkeit zu erlangen. Ich werde Ihnen Tipps geben, wie Sie Ihre mentale Stärke so erfolgreich trainieren, dass Sie zu einem Mut-Menschen werden, ganz ohne Angst vor Rückschlägen und mit einer gesunden Widerstandskraft gegen die Widrigkeiten des Lebens. Ich werde Ihnen zeigen, was die Grundlagen eines gesunden Lebenswandels sind, und Ihnen die tiefe Bedeutung von Freundschaft und Familie näherbringen. Schließlich werde ich Ihnen Tipps geben, wie Sie mit weniger Arbeit bessere Ergebnisse erzielen und es Ihnen gelingt, in einem stressigen Alltag mehr Zeit für sich zu gewinnen. Und ich will erklären, wie Sie es schaffen, Strategien zu finden, um alle Elemente in Ihr Leben zu integrieren.

Wenn alle sechs Elemente zusammenspielen, dann entsteht so etwas wie eine chemische Reaktion, die eine immense Energie freisetzt – der Antrieb für Ihr neues, besseres Leben. Um die Kraft der sechs Elemente freizusetzen, brauchen Sie eine entscheidende Kompetenz – den Willen und die Bereitschaft, sich zu verändern. Denn nur wer bereit ist sich zu verändern, ist auch in der Lage, besser zu werden. Darum ist dieses Buch, das Sie hier in den Händen halten, nicht nur ein Buch über Erfolg und Glück. Es ist in allererster Linie auch ein Buch über die Kraft der Veränderung. Sich weiterzuentwickeln und zu verändern ist die größte Leistung, die höchste Belohnung des Lebens.

Und glauben Sie mir, ich weiß, was das bedeutet. Oft, leider viel zu oft, musste ich selbst lernen, mich zu verändern, und das meist auf die harte Tour. Es gab auch Momente, da hätte ich mich ändern müssen – und habe es dann doch erst viel später getan, als es notwendig gewesen wäre. Auf diese Erfahrungen bin ich nicht stolz. Und doch haben mich auch Rückschläge dazu gebracht, neue Perspektiven zu finden, auf meine Umgebung und auch auf mich selbst. Ich habe gelernt: Scheitern ist nicht das Gegenteil von Erfolg. Es ist ein wichtiger Teil davon. Der Weg, den ich gegangen bin, ist zu einem Teil meiner Geschichte geworden. Diese Geschichte will ich nun mit Ihnen teilen. Wie ich Fehler gemacht habe, wie ich bereit wurde, Änderungen zu akzeptieren und selbst zu gestalten. Wie ich mir ein Mindset angeeignet habe, mit dem ich mir eine Flexibilität bewahre, auf alle Eventualitäten zu reagieren. Vielleicht hilft Ihnen dieses Buch, meine Fehler nicht zu wiederholen und dennoch aus meinen Erkenntnissen lernen zu können.

Ich habe diese Zeilen im ersten Halbjahr 2021 geschrieben. Zu einer Zeit, in der die Corona-Pandemie die gesamte Welt im Griff hatte. Ich bin überzeugt, dass diese Zeit eine Zäsur war. Und dass die Welt sich von nun an noch schneller und noch radikaler verändern wird, als sie es in den letzten Jahren sowieso schon getan hat. Es wird künftig von größter Bedeutung sein, sich auf Veränderungen einzustellen, um auch in der zukünftigen, der neuen Welt zu bestehen, in der viele Karten neu gemischt werden. Wenn Sie bereit sind, Änderungen zu akzeptieren und Veränderungen als Grundprinzip Ihres Denkens und Handelns annehmen, dann werden Sie in dieser neuen Welt zu den absoluten Gewinnern gehören.

Ich werde Ihnen nun auf den folgenden Seiten die einzelnen sechs Elemente vorstellen, werde darstellen, warum diese Elemente so zentral für Ihren Erfolg sind, und Ihnen schließlich praktische Tipps geben, mit denen es Ihnen gelingt, diese neue Struktur in Ihr Leben und in Ihren Alltag zu integrieren. Hin und wieder werde ich Ihnen ergänzend dazu einige clevere Start-up-Ideen vorstellen, die Ihnen den Alltag ein gutes Stück weit erleichtern können. Zum Abschluss des Buches werden wir dann noch einen gemeinsamen Blick auf diese neue veränderte Welt werfen, unsere unmittelbare Zukunft. Denn dieser Blick wird uns zeigen, warum der Mut zur Veränderung von so zentraler Bedeutung in einer Welt ist, die sich gerade massiv im Umbruch befindet.

Wenn Sie mehr aus Ihrem Leben machen wollen, dann verlassen Sie sich nicht auf Ihr Glück. Dann vertrauen Sie nicht auf Ihr Schicksal. Dann vertrauen Sie auf sich selbst. Erfolg fordert Regeln. Erfolgreiche Menschen hatten nicht mehr Glück. Sie haben ihr inneres Potenzial stärker genutzt. Und wie das geht, werde ich Ihnen zeigen.

Der beste Moment, Ihr Leben zu verändern – der ist jetzt!

Carsten Maschmeyer, München im September 2021

I. ELEMENT:

ARBEIT

Das hier war ein Fehler. Das war ein großer Fehler. »Arzt!«, hatte ich geantwortet und mir nicht viel dabei gedacht. Die Frage war ja ganz klar gestellt. »Was wollen Sie werden, Maschmeyer?« Hätte ich gewusst, was eine klare, ehrliche Antwort hier für Ärger nach sich ziehen würde, ich hätte wohl eher »Notfallsanitäter« gesagt. Aber nun war es zu spät. Arzt. Das Wort war ausgesprochen. Und es sorgte für ziemliche Verstimmung bei meinem Gegenüber. Vor mir stand ein großer, breit gebauter Mann in Uniform, dessen Gesicht gerade ziemlich rot anlief. Das war Oberfeldwebel Quast. Oberfeldwebel Quast war mein direkter Vorgesetzter bei der Bundeswehr, und er war in der Kaserne für genau zwei Dinge bekannt: Erstens war er ein Tyrann, der absolut keine Gnade kannte, und zweitens hasste er Abiturienten. Er hasste sie abgrundtief. Und er liebte es, an ihnen seine offenbar ganz stark ausgeprägte sadistische Ader auszuleben. Das wusste ich allerdings nicht. Noch nicht. Aber weil ich nun einmal frisch vom Gymnasium kam und auf die Frage nach meinen beruflichen Zielen eine naiv-ehrliche Antwort gegeben hatte, sollte sich das ganz bald ändern.

»Arzt also«, entgegnete Quast höhnisch. »Maschmeyer, der Wichtigtuer! Ein Arzt will er werden.« Ja, ich wollte Arzt werden. Das war gar nicht so abwegig. Schließlich machte ich Dienst in einer Sanitätsakademie.

Quast passte das gar nicht. Er wusste, dass Abiturienten bei der Bundeswehr eine Art Abkürzung nehmen konnten, wenn sie sich nur für zwei Jahre als Zeitsoldat verpflichteten und für die Reserveoffizierslaufbahn anmeldeten. Dass sie relativ schnell befördert wurden, während er, Quast, bereits seit 20 Jahren dabei war und noch immer auf dem Posten eines Oberfeldwebels festhing. Aus seiner Sicht waren Typen wie ich also eine Provokation. »Hält sich wohl für was Besseres, der Maschmeyer, hm?«, setzte er noch einmal nach.

Und da er es einfach nicht bleiben ließ und ich mit den Gepflogenheiten bei der Bundeswehr noch nicht so wirklich vertraut war, machte ich gleich den nächsten Fehler. »Darf ich eine Frage stellen, Herr Oberfeldwebel?«

»Fragen Sie, Rekrut!«

»Was haben Sie da für ein Abzeichen, Herr Oberfeldwebel?«

»Fallschirmspringerabzeichen in Gold.«

»Kriegt da jeder so ein Abzeichen?«

»Nein. Ab 50 Sprüngen«, entgegnete er stolz.

»Wissen Sie eigentlich«, setzte ich vor versammelter Mannschaft nach, »dass pro Fallschirmsprung eine gewisse Anzahl an Gehirnzellen stirbt?«

Das war natürlich nicht gerade klug. Eigentlich war das auch gar nicht meine Art. Aber nach meinem recht guten Abitur, sportlichen Siegen und Anerkennung durch meine Freundin hatte ich neues Selbstbewusstsein aufgebaut. Es tat mir zumindest in dieser Situation nicht sonderlich gut.

Von diesem Moment an war klar, dass Oberfeldwebel Quast und ich keine Freunde mehr werden würden. Und das ließ er mich auch spüren. Etwa beim Stubendienst. Wir waren damals mit acht Männern auf einer Mannschaftsstube untergebracht. Während die anderen schon schlafen durften, musste der Stubendienst als Einziger noch wach bleiben, in Uniform, und Rapport erstatten, wenn der diensthabende Vorgesetze zur Inspektion kam. Es war ein einstudiertes Routine-Ritual. Eigentlich. Doch nicht, wenn Oberfeldwebel Quast den Nachtdienst hatte. Er kam in die Stube, ich stellte mich vor ihm auf, salutierte und spulte die einstudierte Formel ab: »Stube 17, gelüftet und gereinigt. Alle im Bett.«

Eigentlich hätte Quast jetzt genickt, salutiert und mir zu verstehen gegeben, dass ich mich ebenfalls schlafen legen dürfte. Eigentlich. Aber da ich nun einmal Quasts Lieblingsopfer war, legte er bloß seinen Kopf schräg und schaute mich mit einem süffisanten Grinsen an.

»Alles klar, Maschmeyer, die Stube ist gelüftet und gereinigt, ja? Das wollen wir jetzt mal sehen.« Er ging zwei Schritte an mir vorbei, zog sich ein Tempotaschentuch aus der Uniform, öffnete das Fenster und wischte über den Innenrahmen. Dann hielt er mir das dunkel gefärbte Taschentuch wie eine Trophäe vor die Nase. »Ich denke die Stube ist gereinigt, Maschmeyer? Gehört das Fenster etwa zum Nachbarhaus? Ich komme in einer Stunde wieder.«

Ich atmete schwer durch, holte mir Eimer und Lappen und putzte die Fenster noch einmal gründlich von außen und von innen inklusive Rahmen. Nach einer Stunde kam Quast wieder. Ich nahm Haltung an und salutierte: »Stube 17, gelüftet und gereinigt. Alle im Bett.«

Quast schaute mir ein paar Sekunden in die Augen. Dann zog er ein weißes Wattestäbchen aus der Uniform und steckte es ins Schlüsselloch. Als er es mir anschließend unter die Nase hielt, war es grau. So sehr ich Quast auch verachtete, nötigte er mir auch ein klein wenig Respekt ab. Er kannte alle, wirklich alle Tricks, um einen Menschen zu erniedrigen, dachte ich.

»Maschmeyer«, setzte er an. »Die Tür gehört wohl nicht zum Zimmer? Ich komme in einer Stunde wieder.«

Das hat er dann noch einmal wiederholt. Wahrscheinlich wollte er dann irgendwann auch selber einmal schlafen gehen. Die Nacht jedenfalls war sehr kurz. Für uns beide.

Ein paar Tage später erwartete mich dann auch schon die nächste Schikane. Wir hatten einen Befehl auszuführen, der wirklich keinen Sinn ergab. Also beging ich den Fehler, ihn zu hinterfragen. Für Oberfeldwebel Quast ein Sakrileg! Der arrogante Maschmeyer schon wieder. Jetzt stellt er auch noch Befehle der Unteroffiziere infrage. Ich bereute meine Aussage schon in dem Moment, in dem ich sie gemacht hatte. Mensch, Carsten, warum kannst du denn nicht einmal im richtigen Moment deine viel zu große Klappe halten? Aber da war es auch schon zu spät.

»Maschmeyer«, brüllte mich Quast an, und ich erkannte schon an der Rotfärbung seiner Haut, dass es mich dieses Mal ganz besonders hart treffen würde. »Haben Sie Briefpapier auf der Stube?« Ich nickte. »Dann werden Sie heute Abend einen Brief an Ihre Eltern schreiben, dass Sie dieses Wochenende nicht nach Hause kommen werden! Sonderdienst! Und jetzt«, schnaufte er und schmiss mir eine ABC-Gasmaske vor die Füße, »jetzt laufen Sie in Höchstgeschwindigkeit zurück in die Kaserne und richten dort aus, dass wir gerade Mittagspause machen. Anschließend kommen Sie sofort zurück, verstanden?«

Ich salutierte und setzte die blöde Maske auf, unter der ich beinahe erstickt wäre. Zurück zur Kaserne. Na super. Wir waren auf einem Übungsgelände, rund fünf Kilometer von der Kaserne entfernt. Das würde ein strammer Lauf werden. »Und Maschmeyer«, rief mir Quast noch hinterher, »vergessen Sie Ihren Rucksack nicht.« Ich stöhnte lautlos in meine ABC-Maske hinein, ging zurück, schulterte meinen 20-Kilo-Rucksack und lief dann los. Als ich endlich außer Sichtweite war, setzte ich meine Maske ab und bereute meine große Klappe.

Für mich waren diese Momente eine Qual. Ich habe mich gefragt, wie man Menschen nur so behandeln kann. Wenn ich an meine Bundeswehrzeit denke, dann denke ich an Angst, Bestrafung, Sonderdienst und Nachtschicht. Und an das Gefühl, ausgeliefert und wehrlos zu sein. Meinen Kameraden und mir war damals klar, dass wir keine Chance hatten, etwas gegen die Schikanen zu tun. Die Oberen hielten zusammen. Das war eiserner Grundsatz. Wer versuchte, sich zu beschweren, der hatte es noch einmal wesentlich schwerer, als er es im Zweifel sowieso schon hatte. Es gab keinen Ausweg. Also galt: Zähne zusammenbeißen und durch.

Für mich war meine Zeit bei der Bundeswehr eine Fortsetzung dessen, was ich zu Hause mit meinem Stiefvater erlebt hatte. Dort herrschte die ganze Zeit eine sehr autoritäre Stimmung. Es wurde gedroht und gestraft – oft von meiner Mutter in Form von Missachtung. Dabei waren die Bestrafungen gar nicht mal das große Problem. Sie waren unangenehm, ja, aber sie waren durchzustehen und nicht von langer Dauer. Viel schlimmer für mich war das permanente Klima der Angst. Das Gefühl zu haben, dass jeder Fehler sofort sanktioniert wurde. Die gesamte Schikane und Mobberei, die schlug mir doch recht stark aufs Gemüt. Und das schien sich nun beim Bund zu wiederholen. Aber irgendwie hielt ich durch. Ich wusste ja, dass es nicht mehr lange war. Dass es absehbar war. Ich musste nur noch ein paar Monate bei der Bundeswehr durchhalten. Dann nichts wie weg.

Und in solchen Momenten dachte ich darüber nach, wie ich mein Leben in Zukunft leben will. Und da wurde mir eine Sache ganz klar: Ich will niemals wieder irgendwo sein, wo ein solches Klima der Angst und der Unterdrückung herrscht. Wahrscheinlich ist man als Soldat eine Art Angestellter, ein Angestellter auf dem untersten nur vorstellbaren Hierarchielevel. Das würde ich nie wieder haben wollen. Egal wo ich arbeite, dachte ich, aber ich werde in keinem Unternehmen angestellt sein, in dem man so mit seinen Mitarbeitern umgeht. Und wenn ich eines Tages vielleicht sogar einmal selber Chef sein werde, dachte ich, dann werde ich alles ganz anders machen. In meiner Firma sollen die Angestellten und Mitarbeiter Spaß haben. Sie sollen mit einem guten Gefühl ins Büro kommen, nicht mit Bauchschmerzen. Ich würde es anders machen, versprach ich mir, ich würde meine Mitarbeiter mit Lob, Anerkennung und Komplimenten motivieren. Positives Verhalten durch Zustimmung und leistungsgerechte Bezahlung bestärken, statt schlechtes Verhalten durch Bestrafung korrigieren. Das wäre mein Weg, dachte ich. Wenn ich eines Tages mal in der Position wäre, ein Chef zu sein, dann würde ich alles ganz anders machen.

Warum Arbeit ein Element Ihres Erfolgs ist

Mir wurde durch meine negativen Erfahrungen bei der Bundeswehr schon sehr früh bewusst, wie wichtig ein gutes Arbeitsklima ist. Denn das Unternehmen, für das Sie arbeiten, ist nicht einfach nur das Unternehmen, für das Sie arbeiten. Ihr Job ist in der Regel ein sehr großer und nicht zu unterschätzender Bestandteil Ihres Lebens. Sie sehen Ihre Kollegen in den allermeisten Fällen öfter als Ihre besten Freunde und werktags von Ihrer wachen Zeit länger als Ihre Familie. Ihre Arbeit ist Ihr soziales Umfeld. Entsprechend ist der Erfolg im Arbeitsleben für Ihr Wohlbefinden ein zentrales Element. Egal ob Sie Chef oder Angestellter sind, wenn Sie im Job Ärger haben, dann werden Sie diesen Ärger mit großer Wahrscheinlichkeit auch in Ihr Privatleben tragen. Wenn Sie sich im Büro nicht wohlfühlen, dann fühlen Sie sich als Mensch ganz allgemein nicht wohl. Die Zeit, die Sie mit Ihrem Job verbringen, ist niemals losgelöst von Ihrem privaten

Leben. Wenn Sie erfolgreich im Leben sein wollen, brauchen Sie also auch ein Arbeitsklima, in dem Sie sich wohlfühlen.

Im folgenden Kapitel möchte ich Ihnen nun also zeigen, wie Sie es schaffen können, das erste Element Ihres Lebens stabil aufzustellen – Ihre Arbeit. Zunächst einmal werden wir die Grundlagen für ein gutes Arbeitsleben beleuchten. Es gibt drei Voraussetzungen, die erst einmal erfüllt sein müssen, damit Sie überhaupt die Chance haben, ein positives Arbeitsumfeld aufzubauen. Im zweiten Schritt werde ich Ihnen dann konkrete Tipps an die Hand geben, wie Sie Ihre Leistung, Ihre Performance, bei der Arbeit verbessern können, um die Einkommensleiter noch ein Stückchen weiter hinaufzuklettern. Im letzten Teil schließlich werde ich all den Menschen noch ein paar Tipps an die Hand geben, die darüber nachdenken, sich selbstständig zu machen; die selber zu Gründern werden möchten und somit wiederum Einfluss darauf nehmen, die Grundvoraussetzungen für ein gutes Arbeitsleben anderer Menschen zu schaffen.

1. Grundlagen

Ihre Arbeit erfüllt Sie nicht? Bringen Sie sie in Einklang mit Ihren privaten Interessen!

Nach meiner Bundeswehrzeit entschied ich mich, meine Ankündigung gegenüber Oberfeldwebel Quast wahrzumachen. Ich würde Arzt werden. Das hatte ich nicht nur dem Feldwebel gesagt, sondern es auch meiner Mutter versprochen, die Zeit ihres Lebens unbedingt wollte, dass etwas Besonderes aus ihrem Sohn wird. Arzt, das war für sie besonders genug. Ein guter, ein angesehener Job, mit dem man viel Geld verdienen konnte.

Also hatte ich mir viel Mühe gegeben, ein ordentliches Abitur hinzulegen, und wartete während der Bundeswehrzeit auf einen hoffentlich positiven Bescheid der zentralen Vergabestelle für Studienplätze. Mitten während meiner Bundeswehrzeit bekam ich dann zuerst einen Platz in Berlin, wo ich aber damals, im Jahr 1979 nicht hinwollte, und ein halbes Jahr später an der Medizinischen Hochschule Hannover. Mit dieser schönen Perspektive verging die restliche Bundeswehrzeit leichter und schneller. Um mir mein Studium finanzieren zu können, musste ich allerdings irgendwie an Geld kommen. Finanzreserven hatte ich entgegen meiner Planung durch Blödsinn mit Autos (dazu mehr im Geldkapitel) leider nicht. Aber die Bücher, die Miete und die Lebenshaltungskosten zahlten sich schließlich nicht von allein. Ich musste arbeiten.

Neben der Bundeswehr oder später, neben dem Studium, zu arbeiten war für mich nichts Außergewöhnliches. Ich habe schon früh angefangen, Geld zu verdienen. Notgedrungen. Ich stamme aus ziemlich armen Verhältnissen. Es wurde nur das Nötigste gekauft, alles gespart für später. Die damals typische Denke der Kriegsgeneration. Also versuchte ich schon immer, mir zu meinem doch sehr dürftigen Taschengeld irgendwie etwas dazuzuverdienen. Anfangs habe ich noch das Essensgeld, dass ich für die Schule bekam, umfunktioniert. Statt mir davon Essensmarken zu kaufen, um mittags eine warme Mahlzeit in der Schulkantine zu bekommen, habe ich das Geld gespart und mir mit knurrendem Magen lieber ein paar coole Schallplatten gekauft. Rock und Pop war meine heimliche Leidenschaft, und für die neueste Platte der Rolling Stones nahm ich auch ein paar Tage ohne Mittagessen in Kauf. Diese Leidenschaft sollte ein klein wenig mein Schicksal bestimmen. Denn dank meiner Liebe zur Musik sollte ich bald meinen allerersten richtigen Job bekommen. Ich ging damals abends dann und wann zu einem alten Kulturverein. Das »Zyklus 66« war in Hildesheim ziemlich bekannt, immer wieder gab es hier gute Konzerte, für die ich mir den Eintritt meistens nicht leisten konnte. Eines Tages bekam ich zufällig mit, dass jemand gesucht wurde, der die Plakate für die kommenden Veranstaltungen in der Stadt, zum Beispiel an Bauzäunen, anklebte. Plakatkleber! Das war doch genau das Richtige für mich. Ich meldete mich sofort! Und so verdiente ich mit 15 Jahren mein erstes Geld. Für ein kleines Plakat bekam ich 40 Pfennig, und wenn es größere waren, waren es 50 Pfennig. Heute wären das umgerechnet 25 Cent.

Der Job war relativ einfach: Ich fuhr mit meinem Fahrrad quer durch die Stadt – links am Lenker hing ein Eimer mit Kleister, rechts eine Plastiktüte mit Plakaten – und wenn ich einen Bauzaun oder ein leer stehendes Gebäude entdeckte, dann pappte ich die Plakate dran. Damals habe ich eine entscheidende Lektion gelernt. Ich habe den Wert von leistungsorientierter Bezahlung verstanden. Ich verdiente mein Geld nicht damit, möglichst lange mit dem Fahrrad unterwegs zu sein, sondern ich verdiente mein Geld damit, so viele Plakate wie möglich aufzuhängen. Wenn ich also besonders schnell war, dann konnte ich auch mehr Geld in der Stunde verdienen. Das war ein System, das mir gefiel.

Noch bevor ich mit meinem Studium begann, fiel mir erneut ein Job zu. Man kann es nicht anders sagen. Ich wurde von jemandem angesprochen, ob ich denn nicht Interesse daran hätte, Versicherungen zu verkaufen? Ich weiß nicht, dachte ich. Eigentlich war ich Medizinstudent. Von Versicherungen verstand ich damals rein gar nichts. Aber das würde man schnell lernen, beruhigte der Mann mich. Also, warum nicht? Warum es nicht einfach versuchen? Schließlich musste ich mein Studium bezahlen. Und wer gut ist, so hieß es, der könne auch jede Menge Geld verdienen. Das war für mich Motivation genug, es zumindest einmal zu versuchen. Zu Anfang lief das allerdings ziemlich holprig. Ein Kunde hörte sich meinen kleinen Vortrag an, schaute mir in die Augen und fragte mich, warum er denn eine Versicherung bei mir kaufen sollte. »Na«, entgegnete ich. »Weil ich dann eine Provision bekomme ...«

Ich war ein blutiger Anfänger, der erst lernen musste, dass ich bei meinen Kunden die Vorteile des Produktes in den Vordergrund stellen musste. Aber als ich den Dreh einmal heraushatte, stellte ich fest, wie erfüllend diese neue Tätigkeit für mich war. Sehr viel erfüllender sogar als mein Medizinstudium.

Wenn Sie in Ihrem Arbeitsleben erfolgreich und zufrieden sein wollen, dann müssen Sie eine Sache verstehen: Ein Job ist nicht einfach bloß ein Job. Ein Job ist Teil Ihrer Identität. Ob Sie das wollen oder nicht, Ihr Job definiert ein Stück weit, wer Sie sind. Wie sollte es auch anders sein? Rechnen Sie es sich ruhig einmal durch, um es sich besser veranschaulichen zu können: Sie werden mindestens acht Stunden am Tag in Ihrem Job verbringen. Das sind 40 Stunden in der Woche. 160 Stunden im Monat. Und

– ohne Urlaub – rund 2000 Stunden im Jahr. Ein wirklich großer Anteil Ihrer Gesamtzeit. Und dabei ist noch gar nicht eingerechnet, wie viele Stunden Sie in Gedanken mit Ihrer Arbeit verbringen, wenn Sie etwa ein kniffliges Problem mit nach Hause nehmen, das Sie einfach nicht abschalten lässt. Ihr Job ist ein großer Teil Ihres Lebens. Entsprechend sollten Sie Ihre Arbeit nicht bloß als eine Tätigkeit begreifen, die Sie ausüben, um am Ende des Monats genügend Geld mit nach Hause zu bringen, damit Sie Ihre Miete und Ihre Lebenshaltungskosten bezahlen können. Höchstens zu Beginn Ihres Arbeitslebens und möglichst nur für eine kurze Zeit. Sie sollten Ihre Arbeit als etwas verstehen, was Sie auch wirklich erfüllt. Als eine Tätigkeit, die so viel Spaß macht, dass man aus ihr sogar noch Kraft und Energie schöpfen kann. Etwas, worauf Sie stolz sein sollten. Kurz: Ihr Job sollte Sie erfüllen. Das hat nicht vorrangig mit Ihrer Entlohnung zu tun, die Sie erhalten, oder der Qualifikation, die Sie haben. Sie können Erfüllung finden – egal in welchem Bereich Sie tätig sind.

Ich habe mein Glück tatsächlich nicht in der Medizin gefunden, sondern festgestellt, dass es mir sehr viel mehr Freude bereitet, Versicherungen zu verkaufen – zu reden, zu analysieren, etwas zu erklären, zu präsentieren. Menschen in Finanzfragen zu beraten. Und später dann auch in gute Ideen zu investieren. Stellen Sie sich einmal grundlegend die Frage, warum Sie eigentlich tun, was Sie tun! Machen Sie sich Gedanken darüber, was Sie an Ihrem Job wirklich glücklich macht. Was Sie dazu bewegt, morgens aufzustehen. Sind Sie vielleicht in der Krankenpflege und folgen damit Ihrem inneren Bedürfnis, Menschen in Not zu helfen? Oder sind Sie Verkäuferin in einer Boutique, die einfach gerne viel Kontakt mit anderen Menschen hat, denen Sie mit einem freundlichen Spruch ein unerwartetes Lächeln ins Gesicht zaubern? Sind Sie eine Anwältin oder ein Anwalt, die oder der ihrer/seiner inneren Überzeugung folgt, in unserer Gesellschaft für mehr Gerechtigkeit zu kämpfen? Oder sind Sie vielleicht eine junge Gründerin, die an einer Idee arbeitet und absolut überzeugt ist, die Welt damit ein Stück weit besser zu machen?

Ganz egal, was es ist, jeder Mensch hat ein Motiv, das zu tun, was er tut. Eine innere Motivation. Ein Warum! Doch im Laufe unseres Arbeitslebens vergessen wir viel zu oft, warum wir eigentlich machen, was wir machen. Weshalb wir uns für den Weg entschieden haben, den wir nun gehen oder warum wir ihn immer noch gehen. Und in den Momenten, in denen es gerade besonders stressig ist – wenn es Streit im Büro gibt, wenn der Chef sich wieder einmal wie der letzte Idiot verhält, wenn man am liebsten alles hinschmeißen möchte, weil der Stress auf das Gemüt drückt –, fällt es einem oftmals gar nicht so leicht, zu sagen, was der eigentliche innere Antrieb ist. Der oftmals fordernde Arbeitsalltag sorgt dafür, dass unsere ursprüngliche Motivation Stück für Stück verschüttet wird. Darum ist es ein erster, unerlässlicher Schritt, diese Motivation wieder freizuschaufeln, sich wieder bewusst zu machen, sich für die Arbeit entschieden zu haben, die man nun einmal macht, oder sich hoffentlich bald umzuentscheiden. Es ist doch so: Die allermeisten Menschen haben anfangs einen guten Grund, sich für den Weg zu entscheiden, den sie gehen. Machen Sie sich Ihren Grund immer wieder bewusst und hinterfragen Sie ihn fortlaufend. Passt er noch für Sie? Wenn ja, lassen Sie diesen Grund Ihre Motivation sein, am nächsten Tag voll durchzustarten. Und mit einem Lächeln zur Arbeit zu gehen. Oder Sie ändern Ihre berufliche Situation.

Doch was, wenn Sie das Gefühl haben sollten, dass Sie einer Arbeit nachgehen, die Ihnen keinerlei Erfüllung gibt, die nicht im Geringsten Ihren Interessen und Ihrer inneren Motivation entspricht? Denn auch das gibt es. Menschen, die Ihren Beruf nur aus rein rationalen Erwägungen gewählt haben. Ein ganz großer Fehler! Sie können noch so viel Geld verdienen, Glück werden Sie auf diese Weise nicht finden. Dann sollten Sie sich Gedanken machen, umzusatteln. Glauben Sie nicht, dass es dafür zu spät ist. Das ist es nicht. Das ist es nie! Ihr Leben ist viel zu kostbar und zu wertvoll, als dass Sie ein Drittel Ihrer Zeit mit Dingen verbringen müssen, die in keinster Weise Ihrem Inneren entsprechen. Ohne echte Freude und die richtige Eigenmotivation werden Sie niemals wirklich erfolgreich im Arbeitsleben sein können.

> Suchen Sie sich eine Arbeit, die im Einklang mit Ihren natürlichen Interessen steht, Ihnen Befriedigung verschafft und Spaß macht. Und wenn Sie unglücklich sind im Job? Schaufeln Sie Ihre Motivation wieder frei. Denn Ihr Job ist mehr als ein Job – er ist Teil Ihrer Identität. Und wenn es dann noch immer nicht klappt – satteln Sie um. Dazu ist es nie zu spät.

Ihr Job fühlt sich unbefriedigend an?
Finden Sie Wertschätzung!

Ich hatte also meinen ersten Job als Plakatkleber. Das war schön und gut. Aber ich schaute mich auch immer wieder einmal um, ob es nicht noch andere Zuverdienstmöglichkeiten für mich geben könnte. Zwei Jahre später fand ich eine Möglichkeit. Es war reiner Zufall. Meine Mutter schickte mich zum Einkaufen in einen Niedrigpreismarkt in Hildesheim-Drispenstedt. Der Ortsteil, in dem wir damals noch wohnten. Ich hatte eine lange Einkaufsliste in der Hand, die ich abarbeiten musste. Als ich den Laden betrat, sah ich an der Fensterscheibe einen Aushang: »Aushilfskassiererin gesucht«. Nun, Kassiererin bin ich wohl nicht, dachte ich, aber in Mathe war ich wirklich gut. Vielleicht könnte ich damit die Geschlechtsanforderung ja irgendwie kompensieren. Ich fragte nach dem Chef des Ladens und versuchte mein Glück. Da gerade Sommerferien waren, hatte ich mehr Zeit als genug. Und es funktionierte. Ich bekam meinen zweiten Job. Nun als Aushilfskassierer.

Und so arbeitete ich von morgens 9 Uhr bis abends 18.30 Uhr inklusive zweistündiger Mittagspause. Und bekam 6,50 Mark die Stunde. Am ersten Abend setzte ich mich hin, nahm ein Blatt Papier und rechnete mir aus, wie viel Geld ich am Ende meiner Ferien verdient hätte. Dabei wurde mir klar: Ich hatte die Möglichkeit, ein Vielfaches an Geld einzunehmen, wenn ich bereit wäre, einen großen Teil meiner Freizeit zu opfern. Wenn ich meine Ferien wiederum nur mit Lauftraining und ansonsten rumgammeln verbringen würde, dann hätte ich vielleicht mehr Spaß, aber nach sechs Wochen auch deutlich weniger Geld in der Tasche.

Wenn Sie für sich herausgefunden und definiert haben, warum Sie die Arbeit machen, die Sie machen, dann wird es Ihnen jeden Morgen schon deutlich leichter fallen, aufzustehen und Ihren Alltag nicht nur zu bestreiten, sondern erfolgreich zu gestalten. Doch wer bloß seiner inneren Motivation folgt, hat auch keine Garantie für ein glückliches und zufriedenes Arbeitsleben. Dazu gehört noch mehr. Nämlich ganz besonders auch Wertschätzung von Kollegen, Kunden und natürlich auch von Vorgesetzten. Jeder von uns möchte für das, was er tut, gerne wertgeschätzt werden, das ist ein ganz grundlegendes menschliches Bedürfnis. Man gibt sich immerhin Mühe, investiert viel Zeit und Energie in eine Sache. Und das soll doch bitteschön auch einmal anerkannt werden.

Es gibt im Job nun mehrere Möglichkeiten, diese Anerkennung, diese Wertschätzung zu erfahren. Die erste Form der Anerkennung spiegelt sich im Lohn, den man für seine Tätigkeit ausgezahlt bekommt. Als ich damals als junger Bursche Plakate an die Bauzäune geklebt und später dann im Supermarkt gejobbt habe, konnte ich den direkten Zusammenhang zwischen Arbeit und Entlohnung erkennen. Habe ich viel Zeit in meine Tätigkeit investiert, dann bekam ich auch viel Geld. Habe ich umgekehrt wenig jobmäßig gemacht und mich lieber mit meiner Freundin getroffen, dann waren am Ende der Woche ein paar Münzen weniger in meinem Portemonnaie. Diese Form von leistungsorientierter Bezahlung ist etwas, wovon ganz besonders häufig die Selbstständigen schwärmen. Aber auch Angestellte haben ein Recht darauf, so bezahlt zu werden, dass es ihrer Leistung nach angemessen ist.

Haben Sie das Gefühl, dass Ihre Tätigkeit nicht ordentlich honoriert wird? Dann machen Sie sich einmal Gedanken, woran das liegt. Sind Sie vielleicht nur zu schüchtern, nach einer Gehaltserhöhung zu fragen? Oder hat Ihr Chef vielleicht gute Gründe, Ihnen gerade nicht mehr Gehalt zu zahlen? Im Kapitel »Finanzen« werde ich Ihnen noch einmal ausführliche Tipps geben, wie Sie bei Gehaltsverhandlungen punkten können. Grundsätzlich gilt, dass die ordentliche Honorierung der Tätigkeit eine

Form der Wertschätzung Ihrer Arbeit ist, die fair und angemessen ausfallen sollte.

Das Gehalt ist allerdings nicht die einzige Art der Wertschätzung, die Ihnen zuteilwerden kann. Auch ein herzliches Danke tut gut. Ebenso, wenn man Ihnen für Ihre gute Arbeit mehr Verantwortung überträgt, ist es eine Wertschätzung. Sei das in Form von einem höheren Titel, einer Beförderung in eine Führungsposition oder einem ausgeweiteten Kompetenzbereich, was Ihnen signalisiert, dass man Ihnen mehr und Größeres zutraut. Zutrauen und Vertrauen sind genauso eine Anerkennung.

Als Chef war und bin ich der Ansicht, dass man Mitarbeiter, die positiv auffallen, schnellstmöglich befördern und stärker honorieren sollte. Damit ist allen geholfen. Dem Unternehmen, *das* nun gute Leute an den richtigen Stellen eingesetzt hat, und den jeweiligen Mitarbeitern, die nun noch motivierter an die Arbeit gehen, weil sie merken, dass ihre Leistung gewürdigt wird. Machen Sie Ihre Mitarbeiter so gut, dass sie überall anfangen können, aber so glücklich, dass sie bei Ihnen bleiben.

Wertschätzung können Sie in Ihrem Job, aber auch in Form positiver Kommunikation erfahren. Von der Chefin oder dem Chef, der Sie immer mal wieder zur Seite nimmt und dafür lobt, wie gut Sie doch sind oder wie herausragend Sie Ihre Arbeit heute doch verrichtet haben. Oder von den Mitarbeitern und Kollegen, die Ihnen anerkennend auf die Schulter klopfen. Ein »Gut gemacht« oder ein »Schön, dass du bei uns bist« ist für viele Menschen oftmals sehr viel mehr wert, als man sich das vorstellen kann. Das Gefühl, angenommen zu sein und von seinen Kolleginnen und Kollegen respektiert zu werden, macht extrem viel aus. Wenn erkennbar ist, dass diese Wertschätzung auch offen und aufrichtig gemeint ist.

Wertschätzung kann aber auch von den Kunden, Usern oder Patienten kommen. Von den Menschen, mit denen man im Arbeitsalltag zu tun hat. Gerade im medizinischen Bereich schlägt einer Ärztin oder einem Pfleger oftmals sehr viel Dankbarkeit entgegen, die sich wahrscheinlich nicht mit einer höheren Position oder einer besseren Stelle aufwiegen lässt.

Am Ende ist es eine sehr individuelle Frage, welche Form der Wertschätzung für Sie besonders wichtig ist. Klar ist aber: Glück und Zufriedenheit im Arbeitsleben werden Sie nur finden, wenn Ihre gute Arbeit auch ein positives Echo erfährt. Sich abzurackern, sich Mühe zu geben, ohne dass dies beachtet und anerkannt wird, das führt schnell zu Frustration.

> Wertschätzung im Job ist wichtig. Wertschätzung kann man Ihnen mit Geld, Lob oder durch Beförderung beweisen. Wenn Sie das Gefühl haben, dass Ihre Leistungen nicht angemessen gewürdigt werden, dann fordern Sie eine Würdigung auf einer dieser drei Ebenen ein. Ihr erfolgreicher Einsatz verdient ein positives Echo.

Das Arbeitsklima ist vergiftet? Reinigen Sie es!

Nachdem ich einige Jahre später selber in dem Versicherungsvertriebsunternehmen Direktor wurde, hatte ich in unserem Münchener Büro einen Mann kennengelernt. Ich nenne ihn Herrn Aber.

Herr Aber war Teil eines aufstrebenden Teams unter dem Münchener Büroleiter, der meiner Direktion zugeordnet war, das wirklich gute Umsätze machte und sich von Quartal zu Quartal immer weiter steigerte. Das gesamte Team war entsprechend gut gelaunt. Es herrschte eine herausragende Stimmung und ein kollegialer Umgang miteinander. Das gesamte Team hat sich gegenseitig gepusht und herausgefordert, sich motiviert und gut zugesprochen. Die Kollegen mochten sich, gingen gemeinsam nach Feierabend noch ein Bier trinken und waren zu einer wirklichen Einheit zusammengewachsen. Man merkte einfach, dass sie Spaß an dem hatten, was sie machten. Bis Herr Aber in das Team kam. Herr Aber hieß eigentlich gar nicht Herr Aber, doch er hat sich diesen Namen wirklich verdient. Er kam mit einer negativen Grundhaltung in jedes einzelne Meeting. Es war völlig gleich, was wir besprochen haben und worum es ging: Herr Aber hatte immer etwas daran auszusetzen.

Zum Beispiel die Incentive-Reise, die wir geplant hatten. Sie sollte in drei Wochen losgehen. Alle waren gut gelaunt und freuten sich auf ein paar Tage in einem wirklich schönen Hotel am Meer. Das Team war motiviert, hatte sich angestrengt, um dabei zu sein. Nur Herr Aber verschränkte die Arme vor dem Körper. »Aber wenn der Flug um halb sechs Uhr morgens geht«, warf er in die Runde, »dann bedeutet das ja, dass wir schon gegen drei Uhr aufstehen müssen. Wie doof ist das denn?« Und schon begann die Stimmung zu sinken. Herr Aber konnte mit nur einem Satz den Stecker ziehen. Es war egal, was wir besprachen, immer hatte er ein passendes »Aber« parat.

Wir haben besprochen, wie die Meetingpläne für die kommende Woche sind.

»Schön und gut, aber eigentlich wäre es viel interessanter, wenn wir über etwas anderes sprechen würden.«

Wir haben besprochen, wo und wann die Weihnachtsfeiern stattfinden könnten.

»Ist ja eine ganz nette Idee, aber …«

Irgendwann bat ich Herrn Aber, dass er doch einmal versuchen sollte, das Wörtchen »aber« nicht mehr zu verwenden. Er wechselte zu »jedoch«. Auch nicht wirklich besser.

Herr Aber war ein Paradebeispiel dafür, wie eine destruktive Geisteshaltung das Klima im Team nach und nach zerstören kann. Zunächst hat Herr Aber sich nur selbst geschadet. Er hatte eine fürchterliche Verkaufsperformance. Durch seine pessimistische Haltung und seine destruktive Art hatte er sich in seiner eigenen Leistung selber geschwächt. Er hatte natürlich auch immer die passende Erklärung: Aber die Produkte waren nicht gut. Aber die Schulung war nicht gut. Es würde ja nicht an ihm liegen. Aber, aber, aber. Die Wahrheit war, dass alle Mitarbeiter die gleichen Produkte oder die gleiche Schulung hatten – und trotzdem besser performten. Nach und nach schadete er aber auch fast dem gesamten Team. Die Leute wurden teilweise deutlich negativer, die Motivation bekam einen Knacks.

Alle, die etwas mit Herrn Aber zu tun hatten, wurden nach und nach von seinem Pessimismus angesteckt. Herr Aber lästerte über Kollegen und Vorgesetzte. Mit seiner miesen Laune und seinem destruktiven Verhalten zog er die Stimmung im gesamten Team nach unten. Nach mehreren ernsten Gesprächen trennten wir uns dann von Herrn Aber. Ein paar Wochen später hörte ich, dass er einen neuen Job – nicht mehr im Vertrieb – hatte, in dem er sich sehr viel wohler fühlte. Er soll dann dort auch etwas positiver und konstruktiver geworden sein. Und auch bei uns wurde das Klima wieder viel besser. Und damit auch wieder die Ergebnisse. Es gibt Energievampire. Gesprächspartner von denen man weiß, dass sie sich nicht kurz fassen können. Die mit ihren negativen und pessimistischen Gedanken einen runterziehen. Versuchen Sie solche Begegnungen zu verringern und zu verkürzen.

SMARTE START-UP-IDEE:

Das Start-up-Team Echo, bei welchem ich investiert bin, hat ein Tool entwickelt, in dem Mitarbeiter ganz anonym Feedback zu ihrer Arbeitssituation und zum Betriebsklima geben können. Das Tool wertet alle Antworten automatisiert aus und gibt in Echtzeit einen transparenten Überblick, wo gerade in welchen Abteilungen Herausforderungen bestehen. So kann gehandelt werden, bevor Probleme entstehen.

Das Arbeitsklima spielt eine zentrale Rolle für Ihr eigenes Wohlbefinden. Ihr Büro oder Ihr jeweiliges Arbeitsumfeld ist für Sie so etwas wie ein zweites Zuhause. Wenn dort schlechte Stimmung herrscht, dann wird Sie das auch belasten. Genauso, wie wenn bei Ihnen zu Hause ständig gestritten und gezankt wird. Wenn Sie also Zufriedenheit im Arbeitsleben haben wollen, dann reicht es nicht bloß, eine innere Motivation gefunden zu haben, eine äußere Wertschätzung zu erlangen – Sie müssen sich auch in Ihrem Job wohlfühlen. Natürlich kommen Sie viel lieber zur Arbeit, wenn Sie sich auf gut gelaunte Kolleginnen und Kollegen freuen, mit denen Sie auch mal in der Küche oder am Kopierer über das vergangene Wochenende quatschen können, als wenn Sie wüssten, dass Sie im Büro schlecht gelaunte Miesepeter und Lästereien erwarten. Ihre Arbeitsstätte ist auch ein soziales

Umfeld, das auf Sie einen maßgeblichen Einfluss hat. Erfolg im Berufsleben funktioniert besser, wenn das Umfeld stimmt.

Das Unternehmensklima entscheidet nicht bloß, wie wohl Sie und Ihre Kollegen sich fühlen, es entscheidet am Ende auch darüber, wie produktiv, kreativ und erfolgreich das Unternehmen ist. Herrscht bei Ihnen eine offene und kreative oder eine hierarchische und strenge Atmosphäre, dann wirkt sich das ganz entscheidend auf viele Dinge aus. Der Gründer, die Chefin, der Chef lebt eine Kultur vor und hat hoffentlich Mitarbeiterinnen und Mitarbeiter, die zu dieser Kultur passen. Zusammen bilden die Angestellten die sogenannte Gemeinschaftskultur. Je mehr sich die Mitarbeiter mit dieser Gemeinschaftskultur identifizieren können, desto mehr wachsen sie als Team zusammen. Weil sie gemeinsam für etwas arbeiten, was größer ist als sie selbst. Je größer die Vision ist, die ein Unternehmen entwickelt hat, desto höher ist auch die Strahlkraft auf die Mitarbeiter. Wer sich bei seiner Arbeit allerdings nicht wohlfühlt, der wird auch kaum im Privatleben glücklich sein.

> Erfolg wächst in einem guten Arbeitsklima und verkümmert in einem schlechten. Das Betriebsklima entscheidet darüber, wie wohl Sie sich bei der Arbeit fühlen. Wenn Kolleginnen und Kollegen versuchen, Sie runterzuziehen, suchen Sie das Gespräch. Und beenden Sie die Revolte der Stimmungskiller.

2. Performance

Sie haben nur wenige Kontakte?
Werden Sie zu einem Netzwerker!

Ich hatte also ein Jobangebot. Das kam mir gerade recht. Versicherungen abends und am Wochenende verkaufen. Wenn du gut bist, sagte man mir, dann würdest du damit wirklich jede Menge Geld verdienen können.

Genug jedenfalls, um dir dein Studium locker nebenbei zu finanzieren. Ich nahm das Angebot an. Schließlich hatte ich, weil ich tagsüber in der Medizinischen Hochschule sein musste, ja kaum Jobalternativen.

Und es war das Leistungsprinzip, das ich schon aus meiner Jugend kannte und ansprechend fand. Wenn ich gut abliefere, verdiene ich mehr, wenn ich nicht ordentlich performe, dann weniger. Ich fand das fair.

Nach einigen Monaten stellte ich allerdings fest, dass ich so gut wie gar kein Geld verdiente. Das lag wohl daran, dass ich einfach nicht gut genug in dem war, was ich machte. Denn ich hatte ein entscheidendes Problem. Mein Job als Versicherungsverkäufer war es, die Menschen davon zu überzeugen, in einen ausreichenderen Schutz zu investieren. Oder überhaupt mal in irgendeinen Schutz zu investieren. Damals waren Versicherungen noch keine Selbstverständlichkeit. Es gab noch kein Internet, noch keine Vergleichsportale, so wie heute. Damals musste man seinen Kunden noch den Bedarf und Nutzen von Versicherungen erklären. Dafür aber musste man sie ansprechen. Und das traute ich mich nicht.

So wie den Mann im Kino.

Ich war mit meiner damaligen Freundin an einem schönen Samstagnachmittag in irgendeinen Film gegangen, an den ich mich nicht mal mehr erinnern kann, denn was mich in diesem Moment viel mehr interessierte, war der Mann, der neben mir saß. Gute Kleidung. Teure Uhr. Das erkannte ich sofort. Er sah so aus, als könnte er ein lohnender, potenzieller Kunde werden. Aber ich traute mich einfach nicht, ihn anzusprechen.

»Und warum hast du das nicht gemacht?«, fragte mich meine Freundin, als wir noch ein wenig durch die Innenstadt gingen. »Warum hast du den Mann nicht einfach angesprochen?«

Eine gute Frage. Warum nur fiel es mir damals noch so wahnsinnig schwer, auf fremde Menschen zuzugehen? Vielleicht, dachte ich, hatte das etwas mit meiner Kindheit zu tun. In meiner Kindheit wurde nicht viel gesprochen. Eigentlich wurde nur geschwiegen. Weder zu Hause noch in der Schule hatte ich viele Menschen, mit denen ich hätte sprechen können. In der Schule war ich eher ein Außenseiter. Daran hatte meine Mutter zumindest einen kleinen Anteil. Wenn auch nicht mit Absicht. Sie hatte den unbedingten Wunsch, dass aus ihrem Jungen – einem unehelichen Kind aus einem armen Haushalt – mal etwas wird. Und wenn aus dem Jungen etwas werden sollte, dann musste er ordentlich aussehen. Das Problem war nur, dass das, was meine Mutter unter »ordentlich aussehen« verstand, nicht so wirklich in die wilden 1970er-Jahre meiner Schulzeit passte. Es war Hippiezeit und es wurde Hardrock gehört. Damals trugen meine Klassenkameraden die Haare möglichst lang und ihre Jeans eng, manchmal unten ausgestellt mit Schlag. Meiner Mutter gefiel das ganz und gar nicht. Mit langen Haaren würde man verwahrlost aussehen, sagte sie. Und Jeans waren für sie »Schlosserhosen«, Bauarbeiterkleidung. Mit langen Haaren und einer Jeans würde ich, so glaubte sie, wie aus der Unterschicht, richtig einfach und ungebildet wirken. Also bekam ich einen halb preußischen Kurzhaarschnitt verpasst und wurde mit Tuchhosen in die Schule geschickt. Das war meinem Coolness-Faktor alles andere als zuträglich. Mädchen konnte ich damit nicht begeistern. Und auch meine männlichen Mitschüler belächelten mich eher.

Wenn ich nachmittags nach Hause kam, gab es ebenfalls wenig zu besprechen. Zu Hause galt die goldene Regel, dass ich meinen Schnabel zu halten hatte. Wenn meine Mutter von der Arbeit kam, bereitete sie die Mittagsmahlzeit in der Küche zu. Nach dem Essen rauchte sie eine Zigarette und legte sich auf die Couch, um eine Dreiviertelstunde zu schlafen. Ihr kleines tägliches Ritual. Ich machte in dieser Zeit meine Hausaufgaben und lief dann anschließend zum Leichtathletik-Training. Als ich wiederkam, war mein Stiefvater bereits zu Hause. Er saß im Wohnzimmer auf seinem Sessel und hatte die *Hildesheimer Allgemeine Zeitung* wie eine überdimensionale Abschirmung vor seinem Gesicht. Er las sie von vorne bis hinten, von der ersten bis zur letzten Seite. Jede einzelne Meldung. Ich habe nie verstanden, warum er diese Zeitung so detailliert studierte. Er war technischer Angestellter. Er hatte zu vielen Themen ja gar keinen Bezug. Was ich aber genau verstand, war, dass ich ihn hinter seinem Wall aus Tageszeitung nicht ansprechen sollte. Um 20 Uhr gab es dann Abendessen. Dazu wurde die Tagesschau geguckt. »Ruhe«, hieß es da. »Halt deinen

Mund, die Nachrichten laufen.« Auch hier wurde nicht gesprochen. Es wurde sowieso selten gesprochen.

Zu dieser Zeit hatte ich noch große Hemmungen, fremde Menschen anzusprechen. Ich hatte sogar richtige Angst davor; in meinem Job als Verkäufer hatte ich ja nur Kunden, die ich bereits kannte. Einige meiner Kollegen betrieben bei der Vermittlung von Versicherungen Empfehlungsakquise. Die telefonierten mit Bekannten von Bekannten, und die riefen wiederum für sie fremde Menschen an. Das hätte ich mich zu diesem Zeitpunkt nicht getraut. Wenn ich mit meiner Freundin in einem Hotel war, hatte ich bereits Hemmungen, mich telefonisch an der Rezeption zu melden. Und dann kam dieser Samstagnachmittag, an dem meine Freundin und ich zusammen im Kino waren und ich mich so sehr über mich selbst ärgerte, dass ich den Mann, der zu meiner Rechten saß, nicht angesprochen hatte. Ich war mir ganz sicher: Ich hätte ihm ein paar tolle Versicherungen verkaufen können. »Warum«, fragte mich meine Freundin damals, »hast du es nicht einfach gemacht? Was wäre das Schlimmste gewesen, was hätte passieren können?«

Ich dachte nach. »Er hätte Nein sagen können«, antwortete ich.

Sie zuckte nur mit den Schultern. »Aber durch dein Nichtansprechen hat er auch nicht gerade Ja gesagt.«

Sie hatte recht. Das Ergebnis, nämlich kein Umsatz, wäre dasselbe gewesen wie jetzt. Und ab diesem Moment änderte sich etwas bei mir. Ich erkannte: Ich hatte nichts zu verlieren, was ich nicht sowieso schon verloren hatte, wenn ich einfach stumm blieb. Ich musste einfach nur lernen, über meinen Schatten zu springen. Ich konnte dabei nur gewinnen. Klar, ein großer Netzwerker wurde ich nicht über Nacht, doch mit der Zeit lernte ich, auf Menschen zuzugehen. Kontakte zu knüpfen. Fremde anzusprechen. Das Schönste war die Erkenntnis: Ich konnte das trainieren. Und aus mir, einem schüchternen Jungen, wurde in wenigen Monaten ein kontaktfreudiger Verkäufer, der mit fast jedem ins Gespräch kam.

Und das können Sie auch. Sie haben bereits die Grundvoraussetzungen für ein gutes und positives Arbeitsleben kennengelernt. Stimmen diese drei Grundvoraussetzungen, müssen Sie nun Ihre Performance bei der Arbeit noch ein wenig optimieren. Dazu müssen Sie auch lernen, zu netzwerken. Denn Netzwerken ist längst eine Grundvoraussetzung für geschäftlichen Erfolg. Sehen wir den Tatsachen ins Gesicht: In unserer gegenwärtigen vernetzten Gesellschaft ist es kaum noch möglich, große Dinge im Alleingang hinzubekommen. Ein guter Koch muss wissen, bei wem er die besten Zutaten erhält. Eine Journalistin kann nur die ganz großen Geschichten schreiben, wenn sie an die richtigen Informanten herankommt. Und eine Gründerin kann nur ein tolles Unternehmen aufbauen, wenn sie tolle Mitarbeiter findet. Und woher bekommt ein Koch die besten Zutaten, eine Journalistin die heißesten Geschichten und eine Gründerin die tollsten Mitarbeiter? Netzwerke. Selbst wenn der Gründer einen Headhunter einschalten sollte, dann wird auch der Headhunter sein Netzwerk nutzen, um gute Leute zu rekrutieren. Vor Netzwerken wegzulaufen wäre, als würde man sich selber Steine in den Weg legen.

Wer ein Unternehmen gründen will, der muss Investoren finden. Der braucht Geldgeber. Klar überzeugt man Geldgeber mit einer sehr guten Idee, aber wenn ich niemanden habe, dem ich meine Idee präsentieren kann, dann bringt mir auch die beste Idee nicht viel. Wenn ein Maler keine Leinwand hat, dann kann er nicht malen. Die Leinwand erfolgreicher Gründer sind andere Menschen, die sie von ihrem Konzept überzeugen können. Die Präsentation ist das Bemalen dieser Leinwand. Viele Menschen sagen von sich selber, dass sie kein Netzwerker sind. Dass es ihnen schwerfällt, Kontakte aufzubauen. Doch Netzwerken ist keine Wissenschaft. Keine Geheimlehre. Netzwerken kann jeder. Und die meisten Menschen tun das auch, ganz intuitiv. Wir alle sind Teil von Netzwerken. Ob wir das wollen oder nicht. Den meisten Menschen ist das schlichtweg nicht bewusst. Wenn Sie sich aber einmal klar darüber geworden sind, dass Netzwerke der Kitt unseres sozialen Gefüges sind, dass Sie zwangsläufig immer netzwerken, dann entwickeln Sie ein ganz neues Bewusstsein für die Chancen, die sich aus guten Kontakten ergeben können.

Unsere ganze Welt und unsere gesamte Gesellschaft besteht aus Netzwerken. Das fängt schon im Kleinen an. Stellen Sie sich vor, Sie haben einen Umzug vor sich. Umzüge sind immer stressig. Möbel auseinander- und wieder zusammenbauen. Bücher, Geschirr und Kleinkram in Kisten packen. Und am schlimmsten: die schwere Waschmaschine durch das Treppenhaus schleppen. Ein Albtraum. Wer in jungen Jahren einen Umzug vor sich hat, der ruft meistens ein paar Freunde an, die mit anpacken. Das macht die Sache nicht weniger stressig, aber die Arbeit verteilt sich auf mehrere Schultern, und so ist sie zumindest ein Stück weit erträglicher. Ein paar Telefonnummern von starken und hilfsbereiten Menschen im Smartphone zu haben ist nie verkehrt. Klar macht diese Art von Arbeit niemandem so wirklich Spaß. Aber Ihre Mitstreiter wissen eine Sache genau: Wenn sie irgendwann selber jemanden brauchen, der ihnen eine Waschmaschine durch den Hausflur schleppt, werden Sie wahrscheinlich auch da sein, um mit anzupacken. Dieses freundschaftliche Netzwerk ist ein Netzwerk im Kleinen.

Man kann das natürlich weiterdenken. Wenn Sie ein Problem mit Ihrem Auto hätten und einer Ihrer engsten Freunde ein sehr guter Mechaniker ist, dann würden Sie doch wahrscheinlich eher diesen Mechaniker anrufen, als eine Firma aus dem Telefonbuch zu beauftragen, mit der Sie noch nie etwas zu tun hatten, oder? Dahinter steckt ein zutiefst menschlicher Urinstinkt. Wir fassen grundsätzlich eher Vertrauen zu Menschen, zu denen wir irgendeine Form von Beziehung haben. Darum funktioniert Werbung mit Prominenten so gut. Wenn bekannte Gesichter für eine Marke einstehen, dann ist dem Zuschauer das beworbene Produkt automatisch näher und vertrauter. Derselbe Mechanismus hat übrigens das Phänomen Influencer-Marketing so erfolgreich gemacht. Influencer teilen ihr Leben rund um die Uhr mit ihrer Community und geben ihren Followern dadurch das Gefühl, dass sie dem entsprechenden Influencer besonders nahestehen. Wenn dieser dann für ein Produkt wirbt, ist die Identifikation mit dem Produkt wesentlich höher, als wenn die Follower eine gewöhnliche Werbung sehen würden. Der Mensch vertraut dem Vertrauten.

Und genauso ist es mit unseren eigenen Netzwerken. Wir legen grundsätzlich mehr Wert auf Tipps und Empfehlungen von Menschen, denen wir nahestehen. Die wir kennen. Deren Worte und Taten wir einschätzen können. Das gilt auch für deren Produkte und Dienstleistungen. Man bringt seinen Laptop lieber zu einem jahrelangen Bekannten, von dem man weiß, wie gut er seinen Job macht, als ihn in die Hände von Fremden zu legen. Wahrscheinlich haben Sie ein oder mehrere Social-Media-Accounts. Ein Profil bei Facebook, Instagram, LinkedIn oder Xing. Darüber haben Sie wahrscheinlich nie groß nachgedacht, aber was Sie auf diesen Plattformen machen, ist nichts anderes, als sich digitalen, visuell aufbereiteten Netzwerken anzuschließen. Und diese Netzwerke können einen enormen Einfluss haben. Wenn ein Start-up nach neuen Mitarbeitern sucht und auf seinen Social-Media-Accounts eine spezielle Job-Description ausschreibt, dann ist das Netzwerken im ganz seriösen Sinne. Da vermittelt ein Unternehmen: Wir haben Bedarf an einer Kompetenz oder einer Erfahrung. Andere Menschen mit dieser Kompetenz suchen einen Job oder wollen sich verändern. Und wenn man dann als Unternehmen von jemandem hört, der auf diesen Job passen könnte, oder wenn man als Arbeitnehmer von einer Firma hört, die genau das sucht, was man zu bieten hat, dann verknüpft man sich. Das ist dann ein transparentes, klares Netzwerk. Gründern sage ich immer: »Es ist nicht nur wichtig, was du weißt, sondern auch, wen du kennst.« Der Kluge weiß vieles, der sehr Kluge kennt viele.

SMARTE START-UP-IDEE:

Die Unternehmensberatung PwC hat ein sogenanntes Scale-Programm entwickelt, in dem Start-ups, Corporates und strategische Investoren miteinander digital vernetzt werden. So ist es möglich, ganz einfach Ideen vorzustellen, Tipps zu bekommen oder Investoren zu finden. Im Vordergrund steht aber die Mentoring-Idee, dass man sich untereinander austauscht.

Die Übergänge zwischen Freundschaften und Netzwerken sind oft fließend. Aber es gibt einen entscheidenden Unterschied: Ein gutes Netzwerk sollte man sich strategisch aufbauen. Einen guten Freundeskreis nicht. Verwechseln Sie echte Freunde niemals mit geschäftlichen Kontakten. Freundschaft ist Wellenlänge und Sympathie. Freundschaft ist derselbe Humor, dieselbe Leidenschaft für außergewöhnliche Dinge, für die andere Menschen keinen Sinn haben. Freundschaft ist das Gefühl, seinem Gegenüber in jeder Hinsicht absolut vertrauen zu können. Jemand hat mir mal gesagt, ein guter Freund ist die Person, die man auch im Gefängnis besuchen würde. Freundschaften entstehen meist dann, wenn man in bestimmten Lebenssituationen auf Menschen trifft, die Ähnliches erlebt haben, darum sind Freundschaften, die sich zu Schul- oder Studienzeiten entwickelt haben, auch bei vielen Menschen noch immer die intensivsten Freundschaften. Man ist einen gemeinsamen Weg gegangen, der einen geprägt hat und noch über viele Jahre miteinander verbindet. Dass man nach der Schulzeit dann oft ganz andere Richtungen einschlägt, ist dabei von Vorteil, denn ich glaube, dass eine Freundschaft ganz viel gewinnt, wenn die Menschen, die sie früh schließen, im Laufe der Jahre unterschiedliche Wege beschreiten.

Einer meiner ältesten Freunde ist Arzt. Wir kennen uns aus der gemeinsamen Bundeswehrzeit. Dieser Freund hat einen ganz anderen Alltag als ich und auf ganz viele Dinge auch eine entsprechend andere Blickweise. Das ist für mich oftmals einfach eine zusätzliche Inspiration. Wenn ich Zeit mit ihm verbringe, geht es nicht um Geld. Nicht um Geschäfte. Es geht um *leisure* und *pleasure*. Themen wie »Kinder« und »älter werden«. Wir reden viel über Fußball, wir reisen jedes Jahr mit unserer Clique zum Fußball-Champions-League-Endspiel, ob das in Rom ist oder in Madrid oder in London.

Aber natürlich sind auch die Übergänge zwischen Freundschaften und Netzwerken oftmals fließend. Besagter Freund hatte für seine Mutter vor sechs oder sieben Jahren eine Frage finanzieller Natur. Da rief er mich natürlich an. Und als meine Frau neulich eine Frage zu einem medizinischen Problem hatte, da konnte sie genauso selbstverständlich bei ihm anrufen. Freunde sind ja auch füreinander da. Es wäre ja auch merkwürdig, wenn der älteste und längste Freund ein erfahrener Chefarzt ist und man ihn bei medizinischen Fragen nicht konsultiert. Natürlich kriege ich für diesen Ratschlag dann auch keine Rechnung.

Ein anderer Freund von mir war viele Jahre Vorsitzender einer großen Kunststiftung. Wenn ich mal ein tolles Bild sehe, was mir gefällt, kann ich ihn anrufen und fragen, ob er den Künstler kennt und was er von dem Preis für das Bild hält. Das ist dann eine freundschaftliche Frage. Ich habe in meinem Netzwerk aber auch Menschen, die mich professionell beraten, was Kunst angeht. Das sind aber nicht meine Freunde. Die verdienen bei der Vermittlung eines Werkes eine Provision oder bekommen beim Weiterverkauf etwas vom Mehrerlös ab. Das ist Business. Da kommt es ebenso auf Beziehungen an. Auch Investoren wie ich leben von ihren Kontakten und ihrem Netzwerk.

Netzwerken bedeutet in erster Linie, Menschen Aufmerksamkeit zu schenken. Sich bei Ihrem Netzwerk also regelmäßig in Erinnerung zu bringen, ist eine der zentralen Aufgaben, die es zu beachten gilt. Meistens funktioniert das ziemlich standardisiert. Sie werden das merken. Zweimal im Jahr an Weihnachten und an Ihrem Geburtstag finden Sie eine ganze Flut an Postkarten in Ihrem Briefkasten, auf denen Ihr Zahnarzt oder Ihr Steuerberater Glückwünsche übermittelt oder ein besinnliches Fest und einen guten Rutsch ins neue Jahr wünscht. Das ist sicherlich gut gemeint. Aber wenn man ehrlich ist, dann merkt man bei den meisten dieser Karten schnell, dass es sich dabei um standardisierte Karten mit den immer gleichen Textbausteinen oder vorgedrucktem Text mit Krickelunterschrift handelt. Der gewünschte Effekt, sich bei Ihnen ins Gedächtnis zu rufen, ist zwar da, aber er ist nicht sehr nachhaltig. Wenn Sie merken, dass diese Standardkarte nicht sehr viel mehr als bloß ein Kettenbrief ist, den in genau dieser Formulierung Hunderte von anderen Menschen erhalten haben, werden Sie die Grüße so schnell wieder vergessen, wie die Karte aus Ihrem Briefkasten in den Mülleimer gewandert ist.

Dennoch ist der Grundgedanke dahinter nicht verkehrt. Nur: Nehmen Sie Ihr Gegenüber ernst. Als Individuum. Nicht bloß als einen von unzähligen Kunden oder Kontakten, die Sie in Ihrer Kartei haben. Das macht den entscheidenden Unterschied. Auch ich habe eine Weihnachts- und eine Geburtstagsdatei. Auch ich schreibe Geburtstagsbriefe. Aber ich nehme mir dafür Zeit. Und ich individualisiere sie. Klar, es gibt Textbausteine, die immer mehr oder weniger identisch sind, da kommt man bei Geburtstagsgrüßen ja auch nicht drum herum. Schließlich wünscht man seinem Gegenüber ja ein gesundes neues Lebensjahr. Aber das meiste ist individualisiert. Ich gehe in den Karten auf unsere gemeinsame Geschichte ein, greife Anekdoten von gemeinsamen Erlebnissen auf. Der eine Tag, an dem man zusammen im Fußballstadion war. Das eine besonders gute Essen in dem exotischen Restaurant, das man besucht hat. Oder einfach auch nur der unfassbar stressige und lange Geschäftstermin, durch den man sich einmal gemeinsam durchgequält hat. Diese persönliche Form der Zuwendung hat auch etwas mit Wertschätzung zu tun. Wenn Sie einem Menschen exakt den gleichen Kartengruß wie allen anderen Menschen schreiben, suggerieren Sie Ihrem Gegenüber genau das: Er ist für Sie einer unter vielen. Wenn Sie aber Ihre Grüße individualisieren, fühlt man sich auch ernst genommen. Und genau das ist es, was Sie tun sollten: den Menschen, die Ihnen wichtig sind, Zeit und Aufmerksamkeit widmen.

Ich nehme mir für diese Grußpost Zeit. Einmal pro Woche halte ich mir zwei Stunden frei, nur um die Geburtstagspost für die kommende Woche fertigzuschreiben. Dazu versenden wir immer ein kleines Präsent. Etwa eine Münze, die im Geburtsjahr der Person geprägt wurde, der ich gratuliere. Manchmal ist es auch etwas Ausgefalleneres. Ich habe mir einmal eine Menge von Miniteilen eines Meteoriten gekauft (ja, das kann man wirklich kaufen), der auf die Erde gefallen ist, und versende mit den Geburtstagsbriefen kleine Teile von diesem Meteoriten. Weil Sternstaub, so heißt es, Glück bringen soll.

Bauen Sie sich ein professionelles Netzwerk auf und pflegen Sie es! Netzwerken ist eine Grundvoraussetzung für geschäftlichen Erfolg. Großes gedeiht in Gemeinschaft. Der Kluge kennt vieles, der sehr Kluge viele.

Im Team gibt es Stimmungsbrecher? Sorgen Sie für gute Laune!

Sie sollten aber nicht nur den Menschen Aufmerksamkeit schenken, die für Sie ein potenziell wichtiger geschäftlicher Kontakt sein könnten, sondern auch den Menschen, mit denen Sie täglich zu tun haben. Wir haben ja bereits festgestellt, wie wichtig ein gutes Betriebsklima für die eigene Zufriedenheit ist. Seien Sie sich bewusst, dass Sie einen starken Einfluss darauf haben, dieses Klima mitzubestimmen. Seien Sie nicht wie Herr Aber. Seien Sie lieber Herr oder Frau Positiv. Seien Sie jemand, der gute Laune und Optimismus versprüht. Der gerne im Unternehmen gesehen ist. An den man sich gerne mit seinen Problemen wendet, mit dem man gerne zusammenarbeitet. Seien Sie einfach ein angenehmer Mensch.

Es gibt da einen Spruch, in dem ein gutes Stück Wahrheit steckt: Ein fauler Apfel verdirbt den ganzen Korb. Negative Stimmung verbreitet sich leider sehr schnell und verdirbt die Stimmung im gesamten Betrieb. Dabei geht es gar nicht darum, dass man keine Fehler machen darf oder sich nicht auch einmal über etwas ärgern kann. Natürlich dürfen Sie das. Und natürlich müssen Sie auch nicht jede Entscheidung, die Ihr Chef trifft, total super finden. Die Frage ist nur, wie Sie damit umgehen. Ich persönlich halte es sogar für extrem förderlich, wenn jemand eine andere Meinung hat als ich. Jeder darf eine andere Meinung oder Ansicht haben, muss diese aber auch bitte offen kommunizieren. Diese verschiedenen Betrachtungen unbedingt konstruktiv im Dialog vortragen, statt nur hinter vorgehaltener Hand zu lästern. Lästereien sind etwas sehr Unangenehmes. Wenn Sie etwas so sehr ärgert, dass es Sie innerlich umtreibt, dann sprechen Sie das Thema offen an. Wenn es Sie nicht so sehr ärgert, dass Sie es offen ansprechen würden, dann kann es auch nicht so schlimm sein, dann behalten Sie es für sich. Aber sich hinter vorgehaltener Hand negativ über Kollegen und Vorgesetzte zu äußern, ist nur kontraproduktiv. Und seien Sie ehrlich, Ihnen wäre es doch auch lieber, wenn eine Kollegin oder ein Kollege Sie beiseitenehmen und Ihnen unter vier Augen sagen würde, was sie oder ihn an Ihnen stört – statt das mit den anderen heimlich in der Kantine zu betuscheln.

Lästern ist negative Kommunikation. Sie untergräbt die Autorität von Vorgesetzten und demotiviert die Kollegen. Ein Unternehmen ist eine Gemeinschaft. Und in dieser Gemeinschaft sollten alle am selben Strang ziehen. Das bedeutet nicht, dass alle dieselbe Meinung haben sollten. Aber Meinungsverschiedenheiten müssen offen und transparent ausdiskutiert werden. Es sollte ein offenes Klima herrschen. Das Verhalten von einem Mitarbeiter wie Herrn Aber ist nicht nur schädlich für die Unternehmensgemeinschaft, es verstößt auch gegen den Deal, den er eingegangen ist – den Deal über Dienen und Verdienen: Ich gebe meine Dienstleistung und Arbeitszeit in die Firma, dafür bekomme ich Gehalt, Anerkennung, werde vielleicht befördert. Wenn ich nicht nur meine Dienstleistung zurückhalte, sondern im Gegenteil ohne Anlass die Moral oder die Stimmung verderbe, dann schade ich der Firma, die mich bezahlt. Das ist schlichtweg unfair.

Doch wie geht man mit solchen Stimmungsbrechern um? Auch hier plädiere ich für Transparenz. Suchen Sie, ob nun Kollege oder Chef, zunächst das Gespräch. Gibt es vielleicht einen Grund für die notorisch schlechte Laune des Mitarbeiters? Vielleicht fühlt er sich ja komplett falsch eingesetzt? Wenn Sie einen Abwehrspieler in den Sturm stellen, dann könnte man seine Verärgerung sogar ein Stück weit verstehen. Darüber muss man reden. Genauso gilt: Wenn einer charakterlich negativ punktet, wird er auch nicht in einer anderen Position besser.

Vielleicht hat der Kollege aber auch private Probleme, für die er auf der Arbeit ein Ventil sucht? Vielleicht hat er Ehekrach oder sein Partner ist krank? Auch dann hilft Transparenz. Wenn man die Probleme kennt, die jemand mit sich herumschleppt, kann man ihm vielleicht etwas davon abnehmen. »Du, ich habe gehört, deine Frau muss morgen ins Krankenhaus für eine schwierige Operation. Dann nimm dir doch jetzt einfach so lange frei wie nötig und begleite sie. Du bist im Kopf doch sowieso nicht hier im Büro, das ist menschlich total nachvollziehbar und verständlich.«

Wenn die Kollegin oder der Kollege aber ohne echte Gründe einfach nur schlechte Laune verbreitet, dann muss man sie oder ihn ins Gebet nehmen. »Du, pass mal auf, ich bin hier, weil ich an unsere Firmenziele glaube. Ich bin der Meinung, dass wir alle mehr erreichen, wenn wir uns positiv gegenseitig anspornen, als wenn wir uns gegenseitig runterziehen. Darum würde ich dich bitten, das zu lassen.« Das bedeutet aber auch, dass ich davon ausgehe, dass sich der Mitarbeiter mit der Firma identifizieren kann. Wenn ich bei BMW arbeite, aber BMW eigentlich total furchtbar finde, dann passt das nicht. Dann sollte aber der entsprechende Mitarbeiter das von sich aus ändern. Wenn er sich mit dem Firmenziel, der Kultur, den Werten der Firma nicht identifizieren kann, dann ist er vielleicht noch physisch anwesend, aber hat innerlich bereits gekündigt. Das hilft niemandem. Weder ihm noch dem Unternehmen. Eine solche Situation muss man dann schnellstmöglich beenden, indem man sich im Sinne aller voneinander trennt. Grundsätzlich denke ich, dass die Mitarbeiter, die gut sind, befördert werden, und die, die underperformen und bei denen mehrere Verbesserungsversuche nutzlos waren, sehr schnell ausgewechselt werden sollten. Das hebt die Arbeitsmoral aller, die sich wirklich anstrengen, und zeigt den Mitarbeitern auch, dass sich Leistung lohnt. Oftmals werden die ausgewechselten in einem anderen Job mit neuen Aufgaben auch wieder zufriedener und vielleicht auch erfolgreicher.

Auch wenn man neue Leute einstellt, bin ich dafür, dass man diese so schnell wie möglich – bei Start-ups noch schneller – fördert, wenn sie sich als Leistungsträger erweisen. Passt die, passt der? Dann gibt es eine Beförderung, eine Gehaltserhöhung und Firmenanteile im Rahmen eines Mitarbeiterbeteiligungsprogramms. Passt sie oder er nicht? Dann ist er vielleicht bei einem anderen Unternehmen besser aufgehoben.

Die Stimmung im Team ist immer nur so gut wie die Stimmung der Mitarbeiter. Seien Sie jemand, der gute Laune versprüht. Und: Lästern Sie nicht! Wer sich und andere positiv anspornt, erreicht mehr.

Sie sind ein Ego-Spieler? Werden Sie zum Super-Teamplayer

Erfolgreich zu sein bedeutet auch, sich anderen gegenüber durchzusetzen. In der Vergangenheit gab es die Redewendung, dass man auch mal die »Ellbogen ausfahren« müsste, um aufzusteigen. Damit war gemeint, dass man seiner innerbetrieblichen Konkurrenz in bestimmten Fällen mit aller Härte und Rücksichtslosigkeit begegnen muss, um selber voranzukommen. Ganz nach dem Motto: Jeder ist sich selbst der Nächste. So eine Einstellung und so ein Verhalten gehört ganz klar der Vergangenheit an. In der heutigen, immer transparenteren Arbeitswelt sind Rücksichtslosigkeit und Ego nicht mehr die richtigen Instrumente, um vorwärtszukommen. In der heutigen Arbeitswelt hat sich längst die Erkenntnis durchgesetzt, dass das »Wer« vor dem »Was« steht. Das bedeutet, dass viele Unternehmen verstärkt auf die Soft Skills ihrer Leute achten. Von der Führungskraft bis zur neu angefangenen Kollegin.

Natürlich ist die Qualifikation wichtig. Sie ist die Grundvoraussetzung, um überhaupt in seinem Job zu bestehen. Aber nur, wer auch mit guten Charaktereigenschaften überzeugt, wird auf lange Sicht gut arbeiten und einen wichtigen Beitrag für den Unternehmenserfolg leisten. Das folgt einer ganz einfachen Logik: Je höher ein Angestellter in einem Betrieb aufsteigt, desto weniger bekommt man von seinem Verhalten im Detail mit. Je weiter man jedoch in der Unternehmenshierarchie hochwandert, desto mehr steht man vor der Herausforderung, sich mit Führungskollegen auszutauschen, mit Mitarbeitern zu reden und modern und empathisch zu führen. Kurz: Man muss mit Menschen gut können.

Egal in welcher Position man ein erbärmliches Sozialverhalten pflegt, man schadet den Mitarbeitern, den Geschäftspartnern und der Firma. Denn positive Soft Skills sind außerordentlich wichtig. Wer sich dagegen nur auf seine fachliche Qualifikation verlässt, dabei aber eher eigenbrötlerisch agiert, der wird vielleicht ein hoch spezialisierter Experte, müsste aber eigentlich ein Einzelzimmer bekommen, damit er seine Kollegen nicht permanent runterzieht. Sicher gibt es in manchen

Chef-Positionen noch immer Dinosaurier. Alpha-Männchen, mitunter auch Alpha-Weibchen, die glauben, durch Härte und das Ausspielen von Macht ihre Position verteidigen und ihre Autorität beweisen zu müssen. Doch auch diese Macho-Dinosaurier sind zu Recht vom Aussterben bedroht. Ich empfehle, andere so zu behandeln, wie man selbst behandelt werden möchte.

Wir können jetzt schon in Amerika sehen, wie sich auch die deutsche Unternehmenskultur bald verändern wird. Etwa bei meiner amerikanischen Venture Capital Gesellschaft, Maschmeyer Group Ventures. Dort setzen wir auf den expliziten Wunsch der Mitarbeiter auf Tools, die absolute Transparenz gewährleisten. Mit Programmen wie Airtable, Affinity oder dem auch in Deutschland häufig benutzten Slack »protokollieren« sämtliche Mitarbeiter ständig, an welchen Projekten sie gerade arbeiten, wie weit sie sind und welche Gedanken sie sich so machen. Außerdem wird jedes Geschäftsgespräch protokolliert, sodass es für alle anderen Mitarbeiter nachvollziehbar wird. Ja, man kann seinen Kollegen sogar in den Kalender reingucken. Absolute Transparenz. Wenn ein Teammitglied ein Start-up in New York besucht, während die anderen Teammitglieder Gründer in Seattle treffen, dann stehen sie die gesamte Zeit via Chat in Kontakt und tauschen sich aus. »Frag ihn doch mal dies und jenes.«

Es gibt Firmen und Start-ups, wo jeder alles wissen darf. Wo es überhaupt keine Geheimnisse mehr gibt. Warum auch? Wir ziehen ja alle an einem Strang. Wollen alle gemeinsam die Firma nach vorne bringen. In solch einer Unternehmenskultur sind Egos nicht mehr gefragt. Entsprechend wird zunehmend auf den Charakter der Angestellten geachtet. Sind sie sozialkompatibel? Teamfähig? In dieser neuen, modernen Arbeitswelt kommen Sie nicht mehr am weitesten, wenn Sie sich selber brutal und egozentrisch in den Vordergrund drängen. Sondern wenn Sie ein Teamplayer sind, der es schafft, durch sein Verhalten das gesamte Unternehmen nach vorne zu bringen. Eine Firma kann es sich heutzutage gar nicht mehr erlauben, ihren Mitarbeitern gegenüber zu signalisieren, dass man nur nach vorne kommt, wenn man ein Egoist ist und andere Mitarbeiter schlecht behandelt. Daraus folgt, dass sich eine neue Kultur des Miteinanders etablieren wird, die künftig mehr und mehr auf Teamspieler setzen wird. Und das wird sich lohnen! Eine Studie einer großen Personalberatungsfirma hat Vorstandschefs von 50 großen deutschen Unternehmen befragt und kam zu dem Ergebnis: Die Unternehmenskultur macht sich bezahlt. Zufriedenere und glücklichere Mitarbeiter spülen mehr Geld in die Kassen. Firmen, die prosperieren und wachsen wollen, müssen also auf eine positive Kultur setzen. Eine bejahende Unternehmenskultur gibt Grundvertrauen, senkt die Sorgen im Umgang mit Fehlern, erhöht die Durchlässigkeit der Ideen von unten nach oben. Laut Studie haben die Firmen, die großen Wert auf ihre Unternehmenskultur legen ein doppelt so hohes Wachstum erlebt, wie die Unternehmen, die keine aktive Gestaltungsrolle eingenommen haben.

> Pflegen Sie in Ihrem Team absolute Transparenz und seien Sie auf Augenhöhe mit Ihren Kollegen. Wer an einem Strang zieht, braucht keine Geheimnisse voreinander. Die Zeit der Alpha-Männchen und -Weibchen ist vorbei. Ihr Ego ist nur ein Stolperstein, der Ihnen im Weg steht!

Sie wollen vor anderen gut aussehen? Lassen Sie lieber das Unternehmen glänzen!

Sie sollten sich auf Ihrem beruflichen Weg eine zentrale Frage stellen: Will ich im Arbeitsalltag nur gut aussehen vor den Kollegen oder untergeordneten Mitarbeitern, oder will ich die Firmenziele erreichen? Ich habe es sehr oft erlebt, dass bei Menschen in Führungspositionen, aber auch bei Gründern oder Angestellten, die eigentlich fachlich gut sind und über genügend Stärken und Fertigkeiten verfügen, das eigene Ego im Wege steht, um wirklich voranzukommen. Es gibt Ego-Vertriebler, die sich einfach wahnsinnig gerne selber reden hören. Sie vergessen aber: Ihre potenziellen Kunden interessieren sich in erster Linie nicht für ihre Persönlichkeit. Sondern dafür, welche Dienstleistungen sie ihnen bieten. Die Egoisten, die hören sich lieber reden, statt anderen zuzuhören. Dabei ist Zuhören zentral, weil man dann viel mehr erfährt und Ideen entwickeln kann. Der Ideen-Trust eines ganzen Teams bringt das Produkt und das Unternehmen nach vorne. Und bedenken Sie, nur wenn das Produkt oder die Dienstleistung beziehungsweise das Geschäftsmodell immer besser wird, geht es auch dem Unternehmen gut und Ihnen ebenso.

Es bringt Ihnen nichts, einen steilen Karriereaufstieg anzustreben und sich auf Kosten anderer firmenintern zu profilieren, wenn Sie dabei die Firmeninteressen und Unternehmensziele vernachlässigen. Das Gesamtunternehmen, in dessen Führungsgremium Sie womöglich sind, könnte dann den Bach runtergehen. Durch meine Frau habe ich vor einigen Jahren in Malibu den französischen Regisseur und Filmproduzenten Luc Besson kennengelernt. Er sagte uns, dass es gerade auch in der Filmbranche zahlreiche Diven männlicher und weiblicher Art gibt. An jedem ersten Drehtag bläut Luc Besson daher jedem einzelnen Mitarbeiter seines Teams eine klare Botschaft ein: Der König ist der Film. Das ist unser Boss. Nicht ihr. Am Ende geht es um das Produkt und nicht um eure Egos. Dieser Grundsatz des französischen Star-Regisseurs gilt für jede Branche: Der König ist die Firma. Auch der Kunde ist König. Die Stärke des Produkts ist der Erfolg. Und wir alle, von der Regisseurin bis zum Maskenbildner, wir sind nur die Diener. Wenn wir uns wichtiger nehmen als den Erfolg des Projektes, ist das keine Stärke, sondern eine Schwäche. Ego ist Eitelkeit, manchmal Narzissmus und mündet oft auch in Arroganz. Das hat im Arbeitsleben nichts verloren. Wenn Sie also über die Schwelle zu Ihrem Büro treten, nehmen Sie sich vor, Ihr Ego vor der Tür zu lassen. Werden Sie lieber in der Firma wichtig, als sich selbst zu wichtig zu nehmen.

Viele Menschen glauben, dass Demut eine Schwäche ist. Aber das ist Quatsch. Seien Sie demütig, indem Sie immer mal wieder Ihren Weg, Ihren Stil, Ihren Arbeitsmodus hinterfragen. Ist das jetzt wirklich der richtige Weg, den wir hier gehen? Was müssen wir besser machen, um noch besser zu werden? Erfolg haben ist wichtiger, als recht zu haben. Und der Erfolg der Firma ist ganz besonders auch Ihr Erfolg.

> Begreifen Sie, dass es in einem Unternehmen nicht um Sie geht. Lassen Sie Ihr Ego vor der Bürotür. Der König ist die Firma. Und der Kunde ist immer noch König. Die Stärke des Produkts ist am Ende auch Ihr Erfolg.

3. Gründung

Wenn Sie das Gefühl haben, dass Sie in Ihrem bestehenden Unternehmen nicht mehr weiterkommen und nicht die Dinge umsetzen können, die Sie gerne umsetzen würden, dann lassen Sie es doch einfach hinter sich. Vielleicht werden Sie selbst zur Gründerin oder zum Gründer. Als Gründer haben Sie ganz besondere Möglichkeiten, Ihre Mitarbeiter zu motivieren und zu fördern. Sie müssen nicht auf alte verkrustete Strukturen Rücksicht nehmen, sondern haben es nun selber in der Hand, für andere Menschen die Grundvoraussetzungen für ein gutes Arbeitsleben zu schaffen. Denken Sie also an die genannten Grundvoraussetzungen: Suchen Sie sich Mitarbeiter, die eine innere Motivation haben, bei Ihnen zu arbeiten, und Ihre Vision teilen. Schenken Sie diesen Mitarbeitern die Wertschätzung, die sie benötigen. Und schaffen Sie ein positives und angenehmes Arbeitsklima, bieten Sie typgerechte Fortbildungsmöglichkeiten, damit sich Ihre Mitarbeiterinnen und Mitarbeiter weiterentwickeln können.

In Ihrem Unternehmen gibt es Hierarchien?
Reißen Sie sie nieder!

Als Start-up-Investor bin ich längst ein großer Fan von flachen Hierarchien. Viele Traditionskonzerne haben noch immer ein falsches Bild von Mitarbeiterführung. Mein jüngerer Sohn Maurice wollte schon immer Designer werden. Schon mit zehn Jahren hatte er den großen Wunsch, Boote zu entwerfen. Wenn wir in irgendeiner Bucht vor Anker lagen, dann hat mein Sohn Boote gezeichnet. Wir haben Karten gespielt, er hat gezeichnet,

gezeichnet, gezeichnet. Nach seinem Abitur hat er dann im kalifornischen Pasadena im Art Center College of Design studiert. Nach einigen Jahren musste er auch Praktika absolvieren. Er entschied sich für zwei Stationen. Das erste Praktikum machte er bei Ferrari in Modena, Italien. Dort gab es eine strenge Hierarchie. Jeder hatte seinen Job, und für diesen Job war er dann auch verantwortlich. Mein Sohn machte in dieser Zeit eine besondere Erfahrung. In Italien – so zumindest seine Erfahrung – kannst du die beste Idee der Welt haben – sie wird nicht einmal beachtet, wenn sie nicht von den oberen Führungskräften oder sogar den Bossen selbst stammt. Dann kam er zu Porsche, die eine ganz andere Unternehmenskultur hatten. Bei Porsche sagte man, wir wollen die beste Idee, völlig egal, von wem diese Idee stammt. Wenn der Praktikant einen Einfall hat, der gut ist, dann ist das ein guter Einfall. Mein Sohn durfte eine seiner Ideen dann sogar vor einem Vorstand präsentieren. Allerdings störten ihn bei Porsche die starren Arbeitszeitvorschriften. Arbeitete er mal an einer Idee und war noch nicht fertig, musste er trotzdem gehen. Seine Erkenntnis daraus: Er wollte nicht in einem unflexiblen Großkonzern arbeiten. Daraufhin studierte er an der University of Southern California in Los Angeles und machte seinen *Master of Science in Innovation and Entrepreneurship*. Seitdem ist er in der kalifornischen Start-up-Welt zu Hause.

Wir reden sehr häufig über Einkommens- und Gehaltsdurchlässigkeit, sogar Gehaltstransparenz wird immer häufiger gefordert. Das ist wichtig und richtig. Aber das muss auch für Ideen gelten. Wenn die neue Kollegin inmitten ihrer ersten Besprechung sagt, liebe Kollegen, warum macht ihr das nicht so und so – auch wenn das die Alteingesessenen schockt: Genauso muss das sein! In vielen Traditionskonzernen heißt es noch: Wer oben ist, ist schlauer. Wer allerdings ganz schlau ist, nutzt das Potenzial aller, das Potenzial der kreativen Kraft von allen Mitarbeitern, auch den jungen und rangniedrigeren. Die Intelligenz der ganzen Truppe. Wenn ich zehn Mitarbeiterinnen und Mitarbeiter in meiner Abteilung habe, dann haben die so viel mehr an Lösungsideen, an Vorschlägen, an Kreativität als die einzelne Führungsperson. Die dümmste Gruppe ist immer noch schlauer als der schlauste Einzelne.

Und, da Sie ja bereits gelernt haben, Ihr Ego vor der Bürotür zu lassen: Verkaufen Sie die Vorschläge Ihrer Mitarbeiter nicht als die Ihren, sondern seien Sie fair. »Eine meiner Mitarbeiterinnen hatte gestern einen super Vorschlag, was halten Sie von dieser Idee?« Das macht Sie nicht kleiner, im Gegenteil, das beweist, dass Sie ein Teamplayer sind, der viel aus dem Team rausholt und sich dadurch für höhere Aufgaben qualifiziert.

> Wer wirklich schlau ist, nutzt das Potenzial aller – die Intelligenz der ganzen Truppe. Wer oben ist, ist schlauer? Unsinn! Handeln Sie wirklich schlau: Denn die dümmste Gruppe ist immer schlauer als der schlauste Einzelne.

Ihr Team besteht aus gleichen Charakteren? Bauen Sie es um!

Viele Menschen glauben gerade im Berufsleben ihre eigenen Schwächen verbergen zu müssen. Aber das ist grundfalsch. Zeigen Sie Ihre Schwächen! Gehen Sie transparent mit ihnen um! Ihr Team, Ihre Mitarbeiter wollen Ihnen helfen, wollen sie kompensieren, weil sie umgekehrt selber genauso dankbar dafür sind, wenn ihre Schwächen kompensiert werden. Eigene Schwächen einzuräumen ist keine Kapitulation, sondern der Beginn diese Schwächen zu überwinden. In einem erfolgreichen Unternehmen geht es darum, das Potenzial Ihrer Mitarbeiter zu erkennen und zu nutzen, und es geht darum, die Stärken der Einzelnen hervorzuheben, statt zu viel Zeit damit zu verschwenden, bloß ihre Schwächen auszugleichen. Viel erfolgversprechender ist es, die Schwächen durch die Stärken anderer wieder aufzufangen. Entsprechend sollten die Teams aus links- und rechtshirnhälftig denkenden Menschen bestehen. Sprich: Aus rational und emotional denkenden Menschen. Ich bin ein großer Freund von komplementären Teams. Gerade bei jungen Gründern rate ich immer dazu, ein Team möglichst aus drei Leuten zu bilden: Einer sollte zum Beispiel der absolute Fachexperte sein, der tief in der Materie ist. Einer sollte herausragende kommunikative Fähigkeiten haben, um das Produkt gut bei Investoren und Käufern pitchen zu können, und der Dritte sollte idealerweise organisatorische Erfahrungen haben und wissen, wie man ein Unternehmen leitet. Wie auch immer sich unterschiedliche Stärken, Neigungen und Kompetenzen zusammensetzen: Der Mix machts. Wie bei der ausgewogenen Ernährung.

Für Gründer gibt es nicht den einen richtigen Weg zum Erfolg. Dafür aber viele falsche. Schulintelligenz reicht nicht als Gründerintelligenz. Dazu gehören visionäres Denken, menschliche Empathie und Kommunikationsstärke. Wenn sich drei absolut fachlich versierte Kommilitonen aus dem Studienbereich »Künstliche Intelligenz« zusammenfinden, um eine Firma zu gründen, dann sind das zwei zu viel und zwei fehlen. Eigentlich müssten diese Gründer in der Mittagspause einmal rüber zu einer anderen Fakultät gehen und sich dort noch einen kommunikativen BWLer suchen, der die Finanzen und die Kommunikation macht. Wenn Sie also Teams bilden, egal ob es sich um temporäre oder langfristig aufgestellte Teams handelt, dann suchen Sie sich immer Antagonisten statt Menschen, die genauso ticken wie Sie. Sich Antagonisten zu suchen ist übrigens auch im Privatleben vorteilhaft. Umgeben Sie sich nicht ständig mit Menschen, die so denken, wie Sie es tun. Das ist doch langweilig. Sie befinden sich dann in einer ständigen Wohlfühl-Blase, in der Sie zwar wegen gleicher Ansichten und Präferenzen Bestätigung bekommen, aber doch nicht wirklich herausgefordert werden. Das bringt Sie nicht voran. Auch bei der Partnerwahl ziehen sich oft Gegensätze an. Bei uns ist das jedenfalls so. Meine Frau ist emotional, kreativ, spontan, kann sich gut Dinge in ihrem Kopfkino vorstellen, während ich eher logisch und rational bin. Damit der eine versteht, was den anderen bewegt, tauschen wir uns viel aus. Eine Folge davon ist, dass ich heute deutlich mehr Gefühle zeigen kann als früher.

Das Gegensatz-Modell funktioniert auch gut bei der Teambildung innerhalb des Unternehmens. Es gibt eine Faustregel bei der Bildung komplementärer Teams: Sie funktionieren immer dann besonders gut, wenn Sie es schaffen, in einem Team alle vier Persönlichkeitstypen unterzubringen. Laut dem noch heute anerkannten DISG-Modell werden vier grundsätzliche Verhaltensstile definiert, die bei Menschen auftauchen: der dominante, der initiative, der stetige und der gewissenhafte Stil. Alle diese Verhaltensstile haben Vor- und Nachteile.

Menschen mit dominantem Verhaltensstil sind Macher. Sie wollen ihre Umgebung aktiv verändern. Während Menschen mit einem dominanten Verhaltensstil gerne mit dem Kopf durch die Wand wollen, sind Menschen mit initiativem Verhaltensstil eher darauf bedacht, ihre Ziele gemeinschaftlich zu erreichen. Sie wollen anderen Menschen ihre Sichtweise nicht aufdrängen. Sie wollen sie mit guten Argumenten überzeugen.

Menschen mit einem stetigen Verhaltensstil hingegen sind sehr sicherheitsbedürftig. Sie gehen ungern Risiken ein, bewegen sich lieber in gewohnter Umgebung und halten an bekannten Routinen fest. Sie haben in der Regel seltener den Gesamtprozess im Blick und fühlen sich wohler, wenn sie einen Schritt nach dem anderen machen.

Menschen mit einem gewissenhaften Verhaltensstil zu guter Letzt sind Perfektionisten, die sich gerne im kleinsten Detail um ihre Aufgaben kümmern. Sie durchdenken die Dinge von allen Seiten, versuchen jeden Fehler schon im Vorfeld zu vermeiden und setzen auf Qualität und Präzision bei ihrer Arbeit. Ein ideales Team ist ein Team, das aus all diesen Typen besteht, denn sie ergänzen sich gegenseitig. So sollte das perfekte Gründerteam kreativ, kommunikativ, strukturiert und pragmatisch sein. Orientieren Sie sich nur an den Besten! Achten Sie darauf, Menschen einzustellen, die in ihren Spezialgebieten noch besser sind, als die Mitglieder des Gründerteams.

> Bilden Sie komplementäre Teams! Wenn alle nur gleich denken, dann kann daraus unmöglich Innovatives und Neues entspringen. Gegensätzliche Charaktere sorgen für das nötige Spannungsfeld, in dem ganz Großes entstehen kann. Vielfalt vor Einfalt!

Sie haben Vorbilder?
Suchen Sie sich lieber Mentoren!

Ich empfehle insbesondere jungen Menschen, sich eine Mentorin oder Mentor zu suchen. Am besten wäre es sogar, wenn sie sich zwei Mentoren suchen. Eine Person für Lebensfragen und eine Person für fachliche Fragen. Das ist ein großer Unterschied. Ein Computer-Scientist braucht Fachgespräche. Er braucht professionellen Austausch. Und den führt er zum Beispiel am besten mit einem Professor für Künstliche Intelligenz. Einem Fachmentor. Und gleichzeitig braucht er jemanden, mit dem er über die großen Fragen des Lebens diskutieren kann. Fragen über soziale Kontakte, mentale Gesundheit und Probleme mit Kolleginnen oder Kollegen.

Ich bedauere sehr, dass ich selber nie eine Mentorin oder einen Mentor hatte. Den Begriff kannte ich gar nicht, als ich gegründet habe. Damals ging man, wenn überhaupt, eher auf ein Zwei-Tages-Seminar und hat sich dort Tipps von anonymen Fachmännern oder Fachfrauen geholt. Da hat man sich Dinge abgeschaut. Sich Dinge abzuschauen ist etwas, das Sie unbedingt machen sollten. Suchen Sie sich keine Vorbilder. Nehmen Sie sich die besten Eigenschaften von Menschen zum Vorbild, aber nicht den Menschen mit allen Facetten an sich. Niemand ist in allem gut und ein würdiges Vorbild. Der Chefarzt, der gewinnend und sympathisch in der Klinik ist, kann zu Hause ein grober Tyrann sein. Suchen Sie sich Menschen, die Sie inspirieren, und schauen Sie, was Sie von ihnen lernen können. Von dem einen können Sie lernen, wie man Mitarbeiter positiv behandelt. Von einem anderen können Sie lernen, wie man richtig kommuniziert. Andere sind tolle Beispiele im Durchhalten, andere sind herausragend mutig. Mentoren sind die Menschen, die Sie herausfordern. Es sind Menschen, die Ihnen auch hin und wieder einmal auf die Nerven gehen, weil sie ehrlich zu Ihnen sind. Und weil sie Ihr volles Potenzial aus Ihnen herauskitzeln wollen.

Bleiben Sie auch bei Ihrer Suche nach Vorbildern flexibel. Niemand ist in allem gut. Orientieren Sie sich nicht nur an der EINEN Person. Holen Sie sich lieber gewinnende Inspirationen von unterschiedlichen Mentoren. So bekommen Sie die besten Eigenschaften von den jeweils Besten.

II. ELEMENT:

FINANZEN

Heute war endlich der große Moment. Ich hatte mich schon seit Tagen – ach was! –, seit Wochen darauf gefreut. Fasching! Das bedeutete nicht bloß, dass der meist so nervige Unterricht ausfiel. Das bedeutete auch, dass wir in der Turnhalle unserer Schule eine große Party feiern konnten. Es war einer dieser wenigen Tage im Jahr, die mich aus meinem doch sonst sehr strikten Alltag herausrissen. Außerdem war ich gerade einmal elf Jahre alt, und mit elf Jahren freut man sich umso mehr darauf, dass einem auch einmal erlaubt wird, ausgiebig zu feiern. Das kommt schließlich nicht allzu häufig vor.

Der besondere Moment wurde auch dadurch so besonders, dass bei uns in der Schule schon seit mindestens einer Woche über nichts anderes gesprochen wurde. Und speziell eine Frage war entscheidend: Als was gehst du? Max, ein Junge aus meiner Klasse, berichtete stolz, dass er mit seinen Eltern eine ausgedehnte Shoppingtour gemacht habe. Sie hätten lange gesucht, aber schließlich eine amerikanische Polizeiuniform ergattern können. Nicht schlecht! Ein anderer Klassenkamerad erzählte selbstgewiss, dass er sich mit seinem Vater in vier verschiedenen Geschäften einen prunkvollen Indianerschmuck zusammengekauft hätte. Eine bloße Federkette im Haar wäre ihm zu gewöhnlich. Auch das wurde mit einem anerkennenden Raunen auf dem Schulhof honoriert. Doch je mehr die anderen Kinder von ihren Verkleidungsplänen erzählten, desto unsicherer wurde ich. Denn ich hatte noch kein Kostüm. Das kannte ich bereits. Die ersten vier Jahre auf der Grundschule, da war es ähnlich. Fast alle anderen Kinder kostümierten sich, und ich blieb einfach nur ich selbst. Der kleine Carsten ohne Kostüm. Meine Hoffnung war, dass sich das auf der weiterführenden Schule nun ändern sollte.

»Drängle nicht«, hatte meine Mutter zu mir gesagt. »Es ist noch eine Woche Zeit.« Es war nicht so, dass ich meiner Mutter in solchen Fragen nicht vertraut hätte, aber ich kannte ihre finanziellen Möglichkeiten ganz gut. Und die waren ziemlich limitiert. Einkaufen in einem Spezialgeschäft? Das wäre völlig unmöglich für uns gewesen. Im Gegenteil. Zu Hause mussten wir jede Mark dreimal umdrehen. Wir hatten von allem zu wenig.

Ich habe darum schon recht früh angefangen, Geld zu sparen, weil ich erkannte, dass es für mich als Kind die einzige Möglichkeit war, mir jemals die Dinge leisten zu können, die ich gerne besitzen würde. Ich bekam damals jeden Tag 30 Pfennig. Damit sollte ich mir ein Pausengetränk in der Schule kaufen. Kakao, Milch, Orangensaft. Irgendwann erkannte ich, dass ich auf das Pausengetränk verzichten könnte – und dafür dann pro Tag drei Groschen mehr in der Tasche hatte. Nach einer Schulwoche hatte ich schon 1,50 D-Mark. Das war für mich eine Menge Geld. Wenn ich genug Groschen zusammenhatte, ging ich bei uns in den Schreibwarenladen und bat den Besitzer, mir das Geld einzutauschen. Und so stapelten sich dann irgendwann die ersten Fünf-Mark-Stücke in meinem Kinderzimmer. Ich fühlte mich wie ein kleiner Millionär. Zumindest für kurze Zeit. Denn das Geld behielt ich nicht lange, sondern investierte es in Dinge, in die man sein Geld als Heranwachsender sinnvollerweise nun einmal investierte. Zuallererst in gute Rockplatten. Das war meine Traumwelt. Musik hören und gedanklich ganz woanders sein können.

Und so hatte ich auch in der Woche vor Fasching kein Geld mehr übrig, das ich in ein Kostüm hätte investieren können. Mir blieb nichts anderes übrig, als auf die Kreativität meiner Mutter zu vertrauen. »Keine Sorge, wir finden schon was für dich«, sagte sie. Doch je näher die große Party heranrückte, je mehr meine Klassenkameraden von ihrer Kostümausbeute berichteten, desto nervöser wurde ich.

»Mama, du weißt, dass in zwei Tagen …?«

»Ja, ja …«

Auch wenn die Anspannung stieg – ich glaubte daran, dass meine Mutter sich etwas würde einfallen lassen. Denn obwohl sie sparte, wo sie nur sparen konnte, sie würde mich nicht im Stich lassen. Sie würde mich mit einer guten Kostümidee überraschen. Und so wachte ich am Morgen des großen Tages auf, machte mich fertig und lief dann zu meiner Mutter ins Wohnzimmer. »Mama«, sagte ich. »Du weißt, dass heute die große Faschingsparty ist?«

»Ach ja«, sagte sie und zuckte mit den Schultern. Dann ging sie zur Kommode, öffnete eine Schublade, zog ein kleines, spitzes Partyhütchen von Silvester heraus und setzte es mir auf den Kopf. »Gut siehst du aus«, sagte sie zu mir und schickte mich dann los.

Es gibt Momente und Erinnerungen, die sich einbrennen. Dies war so ein Moment. Ich habe mich noch nie in meinem Leben so sehr geschämt. Mit gesenktem Kopf und Partyhütchen ging ich in die Schule. Es herrschte jede Menge Lärm. Die anderen Kinder liefen durch die Flure und spielten Cowboy und Indianer.

»Hey«, hörte ich einen Jungen rufen. »Guckt mal, der Carsten. Wie sieht der denn aus?«

»Hat wohl Fasching mit Silvester verwechselt?«

Höhnisches Lachen. Das tat weh. Ich hatte mich so sehr gefreut, mich an diesem Tag als etwas darstellen zu können, was ich nicht bin. Und jetzt wünschte ich mir nur noch, dass ich gar nicht mehr gesehen werde. Dass ich einfach nur verschwinden würde.

Ich habe mich noch nie in meinem Leben so wertlos gefühlt. Ich hätte in diesem Moment am liebsten meine gesamte Plattensammlung gegen ein ordentliches Kostüm eingetauscht. Irgendwann dachte ich mir, dass ich was tun müsste. Irgendetwas ändern. Also ging ich zu einem der Mädchen, die sich als Cowgirl verkleidet hatte und fragte sie, ob sie mir ihren Plastikrevolver leihen könnte. Sie war gut ausgerüstet und hatte zwei davon. Ich ließ meinen Charme spielen, und sie ließ sich darauf ein. Von einem Klassenkameraden, der ein perfektes Cowboy-Kostüm hatte, wollte ich mir den Westernhut leihen. Aber er wollte nicht. Also kaufte ich ihm den Hut ab. Geld hatte ich keins. Aber ich stotterte meine Schulden in den nächsten Wochen dann mit meinen Essensmarken in der Schule ab. Und so stand ich da. Ein halber Cowboy. Aber immer noch besser, als der Idiot mit dem Silvesterhütchen. So richtig genießen konnte ich die Party trotzdem nicht.

Als ich abends nach Hause kam und mich in mein Bett legte, da dachte ich über den Tag nach. Und das alles nur, weil wir arm waren. Weil wir uns nicht mehr leisten konnten. Ich nahm mir vor, dass ich später nie wieder arm sein wollte.

Warum Finanzen ein Element Ihres Erfolgs sind

In der Zeit, in der ich in meinem Leben am wenigsten hatte, da lernte ich am meisten, was es heißt, kreativ zu werden. Was es heißt, sich wortwörtlich aus einer unangenehmen Situation herauszuarbeiten. Meine Eltern waren nicht reich. Aber ich war es. Reich an Träumen. In den nächsten Jahren fing ich an, mir Jobs zu suchen. Geld zu sparen. Es anzulegen. Und mir ein Vermögen aufzubauen. Mir war eine Sache ganz klar: Ich wollte nie wieder arm sein. Heute bin ich überzeugt: Jeder Mensch kann reich werden, denn Reichwerden beginnt im Kopf. Reichwerden beginnt mit den Gedanken über Ihren Umgang mit Geld und dem Traum, Ihre finanziellen Wünsche zu erfüllen. Ganz sicher: Geld ist bei Weitem nicht alles. Aber eine gewisse finanzielle Unabhängigkeit zu besitzen, ist eines der wesentlichen Elemente eines erfolgreichen Lebens, denn Reichtum ermöglicht Ihnen eine Unabhängigkeit, die Ihnen einige Sorgen und Probleme nimmt, die in unserer materiellen Gesellschaft oftmals am einfachsten mit Geld zu lösen sind. Entscheiden Sie sich also für das Leben, das Sie sich erhoffen.

In diesem Kapitel möchte ich Ihnen zeigen, dass das Geheimnis, wohlhabend zu werden, einzig aus einer bewussten Entscheidung entsteht. Ich möchte Ihnen zeigen, mit welchen kleinen Schritten Sie es zunächst schaffen, einen gewissen Geldbetrag anzusparen und diesen Geldbetrag dann mit klugen Investments zu vermehren. Ich werde Ihnen anschließend verschiedene Anlagestrategien aufzeigen – vom Aktiensparen zum Immobilienkauf hin zum Umgang mit Kryptowährungen. Ich werde Ihnen zeigen, wie Sie Ihre Geldintelligenz erweitern, denn ich bin überzeugt: Finanzbildung ist die erste Form der Vermögensbildung. Die Höhe des Geldvermögens wird vom finanziellen Denkvermögen beeinflusst.

1. Ansparen

Sie wollen Ihre Finanzlage ändern? Dann fassen Sie einen Entschluss!

Für mich war schon als Kind klar: Nicht genügend Geld in der Tasche zu haben, das ist Mist. Meine Erfahrungen auf der Faschingsparty waren nur eine von vielen Geschichten, die mich dazu führten, dass ich mir fest vornahm, eines Tages genügend Geld besitzen zu wollen, um nie wieder in eine solch unangenehme Lage zu kommen. Reichwerden startet mit Ihrer Entscheidung, dass Sie reich werden wollen. Dieser zu treffende Entschluss ist zunächst wichtiger als die Fragen, wie viel Geld Sie verdienen, wie viel Vermögen Sie schon haben und wie Sie das Kapital am besten anlegen möchten.

Am Startpunkt Ihrer Reise zum Reichtum sollten Sie eine ungeschönte Inventur Ihres Finanzstatus beziehungsweise Vermögens vornehmen, herausfinden, welche Wünsche für Sie wirklich erstrebenswert sind sowie Ihre konkreten Finanzziele festlegen, und zwar ganz präzise mit einem Datum, bis wann Sie diese erreichen wollen.

Viele Menschen überschätzen, was sie kurzfristig erreichen können, und unterschätzen, was langfristig möglich ist. Früher sprach man vom Zinseszinseffekt – aber heute spielen Zinsen keine Rolle mehr. Wir sprechen vom Renditenrenditeeffekt. Durch die Nutzung des Renditenrenditeeffekts wird das Unmögliche eben doch möglich.

Wie Sie mit Ihrem Geld umgehen, ist wichtiger als die Menge, die Sie zum jetzigen Zeitpunkt zur Verfügung haben.

Bevor Sie sich dazu entscheiden, ein Vermögen aufzubauen, sollten Sie sich die Frage stellen, aus welchem Grund Sie eigentlich ein Vermögen aufbauen wollen. Worum geht es Ihnen? Wer einfach nur sagt, dass er in Zukunft eine bestimmte Summe beisammenhaben möchte, der wird wenig Freude bei der notwendigen Selbstbeherrschung für den Vermögensaufbau verspüren. Denn, so viel muss Ihnen klar sein, der Weg zur finanziellen Unabhängigkeit ist am Anfang beschwerlich und sehr lang. Wer jedoch ein konkretes Ziel vor Augen hat, dem fällt das Sparen und der damit einhergehende Verzicht sehr viel leichter. Besteht das Ziel darin, Startkapital für die Selbstständigkeit oder langfristig eine schuldenfreie Immobilie zu besitzen? Möchten Sie vielleicht ein paar Jahre früher in Rente gehen? Besteht das Ziel darin, den eigenen Kindern ein tolles Studium im Ausland zu ermöglichen, was absehbar sehr kostenintensiv wird?

Machen Sie sich klar: Wer Vermögen aufbauen will, der wird einen langen Weg gehen, und dieser Weg ist nicht unbedingt angenehm. Sie müssen das auch wollen. Das eigene Geld zu vermehren und Ihr Reichwerde-Potenzial auszuschöpfen ist ein Konzept, das Disziplin benötigt. Ein Marathon, kein Sprint. Sie werden sich zunächst einschränken und dann sehr konsequent sein müssen. Wer sein Reichwerde-Potenzial ausschöpfen möchte, der kann nicht bloß in den Tag hineinleben. Denn es geht hier nicht um kurzfristige Erfolgserlebnisse und schöne Gefühle. Das ist eine Entscheidung mit Willenskraft. Das ist der Scheideweg.

Setzen Sie sich das Ziel, reich zu werden.

> Schöpfen Sie Ihr Reichwerdepotenzial aus. Machen Sie sich bewusst, dass es ein langer Weg ist. Sie benötigen einen Plan und genügend Disziplin.

Sie verdienen Geld?
Lassen Sie auch Ihr Geld nun Geld verdienen!

Ich war gerade 13 Jahre alt geworden, als ich im Jahr 1972 konfirmiert wurde. Ein paar Tage vor dem kirchlichen Ereignis, da merkte ich, dass es neben den geistigen Weihen für mich auch einen gewissen materiellen Segen geben würde. Irgendwie war es bei den Nachbarn und Verwandten üblich, sich zu diesem besonderen Anlass Geldgeschenke zu machen. So bekam ich viele Briefumschläge mit 5-, 10- oder 20-Mark-Scheinen.

Von meinem Opa bekam ich 300 D-Mark, von meinem Stiefonkel 100 D-Mark, und insgesamt hatte ich am Ende knapp 1000 D-Mark zusammen. Damit könnte ich jetzt schöne Einkäufe machen, dachte ich. Aber nur kurz, denn meine Mutter beendete diese Fantasie gleich wieder. Sie eröffnete für mich bei der Stadtsparkasse Hildesheim ein Sparbuch. Damals bekamen Sparbuchinhaber über 4 Prozent Zinsen, sie kaufte aber irgendein Sparpapier, zu über 6 Prozent Zinsen, und sagte mir, erst wenn ich das Abitur habe, darf ich an das Geld ran. Durch die 6 Prozent über sechs Jahre sind aus meinen 1000 D-Mark fast 1400 D-Mark geworden, als ich sie mir endlich abholte. So sauer ich war, dass ich sechs Jahre nicht an mein Geld durfte, so lehrreich fand ich dann aber auch das Ergebnis. Ich lernte, dass sich Geld von selbst vermehrt. Wahrscheinlich hat mich das noch mehr motiviert, in Zukunft Geld zu verdienen, es anzulegen und diese wundervolle Vermehrung mit größeren Summen ganz häufig anzuwenden. Es gibt auch heute noch mannigfaltige Möglichkeiten, sein Vermögen auszugeben, aber es gibt nur zwei Arten, wie Sie es verdienen können. Entweder Sie arbeiten für Ihr Geld und/oder lassen Ihr Geld für sich arbeiten.

Um mehr Geld zu verdienen, müssen Sie zunächst härter arbeiten. Anschließend sollte dann Ihr Geld härter für Sie arbeiten. Also streben Sie den Zweifach-Effekt an:

Verdienen Sie mehr Geld, damit Ihr Geld weiteres Geld verdienen kann.

Haben Sie in einem ersten Schritt Ihre Ziele definiert, geht es nun darum, von dem Geld, das Sie verdienen, etwas einzubehalten, um es anlegen zu können. Dafür müssen wir zunächst einmal eine genaue Analyse des IST-Zustandes vornehmen, sprich, die Summe ermitteln, die Ihnen monatlich für die Vermögensbildung zur Verfügung steht. Diese Summe ist die Differenz zwischen Ihren Einnahmen und Ihren Ausgaben. Die entscheidende Frage ist oft gar nicht, was Sie eigentlich verdienen, sondern was von dem, was Sie verdienen, übrig bleibt. Was Ihre Verfügungsmasse ist. Je mehr Verfügungsmasse Sie haben, desto größer ist das Vermögen, welches Sie daraus aufbauen können. Versuchen Sie, diese Verfügungsmasse zu erhöhen.

Je größer die Differenz zwischen Ausgaben und Einnahmen ist, desto größer ist das Reichwerde-Potenzial. Nicht die Höhe der Einnahmen, sondern die Differenz zu den Ausgaben macht reich.

Durchschnittsverdiener bekommen im Laufe eines Vierteljahrhunderts 1 Million Euro und mehr an Gehalt ausgezahlt. Genug Potenzial für Reichtum. Wenn Sie das Geld nur klug einsetzen. Millionen Menschen haben das erfolgreich vorgemacht. Wenn Sie nicht in der Lage sind, mehr zu verdienen, dann müssen Sie die Kosten stark reduzieren. Oder eben andersherum: Wenn Sie es schaffen, Ihre Einkünfte deutlich zu erhöhen, müssen Sie Ihre Kosten nicht ganz so stark reduzieren. Versuchen Sie also in einem ersten Schritt, diese Verfügungsmasse etwas größer werden zu lassen. Ihr Einkommen beträgt 100 Prozent. Entwickeln Sie Strategien, um möglichst viel von diesen 100 Prozent zu behalten und anzulegen und möglichst wenig davon auszugeben.

Viele der heutigen Reichen werden es Ihnen bestätigen: Auf ihrem Weg zum Reichtum war es nicht so wichtig, wie viel Geld sie verdient haben; entscheidend war vielmehr, wie viel Geld sie beiseitegelegt haben. Am besten gelingt Ihnen das über einen Doppelhebel. Erhöhen Sie Ihr Einkommen und senken Sie gleichzeitig Ihre Kosten. So generieren Sie einen zweifachen Effekt.

Verschaffen Sie sich einen Überblick, wie viel Sie monatlich wirklich verdienen. Und wie viel Sie wofür ausgeben. Ihr Geld ist eine wesentliche Verdienstquelle. Verschleudern Sie es nicht. Vergrößern Sie Ihre Vermögensmasse.

Sie wollen mehr Geld zurücklegen? Erhöhen Sie Ihre Einnahmen!

Im Jahr 2012 investierte ich in das Start-up Orderbird und lernte dort einen Vertriebsmitarbeiter kennen. Orderbird ist ein Anbieter von iPad-Kassensystemen für die Gastronomie. Und der Vertriebsmitarbeiter hatte die Aufgabe, das System an möglichst viele Restaurants zu verkaufen. Je mehr er verkaufte, desto mehr verdiente er. An einem Vormittag führten wir eine etwas härtere Diskussion. Der Mann war unzufrieden mit seinen Gesamteinnahmen und forderte höhere Bonussätze für seine leistungsorientierte Vergütung. Begründung: Seine Frau erwarte ein Kind, die Familie bräuchte eine größere Wohnung, und der Nachwuchs, nun, der kostet schließlich auch sein Geld. Wir erklärten ihm aber, dass sein erhöhter Bedarf ihn nicht zugleich für Orderbird auch wertvoller machen würde, so sehr wir seine Geldwünsche menschlich auch verstehen konnten. Wir erklärten ihm, er würde am leichtesten sein Einkommen erhöhen, wenn er mehr Gastronomen für Orderbird gewinnt und öfter bei Restaurantbesuchen präsentiert. Er ließ sich zähneknirschend darauf ein und sagte, er probiere es ein Vierteljahr, aber wenn das nichts bringt und er nicht höhere Provisionssätze bekommen würde, dann wäre er weg. Das Ergebnis war: Schon im ersten Monat hatte er viel häufiger Termine mit Gaststätteninhabern, Pizzerien und Bistros. Er bekam in Summe den höchsten Bonus seiner bis dato dreijährigen Tätigkeit. Und aufgrund dieser Ergebnisse bekam er dann auch zwei Monate später noch auf die nun höheren Umsätze einen größeren Vergütungssatz.

Es gibt für jeden Menschen verschiedene Möglichkeiten, die eigenen Einnahmen zu erhöhen. Die erste Möglichkeit ist das Erklimmen der klassischen Einkommens- und Karriereleiter. Streben Sie einen Aufstieg in dem Unternehmen an, in dem Sie bereits tätig sind. Setzen Sie dort auf eine besser bezahlte Position oder eine Einkommenserhöhung. Wenn Sie eine Gehaltserhöhung möchten, dann müssen Sie strategisch vorgehen. Dann müssen Sie sich für das Unternehmen, in dem Sie arbeiten, unersetzlich machen. Sie arbeiten in einem Team von sechs Leuten? Stechen Sie heraus! Seien Sie derjenige, der in einem Krisenfall zuerst angerufen wird. Werden Sie zu der zentralen Figur, ohne die es nicht funktioniert. Machen Sie sich für Ihre Firma bedeutend! Wie? Indem Sie sich fortbilden. Indem Sie zum Besserleister werden. Werden Sie zu der Person, an der niemand vorbeikommt. Dann ist ein guter Zeitpunkt erreicht, zu dem Sie zu Ihrem Chef oder Ihrer Chefin gehen sollten, um nach mehr Geld zu fragen. Denn nun haben Sie eine Argumentationsgrundlage. *Ich bin jetzt drei Jahre bei Ihnen in der Firma, und ich glaube, ich bin heute wertvoller für Ihr Unternehmen geworden, als ich es noch vor drei Jahren war.* Das ist ein ziemlich einleuchtender Satz. Wenn Sie für die Firma einen erkennbar höheren Wert haben, dann haben Sie die Berechtigung, diesen Wert einzufordern.

Probieren Sie es doch einfach aus! Testen Sie zunächst den klassischen Karriereweg und schauen Sie, wie weit Sie im Unternehmen kommen. Geben Sie ein halbes Jahr Vollgas. Zeigen Sie mehr Einsatz, als Sie je gezeigt haben. Seien Sie pünktlich. Überziehen Sie keine Pausen. Bringen Sie sich in Meetings ein. Machen Sie auf sich aufmerksam. Zeigen Sie Eigeninitiative und legen Sie Ideen und Vorschläge auf den Tisch. Demonstrieren Sie, wie man effektiver arbeiten kann. Und nach einem halben Jahr ziehen Sie Bilanz. Nach einem halben Jahr werden Sie merken, ob Ihr Einsatz finanziell honoriert wird oder ob man Sie mit Floskeln abspeist.

Die zweite Möglichkeit, das eigene Einkommen zu steigern, besteht darin, sich einen Nebenjob oder einen Zweitberuf zu suchen. Das geht heutzutage so einfach wie nie zuvor, denn durch die Corona-Pandemie haben sich neben traurigen Entwicklungen auch viele neue Perspektiven eröffnet. Eine dieser neu angestoßenen Entwicklungen, welche sich kaum noch umkehren wird, ist der Trend zum Homeoffice. Arbeitnehmer, die früher oftmals lange Anfahrtswege in ihre Unternehmen hatten, sparen auf diese Weise jede Menge Zeit. Nutzen Sie diese Zeit! Wie? Indem Sie sich für weitere Tätigkeiten hochqualifizieren und dafür etwas Neues lernen!

Gerade durch die Pandemie mussten sich viele Menschen umorientieren. Sie waren gezwungen, teilweise auf starke Veränderungen einzugehen. In der Reaktion steckt immer auch die Kreation. Man muss nur den Buchstaben »K« umstellen. Wenn ein unerwartetes Ereignis eintritt, welches das eigene Leben beeinflusst, gibt es verschiedene Möglichkeiten. Man flüchtet sich in die Opferrolle und gibt den äußeren Umständen die Schuld daran, dass sich das eigene Leben verändert hat. Oder man reagiert, indem man auf einer veränderten Grundlage agiert. Es gab in der Krise viele Menschen, die leider feststellen mussten, dass die Branche, in der sie arbeiten, zumindest vorrübergehend zu einer Verliererbranche gehörte. Da gab es Menschen, die gezwungen sind, in Kurzarbeit zu gehen. Die zu Hause sitzen und gemerkt haben, dass ihre Branche vielleicht gar nicht so sicher ist, wie sie es sich erhofft hatten. Statt passiv zu bleiben und auf bessere Zeiten zu warten, empfehle ich Ihnen, jetzt zu starten und ein E-Learning oder einen Fernkurs zu absolvieren. Dehnen Sie Ihre eigentlichen Kompetenzfelder aus und erhöhen Sie auf diese Weise Ihr eigenes Leistungslevel. Ich weiß, dass es schwer ist, Gewohnheiten aufzugeben und sich zumindest vorübergehend mehr anstrengen zu müssen.

Jedoch war es nie so leicht wie heute, sich fortzubilden. Früher musste man jahrelang studieren, um sich Fachwissen anzueignen. Man musste viel Geld in Bildung investieren. Das ist mittlerweile Vergangenheit. Bildung ist häufig kostenfrei und ohne Zugangsbarrieren für jeden erhältlich. Man braucht nur einen Internetanschluss und kann sich das gesammelte Wissen der Welt wunderbar aufbereitet in Videos und Online-Kursen zusammensuchen. Man kann sich mittels YouTube-Videos zum Beispiel das Programmieren selbst beibringen. Das geht auch an freien Abenden. Jede/r kann sich neben dem eigentlichen Job neue und weitere Fachkenntnisse aneignen. Schöne neue Welt. Vielleicht ist es Ihnen nicht möglich, an einem freien Tag als Aushilfe in der Boutique zu arbeiten, um Ihr Einkommen etwas aufzubessern. Aber nebenbei einen Online-Kurs zu absolvieren und sich etwas Neues beizubringen, das geht sehr gut. Sie wollten schon immer mal lernen, wie man designt? Bringen Sie es sich bei! Und schauen Sie, wie Sie Ihre neuerworbene Fähigkeit zu Geld machen können. Vielleicht können Sie zunächst einmal für Menschen aus Ihrem Freundeskreis eine Homepage aufsetzen? Oder haben Sie bereits ein Hobby, das Sie mit großer Leidenschaft betreiben? Dann überlegen Sie doch mal, wie sich dieses Hobby monetarisieren lässt. Sie stellen gerne Keramikgeschirr her? Verkaufen Sie es im Internet! Sie sind ein absoluter Social-Media-Crack? Bieten Sie doch eine Instagram-Beratung an! Seien Sie kreativ, verbessern Sie Ihre Kompetenzen, Ihrer Phantasie sind nur die Grenzen gesetzt, die Sie sich selber ziehen.

Die dritte Möglichkeit ist schließlich, auf die Selbstständigkeit zu setzen. Vielleicht haben Sie schon immer davon geträumt, geschäftlich etwas Eigenes auf die Beine zu stellen? Dann ist womöglich jetzt die richtige Zeit dafür gekommen. Wenn Sie Angestellter sind, dann machen Sie als guter Performer Ihre Firma (ein gutes Stück weit) reicher und erfolgreicher. Sie erhöhen den Gewinn, bekommen aber nur einen kleinen Teil davon ab, obwohl es maßgeblich Ihre Leistung war. Sie haben das Gefühl, dieser Teil ist zu klein? Dann ändern Sie Ihr Setting. Schauen Sie, ob Sie künftig nur noch für sich arbeiten können. Sich selbstständig zu machen, ist ein großer Schritt. Sie müssen sich fragen: Wollen Sie das wirklich? Sie verzichten auf so manche Bequemlichkeit, müssen bereit sein, Sicherheiten aufzugeben und Risiken einzugehen. Wenn es dann aber gut läuft, dann ist Ihnen auch der ganze Ertrag sicher und Sie gewinnen zudem enorme Freiheit. Die schon angesprochene Nebentätigkeit ist auch eine Möglichkeit, Ihre Selbstständigkeit *anzutesten*. Gründen Sie Ihr Geschäft doch einfach schon mal nebenbei und schauen Sie, wie es sich entwickelt, bevor Sie sich endgültig entscheiden, vom Angestellten zum Chef zu werden.

> Finden Sie Wege, Ihr Einkommen zu erhöhen. Das funktioniert in der Regel durch erhöhte Leistung, durch einen Jobwechsel, durch eine Nebentätigkeit oder die eigene Selbstständigkeit. Zögern Sie nicht. Probieren Sie es einfach.

Sie wollen Kosten senken? Werden Sie zum Finanzdetektiv

Gerade hatte ich wieder etwas Geld zusammengespart. Ich hatte mittlerweile drei Jobs. Einmal war ich als Zeit-Soldat bei der Bundeswehr gemeldet und bekam so einen höheren Sold, dann klebte ich abends weiterhin Plakate, und am Wochenende, da gab ich zusätzlich noch einige Trainerstunden. Jetzt, wo ich ein wenig Geld hatte, dachte ich darüber nach, mir ein neues Auto zu kaufen. Ich fuhr bislang einen Manta, aber den hatte ich mittlerweile platt gefahren. Ich wollte jetzt am liebsten ein noch tolleres Auto haben. Aber welches? Selbst sehr alte und gebrauchte Porsches waren deutlich zu teuer für mich. Aber dann fand ich eine Alternative. Den Matra-Simca Bagheera. Ein dreisitziges Sportcoupé. Mensch, war das eine flache Flunder! 3000 D-Mark hatte mich der mehrere Jahre alte und viele Kilometer heruntergefahrene Dreisitzer gekostet. Zumindest auf den ersten Blick. Leider waren die Folgekosten um einiges höher, denn er war immer wieder kaputt. Ich hatte ihn ohne Hinzuziehung eines Sachverständigen gekauft und mich auch nicht über die Zuverlässigkeit des Wagens erkundigt. Sonst hätte ich schnell gemerkt, dass er vom ADAC regelmäßig die silberne Zitrone für rekordverdächtig viele Mängel erhalten hatte. Im ersten halben Jahr war er stolze achtmal in der Werkstatt, und ich war ganze 4000 D-Mark los. Das, was ich eigentlich an Mehreinnahmen durch die Verpflichtung als Zeit-Soldat erhalten hatte, war komplett an Reparaturen, Versicherung und Benzin draufgegangen. Dabei wollte ich eigentlich sogar Geld gespart und beiseitegelegt haben. In einer langen Nacht fasste ich einen schmerzhaften Entschluss und verkaufte den Wagen. Zunächst hatte ich die Hoffnung, noch einiges an Geld zurückzubekommen. Aber von wegen! Ein abgezockter Gebrauchtwagenhändler erkannte meine Not und nutzte die Situation für sich aus, und so bekam ich bloß noch 1200 D-Mark für meine Flunder. Ich hatte in diesem Moment für mich gelernt, was es heißt (zumindest unsinnige) Kosten zu senken. Fortan musste es ein kleiner, alter, aber immerhin solider Ford richten. Die Witze, »mit dem Ford fort, mit dem Zug heim«, störten mich nicht. Er blieb für die restliche Bundeswehrzeit und auch zu Beginn meines Medizinstudiums reparaturfrei.

Wenn Sie es geschafft haben, Ihre Einnahmen zu steigern, arbeiten Sie nun gleichzeitig daran, Ihre Ausgaben zu senken. Die Wahrheit ist: Nur wer wenig ausgibt, wird viel Vermögen anhäufen! Wenn Sie reich werden wollen, geht es darum, egal in welcher Lage Sie sich befinden, jeden Monat möglichst viel zurückzulegen. Je früher Sie damit anfangen, desto besser.

Dafür müssen Sie aber zunächst einmal Ihre eigenen monatlichen Kosten identifizieren. Werden Sie Ihr eigener Kostendetektiv. Sie müssen wissen, wo Sie finanziell stehen. Die allermeisten Menschen haben zwar einen sehr guten Einblick, wie viel Geld sie verdienen. Aber die allerwenigsten Menschen haben einen Einblick, wo(hin) dieses Geld wieder verschwindet. Oft sind es ja Kleinigkeiten, die sich zu erstaunlich hohen Posten in Ihrem Alltag summieren. Hier mal ein Restaurant-Besuch, dort ein Coffee to go, dann mal nach dem Sonntagsausflug die Kuchenplatte aus der Bäckerei. Die kulinarische Verschönerung des Alltags kostet. Und das ist auch völlig okay. Nur: Machen Sie sich bewusst, wie viel das kostet. Haben Sie im Monat 50 Euro, 150 Euro oder 300 Euro für Nebenbei-Dinge ausgegeben? Nur wenn Sie eine genaue Kostenübersicht darüber haben, sind Sie auch in der Lage, einen Ein- und Ansparplan aufzustellen. 50 Euro, die Sie im Monat weniger ausgeben, sind 50 Euro, die Sie im Monat mehr investieren können. 50 Euro netto, die Sie Ihrem definierten Traum ein gutes Stück näherbringen. Für Ihr Vermögen ist das, was Sie im ersten Schritt extra einsparen, sogar wichtiger als das, was Sie zusätzlich einnehmen. Denn es handelt sich um Nettobeträge.

Der sogenannte Geldfresserfaktor, wie ich ihn nenne, ist eine Metapher für all jene Ausgaben, die wir unserem Gaumen zuliebe unbewusst tätigen. Stellen Sie sich einmal vor, was das in 20 Jahren für eine Summe ergibt, wenn Sie 10 Euro pro Tag wegtrinken beziehungsweise wegnaschen. Das ist der Geldfaktor. Würden Sie hingegen von diesen ganz nebenbei ausgegebenen 10 Euro täglich nur die Hälfte ab sofort einsparen und diese eingesparten 5 Euro mit 365 Tagen multiplizieren, kommen Sie schon auf 1825 Euro im Jahr.

Es gibt Geldfresser, die schnell zu Vermögensvampiren mutieren.

SMARTE START-UP-IDEE:

Sie brauchen einen besseren Finanzüberblick? Finanzguru.de, ein Start-up, in das ich investiert bin, verwaltet clever alle Konten und Verträge in einer App und macht Vorschläge für Optimierungen und Einsparungen.

Ich habe in meiner Zeit als Finanzberater auch viele Menschen kennengelernt, die traurigerweise überhaupt keinen Überblick über ihre Ausgaben hatten. Und je schlechter diese Menschen finanziell dastanden, desto geringer war auch der Überblick. Manche waren bereits in die Nähe einer Insolvenz gerutscht. Es ist, als ob die Psyche bei vielen Leuten eine Schutzmauer aufbaut. Nach dem Motto: Wie viel genau ich heute ausgebe, ist mir auch egal, Hauptsache, ich überlebe morgen. Es ist derselbe Mechanismus, der auch dafür sorgt, dass Menschen, die finanzielle Probleme haben, ihren Briefkasten wochenlang nicht mehr öffnen. Der Gedankengang ist wahrscheinlich: Darin liegen ja sowieso nur Rechnungen, die ich gerade nicht bezahlen kann. Dann will ich auch nichts davon wissen. Sie müssen aber unbedingt aus Ihrer Verdrängung raus! Sie glauben, Sie können sowieso keine großen Sprünge machen? Falsch! Sie können! Sie müssen nur einen ersten Schritt wagen und einen offenen, ehrlichen und schonungslosen Blick auf sich selbst, auf Ihre persönliche Finanzsituation und auf Ihr Ausgabeverhalten werfen.

Als Ihr eigener Finanzdetektiv werden Sie zunehmend sogar Freude daran entwickeln, versteckte Kosten in Ihrem Alltag zu entdecken, die Sie dann umgehend eliminieren können. Sie müssen nur endlich damit anfangen. Diese Verhaltensänderung zu Beginn ist der schwerste und zugleich der wichtigste Schritt, aber er ist notwendig. Nehmen Sie sich also ein Blatt Papier und notieren Sie alle Ausgaben, die Sie haben, oder nutzen Sie dafür eine Excel-Tabelle.

Unterscheiden Sie hier zwischen den **Fixkosten**, also den monatlich wiederkehrenden Kosten, und den variable **Alltagskosten**. Zu den Fixkosten gehören Ihre Miete, Ihre monatlichen Strom-, Wasser- und Heizkosten, Ihre Handyrechnung. Die meisten dieser Positionen sind fix und lassen sich kurzfristig kaum ändern. Aber seien Sie ehrlich zu sich selbst: Gönnen Sie sich vielleicht eine Wohnung, die so teuer ist, dass sie erheblich über dem liegt, was Sie sich vom Einkommen eigentlich leisten können? Liegen die Kosten hier im Verhältnis so exorbitant hoch, dass Sie sich eingestehen müssen, sich völlig vergriffen zu haben? Wenn Sie hier ein Missverhältnis feststellen – handeln Sie.

Viel mehr können Sie in der Regel aber bei Alltagskosten in Angriff nehmen. Hier lohnt sich die Mühe besonders. Führen Sie einen Monat lang Buch. Seien Sie genau, ja sogar penibel! Auch wenn Ihnen das unangenehm und spießig erscheinen mag. Machen Sie es trotzdem. Es ist Ihr Geld, das Sie verdienen. Es ist Ihr Geld, das Sie verlieren. Selbst wenn Sie am Ende des Tages zu dem Schluss kommen mögen, dass Sie keine Angewohnheiten ändern und alles so belassen wollen, wie es ist – jetzt kennen Sie wenigstens Ihren eigenen Status quo. Das ist doch auch eine wichtige Erkenntnis, oder nicht?

Notieren Sie alle Posten. Notieren Sie jeden Latte Macchiato, den Sie sich von Starbucks auf dem Weg zur Arbeit gegönnt haben. Notieren Sie sich genau, was Sie sich online bestellt haben. Die Versuchungen sind riesig. Mit nur einem Klick steht Ihnen schließlich das Warensortiment der gesamten Welt rund um die Uhr zur Verfügung. Hier noch ein Paar Schuhe, dort eine leckere Kalorienbombe, dann haben Sie nebenbei noch eine App runtergeladen. Die paar Euro. Die paar Euro?

Machen Sie sich die Verhältnisse bewusst. Sie geben am Tag 5 Euro für Coffee to go aus? Das sieht im Alltag nach so wenig aus. 5 Euro. Die hat man doch schnell zur Hand. Doch es geht um die Ausgaben jeden Tag, die bestimmen das Monatsergebnis. 5 Euro am Tag sind 18.000 Euro in zehn Jahren. Und hier rechnen wir nur den reinen Betrag, ohne Rendite. Hätten Sie also die vergangenen zehn Jahre diese 5 Euro konsequent beiseitegelegt, könnten Sie sich davon eine komplette Wohnungseinrichtung leisten. Oder zwei Weltreisen. Oder das erste Startkapital, um sich selbstständig zu machen. Das Aufaddieren ist wichtig. Man denkt unbewusst, die einzelnen Posten fallen nicht ins Gewicht. Aber die Summe der Geldfresser macht das Vermögenspotenzial aus. Machen Sie sich das bewusst!

Was sind nun versteckte Kosten, die Sie abstellen können? Haben Sie Zeitungs-Abos? Denken Sie darüber nach, ob Sie die wirklich benötigen. Eine Tageszeitung liefert Ihnen heute die Information von gestern. Sie ist auf totes Holz gedruckt. Wahrscheinlich haben Sie über das Internet, das Radio, die Nachrichtensendung schon längst mitbekommen, wie sich ein Ereignis weiterentwickelt hat, bevor Sie davon in der Zeitung lesen. Brauchen Sie also wirklich eine Tageszeitung? Oder reicht Ihnen nicht vielleicht auch ein Online-Zugang zu einer großen Medienmarke?

Überprüfen Sie Ihre Mitgliedschaften. Ich habe neulich wieder festgestellt, dass ich noch in einem Leichtathletikverein in Hannover angemeldet bin, weil ich da früher Läufer war. Ich lebe aber seit vielen Jahren nicht mehr in Hannover. Und ich gehe auch nicht mehr in diesen Verein. Soll ich den Beitrag weiterzahlen? Ich habe mich dazu entschieden, aus Nostalgie und zur Unterstützung dieses Vereins, der mir damals sehr vieles ermöglicht hat. Aber eigentlich bräuchte ich ihn nicht. Sie sind noch in einem Fitnessstudio angemeldet, aber waren seit Monaten nicht mehr dort? Hand aufs Herz: Erhalten Sie diese Mitgliedschaft nicht bloß deswegen aufrecht, weil Sie damit das schlechte Gewissen, zu wenig Sport zu treiben, übertünchen wollen? Vielleicht haben Sie während der Pandemie gemerkt, dass Sie Ihr Workout auch ohne ein Fitnessstudio absolvieren können. Mit einem einfachen Fitnessband vor dem Fernseher oder einer sportlich schnellen Fahrradtour geht es auch? Dann canceln Sie die Kosten für Ihr Studio!

Fragen Sie sich, wie Sie sich beim Verschenken verhalten wollen. Ich halte Geschenke für etwas sehr Wertvolles. Ein Geschenk ist ein Zeichen der Zuneigung; ein gutes Geschenk aber ist in erster Linie Ausdruck Ihrer Aufmerksamkeit. Irgendeinen Gutschein zu verschenken, das kann jeder. Schenken Sie Menschen, die Ihnen etwas bedeuten, keine Standardsachen, sondern Dinge, die persönlich sind, die Ihrem Gegenüber zeigen, dass Sie etwas über ihn und seine Wünsche und Hobbys wissen. Solche Geschenke müssen gar nicht teuer sein. Eine Handvoll Sand von dem Strand, an dem Sie mit Ihrem oder Ihrer Liebsten das erste Date hatten, ist eine schöne Aufmerksamkeit, die sehr persönlich ist. An Weihnachten haben wir bei uns in der Familie einen Brauch etabliert: Neben Sachgeschenken schreiben wir uns alle gegenseitig einen Brief. Für unsere Kinder ist das schon ein Running Gag: Achtung, Papa öffnet den Umschlag und wird gleich beim Lesen wieder weinen. Aber ganz ehrlich: Was gibt es denn Schöneres, als wenn ein Familienmitglied mir besonders ausdrucksvoll schreibt, dass es mich lieb hat und sich riesig auf die gemeinsame Weihnachtszeit mit mir freut? Ich bin völlig gerührt und werde sehr sentimental, weine tatsächlich vor Rührung. Kein Geld der Welt kann solche Worte ersetzen – wenn sie aufrichtig gemeint sind. Freude verbreiten geht auch ohne Geld.

Eine andere Methode, die Ausgaben zu senken: Versuchen Sie, preisvergleichend günstig einzukaufen. Nutzen Sie gerade bei häufigen und besonders größeren Investitionen Online-Vergleichsportale. Da können Sie ordentlich Geld sparen.

Natürlich gibt es dann auch individuelle Fälle, bei denen es finanziell so eng ist, dass es überhaupt kein Sparpotenzial mehr gibt. Etwa bei Menschen, die in Hartz IV gerutscht sind. Da gilt es vielmehr, wenn irgendwie möglich, sich zunächst durch behördliche oder private Fortbildungsmaßnahmen aus dieser Extremsituation zu befreien und möglichst bald wieder ein normales Einkommen zu erzielen.

In Deutschland müssen Arbeitnehmer so hohe Steuern und Abgaben wie in keinem anderen Land zahlen. Sparen Sie auch im Rahmen der fiskalischen Möglichkeiten bei den Steuern. Nehmen Sie sich ein wenig Zeit und checken Sie die häufigsten steuerlich absetzbaren Positionen. Es ist gar nicht so kompliziert, wie es scheint, und mit einer Google-Recherche finden Sie schnell Antworten. Sie nutzen Arbeitskleidung? Sie nutzen zu Hause ein Zimmer als Homeoffice? Sie hatten ein Geschäftsessen? Das können Sie von der Steuer absetzen. Sie bekommen einen Teil Ihrer gezahlten Steuern zurück. Es ist Ihr Recht, bestimmte Ausgaben von der Steuer abzusetzen. Warten Sie nicht zu lange mit dem Einreichen Ihrer Steuererklärung. Die Erstattung liegt im Schnitt bei circa 1000 Euro im Jahr. Fahrten zur Arbeit, Dienstreisen, Fortbildungsliteratur, dienstliche Gespräche mit dem Handy – all das sind von Ihnen bezahlte Dinge, die Sie absetzen können. Und die Ihnen eine Steuerrückzahlung bescheren werden. Reichen Sie also unbedingt eine Steuererklärung ein. Wenn Sie sich einmal in das Thema eingearbeitet haben, dann bekommen Sie Ihre jährliche Steuererklärung innerhalb von einem Arbeitstag locker hin. Das ist für viele Menschen der bestbezahlteste Arbeitstag im ganzen Jahr. Es lohnt sich!

Wenn Sie nun selbstständig und Ihre Steuerangelegenheiten komplexer sind, rate ich Ihnen unbedingt, einen Steuerberater einzuschalten. Auch der kann Ihnen helfen, bares Geld zu sparen.

Werden Sie zunächst zum Geldsammler und dann zum Renditejäger. Und um zum guten Investor zu werden, müssen Sie zunächst eben ein guter Einsparer sein.

Einsparen ist das neue Sparen.

> Werden Sie Ihr eigener Kostendetektiv. Verschaffen Sie sich eine umfassende Übersicht über Ihre Ausgaben. Killen Sie Ihre Kosten. Je ernsthafter Sie Ihre Finanzsituation verbessern wollen, desto wichtiger ist es, ein Finanzwissender zu sein, um zum Geldmeister zu werden.

Sie können es sich nicht leisten, zu sparen?
Sie können es sich nicht leisten, nicht zu sparen!

Ich schaffte es irgendwie, alle meine Jobs zeitgleich zu managen. Ich war noch bei der Bundeswehr, nahm aber an den Wochenenden bei Fortbildungsveranstaltungen der OVB teil. Einmal ging es da um die Altersversorgung. Hier wurde uns das Produkt der privaten Leib- und Rentenversicherung erklärt. Schnell erkannte ich: Je länger die Laufzeit ist, umso höher ist auch die Auszahlung. Entweder als Einmal-Summe oder als monatliche Rentenzahlung. Ich war 20 Jahre alt, hatte noch ein paar Monate Bundeswehrzeit vor mir und wollte dann mein Medizinstudium absolvieren. Ich rechnete für mich alles einmal durch. Was würde sich mehr lohnen? Wenn ich so eine Versicherung für das Alter erst nach dem Studium abschließe – also in sechs Jahren – oder jetzt? Ich war überrascht. Der Unterschied war gravierend. Ich würde zwischen 30.000 und 40.000 D-Mark mehr bekommen, wenn ich früher anfing, einzuzahlen. Ich begann also damit, jeden Monat 200 D-Mark zurückzulegen. Als Ablaufdatum wählte ich das 60. Lebensjahr. Da ich früher anfing, wollte ich auch eine frühere Auszahlung haben. Es fiel mir gerade während meines Studiums in manchen Monaten wahnsinnig schwer diesen Beitrag aufzubringen, aber ich wollte diesen eklatanten Nachteil einfach nicht in Kauf nehmen. Zu meinem 60. Lebensjahr bekam ich dann tatsächlich eine Summe von 232.000 Euro ausbezahlt. Auf diese Weise habe ich entdeckt: Wenn man von seinen Einnahmen monatlich etwas beiseitelegt und investiert (damals gab es noch Renditen bei den privaten kapitalbildenden Versicherungen von 6 bis 7 Prozent) lässt sich hier über die kontinuierliche Zeit ein Vermögen aufbauen.

Sie müssen ein neues Mindset entwickeln.

Sie können es sich nicht leisten, zu sparen? Dann muss ich Ihnen sagen: Sie können es sich nicht leisten, nicht zu sparen.

Verabschieden Sie sich von dem Gedanken, mal zu schauen, wie viel Geld am Ende des Monats noch übrig ist. Nein, Sie beschließen am Anfang des Monats, was am Ende noch übrig bleiben soll. Und dann auch übrig sein wird.

Die klassischen Geldanlagen funktionieren nicht mehr. Wenden Sie die neuen Gesetze des Vermögensaufbaus an.

Damit bei dem ganzen Reichwerde-Plan nichts schiefgehen kann, sollten Sie eine Haftpflichtversicherung und eine Berufsunfähigkeitsversicherung abschließen. Alle Verbraucherschützer, die Stiftung Wartentest und jegliche Ratgeber empfehlen das. Wenn durch eine Unachtsamkeit eine riesige Zahlungsaufforderung auf Sie zukommen würde und keine Haftpflichtversicherung einspringt, sind die Vermögensaufbaupläne gescheitert. Denn stellen Sie sich einmal vor, was wäre, wenn Sie ab morgen kein Einkommen mehr hätten? Womit würden Sie Ihren Reichwerde-Automaten füttern? Wovon würden Sie leben? Eine schwere Krankheit, Erwerbs- oder Berufsunfähigkeit kann über Nacht zum Finanzruin führen. Deswegen können Sie über eine Berufsunfähigkeitspolice dieses existenzielle Risiko abdecken, bevor Sie mit dem Geldanlegen beginnen – also Einkommensschutz betreiben.

> Beginnen Sie zu sparen. Verabschieden Sie sich von dem Gedanken, mal zu schauen, wie viel Geld am Ende des Monats noch übrig ist. Beschließen Sie am Anfang des Monats, was am Ende übrig bleiben soll, um es zu investieren.

Sie haben ein Konto? Machen Sie drei Konten daraus!

1984 hatte ich genug. Mein Steuerberater war eine Katastrophe. Immer wieder sagte er mir, dass er bald mit meinen Unterlagen fertig wäre, brauchte dann aber doch tatsächlich noch Ewigkeiten, um in die Puschen zu kommen. Also ging ich nun zu einem Wirtschaftsprüfer. Ich erklärte ihm ungefähr meine Einnahmesituation, und er schien recht beeindruckt und nahm mich als Mandanten an. Eine Entscheidung, die er spätestens beim zweiten Termin wieder bereute, als ich ihn mit meinen Unterlagen besuchte. Ich stellte ihm ein paar Schuhkartons mit Quittungen, Kontoauszügen und Ordner mit Rechnungen und Provisionsabrechnungen hin. An seinem verzweifelten Blick merkte ich, dass von seiner anfänglichen Begeisterung nicht mehr sehr viel übrig war.

»Also gut, Herr Maschmeyer. Nachträglich kriege ich das irgendwie hin. Aber eins sage ich Ihnen gleich: So geht das nicht weiter.«

Ich schaute ihn fragend an. Er griff einmal in den Schuhkarton hinein und zog ein paar Blätter heraus. »So geht das doch nicht! Sie können nicht auf einem Konto Provisionseinnahmen, Restaurant-Quittungen, Kontoauszüge mit Abbuchungen für einen privaten Fernseherkauf, private Telefonrechnungen, Bürotelefonrechnungen, Tankquittungen und Kleidungskäufe durcheinanderwerfen.« Er schüttelte den Kopf. Ich schaute ihn fragend an. »Aber wie soll ich es denn sonst machen?«

»Sortieren Sie zukünftig bitte alles. Machen Sie ein Konto für geschäftliche Einnahmen. Ein Konto für Ihre privaten Ausgaben und Fixkosten. Und dann machen Sie sich ein Fun-Konto. Davon können Sie Ihrer Freundin Schmuck kaufen oder in den Urlaub fahren. Und dann machen Sie noch ein extra Konto für Ihr Privatguthaben: Sie wollen doch auch schließlich wissen, was Sie an Geld wirklich übrig haben, das wir nicht noch für Steuerzahlungen brauchen. Diese Sachen kommen auch auf ein extra Konto.« Ich tat, was mein neuer Wirtschaftsprüfer mir auferlegt hatte. Und war erstaunt, wie strukturiert und ordentlich mein Leben plötzlich wurde.

Nun kommen wir zu *Ihren* Konten. Fangen auch Sie an, etwas Struktur in das Chaos zu bringen.

Da eine sorgenfreie finanzielle Zukunft für jeden wichtig ist, benötigen Sie ebenfalls eine ausreichende Barreserve zum Schutz vor unvorhersehbaren finanziellen Kosten.

Bauen Sie deshalb zuallererst eine Notfallreserve auf einem Sonderkonto auf. Dieses »Notfallkonto«, wie ich es nenne, wird im Ernstfall Ihre Sorgen reduzieren.

Ihr Notfallkonto ist also ein Schutzschirm bei unvorhersehbaren finanziellen Belastungen. Das Gefühl, für den Fall eines Falles durch diesen Geldpuffer gewappnet zu sein, ist befreiend, wenn auf einen Schlag außerplanmäßige Ausgaben anstehen.

Ein ausreichend gefülltes Notfallkonto schützt Sie wie eine Firewall davor, eines Tages finanziell abgebrannt zu sein.

Dies ist für Notfälle aller Art gedacht. Sie haben einen Wasserrohrbruch in der Wohnung? Sie haben einen Unfall verursacht? Ihr Herd hat den Geist aufgegeben? Im Alltag passieren ständig Dinge, auf die man sich nicht einstellen kann. Dinge, die besser nicht passieren sollten. Für solche Fälle sollten Sie immer Rücklagen gebildet haben. Und diese Rücklagen liegen auf Ihrem Sicherheitskonto. Ich würde Ihnen empfehlen, dort in etwa den Wert von drei Netto-Monatseinkommen geparkt zu haben.

Dafür ist es wichtig, dass Sie weitere – klar zugeordnete – Konten anlegen. Ihr Einkommen kommt auf Ihr Lohn- und Gehaltskonto. Von diesem Hauptkonto gehen auch alle monatlichen Fixkosten ab. Miete, Wasser, Strom, Heizung, Telefon. Von dem Betrag, der übrig geblieben ist, legen Sie fest, wie viel Geld Sie ab jetzt für Ihre zukünftige finanzielle Freiheit investieren.

Ihr Unabhängigkeitskonto ist das Konto, auf dem Sie Ihr Geld anlegen. Dort lassen Sie Ihr Vermögen anwachsen, damit es Sie eines Tages unabhängig machen wird. Ich rate Ihnen für Ihre Reichwerde-Strategie: Legen Sie 10 Prozent von Ihrem laufenden Netto-Monatseinkommen für sich und Ihre Zukunft beiseite und lassen es für sich arbeiten. Sie haben im Monat 3000 Euro verdient? Dann sollten Sie davon mindestens 300 Euro für sich und nur für sich zurücklegen. Für Ihre Zukunft. Für Ihre finanzielle Unabhängigkeit. Für ein Leben, das zukünftig schon so sein kann, wie Sie es sich schon lange erträumt haben. Damit Sie gar nicht in Versuchung geraten, in schwachen Momenten das Geld Ihrer Zukunft für die Gegenwart zu nutzen: Automatisieren Sie den Prozess. Legen Sie einen Dauerauftrag an, der das Geld sofort von Ihrem Hauptkonto auf Ihr Unabhängigkeitskonto bucht. Machen Sie sich bewusst: Diese 10 Prozent sind Ihre Zukunft. Von den restlichen 90 Prozent können gut und gerne auch andere Menschen profitieren. Der Jeanshändler, der Kioskbesitzer, Ihre Vermieterin, Ihr Stromlieferant, die Frau Starbucks, der Herr E.ON oder die Allianz. Aber diese 10 Prozent, die sind für Sie! Das ist Ihr Fixpunkt.

Das Konzept der Vermögensvermehrung basiert auf einer einfachen Idee: Sie lassen Ihr Geld Geld verdienen, anstatt es für immer wegzugeben.

Vergessen Sie nicht: Das Geld ist nicht weg, es wird angelegt, damit es wächst. Sie haben mit Ihrem Unabhängigkeitskonto eine Selbstvermehrungsmaschine in Gang gesetzt. Es ist wahnsinnig befriedigend, dabei zuzusehen, wie Ihre Geldmenge nun wächst.

Aber eine Startverzögerung bringt Vermögensverringerung. Beginnen Sie deshalb sofort.

Machen Sie den heutigen Tag zu Ihrem ersten in der Welt des Reichtums.

Das Spaßkonto ist das Konto, auf welches Sie das Geld buchen, das Sie zur freien Verfügung nutzen wollen. Damit können Sie machen, was immer Sie wollen. In den Urlaub fahren, gut essen gehen, eine Party schmeißen oder sich auch mal einen großen Flachbildschirm gönnen. Das Spaßkonto können Sie Monat für Monat leer räumen oder das Guthaben darauf für größere Anschaffungen einige Zeit lang anwachsen lassen. Das Schöne an diesem Konto ist: Egal, wann Sie hier etwas abheben, Sie müssen überhaupt kein schlechtes Gewissen haben. Denn Sie haben ja bereits Ihr Sicherheitskonto gefüllt und mindestens 10 Prozent für Ihre Zukunft zurückgelegt. Sparen und Vermögen anzuhäufen, ist ein enthaltsamer Weg. Das Spaßkonto hilft Ihnen, diesen Weg etwas angenehmer zu gestalten. Es ist super, zu sehen, wie Ihr Unabhängigkeitskonto wächst, Ihr Freiheitsvermögen stetig steigt.

> Beenden Sie Ihr Konto-Kuddelmuddel. Legen Sie verschiedene Konten für verschiedene Zwecke an. Sie brauchen ein Lohn- und Gehaltskonto, ein Schutzkonto, Ihr Unabhängigkeitskonto und ein Spaßkonto.

2. Investieren

Sie legen Ihr Geld zurück?
Investieren Sie es besser!

Was passiert nun mit dem Geld auf Ihrem Unabhängigkeitskonto? Theoretisch könnten Sie es einfach liegen lassen. Dann können Sie beobachten, wie sich dieses Konto jeden Monat mit dem neu überwiesenen Geld füllt. Bleiben wir einmal bei unserem Beispiel: Sie sparen jeden Tag 5 Euro. Dann können Sie jeden Monat 150 Euro auf Ihr Unabhängigkeitskonto einzahlen. Im Jahr hätten Sie dann 1800 Euro gespart. Nach fünf Jahren lägen

9000 Euro auf Ihrem Unabhängigkeitskonto. Und nach 25 Jahren hätten Sie 45.000 Euro angespart. Wenn Sie Ihr Geld einfach nur liegen lassen, dann wird es sich nicht automatisch vermehren. Das ist unklug.

Vermögensvermehrung funktioniert immer noch, sofern Sie Ihr Finanzverhalten den Verhältnissen der neuen realen Welt des Geldes anpassen. Fortan gelten andere Regeln, es gibt statt Zinsen alternative Renditen mit anderen Chancen und Risiken. Da es keine Zinsen und somit erst recht keinen Zinseszins mehr gibt, sollten Sie auf das Modell der Renditenrendite umsteigen. Denn die für dieses Vermögensanstiegsmodell erforderlichen Renditen gibt es nach wie vor.

Wenn Sie Ihr Geld klug und halbwegs risikofrei anlegen, dann können Sie realistisch betrachtet mit durchschnittlich rund 7 Prozent Rendite pro Jahr rechnen. Zahlen Sie über 25 Jahre monatlich 150 Euro ein und legen diese zu 7 Prozent an, erzielen Sie einen Gewinn von 73.165 Euro. Insgesamt wurden aus den 5 Euro täglich 118.165 Euro – etwas mehr als das 2,5-Fache Ihrer Einzahlungen.

Für Ihre Geldanlagen ist die Zeit die entscheidende Stellschraube. Sie ist die am stärksten wertsteigernde Komponente, denn sie hat einen großen Einfluss auf den Geld-macht-Geld-Effekt.

Sie erhalten Renditen auf Ihr Geld und später zudem auf die Renditen.

Dieser Selbstvermehrungseffekt entfaltet seine Kraft umso stärker, je länger das Geld angelegt wird.

Füttern Sie mit jedem Euro, den Sie sparen, Ihren Geldvermehrungsautomaten, damit Ihre Geldfortpflanzung in Gang kommt.

So wird ihr Unabhängigkeitskonto zu einem Geldvermehrungskonto!

Es gibt drei intelligente Strategien, dieses ersparte Geld zu investieren.

Möglichkeit 1: Aktiensparen

Sie wollen in Aktien investieren? Dann denken Sie langfristig!

Wo aber bekommen Sie nun attraktive Renditen auf Ihr angelegtes Geld? Noch vor gut zehn Jahren hätten Sie noch viele Chancen und sogar eine breite Auswahl gehabt. Sparbrief, Sparbuch oder Bundesanleihe – das hätte sich alles noch halbwegs gelohnt. Sie konnten Ihr Geld auf Ihr Bankkonto überwiesen und 2 Prozent Sparbuchzinsen oder 4 Prozent für Bundesschatzbriefe bekommen. Doch diese Zeiten sind nun längst vorbei. Denn wir leben in der Phase der Nullzinspolitik. Die Zentralbanken haben die Leitzinsen so weit heruntergeschraubt, dass die Banken an ihre Unternehmens- und leider auch Privatkunden mittlerweile Minuszinsen weitergeben. Das hat Vor- und Nachteile. Den Vorteil haben besonders die Unternehmen, die investieren wollen: Diese können zu günstigen Konditionen einen Kredit aufnehmen, und müssen dafür kaum noch Zinsen zahlen. Das ist genau der Effekt, den die Zentralbanken erzielen wollen. Dadurch, dass Geld billiger geworden ist, wird es eben auch mehr ausgegeben. Den Nachteil aber haben Sie als Sparer. Denn auch Ihre Spareinlagen bekommen keine Zinsen mehr. Wenn Sie Ihr Geld auf ein Sparbuch legen, dann hat das heute denselben Effekt, als würden Sie es bei sich zu Hause im Schuhkarton lagern. Es vermehrt sich einfach nicht.

In dieser Niedrigzinszeit gibt es vorrangig eine Anlageform, bei der Sie auf eine Durchschnittsrendite von etwa 7 Prozent kommen. Und das ist intelligentes Aktiensparen.

Wie geht das? Eine Aktie ist ein Unternehmensanteil. Wenn Sie also eine Aktie von Volkswagen kaufen, dann gehört ein Stück von Volkswagen Ihnen.

Mit dem Geld der Aktionäre kann der Konzern wirtschaften. Er kann es vielleicht in die Forschung und Entwicklung für die Produktion eines neuen E-Autos investieren. Mit ein bisschen Glück trifft dieses neue E-Auto genau den Geschmack der Kunden und vor allem den Trend. Volkswagen macht dann einen großen Gewinn, das Unternehmen wächst. Und Ihre Aktie, Ihr Unternehmensanteil wächst mit und ist durch die Dividende am Gewinn beteiligt. Eine Aktie hat zwei Renditechancen: Es gibt eine Dividendenausschüttung. Und eine Wertsteigerung. Wenn es Volkswagen gut geht, dann geht es Ihrer Aktie ebenfalls gut. Aber man könnte jetzt einwenden: Wenn es dem Unternehmen hingegen schlecht geht, dann verliert ja auch die Aktie an Wert. Genau davor haben viele Deutsche tatsächlich Angst. Im globalen Vergleich zeigt sich, dass in Deutschland – in Relation zu anderen Ländern – zwar immer mehr Menschen nun auch in Aktien investieren, aber insgesamt sind es doch noch zu wenige. Das bedeutet wohl, dass es hierzulande noch immer eine besondere Skepsis gegenüber dieser Anlageform gibt. Dabei ist diese Furcht nicht gerechtfertigt. Zumindest nicht, wenn man ein paar Grundregeln beachtet. Das musste ich selber auch erst einmal verstehen. Meine ersten Schritte auf dem Aktienparkett waren holprig.

Am 19. Oktober 1987 gab es dann den berühmten schwarzen Montag. Allein der Dow-Jones-Index stürzte innerhalb eines Tages um mehr als 20 Prozent. In dessen Geschichte der höchste prozentuale Rückgang an einem Tag. Jetzt wollte ich besonders schlau sein und kaufte am Tag darauf, dem 20. Oktober 1987, recht viele Aktien. In der Hoffnung, es wird ein Rosa-Dienstag, kaufte ich mehrere DAX-Titel in Deutschland. Tatsächlich hatte ich am ersten Tag einen leichten Zugewinn, aber das war nicht von Dauer. Schlauer zu sein als der Markt, und das nach so kurzer Zeit, das war mir nicht gelungen. Ich hatte teilweise auf die falschen DAX-Titel gesetzt. Ich änderte die Strategie und kaufte nicht mehr nur einzelne Aktien, sondern investierte in den Index direkt. Und dann ging es aufwärts. Je länger ich die Aktien hielt, desto besser lief es für mich. Ich hatte jetzt gelernt: In ein einzelnes Marktsegment, zumal ich das noch nicht einmal richtig verstand, würde ich nicht mehr investieren.

Tatsächlich: Unter allen Geldanlageklassen erbringen Aktieninvestments langfristig die besten Gewinnzuwächse. Es gab dazu eine spannende Untersuchung von dem Finanzexperten Professor Jeremy Siegel. Der hat im Jahr 2014 einmal simuliert, was passiert wäre, wenn Sie im Jahr 1802

Deutsches Aktieninstitut
Kapital. Markt. Kompetenz.

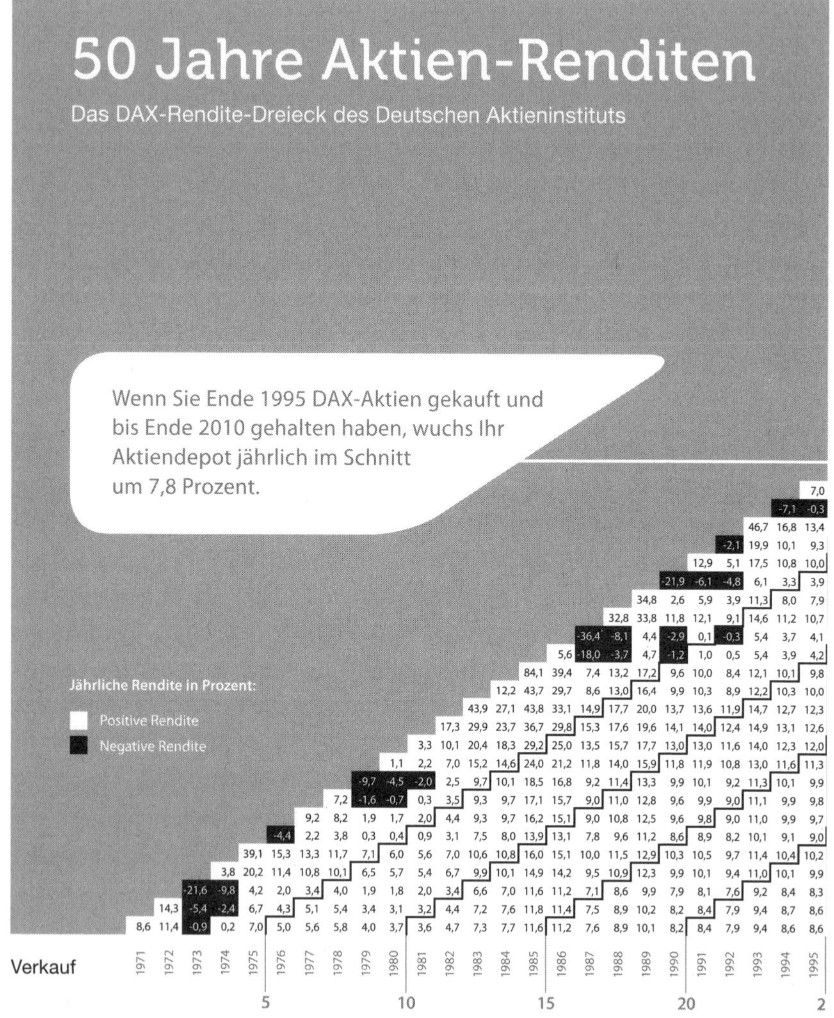

50 Jahre Aktien-Renditen

Das DAX-Rendite-Dreieck des Deutschen Aktieninstituts

1971	1972	1973	1974	1975	1976	1977	1978	1979	1980	1981	1982	1983	1984	1985	1986	1987	1988	1989	1990	1991	1992	1993	1994	1995
																								7,0
																							-7,1	-0,3
																						46,7	16,8	13,4
																					-2,1	19,9	10,1	9,3
																				12,9	5,1	17,5	10,8	10,0
																			-21,9	-6,1	-4,8	6,1	3,3	3,9
																		34,8	2,6	5,9	3,9	11,3	8,0	7,9
																	32,8	33,8	11,8	12,1	9,1	14,6	11,2	10,7
																-36,4	-8,1	4,4	-2,9	0,1	-0,3	5,4	3,7	4,1
															5,6	-18,0	-3,7	4,7	-1,2	1,0	0,5	5,4	3,9	4,2
														84,1	39,4	7,4	13,2	17,2	9,6	10,0	8,4	12,1	10,1	9,8
													12,2	43,7	29,7	8,6	13,0	16,4	9,9	10,3	8,9	12,2	10,3	10,0
												43,9	27,1	43,8	33,1	14,9	17,7	20,0	13,7	13,6	11,9	14,7	12,7	12,3
											17,3	29,9	23,7	36,7	29,8	15,3	17,6	19,6	14,1	14,0	12,4	14,9	13,1	12,6
										3,3	10,1	20,4	18,3	29,2	25,0	13,5	15,7	17,7	13,0	13,0	11,6	14,0	12,3	12,0
									1,1	2,2	7,0	15,2	14,6	24,0	21,2	11,8	14,0	15,9	11,8	11,9	10,8	13,0	11,6	11,3
								-9,7	-4,5	-2,0	2,5	9,7	10,1	18,5	16,8	9,2	11,4	13,3	9,9	10,1	9,2	11,3	10,1	9,9
							7,2	-1,6	-0,7	0,3	3,5	9,3	9,7	17,1	15,7	9,0	11,0	12,8	9,6	9,9	9,0	11,1	9,9	9,8
						9,2	8,2	1,9	1,7	2,0	4,4	9,3	9,7	16,2	15,1	9,0	10,8	12,5	9,6	9,8	9,0	11,0	9,9	9,7
					-4,4	2,2	3,8	0,3	0,4	0,9	3,1	7,5	8,0	13,9	13,1	7,8	9,6	11,2	8,6	8,9	8,2	10,1	9,1	9,0
				39,1	15,3	13,3	11,7	7,1	6,0	5,6	7,0	10,6	10,8	16,0	15,1	10,0	11,5	12,9	10,3	10,5	9,7	11,4	10,4	10,2
			3,8	20,2	11,4	10,8	10,1	6,5	5,7	5,4	6,7	9,9	10,1	14,9	14,2	9,5	10,9	12,3	9,9	10,1	9,4	11,0	10,1	9,9
		-21,6	-9,8	4,2	2,0	3,4	4,0	1,9	1,8	2,0	3,4	6,6	7,0	11,6	11,2	7,1	8,6	9,9	7,9	8,1	7,6	9,2	8,4	8,3
	14,3	-5,4	-2,4	6,7	4,3	5,1	5,4	3,4	3,1	3,2	4,4	7,2	7,6	11,8	11,4	7,5	8,9	10,2	8,2	8,4	7,9	9,4	8,7	8,6
8,6	11,4	-0,9	0,2	7,0	5,0	5,6	5,8	4,0	3,7	3,6	4,7	7,3	7,7	11,6	11,2	7,6	8,9	10,1	8,2	8,4	7,9	9,4	8,6	8,6

Verkauf

Das DAX-Rendite-Dreieck des Deutschen Aktieninstituts bildet die Rendite des Deutschen Aktienindex DAX in der Vergangenheit ab. Berechnungsgrundlage sind die Jahresschlussstände der jeweiligen Jahre. **Bitte beachten Sie: Vergangenheitsbezogene Daten sind kein verlässlicher Indikator für die zukünftige Wertentwicklung.** Auch berücksichtigt die Darstellung keine Kosten, die beim Kauf oder Verkauf von Aktien entstehen. Näheres zur Methodik entnehmen Sie bitte der Rückseite. Das Deutsche Aktieninstitut spricht keine direkte oder indirekte Empfehlung für bestimmte Aktien oder andere Finanzinstrumente aus. Das Deutsche Aktieninstitut haftet nicht für Schäden, die durch den Erwerb oder die Veräußerung einer Aktie oder eines Finanzinstruments auf Grundlage dieses Dokuments entstanden sind. Soweit ein Wertpapierdienstleistungsunternehmen im Sinne des WpHG das DAX-Rendite-Dreieck für seine Zwecke verwendet bzw. Kunden zugänglich macht, ist es für die Einhaltung der geltenden Vorschriften in vollem Umfang selbst verantwortlich.

Quelle: Deutsches Aktieninstitut, www.dai.de

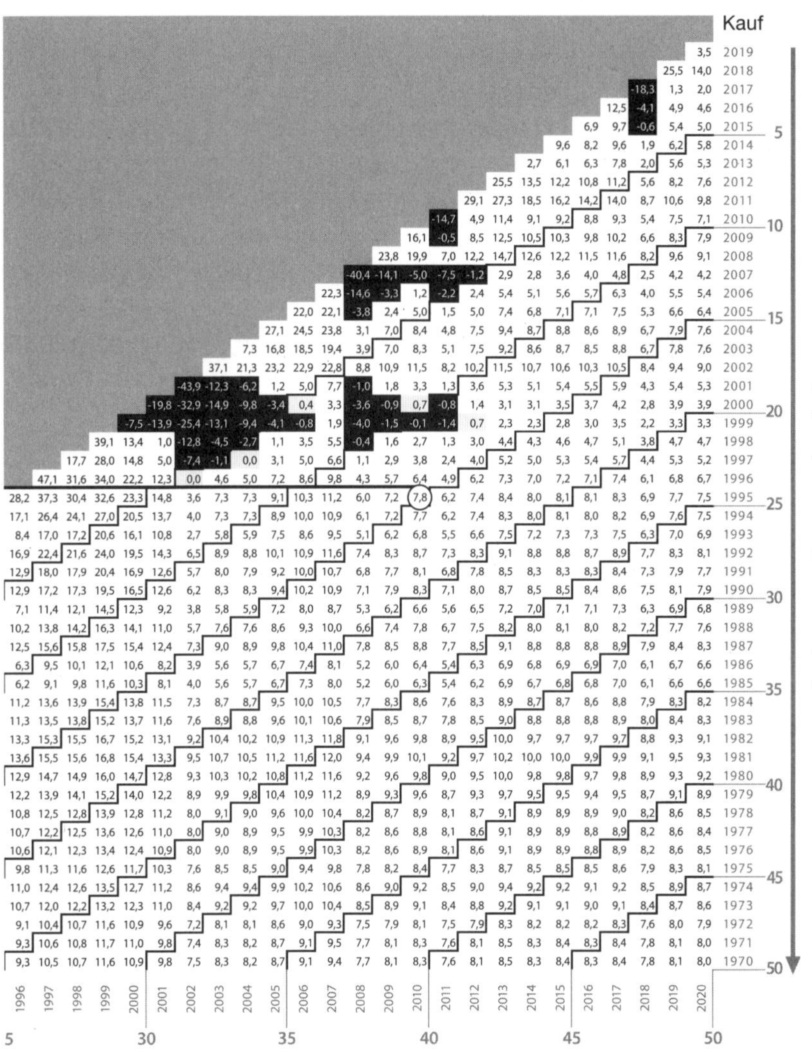

Kauf	1996	1997	1998	1999	2000	2001	2002	2003	2004	2005	2006	2007	2008	2009	2010	2011	2012	2013	2014	2015	2016	2017	2018	2019	2020
2019																									3,5
2018																								25,5	14,0
2017																							-18,3	1,3	2,0
2016																						12,5	-4,1	4,9	4,6
2015																					6,9	9,7	-0,6	5,4	5,0
2014																				9,6	8,2	9,6	1,9	6,2	5,8
2013																			2,7	6,1	6,3	7,8	2,0	5,6	5,3
2012																		25,5	13,5	12,2	10,8	11,2	5,6	8,2	7,6
2011																	29,1	27,3	18,5	16,2	14,2	14,0	8,7	10,6	9,8
2010																-14,7	4,9	11,4	9,1	9,2	8,8	9,3	5,4	7,5	7,1
2009															16,1	-0,5	8,5	12,5	10,5	10,3	9,8	10,2	6,6	8,3	7,9
2008														23,8	19,9	7,0	12,2	14,7	12,6	12,2	11,5	11,6	8,2	9,6	9,1
2007													-40,4	-14,1	-5,0	-7,5	-1,2	2,9	2,8	3,6	4,0	4,8	2,5	4,2	4,2
2006												22,3	-14,6	-3,3	1,2	-2,2	2,4	5,4	5,1	5,6	5,7	6,3	4,0	5,5	5,4
2005											22,0	22,1	-3,8	2,4	5,0	1,5	5,0	7,4	6,8	7,1	7,1	7,5	5,3	6,6	6,4
2004										27,1	24,5	23,8	3,1	7,0	8,4	4,8	7,5	9,4	8,7	8,8	8,6	8,9	6,7	7,9	7,6
2003									7,3	16,8	18,5	19,4	3,9	7,0	8,3	5,1	7,5	9,2	8,6	8,7	8,5	8,8	6,7	7,8	7,6
2002								37,1	21,3	23,2	22,9	22,8	8,8	10,9	11,5	8,2	10,2	11,5	10,7	10,6	10,3	10,5	8,4	9,4	9,0
2001							-43,9	-12,3	-6,2	1,2	5,0	7,7	-1,0	1,8	3,3	1,3	3,6	5,3	5,1	5,4	5,5	5,9	4,3	5,4	5,3
2000						-19,8	-32,9	-14,9	-9,8	-3,4	0,4	3,3	-3,6	-0,9	0,7	-0,8	1,4	3,1	3,1	3,5	3,7	4,2	2,8	3,9	3,9
1999					-7,5	-13,9	-25,4	-13,1	-9,4	-4,1	-0,8	1,9	-4,0	-1,5	-0,1	-1,4	0,7	2,3	2,3	2,8	3,0	3,5	2,2	3,3	3,3
1998				39,1	13,4	1,0	-12,8	-4,5	-2,7	1,1	3,5	5,5	-0,4	1,6	2,7	1,3	3,0	4,4	4,3	4,6	4,7	5,1	3,8	4,7	4,7
1997			17,7	28,0	14,8	5,0	-7,4	-1,1	0,0	3,1	5,0	6,6	1,1	2,9	3,8	2,4	4,0	5,2	5,0	5,3	5,4	5,7	4,4	5,3	5,2
1996		47,1	31,6	34,0	22,2	12,3	0,0	4,6	5,0	7,2	8,6	9,8	4,3	5,7	6,4	4,9	6,2	7,3	7,0	7,2	7,1	7,4	6,1	6,8	6,7
1995	28,2	37,3	30,4	32,6	23,3	14,8	3,6	7,3	7,3	9,1	10,3	11,2	6,0	7,2	7,8	6,2	7,4	8,4	8,0	8,1	8,1	8,3	6,9	7,7	7,5
1994	17,1	26,4	24,1	27,0	20,5	13,7	4,0	7,3	7,3	8,9	10,0	10,9	6,1	7,2	7,7	6,2	7,4	8,3	8,0	8,1	8,0	8,2	6,9	7,6	7,5
1993	8,4	17,0	17,2	20,6	16,1	10,8	2,7	5,8	5,9	7,5	8,6	9,5	5,1	6,2	6,8	5,5	6,6	7,5	7,2	7,3	7,3	7,5	6,3	7,0	6,9
1992	16,9	22,4	21,6	24,0	19,5	14,3	6,5	8,9	8,8	10,1	10,9	11,6	7,4	8,3	8,7	7,3	8,3	9,1	8,8	8,8	8,7	8,9	7,7	8,3	8,1
1991	12,9	18,0	17,9	20,4	16,9	12,6	5,7	8,0	7,9	9,2	10,0	10,7	6,8	7,7	8,1	6,8	7,8	8,5	8,3	8,3	8,3	8,4	7,3	7,9	7,7
1990	12,9	17,2	17,3	19,5	16,5	12,6	6,2	8,3	8,3	9,4	10,2	10,9	7,1	7,9	8,3	7,1	8,0	8,7	8,5	8,5	8,4	8,6	7,5	8,1	7,9
1989	7,1	11,4	12,1	14,5	12,3	9,2	3,8	5,8	5,9	7,2	8,0	8,7	5,3	6,2	6,6	5,6	6,5	7,2	7,0	7,1	7,1	7,3	6,3	6,9	6,8
1988	10,2	13,8	14,2	16,3	14,1	11,0	5,7	7,6	7,6	8,6	9,3	10,0	6,6	7,4	7,8	6,7	7,5	8,2	8,0	8,1	8,0	8,2	7,2	7,7	7,6
1987	12,5	15,6	15,8	17,5	15,4	12,4	7,3	9,0	8,9	9,8	10,4	11,0	7,8	8,5	8,8	7,7	8,5	9,1	8,8	8,8	8,8	8,9	7,9	8,4	8,3
1986	6,3	9,5	10,1	12,1	10,6	8,2	3,9	5,6	5,7	6,7	7,4	8,1	5,2	6,0	6,4	5,4	6,3	6,9	6,8	6,9	6,9	7,0	6,1	6,7	6,6
1985	6,2	9,1	9,8	11,6	10,3	8,1	4,0	5,6	5,7	6,7	7,3	8,0	5,2	6,0	6,3	5,4	6,2	6,9	6,7	6,8	6,8	7,0	6,1	6,6	6,6
1984	11,2	13,6	13,9	15,4	13,8	11,5	7,3	8,7	8,7	9,5	10,0	10,5	7,7	8,3	8,6	7,6	8,3	8,9	8,7	8,7	8,6	8,8	7,9	8,3	8,2
1983	11,3	13,5	13,8	15,2	13,7	11,6	7,6	8,9	8,8	9,6	10,1	10,6	7,9	8,5	8,7	7,8	8,5	9,0	8,8	8,8	8,8	8,9	8,0	8,4	8,3
1982	13,3	15,3	15,5	16,7	15,2	13,1	9,2	10,4	10,2	10,9	11,3	11,8	9,1	9,6	9,8	8,9	9,5	10,0	9,7	9,7	9,7	9,7	8,8	9,3	9,1
1981	13,6	15,5	15,6	16,8	15,4	13,3	9,5	10,7	10,5	11,2	11,6	12,0	9,4	9,9	10,1	9,2	9,7	10,2	10,0	10,0	9,9	9,9	9,1	9,5	9,3
1980	12,9	14,7	14,9	16,0	14,7	12,8	9,3	10,3	10,2	10,8	11,2	11,6	9,2	9,6	9,8	9,0	9,5	10,0	9,8	9,8	9,7	9,8	8,9	9,3	9,2
1979	12,2	13,9	14,1	15,2	14,0	12,2	8,9	9,9	9,8	10,4	10,9	11,2	8,9	9,3	9,6	8,7	9,3	9,7	9,5	9,5	9,4	9,5	8,7	9,1	8,9
1978	10,8	12,5	12,8	13,9	12,8	11,2	8,0	9,1	9,0	9,6	10,0	10,4	8,2	8,7	8,9	8,1	8,7	9,1	8,9	8,9	8,9	9,0	8,2	8,6	8,5
1977	10,7	12,2	12,5	13,6	12,6	11,0	8,0	9,0	8,9	9,5	9,9	10,3	8,2	8,6	8,8	8,1	8,6	9,1	8,9	8,9	8,8	8,9	8,2	8,6	8,4
1976	10,6	12,1	12,3	13,4	12,4	10,9	8,0	9,0	8,9	9,5	9,9	10,3	8,2	8,6	8,9	8,1	8,6	9,1	8,9	8,9	8,8	8,9	8,2	8,6	8,5
1975	9,8	11,3	11,6	12,6	11,7	10,3	7,6	8,5	8,5	9,0	9,4	9,8	7,8	8,2	8,4	7,7	8,3	8,7	8,5	8,5	8,5	8,6	7,9	8,3	8,1
1974	11,0	12,4	12,6	13,5	12,7	11,2	8,6	9,4	9,4	9,9	10,2	10,6	8,6	9,0	9,2	8,5	9,0	9,4	9,2	9,2	9,1	9,2	8,5	8,9	8,7
1973	10,7	12,0	12,2	13,2	12,3	11,0	8,4	9,2	9,2	9,7	10,0	10,4	8,5	8,9	9,1	8,4	8,8	9,2	9,1	9,1	9,0	9,1	8,4	8,7	8,6
1972	9,1	10,4	10,7	11,6	10,9	9,6	7,2	8,1	8,1	8,6	9,0	9,3	7,5	7,9	8,1	7,5	7,9	8,3	8,2	8,2	8,2	8,3	7,6	8,0	7,9
1971	9,3	10,6	10,8	11,7	11,0	9,8	7,4	8,3	8,2	8,7	9,1	9,5	7,7	8,1	8,3	7,6	8,1	8,5	8,3	8,4	8,3	8,4	7,8	8,1	8,0
1970	9,3	10,5	10,7	11,6	10,9	9,8	7,5	8,3	8,2	8,7	9,1	9,4	7,7	8,1	8,3	7,6	8,1	8,5	8,3	8,4	8,3	8,4	7,8	8,1	8,0

einen einzigen US-Dollar in jeweils verschiedene Anlageformen gesteckt hätten. Bis zum Jahr 2014 wären daraus 3,11 Dollar geworden – wenn Sie in Gold investierten hätten. Hätten Sie den Dollar in Staatsanleihen mit kurzer Laufzeit gesteckt, dann hätten Sie bis heute 275 Dollar daraus gemacht. Bei Staatsanleihen mit langen Laufzeiten wären sogar 1642 Dollar daraus geworden. Wenn Sie den Dollar allerdings in US-Aktien gesteckt hätten, dann wären Sie jetzt ziemlich vermögend: Sie hätten 1.033.487 Dollar gewonnen. Nicht schlecht, oder? Ach, übrigens: Hätten Sie den Dollar einfach nur zu Hause aufbewahrt, dann wäre er auf einen Wert von traurigen 5 Cent heruntergeschrumpft.

Wie sich seit Bestehen des DAX (Deutscher Aktienindex) die Kurse entwickelt haben, zeigt das Chart auf den Seiten 92 und 93, das Renditedreieck des Deutschen Aktieninstituts.

Es geht von einer Investition in den Deutschen Aktienindex DAX aus und schlüsselt alle Zeiträume zwischen Kauf- und Verkaufsjahr auf. So kann man ablesen, wie viel Gewinn oder Verlust man gemacht hat, wenn man zu einem bestimmten Datum X ge- und zu einem anderen Datum wieder verkauft hat. Die Farben der Felder zeigen, ob man dabei einen Gewinn (weiß) oder einen Verlust (schwarz) erwirtschaftet hat. Schlussfolgerung: Der weitaus überwiegendere Anteil der Anlagezeiträume ist weiß, also von Gewinn geprägt!

Der schlechteste Einjahreszeitraum wäre gewesen, wenn man 2001 gekauft und 2002 wieder verkauft hätte – das hätte nämlich zu einem Verlust von 43,9 Prozent geführt. Der beste Einjahreszeitraum wäre eingetreten, wenn man 1984 gekauft und 1985 verkauft hätte – nämlich 84,1 Prozent. Ebenso deutlich ist erkennbar, dass die roten Felder, also die Minuszeiträume, immer nur eine kurze Periode von wenigen Jahren ausmachen.

Fakt ist: Aktien sind nach dem Fortfall des Zinssparens eine attraktive Renditealternative. In den vergangenen 25 Jahren hat der DAX im Schnitt eine durchschnittliche jährliche Rendite von über 7 Prozent erwirtschaftet. Wer nun aber in Aktien investieren will, muss zwei wichtige Regeln beachten:

1. Regel: Aktiensparen ist ein Marathon, keine Kurzstrecke. Zu glauben, das ließe sich mal eben ein Jahr lang nebenbei machen und würde dann eine Rendite von 7 Prozent bringen – tut mir leid, das wird fast nie funktionieren. Sie müssen durchhalten! Sind Sie ein eher eruptiver Charakter, sollten Sie das Kapitel »Mentale Stärke« in diesem Buch lesen. Aktien sind eine volatiles Investment. Kurzfristig kommt es auf den Märkten immer zu starken Kursbewegungen. Langfristig aber ist die Entwicklung meist steigend.

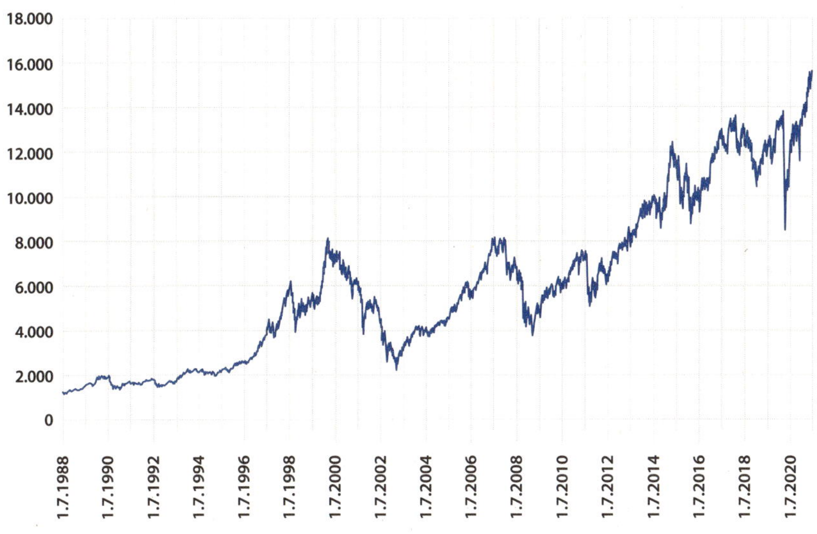

Quelle: www.ariva.de

In diesem Chart kann man erkennen, dass der DAX Mitte 1988 bei knapp über 1000 Punkten stand und Mitte 2021 bei circa 15.500 Punkten. Natürlich war im Jahr 2003, als der DAX von fast 8000 auf etwas über 2000 Punkte gefallen war, die Verlockung groß, schnell alle Aktien zu verkaufen – ehe alles wertlos sein würde. Aber nur vier Jahre später war alles wieder bei 8000 Punkten. Heute, Mitte 2021, hat sich dieser Wert schon fast verdoppelt. Wer bei tiefen Kursen rausgeht, ist leider nicht dabei, wenn die Kurse wieder steigen.

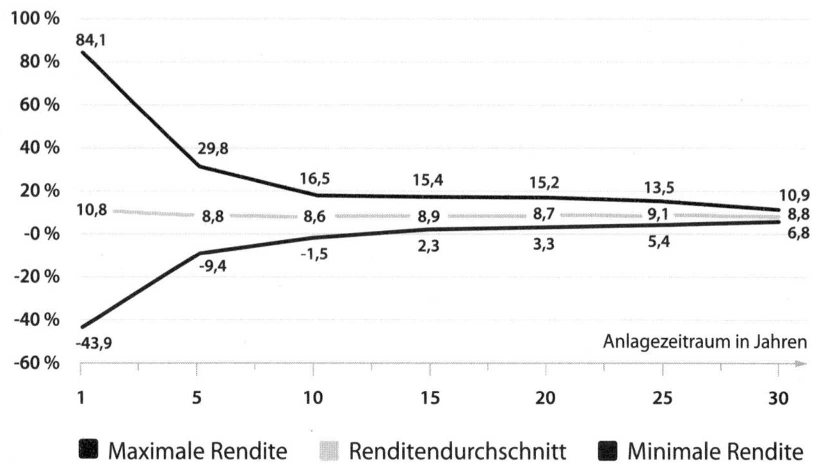

Quelle: Deutsches Aktieninstitut, www.dai.de

Das obige Schaubild zeigt unter anderem durch eine Rückwärtsbetrachtung, ab welcher Anlagedauer man im DAX nie Verlust gemacht hätte. Hier sehen wir wieder das Ergebnis des erfolgreichsten Jahres im DAX: Der beste Einjahreszeitraum hätte also ein Plus von 84,1 Prozent gebracht, der schlechteste Einjahreszeitraum ein Minus von 43,9 Prozent. Wenn man aber mindestens zwei Jahre angelegt hätte, wäre das schlechteste Minus nur 32,9 Prozent. Wenn man mindestens fünf Jahre angelegt hätte, läge das Minus im schlechtesten Fall bei nur noch 9,4 Prozent. Bei 13 Jahren käme man schon über die Nulllinie. Das bedeutet: Wer sein Geld in der Vergangenheit mindestens 13 Jahre angelegt und das allergrößte Pech – sprich den ungünstigsten 13-Jahres-Zeitraum überhaupt – erwischt hätte, hätte trotzdem keinen Verlust gemacht. Dieser ungünstigste 13-Jahreszeitraum wäre übrigens ein Kauf 1999 (bei einem sehr hohen DAX-Stand) und ein Verkauf 2012 gewesen.

Ich gehe langfristig von einer 7-prozentigen Rendite aus. Das bedeutet zwar nicht, dass Sie jedes Jahr garantiert 7 Prozent bekommen. Doch im Durchschnitt sind die 7 Prozent pro Jahr bei langen Anlagezeiträumen bisher praktisch immer erreicht worden.

Je länger die Anlagedauer, desto näher kommen Sie der Zielrendite von 7 Prozent jährlich. Das sollte Sie ermutigen, sich vom klassischen Sparer zum Aktieninvestor zu entwickeln.

Je länger der Zeitraum, desto sicherer das Renditeergebnis Ihres Aktieninvestments.

Die Zeitdauer ist für Ihre Gewinne nämlich viel wichtiger als der Zeitpunkt, zu dem Sie kaufen oder verkaufen. Ausdauer schlägt Timing. »Time, not timing«, wie man in Großbritannien sagt. Das bedeutet: Je länger der Anlagezeitraum, desto mehr glättet sich das Auf und Ab der Aktienkurse und desto wahrscheinlicher erzielen Sie die prognostizierte Durchschnittsrendite.

Zweite Regel: Statt bloß in eine Aktie sollten Sie stets in mehrere Aktien investieren. Sie haben dazu zwei Möglichkeiten. Sie könnten etwa auf einen Index setzen. Das bedeutet, dass Sie Ihr Geld in einen klar festgelegten Korb von Aktien investieren. Der DAX ist so ein Index. Er misst die Wertentwicklung und bestand stets aus den 30 größten und liquidesten börsennotierten Unternehmen des deutschen Aktienmarktes. Ab Herbst 2021 stockt die deutsche Börse den DAX auf 40 Aktiengesellschaften auf. Wer in einen Index investiert, der kauft zum Beispiel einen ETF. Ein ETF ist ein Exchange Traded Fund, ein Wertpapier mit sehr geringen Gebühren. Das ist ein Besitzanteil auf den DAX, der Ihnen bescheinigt, dass Ihnen die 40 größten börsennotierten Unternehmen Deutschlands zu einem zigmillionstel Bruchteil gehören. Die gesamte Wertentwicklung aller im Index befindlichen Titel bestimmt Ihre Rendite.

Sicher haben Sie dann auch ein paar Aktien im Index, die nicht gut laufen, aber Sie haben immer auch die jeweiligen Sieger dabei.

Das ist ein bisschen wie bei der Bundesliga. Sie haben einen Anteil am deutschen Meister – meist Bayern München – und das ist schon ziemlich stark und wird Sie voranbringen. Gut, die Absteiger haben Sie auch mit drin, das ist dann nicht so gut. Doch die schlechte Leistung der Absteiger führt für Sie nicht zum Gesamtabsturz, weil die starken Mannschaften das wieder ausgleichen.

Oder: Statt auf ein Indexpapier setzen Sie alternativ auf einen aktiv gemanagten Aktienfonds, das ist eine Art individuelle Zusammenstellung von mehreren Aktien. Das können zum Beispiel ausschließlich Unternehmenspapiere aus dem Tech-Bereich sein oder nur aus dem Pharmawesen oder eine bunte Mischung.

Ein Fehler ist es, zu springen. Wenn Sie sich einmal auf einen Index oder einen Fonds festgelegt haben: Bleiben Sie dabei! Mal auf die eine Aktienkategorie aufzuspringen, mal auf die nächste – das kann Ihnen keine langfristigen Gewinne bescheren. Denn: Hin und Her macht Taschen leer.

Nun möchte ich noch einen besonderen Investmenttrick für kontinuierliches Sparen erklären: Nämlich die Cost-Average-Methode, die auch Durchschnittskosten-Methode heißt. Sie ist eng mit dem Begriff »Sparplan« verbunden.

Gerade wenn Sie viele Jahre regelmäßig investieren wollen, ist diese Strategie der Schlüssel zum Aktienerfolg. Sie geben vor, wie viel Euro Sie jeden Monat regelmäßig sparen und ab wann Sie in einen Aktienfonds einzahlen wollen.

Wenn Sie einen fixen, immer gleich hohen Monatsbeitrag investieren, erwerben Sie mit der Durchschnittskosten-Methode bei niedrigen Kursen automatisch mehr Anteile als bei hohen Kursen. So erzielen Sie einen günstigen durchschnittlichen Erwerbspreis und damit ein zusätzliches Renditeplus. Ausführliches finden Sie dazu auch in meinem Buch *Die Millionärsformel*.

Auf lange Sicht ist diese Cost-Average-Methode ein Risikominimierer und Gewinnmaximierer.

Werden Sie Aktienkäufer – und zwar dauerhaft. Es bringt nichts, kurzfristig zu investieren, das ist nur eine Spielerei. Für nachhaltigen Finanzerfolg brauchen Sie eine nachhaltige Investmentstrategie.

Sie haben keine Ahnung von Aktien? Dann machen Sie sich zu einem Experten!

Wie schon in anderen Bereichen gilt auch hier: Wissensmangel kann zu Geldmangel führen. Für viele Menschen klingen Finanzprodukte wahnsinnig kompliziert. Und in der Tat gibt es einige Produkte wie Derivate, Long-Short-Strategien, Optionsscheine und Zertifikate, die teilweise so komplex geschnürt sind, dass sie vielleicht nur von den absoluten Experten auf dieser Welt verstanden werden. Deshalb wollen wir uns mit diesen Anlageformen gar nicht beschäftigen. Die sind was für Profis oder Zocker. Es ist wie eine Wette: Wenn ich Glück habe, habe ich gewonnen. Wenn ich Pech habe, ist alles weg. Zocken sollte man, wenn überhaupt, nur mit Geld, das man wirklich übrig hat. Das man verlieren kann, ohne den eigenen Reichwerde-Plan zu gefährden. Aber wer einen stabilen Wohlstand aufbauen will, der sollte die Finger davonlassen und immer auf sichere und bewährte Methoden setzen. Es gibt sehr viele gute Bücher, die sich in einfacher und verständlicher Weise mit Aktien auseinandersetzen. Es gibt auch viele gute Videos, die sich auf YouTube mit Aktien beschäftigen. Die Grundlagen sind schnell erlernt. Alles Weitere ist das berühmte Reinfuchsen. Bei Google finden Sie die besten Aktienfonds in Deutschland, die besten Aktienfonds in Europa und auch die besten Aktienfonds weltweit. Da stoßen Sie schnell auf gute Namen, die mit einem eindrucksvollen Portfolio über viele Jahre hinweg eine Top-Performance hingelegt haben. Orientieren Sie sich an diesen Outperformern, die über längere Zeiträume höhere Renditen erzielt haben als die Indexfonds. Zum Beispiel hier in Deutschland Squad Value, Lupus Alpha oder Paladin ONE. Das ist der Value-Aktien-Fonds, den Matthias Kurzrock und mein Sohn Marcel Maschmeyer seit Jahren erfolgreich managen.

Verzichten Sie bei Ihrer Aktien- oder Aktienfonds-Auswahl lieber einmal darauf, auf Ihren Bankberater zu hören. Der Bankberater empfiehlt häufig nur die Fonds, die von seiner Bank selber zusammengestellt und gemanagt werden. Daran verdient die Bank mehr als nur den Ausgabeaufschlag, sprich die einmalige Kaufgebühr. Das muss nicht unbedingt schlecht sein, ist aber auch sicherlich nicht der Rendite letzter Schluss. Über den Tellerrand Ihrer eigenen Hausbank zu schauen, ist sicher mehr als lohnend.

> Bei Geld hört der Spaß auf – vor allem, wenn es Ihnen gehört: Dazu müssen Sie die wichtigsten Basics kennen. Auch wenn Sie nicht in allen Bereichen absolutes Expertenwissen haben müssen, so sollten Sie doch Interesse daran haben, die Grundzüge des Aktiensparens zu verstehen. Es ist gar nicht schwer. Suchen Sie sich einen guten Aktienindex oder einen guten Aktienfonds.

Aktien sind oldschool?
Nutzen Sie die moderne Technik!

Aktiensparen ist heute nicht nur so einfach wie nie zuvor. Es ist auch technisch für Sie ein Kinderspiel. Sie können Ihr Aktiendepot, in dem der Index- oder Aktienfonds liegt, ohne große Mühe über Ihr Smartphone kaufen und verwalten. Die Zeiten, zu denen Broker an der Wall Street hektisch in ihre Telefone brüllten und Käufe und Verkäufe von Hand tätigten, sind schon lange vorbei. Mittlerweile haben sich jede Menge kluger Fintechs am Markt etabliert, die eine vermeintlich komplizierte Sache ganz einfach machen. Fintechs sind Unternehmen, die finanztechnologische Lösungen benutzerfreundlich auf verschiedenen Endgeräten anbieten. Schauen Sie sich ruhig einmal außerhalb des klassischen Bankenwesens um und prüfen Sie, ob Ihnen moderne Apps und Finanztechnologien das Leben leichter machen könnten.

Achten Sie aber unbedingt darauf, wie Sie die betreffenden Apps nutzen. So gibt es beispielsweise Broker-Apps, die es Ihnen kinderleicht ermöglichen, direkt vom Handy aus Aktien zu kaufen und natürlich auch zu verkaufen (was Sie aber für lange Zeit nicht vorhaben). Wenn Sie mit Ihrem Smartphone einen ETF kaufen, einen Dauerauftrag einrichten, jeden Monat

150 Euro investieren, dann ist das supereasy. Wenn Sie die App nutzen, um täglich die Börsenkurse zu checken und zu sehen, wie sich Ihre Kurse verändern, dann ist das ein toller Service, den Sie nutzen sollten. Aber ich bin ein klarer Gegner davon, das eigene Aktiendepot selbst zu managen. Das ist etwas, was man absoluten Profis überlassen sollte. Wer sich nicht tief in die Unternehmensentwicklung reinfuchst, wer nicht einen ganz genauen Marktüberblick hat, der sollte nicht nach Bauchgefühl auf seine eigene Aktienauswahl vertrauen. Das wird fast immer schiefgehen. Und hier liegt die Gefahr. Wenn Sie die Möglichkeit haben, eine Aktie innerhalb von Sekundenbruchteilen zu kaufen oder abzustoßen, ist die Gefahr groß, dass Sie die langfristigen Ziele aus dem Blick verlieren, weil Sie auf einen schnellen Impuls reagieren. Daytrading, also das tagesaktuelle Spekulieren auf Aktienkurse, ist genau das Falsche. Lassen Sie die Finger davon. Manche neigen dazu, schlauer sein zu wollen als die Menschen, die sich seit 20 oder 30 Jahren beruflich mit Aktien beschäftigen. Keine gute Idee!

In den vergangenen Jahren waren auch bestimmte Mischfonds beliebt. Die auch als Multi-Asset-Fonds bezeichnete Anlage investiert nicht ausschließlich in Aktien, sondern auch in Anleihen und teilweise ebenfalls in Edelmetalle und Immobilien. Sie als Anleger stehen nicht mehr vor der Wahl, ob Sie einen Aktien- oder Rentenfonds nehmen. Die erwarteten Renditen von solchen Multi-Asset-Fonds sind sehr unterschiedlich. Man sagt ihnen den Vorteil nach, dass sie ein gemindertes Risiko mit sich bringen.

Mischfonds sind aktiv gemanagt, wollen also den Marktdurchschnitt durch aktive Investment-Entscheidung übertreffen. Im letzten Jahrzehnt wiesen fast alle guten Aktienfonds eine deutlich höhere Rendite auf als solche Mischfonds.

SMARTE START-UP-IDEE:

Sie wollen in Aktien investieren und die Sache selbst in die Hand nehmen? Trade Republic ist ein nahezu kostenfreies Wertpapierdepot für das Handy mit einfachster Handhabung.

Zunehmend versuchen sich Internetfirmen mit Robo-Advisors an einer digitalen Vermögensverwaltung für den schmalen Geldbeutel. Dabei gibt Ihnen keine Expertin oder kein Experte die Ratschläge, sondern ein auf Algorithmen basierendes Programm. Robo-Advisors reklamieren für sich, dass sie die Summen der Sparer nach neuesten technologischen und besten wissenschaftlichen Standards investieren.

Der bekannteste hier in Deutschland ist Scalable Capital. Der Gründer selbst räumt ein, dass er mit der Wertentwicklung nicht zufrieden war. Bei den gängigen Robo-Advisors handelt es sich meist um eine Mischung aus Aktien- und Anleihen-ETFs, die teilweise noch um Rohstoffe und Immobilien ergänzt werden. Unter den Robo-Advisors hat sich bezogen auf die Rendite Ginmon am besten geschlagen. Alle Robo-Advisors haben eines gemeinsam: Sie versuchen, auf Dauer den Markt zu schlagen.

Das ist bis heute allerdings nur den wenigsten gelungen. Die normalen Index-ETFs waren bisher renditestärker und die besten gemanagten Fonds sowieso.

Tech is King! Nutzen Sie bei allem, was Sie tun, immer auch neue Möglichkeiten, die Ihnen die Technologie bietet. Gerade beim Aktienhandel gibt es zahlreiche neue technische Möglichkeiten, die jedem den Aktienhandel auf Smartphone-Knopfdruck ermöglichen.

Möglichkeit 2: Altersvorsorge

Sie wollen heute Vermögen aufbauen?
Denken Sie jetzt besser an morgen!

Sie haben Ihr Zukunftskonto an einen ganz konkreten Zweck gebunden. An ein Ziel, das Sie definiert haben. Welches Ziel Sie auch immer gewählt haben, ob Sie eine Yacht kaufen möchten oder eine Eigentumswohnung – bedenken Sie auch Ihre Zukunft nach dem Erwerbsleben. Ihr Zukunftskonto füllt sich monatlich mit dem Geld, dass Sie durch Ihre Arbeit erwirtschaften. Es läuft in Ihrem individuellen Zeitraum irgendwann zwischen dem 25. und dem 67. Lebensjahr. Wenn die Laufzeit beendet ist und Sie Ihr Vermögen angespart haben, dann sind Sie wahrscheinlich schon in Rente. Und diese ist prozentual im Vergleich zum bisherigen Nettoeinkommen sehr viel niedriger. Diese Verzögerung müssen Sie sich unbedingt frühzeitig bewusst machen. Wenn Sie Ihr Investitionskonto also nicht dafür nutzen wollen, sich den gewohnten Lebensstandard weiterhin leisten zu können, sondern sich damit bloß einen materiellen Wunsch erfüllen wollen, brauchen Sie für Ihre Altersvorsorge noch einen Plan B, um den Lebensstandard zu halten.

Denken Sie daran: Wenn wir wegen unserer Berufstätigkeit wenig Zeit haben, haben wir Geld, und wenn wir viel Zeit haben, dann haben wir nicht mehr so viel Geld. Das ist keine schlaue Lebensplanung. Klar können Sie als Hausbesitzer auch sagen, dass Sie stattdessen durch die erworbene Immobilie, die Sie sich mithilfe Ihres Zukunftskontos leisten, künftig weniger monatliche Mietkosten haben und entsprechend mit einer kleineren Rente leben können. Nur ist wichtig: Planen Sie das durch! Und zwar von Anfang an. Vielleicht besteht die Alternative am Ende ja auch darin, dass Sie das Segelboot eine Nummer kleiner erträumen und von den 150 Euro, die Sie monatlich zurücklegen, 75 Euro in eine staatlich geförderte, private Zusatzaltersversorgung stecken. Überlegen Sie also, ob Sie Ihr Zukunftskonto nicht auch als Teil Ihrer Altersvorsorge einsetzen wollen.

Es ist besonders wichtig, dass Sie schon heute an die Finanzen von morgen denken. Dass Sie also auch rechtzeitig mit der Planung Ihrer Altersvorsorge beginnen. Wenn Sie heute ein Arbeitnehmer im Alter von etwa 30 Jahren sind und neben der gesetzlichen keine zusätzliche Form von Altersvorsorge betreiben, dann stehen Ihnen bei Renteneintritt mit 67 leider karge Jahre bevor. Schon jetzt reicht die gesetzliche Rente kaum zum Bestreiten des Lebensunterhaltes aus. In den alten Bundesländern betrug die Altersrente Ende 2019 durchschnittlich 1169 Euro im Monat. Bei Rentnerinnen waren es nur 700 Euro monatlich. In den neuen Bundesländern erhalten Männer im Durchschnitt Altersbezüge von 1264 Euro und Frauen von 1033 Euro. Jetzt überlegen Sie mal, wie knapp Ihnen Ihr Nettogehalt jetzt schon vorkommt. Wie wird es erst sein, wenn Sie davon noch weniger zur Verfügung haben?

Um die Lücke zwischen Lohn und Rente möglichst klein zu halten, kann es also sinnvoll sein, eine Ersatz- oder Zusatzrente aufzubauen. Legen Sie deshalb genug für Ihre Rentenzukunft beiseite, damit Sie entweder später eine monatliche Zusatzrente haben oder ein Vermögen, das entsprechende Erträge abwirft und auf diese Weise Ihre Rente aufbessert. In Deutschland existiert ein sogenanntes umlagefinanziertes Rentensystem. Was bedeutet das? Sobald Sie – meistens ja als Arbeitnehmerin oder Arbeitnehmer – in das Arbeitsleben einsteigen, zahlen Sie automatisch Geld in die gesetzliche Rentenversicherung ein. Derzeit sind das knapp 19 Prozent von Ihrem Bruttogehalt. Die eine Hälfte begleichen Sie. Die andere Hälfte begleicht Ihr Arbeitgeber. Das Geld, das Sie auf diese Weise in den Rententopf einzahlen, wird jetzt aber nicht zum Beispiel 37 Jahre für Sie zurückgelegt und angespart, sondern an die Menschen ausgeschüttet, die jetzt schon in Rente sind. Auf diese Weise zahlen die Angestellten heute die Altersbezüge der Rentner von heute. Wenn Sie in Rente gehen, wird die jüngere Generation Ihr Alterseinkommen übernehmen. Hoffentlich. Das hat bisher immer funktioniert. Seit Jahren schon verzeichnen wir allerdings einen demografischen Wandel. Die Deutschen werden immer älter. Zusätzlich müssen immer weniger junge Arbeitnehmer immer mehr Renten bezahlen. Das Problem wird sich künftig noch verschärfen. Zum einen wird die Lebenserwartung immer höher. Diese generationsbedingte Schieflage verschlimmert sich noch dadurch, dass junge Leute später als in der Vergangenheit, auch ausbildungs- und studienmäßig bedingt, ins Arbeitsleben eintreten. Entsprechend zahlen sie erst später in die gesetzliche Rentenkasse ein.

Die Folge ist, dass das Lohnersatzniveau, also die Rente, sich immer stärker von der Höhe des Erwerbseinkommens entkoppelt. Und zwar in negativer Richtung. Ein guter Grund, warum Sie Ihr Rentenschicksal selbst in die Hand nehmen sollten. Das liegt nicht nur in Ihrem Interesse. Das liegt glücklicherweise auch im Interesse des Staates, der das System durch private Vorsorge ein wenig entlastet sieht. Deswegen werden Arbeitnehmer, Angestellte, Beamte und Freiberufler oder Selbstständige gefördert, wenn sie privat vorsorgen.

Es gibt im Wesentlichen drei Altersvorsorge-Produkte, die staatlich bezuschusst werden. Die betriebliche Altersvorsorge, die Rürup- und die Riester-Rente. Nur bedenken Sie: Die entsprechenden Verträge sind meistens mit Kapitalgarantie ausgestattet. Das bedeutet, dass die Vertragsgesellschaft kaum mit Aktien arbeiten darf. Dafür sichert man Ihnen von den Anbietern einen Kapitalerhalt zu. Die Zinsen sind leider gleich null. Das bringt diesen Verträgen viel Kritik ein. Dabei können weder die Kunden noch die Gesellschaften etwas dafür. Schließlich hat die EZB die Zinsschraube auf null gedrückt. Als diese Produkte konzipiert wurden, gab es noch Zinsen. Dafür aber begünstigt der Staat das private Rentensparen entweder mit Zuschüssen oder mit einer Befreiung von Steuern und Sozialversicherungen.

Riester-Rente

Die Riester-Rente ist besonders für Arbeitnehmer und Arbeitnehmerinnen interessant, die grundsätzlich eher weniger Geld verdienen und mehrere Kinder haben. Für jeden abgeschlossenen Vertrag zahlt der Staat pauschal bis zu 175 Euro pro Jahr. Hinzu kommen die Zulagen für die Kinder. Wenn die Kinder vor dem Jahr 2008 auf die Welt kamen, gibt es bis zu

185 Euro jährlich pro Kind dazu. Für noch jüngere Kinder gibt es bis zu 300 Euro pro Jahr. Die volle Förderung erhält, wer 4 Prozent des rentenversicherungspflichtigen Bruttoeinkommens aus dem jeweiligen Vorjahr in den Riester-Vertrag einzahlt. Die Zulagen sind erfreulicherweise in den Mindestbetrag eingerechnet. Wie das konkret aussehen kann, zeigt das Beispiel einer Mutter von zwei Kindern. Sie verdient 25.000 Euro brutto im Jahr, sie ist ledig. 4 Prozent des Bruttoeinkommens (1000 Euro) ist der Mindestanteil, der in den Vertrag eingezahlt werden muss, um die volle Förderung zu erhalten. Für die zwei Kinder, die nach 2008 geboren sind, bekommt sie jeweils 300 Euro Kinderzulage. Das führt zu folgendem Ergebnis: Grundzulage Mutter: 175 Euro, hinzu kommt die Kinderzulage von 600 Euro. Der Eigenbeitrag der Mutter beträgt nur 225 Euro. Der gesamte Anlagebetrag aus Eigenbeitrag + Zulagen entspricht also 1000 Euro.

Die Riesterrente gibt es aber nicht allein für Geringverdiener wegen der gezahlten Zuschüsse. Auch für Besserverdienende gibt es ein Angebot. Denn sie können die Beiträge, die sie in den Riester-Topf zahlen, direkt von der Steuer absetzen. So sparen sie Steuern für jeden Euro, den sie zurücklegen. Riester-Sparer sparen also nicht allein, die Finanzverwaltung spart für sie mit. Das ist ein netter Rentenerhöhungseffekt.

Betriebliche Altersvorsorge

Auch Ihr Arbeitgeber unterstützt mithilfe des Staates Ihre Rentenpläne – mit der betrieblichen Altersvorsorge (bAV). Der Staat erlaubt es Ihnen, einen Teil dessen, was Sie verdienen, steuer- und sozialabgabenfrei in eine Altersversorgung umzuwandeln. Dazu wird Ihnen ein festgelegter Betrag von Ihrem Bruttolohn abgezogen. Seit 2018 können Sie bis zu 4 Prozent der sogenannten Beitragsbemessungsgrenze der Rentenversicherung in eine Pensionskasse, in einen Pensionsfonds oder in die häufig gewählte Direktversicherung einzahlen. Zum besseren Verständnis: Die Beitragsbemessungsgrenze ist der Höchstbetrag an Arbeitseinkommen, bis zu dem Sie in die Rentenkasse einzahlen müssen. Aber die komplizierte Erklärung können Sie auch gleich wieder vergessen. Denn sie bedeutet konkret: Im Jahr 2021 könnten Sie als Westdeutscher auf diese Weise 3408 Euro sozialabgabenfrei umwandeln, 3216 Euro sind es, wenn Sie Ihren Wohnsitz in den neuen Bundesländern haben. Steuerfrei bleiben bei dieser Entgeltumwandlung sogar bis zu 8 Prozent der Beitragsbemessungsgrenze der Rentenversicherung, also bis zu 6816 Euro im Westen oder 6432 Euro im Osten. Zusätzlich hat der Gesetzgeber die Arbeitgeber verpflichtet, einen Zuschuss zusätzlich in die neuen Policen einzuzahlen. Ab 2022 besteht die Pflicht, auch bei bereits bestehenden Verträgen 15 Prozent des umgewandelten Gehalts zusätzlich in die Versorgungseinrichtung abzuführen. Da die meisten Arbeitgeber 20 Prozent an Sozialversicherungsbeitragsleistungen sparen, können die meisten Arbeitnehmerinnen und Arbeitnehmer der Unternehmensleitung »abbringen«.

Nehmen wir eine männliche Person die verheiratet ist und den durchschnittlichen Vollzeit-Bruttoverdienst von 3975 Euro erhält und Kirchensteuer zahlt. 284 Euro monatlich können maximal umgewandelt werden. Davon zahlt der Arbeitgeber 48 Euro, 54 Euro sind Steuerersparnis und 48 Euro Sozialversicherungssteuerersparnis. Das heißt, der am Monatsende geringere Monatsnettolohn sinkt nur um 134 Euro. Von den 284 Euro zahlt also der Arbeitnehmer nur 47 Prozent, der Arbeitgeber und der Staat 53 Prozent. Bei einer einigermaßen gut performenden Versicherung bekommt man für diese 134 Euro an monatlichen Nettoeinzahlungen eine garantierte Rente von 360 Euro inklusive der derzeit kalkulierten Überschussbeteiligung von über 900 Euro.

Alternativ kann sich der Arbeitnehmer mit dem 67. Lebensjahr eine garantierte Summe von 126.000 Euro auszahlen lassen, die sich durch die Überschüsse noch auf über 270.000 Euro erhöhen kann. Nutzen Sie diesen Förderturbo als Renditebooster. Steuererleichterungen oder Fördergelder helfen Ihnen beim Sparen. Legen Sie einfach den Vorsteuereuro zurück, denn vom Bruttoeinkommen zu sparen, lohnt sich sehr. Der Nettoeffekt wirkt als sofortiger Beschleuniger Ihres Vermögensaufbaus.

Rürüp-Rente

Die Rürup-Rente richtet sich speziell an hochbesteuerte Angestellte und Beamte, Besserverdienende, Selbstständige und Freiberufler. Besonders Selbstständige und Freelancer müssen ein besonderes Augenmerk auf die private Rentenversorgung legen, da sie in der Regel sonst ganz ohne gesetzliche Altersvorsorge dastehen. Hier muss in einem viel größeren Umfang Eigeninitiative gezeigt werden.

Im Gegensatz zu der Riester-Rente gibt es bei Rürup zwar keine staatlichen Zulagen, dafür können aber hohe Beiträge beim zu versteuernden Einkommen abgezogen werden. Und hier geht es um richtig viel Geld.

Wer in einen Rürup-Vertrag einzahlt, kann im Jahr 2021 etwas mehr als 23.700 Euro von der Steuer absetzen. Bei Ehepaaren gilt sogar der doppelte Betrag. Je mehr Sie verdienen und je höher somit Ihr Steuersatz ist, desto besser eignet sich Rürup für Sie.

Hierzu ein konkretes Beispiel: Ein 40-jähriger Selbstständiger macht im Jahr 80.000 Euro Gewinn, den er dann versteuern muss. Würde er nun jedes Jahr 8000 Euro in einen Rürup-Vertrag einzahlen, würde sich nach 27 Jahren – bis zum Rentenbeginn – eine Gesamteinzahlung von 216.000 Euro ergeben. Er würde in etwa 108.000 Euro weniger Einkommenssteuer bezahlen. Netto muss also der Selbstständige nur 1 Euro einsetzen, um rund 2 Euro in seine Altersversorgung einzuzahlen. Und selbst im Rentenalter profitiert man mit einem solchen Rentenvertrag noch von Steuervorteilen. Zwar unterliegt die Rürup-Rente der Einkommenssteuer, aber in der Regel sind das Einkommen und damit der Steuersatz im Alter niedriger.

Denken Sie heute schon an die Finanzen von morgen: Bauen Sie eine Ersatz- oder Zusatzrente auf. Nutzen Sie staatliche Zuschüsse oder Steuervergünstigungen! Oder betreiben Sie Altersvorsorge und holen Sie sich den staatlichen Rentenerhöhungseffekt. Zögern Sie nicht, informieren Sie sich noch heute.

Möglichkeit 3: Immobilien

Sie wollen die Niedrigzinsen nutzen? Investieren Sie in die eigenen vier Wände

Im Herbst 1982 kaufte ich mir eine Immobilie. Meine erste, eigene Immobilie. Ich hatte da keine wirtschaftlichen Hintergedanken. Das war eine rein emotionale Entscheidung. Ein eigenes Haus zu besitzen: Das fühlte sich für mich an wie ein Ausbruch aus meiner beengten Wohnungshistorie als Kind. Das war für mich der spürbare Life-Changer. Ein super Gefühl. Statt in einer Mietwohnung wohnte ich nun in einem Vorort von Hannover. In einem eigenen Haus mit kleinem Pool im Garten. Glücklicherweise verdiente ich damals schon sehr viel Geld, sodass ich mir die dummen Fehler, die ich begangen habe, in gewissem Maße leisten konnte. Ich hatte mir keine Gedanken über die Grunderwerbsteuer, die Notarkosten und die Renovierung des Hauses gemacht. Von der Einrichtung und einer tollen Küche brauchen wir gar nicht erst zu sprechen. Das hatte ich alles nicht so richtig mitbedacht. Und dennoch: Die Kosten nahm ich in Kauf, weil das Haus für mich eine Herzensangelegenheit war. In der gleichen Zeit hatten wir viele Schulungen von Bank-Fachreferenten, die uns genau erklärt haben, wie vorteilhaft langfristig die Tilgungs- und Zinszahlung versus der Mietersparnis ist. Ich hatte eine Immobilie bislang nie als eine Investition betrachtet. Natürlich wusste ich, dass man mit Immobilien auch Geld verdienen kann, aber ich habe mich da nie allzu eingehend mit befasst. Jetzt erkannte ich: Immobilien sind weitaus mehr als nur schöne Häuser, in denen man sein Leben verbringt. Die Formel hieß: je jünger man ist, je lohnender das Modell. Wer mit 30 Jahren eine Immobilie kauft, wer also bei einem geschätzten Lebensalter von 80 Jahren noch 50 Jahre lebt, der stand nun vor der Wahl: Jetzt noch 50 Jahre immer weiter steigende Mieten in Kauf nehmen? Oder sich nun für etwa 30 Jahre auf eine Zins- und Tilgungszahlung einlassen – bei der man am Ende selber Hauseigentümer ist? Für jeden Kunden, der ein paar Ersparnisse hatte, und somit das notwendige Eigenkapital aufbringen konnte, war das einleuchtend. Und viele Monate war unser Bestseller das Konzept, mietfrei zu wohnen.

Das Investment in Immobilie ist bis heute eine weitere, sehr populäre Form des Vermögensaufbaus. Tatsächlich sind Immobilien nach wie vor der Finanztraum Nummer eins der Deutschen. Nichts wünschen sich die Menschen hierzulande sehnlicher als den Einzug in die eigenen vier Wände. Kein Wunder. Jeder Mensch, jede Familie, jede Frau, jeder Mann braucht ein Dach über dem Kopf. Warum sollte es nicht das eigene sein? Wenn man es richtig angeht, dann kann dieser Traum tatsächlich Realität werden.

Bei den derzeitig noch sehr niedrigen Zinsen ist es so günstig wie nie zuvor, ein Haus oder eine Eigentumswohnung zu finanzieren. Kein Wunder, dass immer mehr enttäuschte und desillusionierte Festgeld- und Tagesgeldsparer ins Lager der Immobilieninhaber wechseln. Sie träumen nicht länger von steigenden Zinsen, sondern nutzen die noch niedrigen Zinsen für eine Hypothek zur Finanzierung einer Immobilie. Diese Investition wird die höchste Investition Ihres Lebens sein. Und die Hypothek auch. Bitte vergleichen Sie die Zinskonditionen. Unterschiede von ein paar Zehntel Prozenten machen über die Langzeit viele tausend Euro aus. Oft lohnt sich das Einschalten eines Vermittlers. Interhyp und Dr. Klein sind die größten. Das große Partner-Angebot an Darlehensinstituten hilft Ihnen, meist bessere Konditionen als bei Ihrer Hausbank zu bekommen. Der Immobilienerwerb kann auch eine gute Anlage für das Alter sein, denn wer in hohen Jahren mietfrei wohnt, der hat entsprechend mehr von seiner Rente. Aber es gibt noch einen netten Zusatzeffekt. Sie sparen nicht nur die Mietzahlungen. Es besteht eine gute Chance, dass die Immobilie selbst zusätzlich auch noch einmal ihren Wert steigert. Immobilien sind somit bewohnbares Vermögen. Und der Wert dieses Vermögens hat sich meist über die Jahre vermehrt, während Sie drin wohnen. Selbst wenn es sich dabei nur um 1 bis 2 Prozent im Jahr handeln würde, hätten Sie immer noch ein besseres Geschäft gemacht, als wenn Sie Ihr Geld einfach nur auf Ihr unverzinstes Sparbuch packen würden.

Das Konzept des mietfreien Wohnens besteht darin, dass man zunächst das Eigenkapital für eine selbst genutzte Immobilie anspart. Das kann auch ein Teil des Zukunftskontos sein. Für den Rest nehmen Sie einen Kredit auf. Die Gelegenheit ist schon lange besser als je zuvor, denn für einen Immobilienkredit zahlen Sie seit Jahren nur sehr geringe Zinsen.

Statt die monatliche Miete an den Vermieter zu überweisen, zahlen Sie dann eben Ihre Hypothek ab. Ihr Vorteil ist klar: Die monatlichen Kosten für die Wohnung entstehen ja sowieso. Nur ersetzen Sie eine lebenslange Mietzahlung, inklusive der wahrscheinlich alle paar Jahre stattfinden Mieterhöhung, mit einer nur auf begrenzte Zeit zu leistenden Hypothekenbelastung, die während der Zinsfestschreibung auch nicht steigen kann.

Eine eigene Immobilie kann somit ein substanzieller Teil des Vermögensaufbaus sein. Wer dagegen zur Miete wohnt, der vermehrt nur das Vermögen seines Vermieters. Machen Sie Schluss damit, indem Sie sich Ihre Miete künftig quasi in Form von Zins- und Tilgungsleistung selber auszahlen. Rechnen Sie es einmal selbst durch. Angenommen, Sie leben über 40 Jahre lang in einer Mietwohnung, für die Sie monatlich 800 Euro Miete zahlen. Sie überweisen in dieser Zeit Ihrem Vermieter 384.000 Euro, vorausgesetzt die Miete wird nicht erhöht. Bei einer bloß 2-prozentigen jährlichen Mietsteigerung sind das schon rund 580.000 Euro. Es ist interessant, einmal seine Gesamtmietzahlung, oder die Lebensmietzahlung, in einer Summe zu betrachten. Für dieses gezahlte Geld könnten Sie schon Eigentümer einer Immobilie sein.

Eine Beispielrechnung: Bei einem Kaufpreis von 300.000 Euro für eine solche Wohnung sollten Sie etwa 20 Prozent Eigenkapital aufbringen. Das wären 60.000 Euro. Sie würden einen Darlehensbetrag von 240.000 Euro aufnehmen. Den zahlen Sie in monatlichen Raten von 800 Euro (Zins und Tilgung) ab. Das ist exakt derselbe Betrag, den Sie für Ihre Mietwohnung bezahlen würden. Bei unterstellten Zinsen von 2 Prozent und entsprechender Tilgung wäre nach etwas mehr als 30 Jahren die Wohnung aber Ihr Eigentum. Wenn die Immobilie abgezahlt ist, fallen weder Miete noch Hypothekenbelastung mehr an. Sie haben also monatlich 800 Euro mehr, die Sie einsparen. Diese 800 Euro sind dann entweder die Kompensation der geringeren Rente, da Sie das Geld nicht in die Altersvorsorge gesteckt haben, oder ein zusätzlicher Finanzpuffer, mit dem Sie sich monatlich Freizeitwünsche erfüllen können. Mietersparnis ist eine Art Entschädigung für den derzeitigen Sparzinsausfall. Und sie ist ein viel höherer Zinsertrag, als der, den man seit Jahren oder wahrscheinlich auch in den nächsten Jahren etwa auf dem Sparkonto bekommen würde.

Sein eigener Vermieter zu sein, hat viele Vorteile. Es kann Sie auch niemand mehr vor die Tür setzen. Es sei denn, Sie bedienen Ihre Hypothek nicht, dann würde Ihre Bank Sie von dort vertreiben.

Immobilien in guten Lagen bieten eine steinerne Rendite statt der derzeit zerbröselten Zinsen. Manche Häuslebauer haben natürlich auch noch im Hinterkopf, dass sie später den Kindern das Objekt vererben werden. Oder dass diese sogar einmal mit der Familie im Elternhaus leben können. Und ganz viele hegen den Wunsch: »Meine Kinder sollen's mal besser haben.«

Es gibt noch einen weiteren Vorteil. Wer in Immobilien investiert, der kann vom sogenannten Leverage-Effekt, auch Hebel-Effekt genannt, profitieren. Was bedeutet das? Sie bezahlen eine Immobilie in der Regel nicht komplett selbst, sondern greifen auf einen 80-prozentigen Fremdfinanzierungsanteil zurück. Genau dieser Anteil kann Ihnen einen zusätzlichen Vermögensvorteil bescheren. Er kann den Wert Ihrer Investition hebeln. Angenommen, Sie kaufen sich ein Haus im Wert von 500.000 Euro. Sie legen 100.000 Euro Eigenkapital auf den Tisch und nehmen einen Hypothekenkredit für die restlichen 400.000 Euro auf. Wenn man es ganz genau nimmt, dann haben Sie sich mit den Hypotheken nicht selbst verschuldet. Das Haus ist die eigentliche Schuld. Sie besitzen dagegen einen realen Sachwert. Sollte Ihre Immobilie eine Wertsteigerung von durchschnittlich 2 Prozent pro Jahr erfahren, wäre das von Ihnen in der Beispielrechnung gekaufte Haus nach 5 Jahren gut 550.000 Euro wert. Zieht man die 400.000 Euro Hypothek ab, dann sind aus Ihren 100.000 Euro, die Sie selbst investiert haben, nun schon gut 150.000 Euro geworden. Das entspricht einer satten 50-Prozent-Steigerung auf das eingesetzte Eigenkapital. Bezogen auf den Gesamtwert würde das einer Verzinsung von insgesamt 10 Prozent pro Jahr entsprechen. Wenn wir die gleiche Wertentwicklung einmal für zehn Jahre durchrechnen, hätte sich das Eigenkapital von 100.000 Euro auf 200.000 Euro verdoppelt. Eine 100-Prozent-Rendite.

Nun gibt es bei dem Erwerb von Immobilien aber auch ein Risiko: Kein Staat, kein Wohnungsbauministerium kann Ihnen heute garantieren, dass der Wert Ihrer Immobilie auch morgen noch steigen wird. Obwohl Immobilien nicht wie an der Börse im Sekundentakt bepreist werden, unterliegt ihr Wert auch natürlichen Schwankungen. Gerade in den vergangenen zehn Jahren sind die Preise so stark gestiegen, dass von manchen Experten ein baldiger Fall erwartet wird.

Falls die Langzeitfolgen der Corona-Pandemie den Anstieg der Firmeninsolvenzen und dadurch bedingt auch die Arbeitslosenzahlen doch antreiben, kann dies dazu führen, dass nicht mehr alle Menschen künftig in der Lage sein werden, die bisherigen Mietpreise zu begleichen. Auch werden bei steigenden Zinsen für künftige Käufer entsprechend höhere Refinanzierungskosten anfallen. Das wiederum hat zur Folge, dass auch die Immobilienpreise sinken werden. Preisrückgänge sind natürlich auch bei abgewohnten Häusern oder in schwer verkäuflichen Lagen denkbar, etwa in Gebieten, in denen Stadt- oder Landflucht gerade stattfindet. Oder wenn jemand in einer überhitzten Marktphase die Immobilie überteuert erworben hat. Bei fallenden Immobilienpreisen setzt der oben beschriebene Hebel-Effekt genau entgegengesetzt ein. Wenn der Wert einer Immobilie von 500.000 Euro auf 450.000 Euro fällt, dann sind das 10 Prozent Wertminderung. Schade genug. Aber auf das eingesetzte Eigenkapital entspricht der Verlust satte 50 Prozent, wenn man das Haus jetzt verkaufen müsste. Zuvor hatte man 100.000 Euro Eigenkapital und Schulden. Jetzt hat man zwar keine Schulden mehr, aber nur noch 50.000 Eigenkapital. Die Hälfte wäre weg.

Wer seine Immobilie allerdings nur für den Eigenbedarf nutzt und das auch langfristig tun will, und wer zudem über ein dauerhaftes (ziemlich sicheres) Einkommen verfügt, muss sich davon nicht so beunruhigen lassen, denn dem kann der jeweils aktuelle Marktwert vorübergehend egal sein.

Verstehen Sie Immobilieneigentum als eine Art Sparguthaben. Das gilt nicht nur für das Ansammeln des notwendigen Eigenkapitals, nein, auch die Tilgung des Hypothekenkredits selbst ist nichts anderes als ein Sparvorgang. Der eine tilgt seinen Hauskredit vielleicht etwas mehr, der andere begleicht nur die notwendige Rate und spart nebenbei noch etwas Geld auf dem Zukunftskonto. Welcher Weg hier auch gewählt wird: Am Ende sind beide nahezu gleich. Der eine führt zu weniger Schulden und der andere bringt zwar etwas mehr Schulden mit sich, ermöglicht aber zusätzlich noch ein Sparguthaben. Meiner Erfahrung nach sind jedoch Immobilienkäufer bei Rentenbeginn oftmals wohlhabender als andere Menschen. Das liegt daran, dass Immobilienkäufer ein ganz eigenes, ein ganz besonderes Mindset mitbringen. Das sind Menschen, die über viele Jahre eine hohe Konsequenz in der Tilgung und eine enorme Ausgabendisziplin an den Tag gelegt haben, denn sie wollten natürlich die Hypothek bedienen. Da ist man dann eben auch gar nicht in der Lage, sich mal nebenbei ein Auto zu kaufen oder eine Weltreise zu veranstalten und dafür ein Vierteljahr lang auf die Tilgung zu verzichten. Wer sich also einmal für diesen Weg entschieden hat, der bleibt meist beharrlich dran und vermehrt dank dieser Disziplin seinen Wohlstand Jahr für Jahr konsequent, entweder noch in der Ansparphase oder dann in der Tilgungsphase.

Die Zinsen sind niedrig. Immer noch. Deshalb: Wenn Sie schon immer eigene vier Wände wollten, sichern Sie sich den aktuellen Niedrig-Zins. Wichtig: Wählen Sie Ihre Immobilie mit Sorgfalt aus. Verstehen Sie Wohneigentum als eine Art Sparguthaben. Und: Bleiben Sie bei der Tilgung beharrlich und diszipliniert.

Möglichkeit 4: Kryptowährung

Eine weitere Anlageform, an der sich gegenwärtig die Geister scheiden, ist die Kryptowährung. Für die einen ist Krypto das nächste ganz große Ding. Für die anderen bloß ein hochspekulatives Finanzobjekt, von dem man besser die Finger lassen sollte. Aber wie man auch zu Krypto steht: Gefühlt kommt man nicht daran vorbei, sich zumindest einmal mit dieser Anlageform zu beschäftigen. Der Hype ist einfach zu groß. Aber fangen wir doch einmal ganz von vorne an. Der Siegeszug der Kryptowährung begann nach der Finanzkrise von 2008. Viele Menschen haben den klassischen Banken nicht mehr vertraut und nach einer Alternative gesucht. Kryptowährungen sind eine solche Alternative. Sie existieren ausschließlich digital, ohne von

Banken reguliert zu werden. Normalerweise wird Geld von der Zentralbank ausgegeben. Die Zentralbank kann somit entscheiden, wie viel Geld im Umlauf ist und welchen Wert es hat. Kryptowährungen hingegen werden nur von Privatleuten generiert und verwaltet. Der Vorteil: Es braucht keine Mittelsmänner, wenn untereinander die Währung gegen einen Warenwert getauscht wird. Es entstehen keine Kosten, wie bei einer klassischen Überweisung, von der immer auch die Bank profitiert. Transaktionen sind kostenfrei. Doch wie entsteht Kryptowährung?

Nutzer in aller Welt schließen ihre Rechner zu einem Netzwerk zusammen. Mit dieser geballten Leistung werden innerhalb von Sekunden Billionen von hochkomplexen Rechenaufgaben gelöst, die notwendig sind, um Daten zu verschlüsseln und zu sichern. Man spricht hier von einer Blockchain-Technik. Informationen werden in Blöcken festgeschrieben. Die zusammengeschlossenen Netzwerke verschlüsseln sie, sodass sie gesichert sind. Auf jeden Block folgt ein neuer, sobald er vollgeschrieben ist, und so entsteht eine Kette aus Blöcken, die sogenannte Blockchain. Für diesen Verschlüsselungsprozess, also das Zurverfügungstellen von Rechenleistung, werden digitale Münzen erschaffen und ausgezahlt. Man nennt diesen Vorgang auch Mining.

Es gibt mittlerweile gut 3000 unterschiedliche Kryptowährungen. Sie alle kämpfen um die Marktführerschaft. Die bekannteste dürfte Bitcoin sein. Erstmals wurden Bitcoins in 2009 gehandelt. Es folgte die Ethereum-Plattform, die die Schwächen und Ineffizienzen von Bitcoin optimieren wollte. Nach Bitcoin hat Ethereum den zweithöchsten Gesamtwert. Außerdem beliebt sind Ripple, Bitcoin Cash und Litecoin. Im Sommer 2021 gab es fast 19 Millionen Bitcoins. Diese Summe erhöht sich, wenn neue Blöcke gewonnen werden, in etwa alle zehn Minuten. Anfangs stieg noch die Summe an Bitcoins, wenn ein neuer Block gewonnen wurde, um 50 Bitcoins, dann nach dem sogenannten ersten Halving nur noch um 22,5, dann nach dem nächsten um 12,5 und aktuell nur noch um 6,25. Auf insgesamt 21 Millionen Bitcoins ist die Gesamtmenge begrenzt. Bei Ethereum gibt es hingegen keine Begrenzung.

Und wie viel ist so ein Bitcoin nun wert? Nun, das bemisst sich klassischerweise über den Gebrauchswert. Sprich: dem Einverständnis aller Nutzer der Währung, dass man für einen bestimmten Betrag an klassischem Geld einen bestimmten Wert an Kryptowährungen erwerben kann. Genau das macht sie als Spekulationsobjekt für viele so interessant. Es handelt sich allerdings um eine extrem volatile Währung. Der Kurs ist in wenigen Jahren von 2 US-Dollar auf über 20.000 US-Dollar im Dezember 2017 angestiegen. Das hat sich natürlich herumgesprochen. Immer mehr Menschen kauften Bitcoins. Nach ein paar Schwankungen erreichte die digitale Währung im April 2021 ein bisheriges Allzeithoch von fast 65.000 US-Dollar. Auch wenn JP Morgan, eine der größten Banken der Welt, im April 2021 langfristig einen Bitcoin-Preis von 130.000 US-Dollar vorhersagte, fiel der Bitcoin-Kurs Mitte Juni 2021 unter 30.000 US-Dollar. Wer auf dem Hoch eingestiegen war, hatte vorübergehend sein Investment halbiert.

Immer mehr populäre Plattformen akzeptieren Bitcoin heute bereits als Zahlungsmittel. Microsoft, Lieferando, PayPal, Visa und Mastercard, sie alle erkennen einige der großen Kryptowährungen als Zahlungsmittel an, und immer öfter ziehen kleinere Geschäfte nach. Um etwas mit Bitcoins bezahlen zu können, müssen die Nutzer die Digitalwährung zunächst einmal kaufen. Für die Aufbewahrung ist dann ein Wallet nötig, eine digitale Geldbörse. Mittlerweile gibt es eine Reihe junger, innovativer Unternehmen, die den Zugang zu Kryptowährungen ermöglichen und blockchainbasierte Finanzdienstleistungen anbieten. Ich selbst habe 2017 über unsere Venture Capital Gesellschaft Alstin in das Berliner Fintech-Unternehmen Nuri (vormals Bitwala) investiert.

In Deutschland unterliegt der Kryptomarkt noch keiner richtigen staatlichen Regulierung. Manipulationen dieser Kryptowährungskurse sind nicht ausgeschlossen, denn Kryptogelder sind Tauschmittel, die – anders als zum Beispiel Gold – keinen eigenen Wert besitzen. Trotzdem glaube ich, der Hype wird weitergehen, und auch die Akzeptanz durch Staaten wird voranschreiten. Wie sich die Kurse allerdings genau entwickeln werden, das ist absolut nicht vorhersehbar. Im Internet finden sich viele selbsterklärte Experten, die vorgeben genau zu wissen, wann und wo Sie am besten investieren sollten. Dabei sind sich weltberühmte Experten nicht einig, wo die Kurse der Kryptowährungen hingehen. Einige sagen, es wird neue Höchststände geben, und darunter sind Profis, die steif und fest behaupten, dass Kryptowährungen das heutige Geldsystem ablösen werden. Andere hingegen haben die extrem gegenteilige Meinung, dass Kryptowährungen völlig wertlos werden. Für eine langfristige und vor allem sichere Investition sind Kryptowährungen für Sie allerdings eher ungeeignet. Wenn Sie Geld übrig haben, sich intensiv mit der Technologie und den Risiken auseinandersetzen und über Verluste bewusst sind – versuchen Sie es. Aber setzen Sie lieber auf sichere Möglichkeiten, Ihr Reichwerde-Potenzial langfristig auszuschöpfen.

3. Durchhalten

Sie geraten in Versuchung, Ihr Erspartes auszugeben? Entwickeln Sie eine Motivationsroutine!

Sie sind nun mittendrin. Sie haben Ihr Zukunftskonto angelegt, sparen Monat für Monat 10 Prozent Ihres Gehaltes und sehen, wie sich Ihr Geld langsam vermehrt. Wie Ihr Vermögen wächst. Ganz egal, ob Sie es in Immobilien, Aktien oder eine geförderte private Altersvorsorge stecken. Ein gutes Gefühl, oder? Aber machen wir uns nichts vor. Es wird Tage geben, da werden Sie schwach werden. Na klar, werden Sie sich sagen, ich habe ja mein großes Ziel vor Augen. Aber auf der anderen Seite habe ich doch schon so viel angespart. Da ist über die Jahre eine ordentliche Summe zusammengekommen und eigentlich könnte ich die doch jetzt abheben und mir ein schönes Auto kaufen. Es ist nicht das Traumhaus, aber doch gut genug. Ganz schlecht! In solchen schwachen Momenten müssen Sie sich unbedingt selbst disziplinieren. Auf keinen Fall nachgeben. Auf jeden Fall das große Ziel beibehalten. Sie werden sich sonst nur ärgern! Niemand bestreitet, dass die Langstrecke schwierig ist. Darum sollten Sie eine kleine Motivationsroutine entwickeln.

Wer sich ein Ziel regelmäßig visualisiert, der verliert es nicht so schnell aus den Augen. Wie Sie das machen, ist ganz Ihnen überlassen. Ich hatte mir damals eine kleine Routine angewöhnt. Ich hatte mir zwei große Bücher zugelegt. Und wenn ich müde und erschöpft war und der nächste Tag sehr anstrengend zu werden drohte, dann zog ich mir eines dieser Bücher aus dem Regal und blätterte es durch. Das erste Buch hieß *Traumhäuser dieser Welt*. Da ich in einer kleinen, viel zu engen Wohnung aufgewachsen bin, habe ich immer den Traum gehabt, irgendwann mal eine große, weitläufige Immobilie zu besitzen. Und als ich dieses Buch so durchblätterte, geriet ich ins Träumen. »Mensch, Carsten«, sagte ich zu mir selbst, »wenn du jetzt weitermachst, wenn du dich jetzt anstrengst, wenn du dir jetzt Mühe gibst, dann wirst du dir irgendwann auch so etwas leisten können.« Das hat mich extrem motiviert. Ich war einfach besser drauf. Ich wusste plötzlich wieder, wofür ich all diese Anstrengungen auf mich nahm. Wenn mich das nicht aufmunterte, griff ich zu dem zweiten Buch: *Die schönsten Weltreisen*. Das war sogar noch ein Stück weiter weg. Aber gerade das hat mir einen absoluten Motivations-Kick gegeben. Außergewöhnliche und hohe Ziele zu haben, ist wichtig. Denn je größer Sie denken, desto mehr erreichen Sie auch. Ein Ziel, das Sie sich setzen, ist ja eine Belohnung, die Sie erwarten. Eine Belohnung für die harte Arbeit und die Sparsamkeit, die Sie an den Tag legen. Wenn die zu erwartende Belohnung nicht besonders reizvoll ist, dann werden Sie auch keine große Disziplin aufbringen, diese zu erreichen. Dann werden Sie eher mal schwach. Darum ist es wichtig, groß zu träumen. Und sich diese Träume ständig wieder vor Augen zu halten. Manches in Ihrem Leben wird eines Tages wie ein Wunder wirken, aber wenn Sie richtig leben, werden Wunder eben wahr. Seien Sie fleißig. Arbeiten Sie jeden Tag auf der Baustelle Ihres Zieles, um die fristgerechte Fertigstellung zu realisieren.

Wenn Sie Ihre Ziele visualisieren, wenn Sie in Ihrem Kopf bereits durch Ihr Traumhaus laufen, die Wände berühren, wenn Sie es sich ganz genau vorstellen, dann wächst die Wahrscheinlichkeit, dass Sie an diesem Ziel festhalten werden. Sie sind ja schon auf dem halben Wege dorthin. Jetzt bloß nicht umkehren.

Wie genau Sie Ihre Träume visualisieren, das ist Ihnen überlassen. Ich hatte einen jungen Assistenten, der einen kleinen Plastik-Lamborghini hatte. Wahrscheinlich war er in der Phase, dass ein flotter Sportwagen sein Traum war. Der stand auf seinem Schreibtisch. Andere richten sich ein Bild von ihrer Traumimmobilie als Hintergrund auf dem Smartphone ein. Andere wiederum sind sehr klassisch unterwegs und haben eine Postkarte an ihrem Kühlschrank oder ihrem Arbeitsrechner kleben. Machen Sie es auch so. Auf diese Weise setzen Sie kleine Impulse, wenn der Ehrgeiz nachlässt.

Wenn Sie merken, dass Sie zu schwächeln drohen, dann wäre es eigentlich konsequent, die Postkarte oder das Bild von Ihrem Traumauto zu zerreißen. Doch das fällt schwer.

Sie hätten dann das Gefühl, dass der Traum zerplatzt. Aber wenn wir ehrlich zu uns selbst sind, dann zerplatzt ein Traum ja nicht einfach so. Wir lassen ihn zerplatzen, weil wir nicht bereit sind, genug dafür zu kämpfen. Weil wir nicht bereit sind, die notwendigen Änderungen im Leben einzugehen.

> Träumen Sie groß. Und handeln Sie danach. Je größer Sie denken, desto mehr erreichen Sie. Erinnern Sie sich so oft wie möglich an Ihr Ziel. Wenn es mal nicht so läuft: Visualisieren Sie Ihren Traum. Und kämpfen Sie für Ihr Ziel.

Sie haben Geld übrig? Reinvestieren Sie es!

Doch manchmal muss man auch einen kleinen Umweg gehen, wenn man sich seine Träume erfüllen möchte. Gerade wenn Sie als Selbständiger oder Freiberufler unterwegs sind, kann es sinnvoll sein, Ihr Erspartes nicht gleich in Ihr privates Vermögen überzuführen, sondern erst einmal in Ihre Firma zu reinvestieren. Aber Achtung, das Geld, das Sie auf Ihr Zukunftskonto legen, fassen Sie bitte nicht an. Das hat Vorrang, das ist für Sie und nicht für Ihre Firma. Wenn sich aber überschüssige Gelder ergeben, dann überlegen Sie, ob Sie mit diesen Geldern nicht auch wirtschaften können. Ob Sie diese Gelder nicht in Ihr Geschäft stecken können, damit sie sich dort vermehren. Wenn ich damals ein paar Provisionsüberschüsse hatte, dann habe ich dieses Geld genommen und mir ein weiteres Büro angemietet. Der Gedanke war: Wenn ich noch ein weiteres Büro habe, dann kann ich auch mehr Umsatz machen. Dann muss ich nicht ständig zu den Kunden fahren, dann können die Kunden auch einmal zu mir kommen. Auf diese Weise kann ich potenziell mehr Menschen treffen und somit auch mehr Abschlüsse generieren. Und ich spare auch noch Fahrzeit und Fahrtkosten. Dann habe ich durchgerechnet, ob es sich nicht lohnt, auch noch jemanden einzustellen, der mir die Schreibarbeiten und den Routinekram abnimmt. Dadurch hatte ich wiederum mehr Zeit, mich um meine Kunden zu kümmern. Die Herausforderung besteht darin, Geld schlau gegen Zeit einzutauschen. Denn Zeit wiederum schafft neues Geld. Ein ganz einfaches Beispiel: Rechnen Sie einmal Ihren ungefähren Stundensatz aus. Auch als Freiberufler können Sie einen ungefähren Durchschnittswert errechnen. Sie machen einen monatlichen Umsatz von 6000 Euro. Angestellt: Sie arbeiten im Schnitt an fünf Tagen die Woche acht Stunden am Tag (die Regelarbeitszeit eines Angestellten). Das sind 160 Stunden im Monat. Dann liegt Ihr ungefährer Stundenlohn bei 37,50 Euro. Diese Kennzahl sollten Sie unbedingt kennen. Denn sie zeigt, was eine Stunde Ihrer Arbeit wert ist. Wenn Sie diese Stunde nicht arbeiten, dann verdienen Sie 37,50 Euro weniger. Wenn Sie diese Stunde damit verbringen, Ihr Büro zu putzen, können Sie in dieser Stunde keine 37,50 Euro verdienen. Wenn Sie aber einen Putzdienst für beispielsweise 17,50 Euro die Stunde kommen lassen und dafür einen freien Kopf haben, Ihrer eigentlichen Tätigkeit nachzugehen, haben Sie mehr Geld verdient als verloren. Denken Sie effizient. Zeit ist Geld. So habe ich mir eine Bürokraft eingestellt, die damals 20 Mark Stundenlohn bekam, mir aber den Papierkram weitestgehend abgenommen hat. Dadurch hatte ich mehr Zeit für meine wesentlichen Aufgaben, was mir wiederum deutlich mehr als nur 20 Mark die Stunde eingebracht hat. Ich kaufe mir quasi die Zeitblocker einfach weg. Das können Sie auch.

Reinvestieren Sie, was zwischendurch abfällt. Aber reinvestieren Sie diese Gelder klug und ehrlich! Mieten Sie sich wirklich ein Büro in Berlin an, weil Sie davon überzeugt sind, dass Sie mehr Kunden generieren können? Oder einfach nur, weil Sie insgeheim mehr Zeit in einer anderen

Stadt verbringen möchten? Durchdenken und kalkulieren Sie auch jede Entscheidung, bei der Sie beruflich Geld ausgeben, genau durch und fragen Sie sich, ob sich Ihr Vorhaben wirklich lohnt.

> Kennen Sie den Wert Ihrer Arbeit. Vor allem: Tauschen Sie Geld gegen Zeit. Ob Arbeit oder auch Freizeit: Denken Sie effizient. Denn – Zeit ist Geld (und frisst Geld).

Sie wollen vorankommen? Gehen Sie Ihrem finanziellen Erfolg entgegen

Was genau Sie nun mit dem Geld machen, das auf Ihrem Zukunftskonto liegt, bleibt Ihnen überlassen. Wichtig ist nur: Handeln Sie. Denn nur so kann sich Ihr Geld vermehren. Nur so können Sie sich ein Vermögen aufbauen. Ob Sie den Fokus dabei in Ihre Alterszukunft, in Ihre Vermögenszukunft oder in Ihre Immobilienzukunft legen, bleibt ganz Ihnen überlassen. Sie wollen im Alter eine hohe Rente, dann haben Sie die Wahl, ob Sie sich mit Aktien einen hohen Betrag zusammensparen, den Sie sich selbst auszahlen oder das Geld gleich in einen Rürup- oder Riester-Vertrag investieren. Das Zukunftskonto kann auch dazu dienen, Eigenkapital anzusparen, mit dem Sie Ihre eigenen vier Wände realisieren – sei es in Form einer Eigentumswohnung oder eines Einfamilienhauses. Wichtig ist nur, dass Sie durch rechtzeitiges und ausreichendes Einsparen in die Lage kommen, für die Zukunft ansparen zu können, um Ihre Ziele zu erreichen. Für die einen heißt das, im Alter würdevoll und komfortabel leben zu können. Für andere heißt das, in der eigenen Immobilie zu wohnen. Und wieder für andere heißt das, Kapital aufzubauen und das befreiende Glücksgefühl zu genießen, über ein bestimmtes Vermögen frei verfügen zu können.

Die Vergangenheit ist vorbei, die Gegenwart ist da, und die Zukunft mit dem Ziel finanzieller Unabhängigkeit kann beginnen. Leben Sie vorwärts. Gehen

Sie Ihrem Erfolg entgegen. Wenn Sie später so leben wollen, wie es anderen nicht möglich sein wird, müssen Sie jetzt so leben, wie andere es nicht für möglich halten. Sie sind nicht zu jung, zu alt, zu ungebildet oder zu überbeschäftigt, um mit dem Reichwerden loszulegen! Es ist nicht kompliziert, Sie müssen es einfach machen. Immerhin wissen Sie inzwischen, wie Sie durch kleine Veränderungen große Erfolge erzielen können. Und Sie wissen ebenfalls, in welchen Finanzbereichen Sie Optimierungen vornehmen müssen.

Tun Sie es! An jedem Tag, den Sie verstreichen lassen, verlieren Sie Geld. In meinem Buch *Die Millionärsformel* habe ich es ausführlich beschrieben: Das System funktioniert nur, wenn Sie mit der Umsetzung Ihres Reichwerde-Plans beginnen. Deshalb müssen auch Sie funktionieren, indem Sie Ihre finanzielle Zukunft anpacken. Und zwar möglichst sofort! Das Leben bezahlt Sie nicht für das, was Sie wissen, sondern für das, was Sie tun. Jetzt ist der Moment gekommen, in dem Ihre Reise zur finanziellen Unabhängigkeit beginnt. Sie haben die Chance, aus dem heutigen Tag den besten Ihres Finanzlebens zu machen.

> Wer jetzt noch wartet, hat den Moment verpasst: Sie haben die Chance, aus dem heutigen Tag den besten Ihres Finanzlebens zu machen. Tun Sie es. Gehen Sie Ihrem Erfolg zur finanziellen Unabhängigkeit entgegen. Je früher Sie anfangen, desto schneller können Sie mit der Umsetzung Ihres Reichwerde-Plans beginnen.

III. ELEMENT:

FREUNDE UND FAMILIE

»Herr Maschmeyer«, hörte ich eine Stimme am Telefon. »Ich wollte Sie nur kurz vorwarnen, dass wir im Anschluss an Ihre Rede noch eine kleine Überraschung für Sie haben.« Der Anruf kam drei Tage vor der Veranstaltung. Vom Organisator persönlich. Ich sollte einen Gastvortrag vor Unternehmerinnen und Unternehmern in Saarbrücken halten. Es hatten sich zahlreiche Gäste angekündigt. Die Rede sollte im Rathaus stattfinden. Im großen Festsaal.

»Eine Überraschung?«, fragte ich. Ich mochte keine Überraschungen. »Worum geht es denn?«

»Ich habe versprochen, dass ich nichts verrate. Ich will nur sichergehen, dass Sie hinterher noch ein wenig Zeit haben.«

Ich mochte wirklich keine Überraschungen.

»Glauben Sie mir«, hakte ich noch einmal nach. »Es ist wirklich besser, wenn ich weiß, worum es geht. Dann kann ich bei meiner Rede einen passenden Übergang einplanen. Ich verspreche Ihnen, ich tue trotzdem so, als wäre ich überrascht.«

»Nein, nein«, entgegnete der Anrufer. »Machen Sie sich da keine Gedanken. Es ist etwas, was Sie ganz persönlich betrifft.«

»Was mich persönlich betrifft? Na, dann möchte ich es erst recht wissen.« Der Veranstalter seufzte. »Also gut. Aber versprechen Sie mir bitte, dass Sie nichts sagen werden, in Ordnung? Weder, dass Sie es wissen, noch, dass Sie es von mir erfahren haben.«

»Mein Ehrenwort!«

Und dann verriet er mir die Überraschung. Und die hatte es wirklich in sich: »Da ist ein Mann, der Sie gerne kennenlernen will. Der für die Veranstaltung verantwortliche Schul- und Kulturdezernent im Rathaus …«

Na gut, dachte ich, das war ja jetzt noch nichts Außergewöhnliches. Der Veranstalter ließ eine kurze Pause und dann: »Der Mann sagt, er sei Ihr Halbbruder.«

Ich ließ den Telefonhörer ein wenig absinken. Mein Halbbruder? Das Wort traf mich wie ein Schlag. Nein, das war nicht nur persönlich. Das war zutiefst persönlich. Das betraf meine eigene Entstehung. Und es rührte an etwas, was ich viele Jahre verdrängt hatte. Meine ganz besondere Familiengeschichte.

Als ich drei Jahre alt war, habe ich zum ersten Mal wahrgenommen, dass meine Familie nicht so war wie die anderen Familien. Wir waren unvollständig. Ich hatte zwar eine Mama, aber keinen Papa. Kurz nach meiner Geburt waren wir in ein Mutter-Kind-Heim in Bremen gezogen. Dort lebten wir. In der Nähe von Mamas Arbeitsstätte, in einer umgebauten Kaserne. Bezahlbarer Wohnraum für sozial schwache Familien. Es war sehr beengt dort. Nur hundert Meter entfernt von unserer Wohnung war ein Ganztagskindergarten, in den ich gebracht wurde. Dort war ich das jüngste Kind. Aber es ging nicht anders. Mama musste Geld verdienen. Tagsüber arbeitete sie als Schreibkraft bei der örtlichen Polizei. Als ich dann fünf Jahre alt war, weihte Mama mich in unser Familiengeheimnis ein. Mein leiblicher Vater, erzählte sie mir, hatte ihr ganz große Versprechungen gemacht, als er sie kennenlernte: heiraten, zusammenziehen, für ein gemeinsames Kind sorgen. Das volle Programm. »Aber er hat mich angelogen«, berichtete meine Mama. »Er hatte schon eine andere Familie.« Mein leiblicher Vater war verheiratet, hatte bereits in dieser Ehe drei Kinder. Als er erfahren hatte, dass sie schwanger ist, hat er meine Mutter einfach verlassen. Er sei ein Schwindler, sagte Mama mir. So richtig habe ich das in meinem damaligen Alter natürlich nicht einordnen können. Dann offenbarte sie mir im gleichen Zusammenhang eine weitere, für mich ebenso große Überraschung: Sie habe jetzt einen neuen Mann kennengelernt, den sie sehr mögen würde. Er wäre sehr nett, und er hätte sogar ein Auto. Und am nächsten Sonntag, da würde ich ihn kennenlernen, und wir würden sogar zusammen einen Ausflug machen.

Ich glaube, das war meine erste Fahrt in einem Auto. Der Mann, den wir eine Woche später trafen, war nett zu mir. Er spielte mit mir im Wald

Verstecken, trug mich auf seinen Schultern, warf mich hoch und fing mich wieder auf. Wir hatten einen guten Tag. Für mich war das ein ganz neues Erlebnis: Es war völlig anders, mit einem Mann zu toben als mit meiner Mutter. Kurz vor dem Ende des Ausflugs nahm mich Mama beiseite. »Wie findest du ihn?« »Gut«, antwortete ich. »Mit dem kann man super toben. Und Auto fahren ist auch schon schön ...« Dann sagte meine Mutter: »Frag ihn doch, ob er dein Papa werden möchte!« Ich nahm meinen ganzen Mut zusammen und fragte ihn das tatsächlich.

An seine genauen Worte kann ich mich nicht mehr erinnern. Aber er reagierte positiv und fragte mich, ob ich das gut finden würde. Und ja, er könne sich das vorstellen, müsse das aber mit meiner Mutter bereden.

Daraus wurde ein klares »Ja«: Wenige Wochen später heiratete dieser neue Mann in meinem Leben meine Mutter – ohne mich. Am Hochzeitswochenende war ich nicht dabei, wurde bei meinem Opa zwischengeparkt. Ein uneheliches Kind auf Hochzeitsbildern, das war wohl nicht gewollt. Zu meinem Opa aber hatte ich eine ganz besondere Beziehung. Denn er war es, dem ich mein Leben zu verdanken hatte. Erst sehr spät, nur wenige Jahre vor ihrem Tod, vertraute meine Mutter mir an, dass sie mich eigentlich hatte abtreiben wollte. In den späten 1950er- und den frühen 1960er-Jahren galt es noch als absolute Schande, alleinerziehende Mutter zu sein, ein uneheliches Kind zu haben. Als sie erfuhr, dass sie schwanger war, hatte sich meine Mutter nach Möglichkeiten zur Abtreibung erkundigt und wollte nach Holland fahren, wo eine Abtreibung damals im Gegensatz zu Deutschland wohl halbwegs legal war. Es war mein Opa, der sie darin bestärkt und sie überzeugt hatte, das Kind – mich – zu behalten. Er würde sie auch finanziell unterstützen, erklärte er ihr.

Mein neuer und für mich erster und einziger erlebter Vater arbeitete zu Beginn als technischer Angestellter für den Rundfunkkonzern Nordmende in Bremen. Relativ schnell nach der Hochzeit hieß es, er könne einen besseren Job bei Blaupunkt bekommen, in Hildesheim. Kurz vor unserem Umzug nahm mich mein Neu-Vater zur Seite und bläute mir ein, dass ich keinem sagen dürfe, dass er nicht mein echter Vater ist. Sonst, so drohte er, würde er mir sämtliche Knochen brechen. Da er mich mittlerweile schon mal verprügelt hatte und ich seine Kraft zu spüren bekommen hatte, hielt ich mich daran.

Zum einen aus Angst, zum anderen aber auch, weil ich auch etwas stolz war, nun endlich auch einen Vater zu haben und ich nicht gleich einräumen wollte, dass es gar nicht mein leiblicher Vater war. Wir wohnten in einem Arbeiterviertel von Hildesheim, genannt Drispenstedt. Unser Hausblock hatte vier Etagen, neun Eingänge, 72 Einheiten. Die Wohnungen waren klein, die Miete war niedrig. Das war unser neues Zuhause.

»Herr Maschmeyer? Sind Sie noch da?«

Mein Halbbruder. Ich musste mich erst einmal sammeln, hatte widerstrebende Gefühle. Einerseits hatte ich sofort Fluchtgedanken, ich wollte nichts sehen, nichts hören, nichts wissen. So viele Jahre hatte ich gelebt, ohne Genaueres von meinem Vater oder gar seinen anderen Kindern zu wissen, warum sollte das jetzt anders sein? Aber zugleich war ich auch wirklich neugierig. Ich wollte etwas über meine Wurzeln erfahren.

»Lassen Sie uns dieses Treffen verlegen«, sagte ich zu dem Veranstalter, als ich mich wieder gefangen hatte. »Es ist mir unangenehm, das vor all den anderen Leuten zu machen, verstehen Sie?«

»Hm, ja, das kann ich schon verstehen«, sagte er.

»Wie wäre es denn, wenn wir uns vor der offiziellen Veranstaltung treffen? Das wäre mir sehr viel lieber.«

»So machen wir das. Ihr Halbbruder, sollte es Sie interessieren, heißt übrigens Rainer. Rainer Silkenbäumer.«

Sobald wir das Telefonat beendet hatten, griff ich sofort erneut zum Hörer. Dieses Mal rief ich meine Mutter an. Ich musste sie unbedingt sprechen. Jetzt, sofort.

»Mama«, sagte ich, als sie den Hörer abnahm: »Ich muss dich etwas fragen. Nächste Woche halte ich einen Vortrag in Saarbrücken. Und da hat sich ein Mann angekündigt, der behauptet, er wäre mein Halbbruder. Der Mann heißt Rainer Silkenbäumer. Kann das sein?«

Meine Mutter wurde nervös. Das spürte ich durchs Telefon. Sie fing an, etwas vor sich herzustammeln. Als sie sich gesammelt hatte, sagte sie kurz und knapp: »Darüber möchte ich jetzt nicht reden.« Mit dieser Reaktion hatte ich schon gerechnet. Dieses Thema war für sie schon immer ein Tabu. Dass ich noch Halbgeschwister hatte, das wusste ich. Auch dass mein leiblicher Vater ja verheiratet gewesen war und Kinder mit einer anderen Frau hatte. Aber wer das war und wo die lebten, das wusste ich nicht. Und nie hatte ich darüber nachgedacht, dass diese Kinder ja auch etwas mit mir zu tun hatten.

Doch für diese Begegnung mit meinem angeblichen Halbbruder brauchte ich Klarheit. Von meiner Mutter.

»Aber Mama, wir wollen doch nicht, dass das noch andere Leute mitkriegen. Darum wäre es gut, wenn ich wüsste, wie ich auf diesen Mann reagieren soll.« Ich wusste, dass ich sie damit bekommen würde. Denn meiner Mutter war es immer schon am wichtigsten, was andere Leute über uns denken könnten. »Ja«, sagte sie schließlich »dein leiblicher Vater hatte noch drei andere Kinder. Und auch einen Sohn. Und sein Nachname war wirklich Silkenbäumer. Aber ich will nicht, dass du ihn triffst!«

»Doch Mama«, sagte ich. »Das werde ich tun. Du erzählst mir nicht viel über meine Vergangenheit, du schämst dich vielleicht auch dafür, das ist deine Sache, aber ich möchte mehr über mein Leben und meine Wurzeln erfahren.«

Drei Tage später war ich in Saarbrücken. Der Vortrag sollte um 19 Uhr beginnen. Um 18 Uhr stand das Treffen mit meinem Halbbruder an. Ich war aufgeregt. Wie würde es werden? Was wäre er für ein Typ? Würden wir uns verstehen?

Ich klopfte an sein Büro.

»Ja?«

Als ich die Tür öffnete, begrüßte mich ein sympathischer Mann, der 17 Jahre älter war als ich.

»Rainer?«

»Carsten ...«

Es war eine merkwürdige Situation, die uns beide ziemlich überforderte. Wie geht man mit solch einer Begegnung um? Reicht man sich die Hand? Umarmt man sich? Wir waren uns ja völlig fremd. Und dennoch waren wir zur Hälfte vom selben Blut. Wir kamen schwer in Gang, waren beide scheu und unsicher. Aber das war ja auch keine Situation, die man alltäglich erlebt. Schließlich tauten wir aber etwas auf. Und Rainer erzählte mir von meinem Vater, den ich in meinem ganzen Leben nie zu Gesicht bekommen hatte. Er war Buchhändler, in Essen. Als Rainers Mutter erfuhr, dass unser Vater ein uneheliches Kind hatte – mich –, da habe sie ihn verlassen. Rainer lebte dann viele Jahre in Hannover, dort, wo ich zufälligerweise auch mein Unternehmen aufgebaut hatte. Ich staunte, dass unser Schicksal dann doch – zumindest räumlich – so eng miteinander verbunden war, ohne dass wir uns je kennengelernt hatten.

Er war studierter Pädagoge und hatte zwei Legislaturperioden für die SPD im niedersächsischen Landtag gesessen. Dann war er nach Saarbrücken gezogen.

Von diesem Tag an trafen wir uns öfter und heute, da fühlt es sich so an, als wäre seine Familie meine Familie und meine Familie seine Familie. Ich genieße jeden der wenigen Tage, die ich mit meinem Halbbruder, der erst sehr, sehr spät in mein Leben getreten ist, verbringen kann. In den vielen Gesprächen, die wir bis heute miteinander führen, habe ich gelernt, wie wichtig doch die Familie ist. Und mir wurde noch einmal ein Stück weit mehr bewusst, dass ich für meine Kinder, die ich über alles liebe, immer ein guter Vater sein wollte, gerade weil ich nie meinen eigenen kennengelernt hatte. Diese Sehnsucht, die ich so stark empfunden habe, hat mir gezeigt: Ich muss für unsere Kinder da sein – als Vater, Freund und Mentor.

Warum Freunde und Familie ein wichtiges Element unseres Erfolgs sind

Ich wäre niemals der Mensch, der ich heute bin, wenn ich keine Menschen gehabt hätte, die mich auf meinem Weg so inspirierend und unterstützend begleitet hätten. Menschen, die mir in guten Zeiten geholfen haben, mich nicht komplett in der Arbeit zu verlieren. Und Menschen, die in meinen dunkelsten Stunden an meiner Seite waren. Der Mensch ist kein Einzelgänger. Der Mensch ist ein soziales Wesen. Unsere Biologie hat uns die unterschiedlichsten Fähigkeiten mitgegeben, die uns erlauben, miteinander zu kommunizieren, um miteinander in Kontakt zu treten. All die großen Errungenschaften der Menschheitsgeschichte sind entstanden, weil Männer und Frauen in einem sozialen Austausch miteinander standen. Dörfer und Städte, ganze Gesellschaften konnten sich nur bilden und zu dem werden, was sie heute sind, weil sie auf dem Gemeinschaftsprinzip basieren. Weil sich Menschen mit den unterschiedlichsten Fähigkeiten zusammengefunden und diese Fähigkeiten dafür eingesetzt haben, die Gemeinschaft voranzubringen. Weil man sich auf das Prinzip des sozialen Austauschs geeinigt hat.

Jeder bringt seine Stärken in eine Gemeinschaft ein, um damit die individuellen Schwächen auszugleichen. Alle großen Leistungen der Menschheitsgeschichte sind Leistungen, die nur miteinander vollbracht werden konnten. Wir waren in der Lage, große Kirchen und Wolkenkratzer, Krankenhäuser und Forschungslabore zu bauen, weil wir das gemeinsam gemacht haben. Wir waren imstande, Flugzeuge und Satelliten zu erdenken und herzustellen, weil sich Menschen mit unterschiedlichen Talenten und unterschiedlichen Ideen zusammengetan haben, um etwas zu entwerfen, was sie alleine niemals hätten entwerfen können.

Soziale Kontakte sind also die Lebensgrundlage unserer Gesellschaft.

Sie sind aber auch die Lebensgrundlage für jeden von uns. Der Mensch braucht Freunde und Freundinnen, mit denen er durch das Leben geht, der Mensch braucht einen Partner oder eine Partnerin, die ihn ergänzt und ihn als Menschen erst vervollständigt. Freundschaften und Beziehungen zu anderen Menschen sind das Fundament, das das soziale Gefüge unseres Lebens bildet. Wir definieren uns zu einem großen Teil über die Menschen, die uns umgeben. Wir sind das, was wir sind, weil andere Menschen uns aufgezeigt haben, was wir sein wollen – oder, im Gegenteil, uns vor Augen geführt haben, wie wir niemals werden wollen. Es sind unsere Freundinnen und Freunde, unsere Partnerinnen und Partner, die uns zu dem machen, was wir sind, und das Leben, was wir führen, überhaupt erst lebenswert machen. Entsprechend ist die Pflege sozialer Kontakte ein wesentliches Element, das unser Leben ein gutes Stück weit reicher macht. Es ist kaum vorstellbar, dass ich die schwersten Phasen meines Lebens überstanden hätte ohne meine

Frau, meine Kinder und meine Freunde, die mich aufgefangen haben, als ich gestolpert und gefallen bin. Ja, Sie werden zu einer außergewöhnlichen Person, wenn Sie mehr außergewöhnliche Menschen um sich herum haben.

Ich möchte Ihnen in diesem Kapitel zeigen, wie Sie es schaffen, nicht nur Freundschaften aufzubauen, sondern sie auch zu halten. Wie es Ihnen gelingt, einen Radar für die Probleme und Sorgen der Menschen zu entwickeln, die Ihnen nahestehen. Ich möchte Ihnen zeigen, wie Sie Routinen entwickeln können, die eine Freundschaft am Leben halten. Und ich möchte mit Ihnen über Beziehungen sprechen. Aus der lehrreichen Erfahrung einer gescheiterten und einer sehr glücklichen Ehe möchte ich Sie vor Fallen warnen, die sich in langjährige Beziehungen einschleichen. Ich möchte versuchen, Sie dafür zu sensibilisieren, welche Ansprüche die unterschiedlichen Phasen einer Beziehung haben.

1. Freundschaften

Sie arbeiten zu viel?
Freundeszeit ist Entschleunigungszeit!

Da hatte ich es mir einmal erlaubt, ein wenig später ins Büro zu kommen, und gleich brach der Stress los. Die Stunde, die ich mir länger für mich genommen hatte, kostete mich gleich zwei Stunden, um mir selbst wieder hinterherzuräumen. Herr Maschmeyer, bitte hier einmal ganz dringend zurückrufen. Herr Maschmeyer, der Termin für das Meeting wurde noch nicht bestätigt. Herr Maschmeyer, seit einer Stunde versucht ein Investor, Sie zu erreichen. So ging der Tag doch gleich ordentlich los, stöhnte ich. Und meine E-Mails, die hatte ich noch nicht einmal abgerufen.

Ich weiß ja, wie das ist. Der Büroalltag nimmt einen ganz schön gefangen. Man hat einfach so viel zu tun. Sobald man das Office betritt, stehen Termine, Meetings und Telefonate an, und wenn die reguläre Office-Zeit vorbei ist, wird in der Regel dennoch meistens irgendetwas liegen geblieben sein, was man noch abarbeiten könnte. Kein Wunder, dass man so gerne auch einmal das Bild eines Hamsterrades bemüht, wenn man vom klassischen Büroalltag spricht.

Unsere Arbeit nimmt uns ganz schön gefangen. Das ist gefährlich. Denn wenn wir uns von unserem Job gefangen nehmen lassen, bloß immer schneller und immer mehr arbeiten, dann geht uns eines Tages die Luft aus. Geben Sie also selbst den Takt an, statt von außen und im Job getaktet zu werden, und finden Sie eine Balance zwischen Geschwindigkeit und Langsamkeit. Zwischen Job und Freizeit. Während wir im Job vor allem mit Geschäftsleuten zusammen sind, finden wir in der Zeit, die wir für uns und unsere Freunde haben, einen guten Ausgleich. Dieser Kontrast ist wichtig! Reservieren Sie sich Zeit für Ihre freie Zeit, denn Ihr privates Glück ist erst die Grundlage für Ihren beruflichen Erfolg.

Die Zeit, die Sie mit den Menschen verbringen, die Ihnen etwas bedeuten, ist die Zeit, in der Sie Glück empfinden. Freundschaftszeit ist somit ein Investment in Ihr geistiges Kapital. Mit »höher, schneller, weiter, rund um die Uhr« werden Sie schon mittel- und spätestens langfristig an Ihre eigenen Grenzen stoßen. Wir benötigen eine Umkehr vom Tempowahn – eine Art Entschleunigung, und während Sie im Job genau wissen, wie lange das Meeting oder die Besprechung läuft oder die Punkte, welche auf der Tagesordnung stehen, sind es genau die Treffen mit Freunden ohne Tagesordnung. Teilweise nehme ich mir bei Treffen mit Freunden vorher die Uhr ab und gucke so gut wie nicht auf das Handy.

Dieses zeitlose Gefühl, sich einfach von dem Gespräch und von den Gedanken treiben zu lassen, ist herrlich. Je härter, je länger und je schneller wir arbeiten, desto weniger kreativ sind wir. Fehler häufen sich, und die Ideen lassen nach.

Ich habe das so viele Jahre vernachlässigt. Heute weiß ich das so viel mehr zu schätzen und bin froh, dass ich das geändert habe.

Das Wesensmerkmal einer guten Freundin oder eines guten Freundes definiert sich über das Gefühl, dass man mit diesem einen speziellen Menschen gerne Kontakt halten möchte. Und das nicht im geschäftlichen »Ich-muss-mich-in-Erinnerung-bringen«-Sinne, sondern im Sinne eines aufrichtigen Verlangens danach, mit diesem Menschen Zeit zu verbringen. Bei einer wahren, aufrichtigen Freundschaft gibt es kein Gefühl von Zwang: Ach ja, heute Abend *muss* ich mich ja noch mit dem und dem treffen. Pflichtschuld ist kein Bestandteil einer echten Freundschaft. Menschen, die zu Freunden werden, lernt man meist durch Zufall kennen. Und ich glaube, die engsten Freundschaften entstehen zu einer Zeit, in der man sich in einer Art Schicksalsgemeinschaft befindet. Während der Schulzeit, der Ausbildung, dem Studium, der Bundeswehr oder einer gemeinsamen Gründung etwa. Das sind Momente, in denen man sich über einen bestimmten Zeitraum in einer gemeinsamen, gleichgestellten Position wiederfindet und gegenüber einer Autorität oder Wettbewerbern besonders solidarisiert.

Als Schüler fühlt man sich gegenüber den unfairen Lehrern eng verbunden. Das schweißt schon einmal grundsätzlich zusammen. Wenn man dann auch noch gemeinsame Interessen hat, dann entstehen oftmals Freundschaften, die sehr lange halten. Gerade wenn sich die Wege nach der gemeinsamen Zeit dann vorerst trennen, man sich in unterschiedliche Richtungen entwickelt – die eine wird vielleicht Ärztin, der andere Apotheker und wieder ein anderer Softwareverkäufer –, erinnert man sich doch gerne an die gemeinsame Zeit zurück. Das ist ein verbindendes Element, das ein wichtiges Fundament einer Beziehung bleibt. Später entstehen neue Freundschaften dann meist über bestehende Freundschaften. Auf Partys und Veranstaltungen bringt jemand jemanden mit, mit dem man dann ins Gespräch kommt. Ich habe Freunde, durch die ich sehr nette Menschen kennengelernt habe, die auch zu meinen Freunden geworden sind. Auch durch seine Partnerin oder seinen Partner gewinnt man beinahe automatisch ein neues Umfeld dazu.

Wie oft habe ich es mittlerweile erlebt, dass ich eher aus dem Büro wegging und mich mit einem guten Freund oder mehreren Freunden getroffen habe, an diesem Abend über alles gesprochen habe, nur nicht über den Job, und es gab auch ein paar Gläschen Wein, und trotzdem war ich am nächsten Tag fitter und hatte bessere Lösungen. Wir benötigen eine Balance aus körperlicher, mentaler und emotionaler Verfassung. So wie wir Sport und Natur zum Ausgleich benötigen, brauchen wir die ruhige oder lustige Zeit mit Familie und Freunden.

Ich bin davon überzeugt, dass gesund zu leben und lange zu leben auch davon abhängt, wie man Arbeit und Freude gleichzeitig in seinen Tagesablauf einbaut. Dann leben wir nicht nur gesünder, glücklicher und länger – wir haben einfach auch richtig Spaß und performen in der restlichen Berufszeit deutlich stärker.

Im Kapitel »Zeitmanagement« gehe ich darauf ein, dass man nicht die Zeit, sondern nur sich selbst managen kann. Klar kennen wir alle den Satz »Zeit ist Geld, und Geld ist Zeit«. In der Berufswelt stimmt das, aber Zeit ist auch Leben, und zum Leben gehört dazu, Zeit mit der Familie und Zeit mit guten Freunden zu verbringen.

Sein Leben gut zu managen bedeutet: Beruf, Familie, Freunde, Gesundheit, Sport unter einen Hut zu bringen, damit Ihr Leben wirklich im Gleichgewicht ist. Um diesen Ausgleich hinzubekommen, sollten Sie regelmäßige Zeitfenster für sich selbst einplanen. Das bedeutet: für Sie und Ihre Familie, für Sie und Ihre Freunde. Tragen Sie sich ruhig mal in den Kalender ein: »Meeting mit mir« oder »Meeting mit der Familie« oder »Meeting mit Freunden«. Sie werden schnell spüren, dass Sie daraufhin sehr viel leistungsfähiger in Ihrem Beruf sein werden. Meine Akkus sind schnell wieder voll, wenn ich ein paar Tage mit meinen Freunden oder einen Familienurlaub hinter mir habe. Das hat nichts mit Faulheit zu tun oder dass ich mich vor der Arbeit drücken würde – es geht vielmehr darum, meine Reserven wieder aufzufüllen. Wenn Sie die Balance zwischen Arbeit mit den Kollegen, Vorgesetzten und Mitarbeitern und der Müßigkeit mit Freunden und Familie einhalten, werden Sie dauerhaft bis an das Ende Ihrer Arbeitszeit berufliche Top-Leistungen realisieren.

Wenn man ältere, früher im Job gut performende Menschen fragt, was sie bereuen, ist das ganz häufig, dass sie Karriere und beruflichen Erfolg viele Jahre in ihrem Leben für alles gehalten haben. Gerade die Menschen, die beruflich sehr viel erreicht haben, denken im Lebens-Résumé sicher nicht: »Wäre ich doch nur öfter im Büro gewesen.« Bedenken Sie eins: Im Leben geht es nicht um Leistung der Leistung willen, im Leben geht es darum, wie Sie leben wollen.

> Nehmen Sie sich Zeit für Ihre Freundschaften und Beziehungen, auch das ist ein Investment in Ihre berufliche Leistung. Denn Ihr privater Erfolg ist auch Grundlage für Ihren beruflichen Erfolg. Die Entschleunigung zusammen mit Ihren Freunden ist ein Garant dafür, dass Sie Ihre Akkus wieder aufladen, die Sie für eine gute Arbeitsperformance brauchen. Und das Leben lebenswerter machen.

Sie genießen Freundschaften? Fangen Sie an, sie auch zu managen!

Was alle Freundschaften eint, ist, dass sie gepflegt werden müssen. Entsprechend sollte man einen guten Teil seiner Zeit für das *Freundschaftsmanagement* aufwenden.

Freundschaftsmanagement? Das klingt vielleicht ein wenig technisch, aber der Begriff trifft es doch ganz gut. Ich habe beispielsweise nicht nur die Geburtstage meiner Geschäftspartner, sondern auch die Geburtstage meiner Freunde und guten Bekannten digitalisiert. Ich nenne das mein Freundschaftsmanagement-System. Es hilft mir, dass ich auch wirklich die wichtigsten Tage der wichtigsten Menschen in meinem Leben vor Augen habe. Wenn ich morgens meinen Kalender öffne, wird mir als Allererstes angezeigt, ob und wer aus meiner Freundesliste an diesem Tag Geburtstag hat. Ich versuche mich dann den Tag über telefonisch zu melden. Sollte ich die entsprechende Person nicht erreichen, dann hinterlasse ich eine Nachricht auf der Voicebox und schicke zusätzlich noch eine WhatsApp-Nachricht mit jeder Menge Emojis hinterher. Torte, Kuchen, Glückskleeblatt. Das macht's lebendiger. Die Textnachrichten, die meine Freunde von mir bekommen, sind nicht irgendwelche Floskeln. Ich mache mir da schon Gedanken. Standardsprüche in Richtung: »Glückwunsch, dein Carsten«, das geht gar nicht. Das ist wie die vorgedruckte Karte mit der Kritzelunterschrift. Das kann man sich gleich sparen.

Neben dem Anruf und der Nachricht habe ich aber schon ein paar Tage zuvor ein Geschenk auf den Weg gebracht. Auch dafür habe ich ein Tool entwickelt. Ich habe vor 15 Jahren damit angefangen, diese Geschenke zu verschicken, und jedes Jahr kommt ein neues hinzu. Wer also seit 15 Jahren in meinem Freundeskreis ist, der hat nun 15 verschiedene Geschenke erhalten, und wer neu dazukommt, der bekommt im ersten Freundschaftsjahr das Geschenk, das ich damals vor 15 Jahren zum ersten Mal verschickt habe. Damit verringere ich auch die Wahrscheinlichkeit, dass Freunde und Bekannte von mir, die sich eventuell untereinander kennen, im selben Jahr das gleiche Geschenk bekommen. Die Geschenke sind oft symbolischer Natur, aber ich versuche mir immer etwas Besonderes auszudenken. Ich habe etwa einmal ein ganz besonderes Hufeisen mit eingraviertem Geburtsdatum und Namen verschickt. Wenn immer möglich, dann versuche ich aber auch, die Geschenke zu individualisieren. Ich habe ein paar Weinliebhaber unter meinen Freunden, da mache ich mir dann immer ganz besondere Gedanken. Ich versuche, mir immer Vorlieben zu merken, sodass ich weiß, dass ich jemandem, der keinen Bordeaux mag, auch keinen Bordeaux schicke. Ein Wein-Geschenk ist bei mir immer ein sehr individuelles Geschenk, das bestelle ich auch ein paar Tage oder Wochen vorher schon.

Natürlich schreibe ich jedem Freund, jeder guten Freundin an Weihnachten oder Neujahr. Auch hier versuche ich jede Nachricht so individuell wie möglich zu gestalten, einen kleinen Rückblick auf unser gemeinsames vergangenes Jahr zu geben oder zusammen einen Blick auf das zu richten, was im kommenden Jahr ansteht.

Mir ist es ebenso wichtig, sich bei Freunden an besonderen Tagen zu melden. Tage, an denen sie sich freuen, wenn man an sie denkt. Wenn sie ein neues Lebensjahr feiern oder sich Vorsätze für ein gutes Neujahr genommen haben, für das sie sich wahrscheinlich Ziele setzen. Ich finde es schön, das zu begleiten. Nun könnte man vielleicht sagen, dass es doch sehr kalkuliert wäre, wenn ich meine Freundschaften nach demselben System pflege wie meine Netzwerke, aber das finde ich nicht. Ja, die Systematik ist dieselbe, aber warum soll ich ein bewährtes System, was sich für mein berufliches Netzwerk bewährt hat, nicht auch für die Pflege von Freundschaften nutzen? Es ist doch doof, wenn ich jemanden vergesse und ihm nicht zum Geburtstag schreibe. Deswegen habe ich die Mechaniken, die Konstruktion hinter meiner Netzwerk-Datei, übertragen, auch wenn ich beide Bereiche inhaltlich stark trenne. Das Freundschaftsmanagement-System schafft zusätzlich jede Menge Raum, um sich individuell bei seinen Freunden zu melden. Wenn ich von einem Freund weiß, dass seine Mutter krank ist. Von einer anderen Freundin, dass sie jetzt in Pension geht. Da melde ich mich natürlich auch aus diesem Anlass.

Werden Sie zum Manager des FC Freunde: Denn Freunde sind die wichtigsten Menschen in Ihrem Leben. Freundschaft bedeutet Aufmerksamkeit! Eine gute Freundschaft ist mehr wert als nur Standardfloskeln. Entwickeln Sie ein System, das Sie an wichtige Freundschafts-Termine erinnert, und melden Sie sich zu diesen Anlässen mit individualisierten und persönlichen Grüßen. Oder, noch besser, schauen Sie persönlich vorbei.

Es fällt Ihnen schwer, Kontakt zu Freunden zu halten? Entwickeln Sie eine Freundschaftskommunikation!

Gute Freundschaft ist in erster Linie auch richtige Kommunikation. Das fängt mit einer Art von Pflichtkommunikation an. Es gibt Anlässe, zu denen es einfach erforderlich ist, zu kommunizieren. Etwa Geburts- und Jahrestage. Für diese Standarddaten habe ich mein bewährtes automatisiertes Freundschaftsmanagement-System. Ansonsten ist Kommunikation in einer Freundschaft aber eine Impuls-Sache. Ich bin mittlerweile recht gut mit Martin Kind befreundet, dem Präsidenten von Hannover 96. Das zwischen uns, das war keine Freundschaft auf den ersten Blick. Das war eine Freundschaft, die über viele, lange Jahre gewachsen ist. Aber nach über 20 Jahren sind wir nun doch sehr gut miteinander, auch wenn ich seit Jahren in München lebe. Mit Martin werde ich immer Hannover 96 assoziieren. Und wenn ich irgendetwas über den Verein höre, irgendein Spielergebnis mitbekomme, dann verspüre ich sofort den Impuls, ihm zu schreiben. In den letzten Jahren waren das dann meist tröstende oder aufmunternde Worte. Hin und wieder, wenn auch nicht so häufig, kann ich auch zu einem guten Spielergebnis gratulieren. Dann aber umso herzlicher. Genauso ist es bei Dirk Rossmann. Ich lese auf meinem Smartphone, dass er einen neuen Umsatzrekord erreicht hat, und habe sofort den Impuls zu reagieren, zu gratulieren, ihm ein Kompliment zu machen. Wenn es sich bei den Freunden um Menschen handelt, die in der Öffentlichkeit stehen, dann bekommt man ja allein durch die Nachrichten schon diese Impulse.

Aber auch wenn Freunde nicht in der Öffentlichkeit stehen, sind die Dinge, die in der Welt geschehen, oftmals Anlass, an sie zu denken. Klar habe ich diesen einen Freund im Kopf, der ein Riesen-Dortmund-Fan ist, wenn das nächste Ruhrpott-Derby ansteht. Geben Sie diesen spontanen Impulsen nach und schreiben Sie Ihren Freunden in solchen Momenten. Schieben Sie das nicht auf. Ach, das mache ich heute Abend. Machen Sie nicht. Denn heute Abend haben Sie schon wieder ganz andere Dinge im Kopf. Impulskommunikation ist viel ehrlicher und direkter. Und Ihr Gegenüber wird spüren, dass Sie sich aus einem wirklich aufrichtigen Impuls heraus bei ihm melden.

SMARTE START-UP-IDEE:

Sie müssen mit Ihren Freunden in einer Fremdsprache korrespondieren? Das fällt selbst Profis manchmal schwer. Grammarly.com ist ein Schreib-Assistent, der mit Künstlicher Intelligenz Ihre Textvorlage auf grammatikalische Richtigkeit überprüft.

Jede Freundschaft hat auch ihre eigene Kommunikationsform. Es gibt Freunde, mit denen schreibe ich mir regelmäßig Nachrichten über WhatsApp. Der Großteil unserer Kommunikation basiert auf Text. Mit anderen

Freunden wiederum schreibe ich so gut wie nie. Die treffe ich nur im echten Leben. Das ist eine Typ-Sache. Ich selber telefoniere eher ungern. Das liegt daran, dass ich den ganzen Tag über sehr viele Gespräche mit Gründern und Investoren führe. Ich bilde mir manchmal ein, dass ich nur einen gewissen Energievorrat für Reden und Zuhören habe, der abends oftmals ganz schön aufgebraucht ist. Dann schreibe ich nur noch. Da bin ich froh, wenn meine Ohren sich nach Feierabend auch mal ein wenig entspannen können. Trotzdem habe ich natürlich auch Telefon-Freunde, die einfach sehr gerne den direkten Gesprächskontakt pflegen. Mit denen telefoniere ich dann eher am Wochenende. Dann kann ich mich besser darauf einlassen.

Entwickeln Sie eine spezielle Freundschaftskommunikation. Ganz egal, ob Textnachricht, Anruf, persönlich oder mit einem Videocall – melden Sie sich spontan bei einer Freundin oder einem Freund, wenn Sie gerade durch eine äußere Gegebenheit an sie/ihn erinnert wurden. Diese Spontan-Kommunikation ist der beste Treibstoff einer guten gemeinsamen Beziehung.

Sie haben wenig Zeit?
Finden Sie den Rhythmus einer Freundschaft

Jede Freundschaft hat ihre eigene Kommunikationsform, aber jede Freundschaft hat auch ihren eigenen Rhythmus. Sie werden Menschen in Ihrem Leben haben, die Sie viele Monate, vielleicht sogar Jahre nicht persönlich gesehen haben. Aber wenn Sie dann wieder aufeinandertreffen, dann fühlt es sich so an, als wäre man nie voneinander getrennt gewesen, als hätte man jeden einzelnen Tag seines Lebens miteinander verbracht. Das liegt zum einen daran, dass man eine sehr hohe Vertrauensbasis zueinander hat, die dafür sorgt, dass man bereit ist, sich dem Gegenüber komplett zu öffnen. Und auf der anderen Seite liegt das an der gemeinsamen Wellenlänge.

Dass Freunde auf einer Wellenlänge liegen, ist nicht nur so ein Spruch. Eine Professorin vom Dartmouth College in New Hampshire hat das sogar wissenschaftlich nachgewiesen. Dazu hat sie ein Experiment mit ihren Studenten durchgeführt. Zunächst mussten alle 279 Erstsemesterstudenten einen Fragebogen ausfüllen, in dem sie offenlegten, in welchem freundschaftlichen Verhältnis sie zueinander standen. Anschließend wurden sie einzeln in einen Raum geführt, wo man ihnen verschiedene Filmaufnahmen zeigte. Das waren ganz unterschiedliche Ausschnitte. Mal politische Debatten, mal emotionale Szenen. Während die Studenten die Filmausschnitte anschauten, wurde ihre Gehirnaktivität mithilfe einer Magnetresonanztomografie gemessen. Das Ergebnis? Die Studenten, die miteinander befreundet waren, reagierten auf neuronaler Ebene ähnlich auf die entsprechenden Filmausschnitte. Das bestätigte Erkenntnisse, die man bereits aus Verhaltensstudien gezogen hatte. So unterschiedlich auch die Lebenswege und Biografien sein mögen, so ähneln sich Freunde dennoch in ihrer Persönlichkeit und ihrem Verhalten. Diese gemeinsame Wellenlänge lässt Freunde sehr schnell wieder zusammenfinden, auch wenn sie über einen längeren Zeitraum voneinander getrennt waren.

Manchmal können solche Pausen aber auch unvermeidlich sein. Wenn Ihre beste Freundin während ihres Sabbatjahres nach Bali reist, um dort einen Selbstfindungskurs zu absolvieren oder Ihr Freund eine Gastprofessur in Stanford annimmt, dann ist es eben nicht mehr so einfach möglich, sich nachmittags auf einen schnellen Kaffee zu treffen.

Jede Freundschaft hat ihren ganz eigenen Rhythmus. Der Rhythmus einer Freundschaft ist nicht messbar. Man muss ihn erspüren, ein Gefühl dafür bekommen. Es gibt Freundschaften, die sind ganz locker, und es gibt Freundschaften, die müssen intensiver geplant werden. Gerade, wenn man Freunde hat, die in ganz Deutschland verteilt sind, erfordert das Ganze ein wenig Vorbereitung. Wenn ich weiß, dass ich zu einer bestimmten Zeit in einer bestimmten Stadt bin, dann melde ich mich bei meinen Freunden vor Ort und plane um meine Arbeitstermine herum meine Freundschaftstermine. Morgens Frühstück mit dem einen, abends Dinner mit dem anderen Freund. Manchmal plane ich auch reine Freundschaftsreisen. Da habe ich geschäftlich gar nichts in Hamburg zu tun, aber ich habe das Gefühl, dass ich einfach schon so lange nicht mehr in der Stadt war, dass es mal wieder notwendig wäre, meinen Freunden vor Ort einen Besuch abzustatten. Da muss man auch einmal Mühen auf sich nehmen. Reisestunden einplanen.

Auch und gerade wenn man Einladungen bekommt, sollte man diese auch annehmen. Wenn ein Freund seinen Geburtstag oder eine Hochzeit feiert, dann sollte es selbstverständlich sein, dort auch zu erscheinen. Die Woche ist ziemlich voll, und Sie haben eigentlich gar keine Zeit? Egal. Nehmen Sie sich die Zeit. Das ist eine Investition in Ihre Freundschaft, die Sie unbedingt tätigen sollten. Denn im Gegenzug wünschen ja auch Sie sich, dass Sie sich auf Ihre Freunde bei bestimmten Anlässen verlassen können.

Besonders gut erinnere ich mich an meinen Geburtstag im Jahr 2016. In diesem Jahr waren wir fast ausschließlich in Kalifornien. Mittags war ich mit Veronica bei unserem Lieblingsitaliener. Als ich loswollte, sagte sie: »Bestell' doch noch ein Dessert.« Als das aufgegessen war, empfahl sie mir noch einen Tee. Bis der die richtige Trinktemperatur hatte, war wieder eine Viertelstunde herum. Ich wurde schon ein bisschen misstrauisch. Denn ansonsten wollte Veronica nach einem Mittagessen immer schnell los. Sie guckte auch verdächtig oft auf ihre Uhr. Zu Hause angekommen, öffnete ich die Haustür und zwei meiner engsten Freunde standen im Eingang – sie waren auf Bitten Veronicas extra für meinen Geburtstag eingeflogen. Unsere Vergangenheit ist vergangen. Unsere Zukunft ist unberechenbar. Einzig das Jetzt ist es, was zählt.

> Pflegen Sie Ihre Freundschaften. Jede Freundschaft hat ihren eigenen Rhythmus. Versuchen Sie, diesen Rhythmus nicht zu verletzen. Nehmen Sie Einladungen an. Und planen Sie immer mal wieder Besuche und Treffen ein, auch wenn Sie weit voneinander entfernt wohnen.

Sie verstehen Ihre Freunde manchmal nicht? Lernen Sie, was Achtsamkeit heißt!

Doch was passiert, wenn der gemeinsame Rhythmus von einem Freund oder einer Freundin gebrochen wird? Vor einiger Zeit hatte ich dieses Problem mit einem mir recht nahestehenden Paar. Da kam über einige Wochen keine Nachricht mehr. Merkwürdig, dachte ich. Und schrieb zum wiederholten Mal eine nette SMS, in der ich mich erkundigte, ob denn alles in Ordnung sei. Wieder Schweigen. Das war ungewöhnlich. Normalerweise meldeten sich die beiden regelmäßig bei mir und reagierten auf Nachrichten immer sofort. In einer solchen Situation sollte man sehr achtsam sein. Man kennt das Gegenüber ja ein Stück weit und kann die entsprechenden Reaktionen auch ein wenig abschätzen. Vielleicht haben Freunde, die sich gerade mal nicht melden, auch nur ein wenig Stress. Das kennt man ja oft auch von sich selbst. Und jemanden zu einer Antwort zu drängen ist auch nicht schön. Oder hat man vielleicht selber irgendetwas falsch gemacht? Ich ging in mich und schaute noch einmal unsere letzten Korrespondenzen durch. Nein, eigentlich war doch alles in Ordnung. Vielleicht hatten sie aber auch irgendwelche anderen Sorgen?

Ich entschied mich für einen etwas dezenteren Weg, um herauszufinden, was los war, und schickte der Ehefrau einen Blumenstrauß. Eine kleine Geste nur, aber die Chance, dass sie darauf nun reagieren würde, war schon ein klein wenig höher. Ich wollte ja auch wissen, was los war. Es dauerte nicht lange, und ich bekam einen Anruf. »Danke, lieber Carsten«, sagte mir die Frau, »uns geht's gut, wir haben nur gerade so unheimlich viel zu tun. Wir hatten einen Wasserschaden im Haus. Ein Riesenchaos!« Eine sehr bodenständige Erklärung für ein Verhalten, das mir Sorgen bereitet hatte. Da war ich beruhigt, dass zwischen uns alles okay war.

Achtsamkeit und Intuition ist bei der Pflege von Freundschaften ganz zentral. Hinter dem Begriff der Achtsamkeit verbirgt sich mehr, als es zunächst scheint. Achtsamkeit bedeutet nicht bloß, aufmerksam zu sein. Achtsamkeit ist ein jahrhundertealtes Konzept, das seinen Ursprung im Buddhismus findet. In der Regel gehen wir unachtsam durch den Tag. Wir haben Gewohnheiten entwickelt, die wir abspulen. Wir stehen auf, erledigen unsere Morgenroutine, machen uns auf den immer gleichen Weg zur Arbeit und absolvieren auch dort meist unsere einstudierten Aufgaben. Für diese Gewohnheiten und Automatismen ist ein bestimmter Teil unseres Gehirnes zuständig. Die Basalganglien. Wenn sie aktiviert werden, dann wechseln wir auf Autopilot. Wir funktionieren nur noch. Die Zeit verschwindet. Wir bekommen gar nicht mehr so richtig mit, wie wir uns fühlen, was wir denken und was um uns herum passiert. Wenn wir nun aber lernen, achtsam zu sein, dann lernen wir, unsere Gefühle auch in Momenten zu beobachten, in denen wir normalerweise nur Routinen abspulen. Wir schalten den Autopilot aus und übernehmen das Steuer unserer Handlungen wieder selbst. Wir beobachten unsere Gefühle, bemerken aktiv, ob wir gerade fröhlich oder frustriert sind. Wir erkennen auch unerwünschte Handlungsimpulse, etwa wenn wir fast wie automatisch in die Tüte mit den Gummibärchen greifen, obwohl wir uns doch eigentlich vorgenommen hatten, dieses Jahr besser auf unsere Ernährung zu achten.

Achtsamkeit lässt sich antrainieren. Seien Sie achtsam! Gerade wenn es um Menschen in Ihrer Umgebung geht. Lassen Sie Freundschaften nicht im Autopilot-Modus vorbeiziehen, sondern behalten Sie die Menschen, die Ihnen wichtig sind, immer ganz genau im Blick. Denn es gibt auch Fälle, bei denen sich eine Kontaktpause nicht einfach mit einem Blumenstrauß beheben lässt. Es gibt Menschen, die sich bei Problemen zurückziehen, ja, sich regelrecht einigeln. Das habe ich mal bei einem sehr guten Freund erlebt. Der war von heute auf morgen einfach nicht mehr da. Hat sich völlig zurückgezogen, ging nicht mehr ans Telefon, reagierte nicht mehr auf Nachrichten. Ich habe mir riesige Sorgen gemacht. Erst von einem gemeinsamen Freund erfuhr ich dann, was los war. So hatte mein verlorener Freund von seinem Arzt eine ganz schwierige Diagnose bekommen. Probleme mit dem Herzen. Potenziell tödlich. Das hat ihn so aus der Fassung gebracht, dass er regelrecht abgetaucht ist. Er wollte das mit sich allein ausmachen. Ich verstand aber, dass er Hilfe brauchte. Dass er in einem Loch war, aus dem er von allein nicht mehr rauskam. Also habe ich ihn so lange angerufen, bis er sich mir nicht mehr entziehen konnte. Von morgens bis abends im Ein-Stunden-Takt wählte ich seine Nummer. Wieder und wieder und wieder. Ich wusste, dass er mit niemandem sprechen wollte. Aber ich wusste durch meine eigene Depression auch, dass es einen nur noch viel, viel tiefer herunterzieht, wenn man mit seinen Problemen alleine bleibt. Irgendwann war er scheinbar so genervt von meinem Telefonterror, dass er mich schließlich zurückrief.

Ich versuchte alles, um meinen Freund wieder aufzubauen. Ich machte sein Problem zu meinem Problem. Ich wollte ihm das Gefühl geben, dass er nicht alleine war, dass wir das zusammen durchstehen. Und das war ganz wichtig, ich wollte ihm unbedingt eine positive, eine optimistische Perspektive auf seine Situation geben. Denn egal wie schlimm die eigene Lage scheint, es gibt immer irgendeinen Hoffnungsschimmer. Und an dem sollte man sich festhalten. »Mensch, sieh es doch mal von der anderen Seite«, sagte ich ihm. »Ja, du hast jetzt eine sehr schlechte Diagnose bekommen. Aber sei doch froh, dass du die überhaupt bekommen hast. Wärst du nicht beim Arzt gewesen, dann hättest du vielleicht einfach so einen Herzinfarkt bekommen. Wärst umgekippt und weg. Oder irgendwann aufgewacht und körperlich behindert. Das alles ist dir erspart geblieben. Du hast eine Diagnose bekommen und bist noch in der Lage, zu handeln. Das Heft in die Hand zu nehmen.«

Er schwieg.

»Ja Carsten«, sagte er schließlich. »So kann man es tatsächlich auch sehen.«

Stück für Stück baute ich ihn wieder auf. Ich fing an, gemeinsam mit ihm nach guten Ärzten und Kliniken zu suchen. Die Botschaft, die ich ihm damit vermitteln wollte, war ganz klar: Wir stehen das hier zusammen durch! Diese Form von Solidarität ist der zentrale Ankerpunkt einer Freundschaft. Denn nur, wenn du weißt, dass du dich auch in ganz, ganz schlechten Zeiten auf deine Freunde verlassen kannst, dann weißt du, dass diese Menschen wirklich für dich da sind. Ich versuchte mir so viel Zeit wie nur irgend möglich freizuschaufeln. Und wir bekamen das hin!

Als mein Freund seine Operation erfolgreich überstanden hatte, rief mich seine Frau an, die ihn in die Klinik begleitet hatte. »Carsten«, sagte sie. »Du hast ihn mit deinen Anrufen so motiviert, dass er mit viel weniger Angst in den Operationssaal geschoben wurde.« Dass wir diesen Weg gemeinsam gegangen sind, hat aber nur funktioniert, weil ich seinen Rückzug richtig deuten konnte. Dass ich instinktiv spürte, dass etwas nicht stimmte. Sich nicht mehr zu melden, muss nicht immer bedeuten, dass eine Freundschaft brüchig wird. Sich nicht mehr zu melden kann auch ein Hilfeschrei sein.

> Seien Sie besonders achtsam, wenn es um Ihre Freunde geht. Achtsamkeit bedeutet, sich aus dem Autopilot-Modus zu lösen, mit dem wir viele unserer alltäglichen Routinen abspulen. Besonders wichtig ist das bei Freundschaften und Beziehungen. Nur wer lernt, achtsam zu sein, gewinnt ein Gespür für die Sorgen und Probleme der Menschen, die einem nahestehen. Und kann handeln, wenn die eigenen Freunde dann Hilfe brauchen.

Das Wochenende mal zu Hause bleiben? Entwickeln Sie lieber Freundschaftsroutinen

Zur Hoch-Zeit der Corona-Pandemie ist wahrscheinlich nicht nur mir, sondern den meisten Menschen durch die Kontakt- und Reisebeschränkungen deutlich geworden, wie kostbar die gemeinsame Zeit mit seinen Freunden doch wirklich ist. Man spürt ja oftmals erst, wie besonders etwas ist, wenn man es nicht mehr hat. Und das gemeinsame Beisammensein mit seinen Freunden, das ist das Kostbarste überhaupt. Sich gegenübersitzen, High Five geben, sich umarmen, Schulterklopfen, zusammen essen, lachen, anstoßen – *Hier, probier mal etwas von meiner Pizza* –, das ist nicht nur besonders schön, das ist auch unersetzlich. Zusammen zu einem Sportevent zu gehen, sich jubelnd in die Arme zu fallen, gemeinsam auch mal zu frotzeln, das sind die Momente, die Freunde wirklich zusammenschweißen.

So weit die Theorie. Eigentlich, denkt man sich deshalb ziemlich oft, müsste man ja mal wieder etwas mit seinen Freunden unternehmen. Einfach ausgehen und rausgehen, vielleicht sogar einen Wochenendtrip machen und etwas Tolles erleben. Aber dann ist da ja noch die Arbeit. Und plötzlich fällt einem ein, was man in der Woche nicht schon alles gemacht hat und was in den nächsten Wochen auch noch alles auf einen zukommen wird. Und dann denkt man sich, es wäre vielleicht doch viel angenehmer, auf dem Sofa liegen zu bleiben und sich noch ein wenig zu entspannen. Ganz oft sind Menschen so stark in ihrer Alltagsroutine gefangen, dass sie froh sind, wenn sie ein paar Tage nur absolute Ruhe haben. Und jetzt auch noch mit den Freunden wegfahren? Ach, das ist doch nur Stress, denken viele und bleiben lieber auf dem Sofa hängen. Das ist der völlig falsche Weg! Denn später ärgert man sich dann doch, dass man nicht mitgefahren ist.

Denken Sie doch mal an die schönsten Momente zurück, die Ihnen so spontan einfallen. Oftmals sind das kleine Abenteuer gewesen, die Sie in Ihrer Jugend erlebt haben. Tolle, aufregende Momente, die meist deswegen so aufregend waren, weil sie spontan entstanden sind. Mit dem Alter schwindet die Flexibilität und die Bereitschaft, sich auf solche Spontaneitäten einzulassen. Aber morgen muss ich ja wieder arbeiten, und da wäre ich lieber ausgeruht, redet man sich selbst ein. So ein Quatsch. Ein Ausbruch aus der Routine ist für das Gehirn die beste Entspannung, die es nur geben kann. Und wenn sie diese besonderen Momente auch noch gemeinsam mit Ihren Freunden schaffen, dann ist das ganz besonders vitalisierend.

Wir haben ja bereits erfahren, dass sich der Mensch gut und gerne an seine Routinen klammert. Eine gute Möglichkeit, aus der eigenen Lethargie auszubrechen, ist, sich selbst zu überlisten und sich Freundschaftsroutinen anzueignen. In meinem Leben haben sich etwa eine Skifahr-Clique und eine Champions-League-Clique gebildet. Und mit diesen beiden Gruppen haben sich Rituale entwickelt. Mit der Skifahrer-Clique fahren wir Anfang März regelmäßig vier Tage in die Berge. Und mit der Champions-League-Clique fahren wir seit 2004 jedes Jahr zum Champions-League-Endspiel. Wir kaufen immer schon ein Jahr vorher die Tickets, ohne zu wissen, wer eigentlich spielt, und reservieren uns schon einmal ein schönes

Hotel. Einmal waren wir etwas spät dran und haben keins mehr gekriegt. Da haben wir uns ein kleines Häuschen gemietet, Matratzen auf den Boden gelegt und eben etwas junggesellenmäßig gewohnt. Daran denken wir noch heute besonders gerne zurück. Aber wir versuchen aus jeder einzelnen Reise einen unvergesslichen Wochenend-Trip zu machen. Wir reisen meistens freitags an, essen etwas Gutes zusammen, gehen uns am Samstag die jeweilige Stadt anschauen, teilen uns auf, die einen gehen Tennis spielen, die anderen in ein Museum, und am Abend trifft man sich dann gemeinsam im Stadion. Am Sonntag gibt es noch einmal einen Abschluss-Brunch, und jeder fährt mit neuer Energie wieder nach Hause. In diesen Momenten wird mir immer wieder bewusst: Das Leben ist eine Reise und nicht bloß ein Ziel.

Dieser Trip ist für uns alle etwas Besonderes. Ein geplanter Ausbruch aus der täglichen Routine. So etwas ist wichtig. So etwas verbindet enorm. Und so etwas bereichert Ihr Leben beträchtlich. Verzichten Sie auf Ihre Bequemlichkeit und schmeißen Sie sich ins Leben! Gehen Sie aus, reisen Sie, seien Sie mit den Menschen, die Sie mögen, unterwegs. Die Erinnerungen an solche Erlebnisse werden Ihnen ein Leben lang erhalten bleiben. Das Wochenende, das Sie einfach nur auf dem Sofa verbracht haben, haben Sie hingegen schon nach wenigen Tagen wieder vergessen. Schaffen Sie sich in Ihrem Leben kleine Abenteuermomente mit Ihren Freunden. Reichern Sie Ihr Leben mit tollen Erinnerungen an. Das wird Ihnen auch im stressigen Büroalltag Kraft geben.

Indem Sie diese kleinen Ausbrüche als regelmäßige Routinen in Ihrem Leben installieren, machen Sie es auch sich selbst einfacher, sich daran zu halten. Wer seit zehn Jahren einmal im Jahr eine feste Verabredung wahrnimmt, wird nicht so schnell eine Ausrede dafür finden können.

Und es muss ja nicht immer gleich eine große Reise sein. Sie können damit beginnen, kleinere Cliquenroutinen zu gründen. In München haben wir uns eine gemütliche Weihnachtsfeierrunde eingerichtet. Kurioserweise ist da nur ein einziger echter Münchner dabei. Die meisten anderen kommen aus Köln, Hamburg und Berlin. Wir treffen uns immer am letzten Samstag vor Weihnachten in einem ganz bestimmten Restaurant. Der Initiator dieser Runde, ein Kölner, fährt von dort dann nach Kitzbühel. Er sagt, sein Weihnachtsurlaub fängt für ihn im Herzen mit unserem Restaurantbesuch an. Das ist der Auftakt. Er schreibt uns allen immer schon im Juni oder Juli, viele Monate vorher, eine ganz charmante E-Mail, dass er den Tisch reserviert hat. Nein sagen kommt da gar nicht mehr infrage.

Wenn Sie sich mit Freunden treffen und austauschen, dann versuchen Sie, immer auch einen guten Mix zwischen den Treffen in kleineren und größeren Gruppen zu finden. Es ist schön, sich in einer großen Clique zu treffen, mit vielen Leuten zusammenzusitzen und die Gesprächsdynamik zu beobachten, die sich ergibt, wenn auch einmal ganz unterschiedliche Charaktere aufeinandertreffen. Es gibt aber auch Momente, in denen ist es wichtig, sich mit bestimmten Freunden auch einmal allein zu treffen. Weil man allein über bestimmte Themen viel intensiver und vertrauter reden kann als mit einer Gruppe. Ich habe einen ehemaligen Nachbarn, den ich jetzt mittlerweile seit über 30 Jahren kenne. Wir haben unsere Kinder gemeinsam aufwachsen sehen. Mit ihm will ich auch mal alleine reden, wenn ich ihn wiedersehe. Weil das meistens persönliche Dinge sind, über die wir dann reden. Wenn eine Gruppe essen geht, gibt es ganz automatisch immer ein Alphatier – bei uns ist das manchmal Gerd Schröder –, wo einer oder eine sehr viel redet und man dann von den anderen an dem Abend nicht so viel erfährt. Daher genieße ich diese Momente des sehr privaten Zusammenseins ganz besonders. Auch ein Austausch unter vier Augen kann ein wichtiger Teil gelebter Freundschaftsroutine sein.

Ersetzen Sie die Couch-Routine durch die Freundschaftsroutine; zwingen Sie sich, regelmäßig etwas Neues zu erleben. Am besten, indem Sie mit Ihren Freunden regelmäßige Verabredungen zu einem Ausbruch aus Ihrem Alltag verabreden. So schaffen Sie sich gemeinsame Erlebniserinnerungen.

Es geht nicht weiter?
Wann Sie sich wirklich von Freundschaften verabschieden sollten

Schon bevor ich Wolfgang das erste Mal traf, hatte ich viel von ihm gehört. Ein ziemlich kluger Geschäftsmann wäre er. Jemand, der genau weiß, was er will, und jemand, der einen guten Blick auch für die kleinen Details im Leben und in den Verträgen hat. Aus genau diesem Grund – bat mich eine Mitarbeiterin –, wäre es wirklich gut, wenn ich mitkommen könnte. Wir waren in den Gründungstagen des Unternehmens und versuchten uns gerade einen neuen Kundenstamm aufzubauen. »Ich habe hier einen wirklich interessanten Geschäftsmann mit vielen Angestellten, aber ich glaube, bei ihm habe ich nur eine Chance, ernst genommen zu werden, wenn Sie mitkommen.« Ich verstand das. Immerhin war ich der Chef des Unternehmens und natürlich macht es bei neuen Kunden automatisch mehr Eindruck, wenn der Chef persönlich vorbeikommt. Außerdem ging es um ein recht kompliziertes Finanzthema, in das ich tatsächlich gut eingearbeitet war. Also entschied ich mich, mitzugehen. Es lohnte sich. Das Gespräch verlief super, und ich spürte, dass ich mit Wolfgang einen ziemlich guten Draht hatte.

Wir waren beide Ende 20, ehrgeizig und detailverliebt. Er stellte einige sehr kritische Nachfragen und war scheinbar beeindruckt, dass ich sie so detailgetreu parieren konnte. Er wurde unser Kunde. Und nach einiger Zeit, da wurde er nach und nach auch zu einem Freund. Wolfgang und ich trafen uns immer häufiger, um auch mal über Dinge jenseits des Geschäftlichen zu sprechen. Als bei uns etwa zeitgleich die Beziehung zu unseren jeweiligen Freundinnen in die Brüche ging, da schweißte uns das noch mehr zusammen. Wir gingen zusammen in den Biergarten, wir machten einen gemeinsamen Urlaub und redeten nächtelang über Gott, die Welt und die verflossene Liebe. Es waren gute, ehrliche Tage und Nächte, die ich mit Wolfgang erlebte. Ich war froh, dass er mein Freund war. Aber nach und nach schien unsere Freundschaft ihre Unschuld zu verlieren. Und das passierte zeitgleich mit dem Aufstieg meines Unternehmens. Zu dieser Zeit wurde mehr und mehr über mich in den Medien berichtet. Und irgendwie veränderte das unsere Beziehung auf eine ganz merkwürdige Weise. Denn Wolfgang fing in seinem Umfeld plötzlich an, sich mit unserer Freundschaft zu brüsten. Zu profilieren.

Er erzählte überall herum, wie gut wir uns doch verstehen würden, wie oft er bei mir zu Hause wäre und dass wir ja sogar gemeinsam im Urlaub waren. Grundsätzlich ist es ja nicht verwerflich, sich über eine Freundschaft zu freuen. Aber das hier, das war etwas anderes. Man merkte regelrecht, wie er seinen eigenen Status bei anderen Menschen zu verbessern hoffte, indem er ihnen erzählte, was für tolle Kontakte er doch habe. Das wirke zumindest so, berichteten mir einige Leute, die das mehrfach mitbekommen hatten. Ich sprach Wolfgang darauf an. Er gab zu, dass er sich da wohl ein wenig mit unserer Freundschaft geschmückt habe, aber doch nur, so sagte er, weil er so stolz darauf war, den »großen Carsten Maschmeyer« zu kennen, über den gerade alle Medien schreiben würden.

»Hör mal, Wolfgang«, sagte ich ihm. »Groß bin ich überhaupt nicht und schon gar nicht größer als du.« Ich erinnerte ihn daran, dass wir uns doch schon recht viele Jahre kannten und so einiges miteinander erlebt hatten. Es war einfach nicht angebracht, dass er sich so in meinem Erfolg sonnte. Wir waren doch Freunde. Wir waren auf Augenhöhe. Da gab es kein besser und schlechter. Zumindest sah ich das so. Wolfgang aber konnte es nicht lassen. Immer wieder erfuhr ich, wie er sich durch unsere Freundschaft selbst wichtiger machen wollte. »Wenn du mal Probleme hast«, sagte er zu jemandem, »dann kann der Carsten Maschmeyer das für dich lösen. Der ist nämlich ein echt guter Freund von mir.« Mich nervte das. Irgendwann hatte ich keine Lust mehr, mir von Dritten anhören zu müssen, wie Wolfgang versuchte, sich durch mich zu profilieren. Als er sich dann auch noch von mir eine hohe Summe Geld leihen wollte, um sich seinen überdimensionierten Lebensstil zu finanzieren, war es für mich endgültig vorbei. Ich habe die Freundschaft dann einschlafen lassen. Es tut mir noch heute weh, wenn ich an die alten Zeiten mit ihm zurückdenke und sehe, wie unsere Freundschaft dann enden musste.

Ich kenne zwei Gründe, warum eine Freundschaft in die Brüche gehen kann. Der erste Grund ist der, dass man sich nicht mehr auf Augenhöhe befindet. Das bedeutet nicht, dass einer einen höheren Status als der andere hat. Es geht nicht um Status. Es geht um die zwischenmenschliche Beziehungsebene, auf der zwei Menschen, die sich Freunde nennen, gleichwertig sein sollten. Die Probleme meines Freundes sind auch meine Probleme. Aber wenn mir eine Freundin oder ein Freund permanent das Gefühl gibt, dass er sich für etwas Besseres oder Schlechteres hält, dann zerbricht das Fundament, auf dem wir unsere Freundschaft aufgebaut hatten. So etwas darf es in einer Freundschaft nicht geben. Eine Freundschaft ist immer auf Augenhöhe. Da herrscht Gleichwertigkeit.

Aber zugegeben: Schwierig ist es, wenn Freunde finanziell völlig ungleich sind. Wenn einer von beiden sehr vermögend ist und die andere Person gerade so den Lebensunterhalt bestreiten kann. Ja, man kennt sich von der Schule und hat zusammen das Abitur gemacht, es gibt vieles, was einen verbindet. Selbstverständlich lade ich dann ein, aber ich musste mir auch einmal von einem Schulfreund anhören: »Du musst wohl allen zeigen, was du hast, dass du dir jetzt auch noch eine Vorspeise bestellst.« Hier spielt die Psychologie eine große Rolle. Man selber möchte vielleicht großzügig sein und macht sich auch keine großen Gedanken, wenn man eine Einladung ausspricht, und dennoch kränkt man den alten Jugendfreund unbewusst, weil er sich einem gegenüber minderwertig fühlt.

Genauso sensibel ist es, wenn ein Freund Geschäftspartner wird. Geht das? Ich denke, es ist eher die Ausnahme.

Der zweite Grund für das Ende einer Freundschaft ist Vertrauensmissbrauch. Vertrauen ist das zweite unerlässliche Fundament einer Freundschaft. Denn ohne gegenseitiges Vertrauen ist eine Freundschaft auch nur ein weiterer sozialer Kontakt. Eine Freundschaft aber muss mehr sein, muss so etwas wie ein *Safe Space* sein – ein Raum, in dem man ganz man selbst sein kann, wo man eben nicht überlegen muss, was und wie man es sagen darf, sondern einfach mal die Gedanken frei rauslässt. Bei Freunden findet man ehrliche Reflexion und offenes Feedback, das aber auch darauf basiert, dass man sich zuvor ganz geöffnet hat.

Das ist tatsächlich etwas sehr Intimes. Und wenn man einen solchen intimen Prozess verletzt, indem man Dinge, die im Vertrauen gesagt wurden, weitererzählt, dann ist das etwas Schlimmes, dann kann das eine Freundschaft irreparabel zerstören. Ich gebe Menschen gerne einen Vertrauensvorschuss. Und es dauert auch eine Weile, bis man diesen Vorschuss verspielt hat. Wenn das aber passiert ist, dann endet eine Freundschaft auch bei mir und zwar endgültig. So weh es manchmal tut.

Vertrauen futsch? Freundschaft beenden! Vertrauen ist das Fundament jeder Freundschaft. Nur so kann Freundschaft zu einem *Safe Space* werden, zu einem Raum, in dem man ganz man selbst sein kann, nicht überlegen muss, was man sagen darf, sondern seine Gedanken frei rauslässt. Wer dieses Vertrauen verletzt, schädigt die Freundschaft. Dann ist es das Beste, sie zu beenden.

2. Liebe

Was die beiden Phasen einer Liebe unterscheidet

Beziehungen zu Freunden zu pflegen ist wichtig. Aber die Beziehung zu einem Menschen zu pflegen, den man wirklich liebt, das ist noch ein gutes Stück wichtiger. Vor einiger Zeit war meine Frau Veronica für eine lange Zeit in den USA. Sie produzierte einen Film und aufgrund der Corona-Lage wurden die Dreharbeiten wieder und wieder unterbrochen. Sie blieb also einige Wochen länger als geplant in den Staaten. Ein mir sehr kostbarer Freund hatte sich mit mir genau an dem Tag ihrer neu angesetzten Rückkehr verabredet. Ich habe ihn angerufen und ihn um Verständnis gebeten: »Mein Lieber«, sagte ich, »du musst das verstehen, ich habe meine Frau jetzt seit drei Monaten nicht gesehen.«

»Bring sie doch mit!«, schlug er mir vor. Aber das lehnte ich ab. Ich wollte einfach ungestört Zeit mit Veronica verbringen, wollte ihr zuhören und ihr meine ungeteilte Aufmerksamkeit geben. Das ging für mich einfach vor. Ich habe mich mit dem Freund dann am Tag darauf verabredet. Dann haben wir statt Dinner ein Frühstück gemacht.

Familie hat gegenüber Freundschaft immer Vorfahrt. Liebe ist etwas Irrationales. Liebe ist etwas Unvorhergesehenes. Liebe ist etwas, was einen Menschen Seiten an sich selbst entdecken lässt, von denen er nicht wusste, dass er sie überhaupt besitzt. Liebe ist ein Gefühl, das sich jeder Kontrolle entzieht. Entsprechend haben wir auf dieses übermächtige Gefühl überhaupt keinen Einfluss. Aber wäre es besser, wenn es anders wäre? Wie viel Herzschmerz bliebe uns erspart? Aber die Dinge sind nun einmal, wie sie sind. Wir können nicht beeinflussen, in wen wir uns verlieben, an wen wir unser Herz verlieren. Ich selbst war in meinem Leben zweimal wirklich extrem verliebt. Und ich hatte das große Glück, mit beiden Frauen eine Ehe führen zu dürfen. Eine ist gescheitert, die andere hält sehr glücklich bis heute, hoffentlich für immer.

Ich glaube, das Geheimnis einer lang anhaltenden Beziehung besteht darin, die beiden großen Phasen einer Liebe zu verstehen und sich auf sie einzustellen. Die erste Phase ist die Phase der Verliebtheit. Sie ist kaum steuerbar. Für eine Partnerwahl gibt es kein Assessment-Center. Man lernt einen Menschen kennen, findet ihn attraktiv, mag das Lächeln, das Wesen, den Humor. Man findet interessant, wie die Person über die Welt denkt, hört zu, ist neugierig. Das ist das Wesen des Verliebtseins. Das ist der Kern der Liebe. Diese Neugierde auf den anderen, dieses Gefühl, das man empfindet, wenn man in seiner oder ihrer Nähe ist, das sollte man sich ganz tief in seinem Herzen einspeichern. Denn in den ersten Wochen und Monaten einer Beziehung ist dieses Gefühl besonders intensiv. Es wird Zeiten geben, in denen man sich streitet und in die Haare bekommt, und in solchen Momenten hilft es, sich zu vergegenwärtigen, was es eigentlich war, das uns dazu gebracht hat, mit diesem speziellen Menschen eine so enge Bindung einzugehen.

Die zweite Phase ist die Phase der gereiften Beziehung. Wenn eine Beziehung über das Stadium der Verliebtheit hinaus halten soll, langfristig halten soll, dann muss man auch schauen, ob die jeweiligen Lebenskonzepte zueinander passen. Umgangssprachlich heißt es ja immer: Gegensätze ziehen sich an. Das ist auch nicht verkehrt. Oftmals funktionieren Beziehungen immer dann besonders gut, wenn die Stärke des Partners die eigene Schwäche ein Stück weit kompensiert. Bei Veronica und mir ist das sehr deutlich der Fall. Bei allen Gegensätzen braucht es ein gemeinsames Wertefundament, auf dem eine Beziehung fußt. Das sind teilweise ganz grundlegende Fragen: Kann man sich vorstellen, zusammenzuziehen? Möchte man gemeinsame Kinder haben? Wie stellt man sich die gemeinsame Zukunft vor? Nach der ersten Phase der Verliebtheit ist es in einer zweiten Phase notwendig, sich diese – zugegeben etwas nüchternen – Fragen zu stellen.

Ich habe das einmal bei meinem Sohn Marcel erlebt. Er hatte eine junge Frau kennengelernt. Sie lebte in London. Er noch in Hannover. Die beiden waren so verliebt ineinander, dass sie sich schon relativ schnell entschlossen haben, zusammenzuziehen. Aber neben all den großen Liebesschwüren kam es auch regelmäßig zu Streitereien. »Mach dir keinen Kopf, Papa«, sagte er. »Das wird bestimmt besser, wenn wir verlobt oder später verheiratet sind.«

Ich habe mich da natürlich zurückgenommen, aber weiterhin mit Sorge betrachtet, dass die beiden sich wirklich über alles Mögliche in die Haare bekamen. Klar, das kommt in den allerbesten Beziehungen vor. Gerade wenn man frisch zusammenzieht, da sind lebhafte Diskussionen ja auch ganz normal. Gerade wenn es um vermeintlich wichtige Themen wie die zentralen Entscheidungen über die Wohnungseinrichtung geht. *Ach, du immer mit deinen hellen Tönen. Ach, du immer mit deinen dunklen Farben.* Ganze normale Diskussionen, die geführt werden müssen. Aber die beiden bekamen sich bei jeder Familienfeier wegen absoluter Nichtigkeiten in die Haare. Man merkte schnell, dass hinter den Streitigkeiten etwas anderes steckte. Nämlich zwei ganz unterschiedliche Geisteshaltungen und Einstellungen zu bestimmten Themen, die durch die erste Verliebtheit noch überdeckt wurden. Leider ist die Beziehung dann mit Schmerz in die Brüche gegangen. Heute hat er eine wunderbare Verlobte, mit der er gut harmoniert und die er bald heiraten wird. Auch die beiden haben unterschiedliche Temperamente, aber sie verbindet ein gemeinsames Wertekonzept.

Dieselbe Weltanschauung, die sie durch die zweite Phase ihrer hoffentlich noch sehr langfristigen Beziehung trägt.

Wichtig ist also, die erste Phase der Verliebtheit möglichst unkompliziert laufen zu lassen. Sobald sich aber die zweite, die ernsthaftere Phase anbahnt, auch einmal die Ratio zurate ziehen und gemeinsam abzuklopfen, wie eine gemeinsame Zukunft denn eigentlich so im Detail aussehen könnte.

> Herz und Verstand sind beste Garanten für eine lange Liebe. In der ersten Phase sollte man sich von seinen Emotionen lenken lassen. Wer eine Beziehung langfristig führen will, muss auch die Ratio einschalten und in der Lage sein, mit dem Partner ein gemeinsames Lebenskonzept zu formulieren.

Sie lieben Ihren Partner? Dann halten Sie Augenhöhe in Ihrer Beziehung!

In beiden Phasen einer Beziehung gibt es ein paar Grundsätze, die beachtet werden müssen. Wie in einer Freundschaft gilt auch in einer Beziehung die Gleichwertigkeit. Beide Partner müssen auf Augenhöhe sein. Die Beziehung zwischen Veronica und mir funktioniert auch so gut, weil wir voneinander unabhängig sind. Wir neiden uns unsere Erfolge nicht. Neid ist an sich schon etwas Fürchterliches. In einer Beziehung aber ist Neid das ultimative Gift. In meiner ersten Ehe war das schwierig. Ich war ein Workaholic. Jemand, der sich stark über seine beruflichen Erfolge definierte. Ich bekam Applaus und Anerkennung in meinem Job. Meine Ex-Frau war weitestgehend Mutter und Hausfrau, und ich glaube, dass ein Teil von ihr auch gern diese öffentliche Anerkennung bekommen hätte. Wenn sie allerdings auf irgendeinen Empfang mitkam, da hieß es immer nur: »Ach, Sie sind die Frau von Herrn Maschmeyer? Ist Ihr Mann denn auch da?« Sie wurde oftmals nicht über ihre menschlichen Vorzüge, sondern über ihre Ehe zu mir definiert, und das ist ganz und gar nicht schön für einen Menschen. Mehr noch. Das wurde der wahren Rolle und Persönlichkeit meiner Ex-Frau einfach nicht gerecht.

Dabei spielt es an sich keine Rolle, ob einer der Partner mehr Geld verdient als der andere oder stärker in der Öffentlichkeit steht. Auch wenn eine Frau eine ultraerfolgreiche Hedgefonds-Managerin wäre und der Mann ein Koch in der Kantine ihrer Firma, kann die Beziehung wunderbar funktionieren. Wenn man sich in seiner jeweiligen Rolle wohlfühlt. Wenn man mit sich selbst im Reinen ist. Wenn man aber eigentlich lieber mehr verdienen würde als der Partner, einen besseren Job hätte, wenn man also indirekt in ein Konkurrenzverhalten kommt, dann ist das absolut schädlich. Es gibt Frauen, für die ist es das Größte der Welt, einfach Mutter zu sein. Und in unserer modernen Gesellschaft gibt es glücklicherweise auch genügend Männer, die sich über ihre Vaterrolle definieren. Aber die traurige Realität ist leider, dass man in unserer Gesellschaft immer noch häufig über einen materiellen Status bewertet wird. Eine Krankenschwester oder eine Altenpflegerin leisten so unfassbar viel mehr für das Gesamtwohl als ein Optionshändler, und trotzdem wird der im Zweifel – wenn er sehr erfolgreich ist und sich einen Sportwagen leisten kann – von den allermeisten Menschen mit mehr Anerkennung bedacht. Fair ist das nicht. Aber es ist die Realität.

Heißt das, dass man nun unbedingt einen materiellen Status erreichen muss, um in den Augen der anderen etwas zu gelten? Um Gottes willen! Vielmehr sollte man lernen, dass das, was andere denken, Ihnen völlig gleichgültig sein muss! Es sei denn, es geht um moralische und ethische Ansichten. Um dieses starke Selbstbewusstsein aufzubauen, müssen Sie völlig im Reinen mit dem sein, was Sie machen. Wenn Sie das aber tief in Ihrem Inneren nicht sind, dann werden Sie es sich auch nicht einreden können. Und bedenken Sie auch eins: Wenn Sie sich nur über die Vater- oder Mutterrolle definieren, dann werden Sie möglicherweise irgendwann ein Problem haben. Nämlich dann, wenn die Kinder erwachsen sind und ausziehen. Sie sollten Ihr Selbstbild also auch noch über etwas Eigenes definieren. Das muss nicht mal etwas sein, womit Sie Geld verdienen oder beruflichen Erfolg haben. Das kann eine ehrenamtliche Tätigkeit sein, ein Hobby, eine Form von künstlerischem Ausdruck. Aber nur, wenn Sie mit sich selbst im Reinen sind, werden Sie auch eine glückliche Beziehung führen können.

Meine Frau und ich halten übrigens auch im Umgang mit der Öffentlichkeit immer das Gebot der Augenhöhe ein. Wenn wir in Schwabing spazieren gehen oder im Englischen Garten oder in einem Restaurant sitzen, dann kommen immer mal wieder Menschen, die Selfies möchten. Mal von ihr, weil sie gerade wieder in einem Film mitgespielt hat, der die Leute begeistert, mal von mir, wenn man mich nach meinem Auftritt in der »Höhle der Löwen« erkennt. Wir freuen uns jeweils für den anderen. »Carsten«, heißt es dann oft. »Kannst du bitte das Foto machen?« Und ich mache es liebend gerne. Umgekehrt Veronica auch.

> Augenhöhe ist eine zentrale Bedingung für eine glückliche Beziehung. Sie besteht nur, wenn beide Partner im Reinen mit sich und ihrer jeweiligen Rolle sind. Neid ist gerade auch in einer Beziehung Gift. Arbeiten Sie an sich, um die Rolle Ihres Partners noch besser zu verstehen – und sie ehrlich wertzuschätzen.

Zu wenig Zeit für den Partner? Entwickeln Sie Rituale, die die Liebe braucht

Die wichtigste Ressource, die eine gute Beziehung braucht, ist die Ressource Zeit. Meine erste Ehe ist zu einem guten Teil auch deswegen gescheitert, weil ich wesentlich mehr meiner wachen Zeit mit meinem Job als mit meiner Frau verbracht habe. Wie so viele andere High-Performer führte ich nämlich eine Art Doppelbeziehung. Ich war nicht bloß mit meiner Frau, sondern auch mit meiner Arbeit verheiratet. Und wie bei so vielen anderen war auch mir zwar irgendwie bewusst, dass ich meine eigentliche Ehe stark vernachlässigte – aber ich habe es mir dann doch irgendwie schöngeredet. Ich habe eine super aufstrebende Firma, habe ich mir damals gesagt, und wenn es der Firma gut geht, dann geht es der Ehe ja noch viel besser. Denn meine Frau profitiert ja auch davon, wenn wir uns später mal mehr leisten können. Ein noch größeres Haus, ein weiteres Auto. Also muss ich erst mal viel Zeit und Energie in meine Arbeit stecken, bevor ich dann die schöne Zeit in der Ehe genießen kann.

Ein schrecklicher Denkfehler! Denn ich habe mit dem Blick auf morgen völlig aus den Augen verloren, wie es meiner Frau gerade ging. Ich habe überhaupt nicht wahrgenommen, wie sehr sie darunter gelitten hat, dass sie mit den zwei Kindern ständig allein zu Hause war. Wenn ich dann Freitagabend spät von der Arbeit kam und sie mich erwartungsvoll fragte, was wir denn jetzt am Wochenende machen würden, da schaute ich sie meist nur verständnislos an. Was wir jetzt noch machen? Ich hatte doch schon die gesamte Woche so viel gemacht. Hatte durchgeschuftet. Am liebsten würde ich mich jetzt bloß noch auf die Couch legen und mich ein klein wenig entspannen. Meine Ex-Frau hingegen hatte die gesamte Woche nur zu Hause verbracht und wollte in der Zeit, die sie mit mir gemeinsam hatte, auch einmal etwas unternehmen.

So entstanden Konflikte. Wir versuchten, diese Konflikte zu lösen, indem wir eine Struktur verabredeten. Wir verabredeten uns für einen festen Abend in der Woche, an dem wechselweise sie oder ich darüber entscheiden konnte, was an diesem Abend gemacht werden würde. Das klang nach einem netten Konzept. Aber es funktionierte nicht. Zwei, vielleicht drei Monate lang haben wir das durchgezogen. Dann schlief unsere wöchentliche Verabredung wieder ein. Zu meiner Schande muss ich gestehen: hauptsächlich meinetwegen. Ich war damals ein schlimmer Workaholic, der den Blick dafür verloren hatte, dass auch seine Familie Zeit braucht. Dass man sich um Menschen und Beziehungen kümmern, dass man sie pflegen muss, damit sie sich weiterentwickeln und nicht kaputtgehen.

Dabei ist die Grundidee dahinter gar nicht so verkehrt. Eine Struktur, eine Routine zu finden hilft uns, unseren Alltag auch für private Anlässe besser zu organisieren. Sie darf uns dabei nur nicht bremsen. Darum schlage ich vor, auf ein Instrument zurückzugreifen, dass wir ja bereits in unserem Arbeitsalltag kennengelernt haben: die sogenannte Flexi-Struktur. Die Flexi-Struktur funktioniert auch in der Beziehung sehr gut. Es geht nicht so sehr darum, sich immer gleich feste Termine zu setzen, die man unter allen Umständen einhalten muss. Denn gerade im zwischenmenschlichen Bereich kann so ein Zwangstermin sehr schnell krampfig werden – und das ist nicht gut! Viel besser ist es, wenn man in Zeiträumen denkt. Das geht mehr nach Gefühl. Auch hier ist Achtsamkeit ganz wichtig. Sie müssen ein Gefühl für die Beziehung gewinnen. Diese Woche wäre vielleicht ein Zweierdinner mal wieder fällig. Oder ein gemeinsamer Spaziergang. In einer langen Beziehung haben oftmals die kleinen Momente die größten Effekte. Sich mit dem Partner einfach mal hinsetzen und über Gott und die Welt reden – das bringt Vertrautheit und große Nähe. Aber das auf Zwang jeden Mittwoch um 19 Uhr zu verabreden – das ist schwierig. Planen Sie etwa pro Monat ein ganz besonderes, wirklich außergewöhnliches Date ein. Und einen monatlichen Theaterbesuch. An welchem Tag der dann letztendlich stattfindet, das spielt keine große Rolle.

Was soll Veronica denn machen, wenn sie an dem Tag, an dem wir uns verabredet haben, einen Termin im Tonstudio hat und etwas synchronisieren muss? Soll ich dann denken, jetzt hat sie mich nicht mehr lieb? Oder wenn ich einen dringenden Investorentermin zwischenquetschen muss, weil bei einem Start-up gerade einmal wieder die Bude brennt. Dann kann ich ja schlecht sagen, nein, tut mir leid, ich kann jetzt nicht helfen, es ist Mittwoch, da habe ich mit meiner Frau ein gemeinsames Kochritual. Das ist natürlich Unsinn. Vor allem würde Veronica ja auch merken, dass ich nur halb da bin. Denn ich wäre vielleicht in der Küche anwesend und würde die Tomatensauce anrühren, aber in meinem Kopf würde ich mich die ganze Zeit fragen, welche Investoren-Chance nutze ich gerade nicht, um etwas Bedrohliches oder Schwerwiegendes von einem Start-up abzuwenden? Viel besser ist es doch, Rituale zu haben, die man flexibel anwendet und dabei Rücksicht auf die jeweilige Situation des Partners nimmt.

Und das funktioniert sogar, obwohl Veronica und ich einen sehr unterschiedlichen Biorhythmus haben. Ich brauchte eigentlich immer den Sport am Ende des Arbeitstages – Veronica hat gerne morgens ihre Sporteinheit. Gerade jetzt, wo die Tochter aus dem Haus ist. Wir haben das jetzt zusammengebracht. Meistens machen wir morgens zusammen Sport. Ein kleines Opfer in meinem Zeitrhythmus, aber ein großer Gewinn, dass wir diese Momente miteinander teilen können. Wir spornen uns gegenseitig an, machen öfter und auch intensiver Sport.

Nehmen Sie sich Zeit für Ihre Liebe. Finden Sie Routinen in Ihrer Beziehung, die Sie flexibel ausleben. Ob das gemeinsame Candlelight-Dinner an einem Mittwoch oder Donnerstag stattfindet, spielt keine Rolle, Hauptsache, es findet statt.

Sie haben sich wenig zu sagen? Entwickeln Sie eine Gesprächsroutine!

Veronica und ich nehmen uns zu Beginn und zum Abschluss des Tages Zeit füreinander. Ich bringe ihr morgens oft die Tasse Kaffee ans Bett. Ich weiß, wie sehr sie das liebt. Noch im Halbschlaf zu sein, gerade wach zu werden und dann den frischen Geruch von Kaffee in der Nase zu haben und über die ersten Gedanken, die einem durch den Kopf gehen, zu reden. Dieses kleine Morgenritual funktioniert natürlich nicht immer. Mal steht bei ihr ein Filmdreh in Amerika an, sodass sie über Wochen gar nicht zu Hause ist, oder ich muss ganz früh morgens abreisen, weil ich einen wichtigen Termin in einer anderen Stadt habe. Dann aber halten wir zumindest an unserem Abendritual fest. Egal wo wir gerade auf der Welt sind: Vor dem Einschlafen rufen wir uns an. Bedingt durch die Zeitverschiebung ist manchmal einer von uns schon wach, der andere ist es noch immer. Und in diesem Anruf erzählen wir uns von unserem Tag – einer vorwärts, einer rückwärts. Das ist mehr als nur »Gute Nacht, ich hab dich lieb« zu sagen. Wir sprechen darüber, was gut lief, was nicht so gut lief und was dem jeweils anderen auf der Seele liegt. Es geht dabei wirklich darum, dem Partner aktiv zuzuhören. Rauszuhören, was ihn beschäftigt. Und sich Zeit zu nehmen, mit ihm darüber zu reden. Bei solchen Gesprächen ist es besonders wichtig, dass man auch in der Lage ist, selbst mal zurückzustecken. Ja, vielleicht habe ich heute einen ganz tollen Deal gemacht, von dem ich wirklich gerne berichten möchte. Aber wenn ich spüre, dass meiner Frau gerade etwas auf der Seele liegt, dann halte ich die Klappe und höre ihr zu. Dann geht es um sie und nicht um mich.

Dieses Zuhören ist ganz wichtig. Denn nur so behält man einen wirklichen Draht zu seinem Partner. Veronica und ich haben neben unserem Abendgespräch noch verschiedene andere Gelegenheiten in unseren Alltag integriert, bei denen wir einfach mal ins Gespräch kommen. So machen wir mindestens einmal in der Woche einen längeren Spaziergang. Manchmal kommt auch die Tochter mit, dann reden mal die beiden Frauen, und ich watschle hinterher, anschließend besprechen wir uns zu dritt oder ich gehe mit meiner Frau in den Dialog, und Lilly swipt ein wenig durch Instagram. Es ist ein lockeres Beisammensein. Ungezwungen. Aber genau das ist die richtige Atmosphäre, um ein gutes Gespräch zu führen.

Einer der besten Wege, ins Gespräch zu kommen, ist meiner Erfahrung nach, miteinander zu spielen. Miteinander zu spielen? Ja, ganz genau. »Mensch ärger' dich nicht«, »Die Siedler von Catan« oder »Monopoly« – völlig egal. Denn während des Spiels ist man automatisch auf sein Gegenüber fokussiert. Man ist in einem interaktiven Austausch, das bedeutet, der Geist ist gefordert, man ist gezwungen, mitzudenken, und kann sich auf diese Weise auf die Gegenwart konzentrieren. Wenn man einen Film schaut oder sich anders passiv berieseln lässt, dann neigt man viel eher dazu, nach dem Handy zu greifen und seine eingegangenen Messages zu lesen. Wer aber aktiv mitdenkt, der ist vielmehr im Hier und Jetzt. Und in genau dieser Situation, wenn man über einen längeren Zeitraum auf seine Spielpartner konzentriert ist, ergeben sich die besten Gespräche. Weil die Situation locker und entspannt ist, man einander aber zugewendet bleibt.

Beim gemeinsamen Spielen reden wir wirklich über alles und nichts. Was haben wir im Urlaub vor? Müssen wir nicht noch ein paar andere Blumen pflanzen? Das eine Licht im Garten geht nicht mehr. Aber es entstehen auch ernste und große Diskussionen. Aber natürlich nicht durchgehend. Denn im Spiel geht es auch darum, zu fighten, Allianzen zu schmieden, auf die Würfelzahlen zu hoffen und miteinander zu bangen. Gerade die situative Spontanität ist sehr anregend. Und das Schönste ist das gemeinsame Lachen.

Es geht dabei nicht bloß darum, dass man mit seinem Partner gemeinsam Zeit verbringen sollte, sondern dass man sich auch wirklich Zeit für den Partner, für sein Gegenüber nimmt. Und sich ganz auf ihn oder sie konzentriert. Ja, es ist schön, wenn man zusammen in einem netten Restaurant sitzt. Aber noch viel schöner ist es, wenn man sich in diesem netten Restaurant auch miteinander beschäftigt, statt ständig immer nur auf sein Handy zu schielen oder Nachrichten abzuschicken. Partner-Zeit ist Partner-Zeit. Und die sollte man ganz ungeteilt miteinander verbringen. Ihre gemeinsame Zeit ist kostbar. Also teilen Sie sie nicht. Haben Sie lieber eine ungeteilte Stunde mit Ihrer Partnerin und Ihrem Partner als drei Stunden, in denen Sie nebenbei noch andere Dinge machen. Multitasking ist Gift. Und in einer Beziehung wirkt dieses Gift noch sehr viel intensiver als in Ihrem Arbeitsleben.

Vielen Menschen ist gar nicht bewusst, wie viel Zeit sie aneinander vorbei verbringen. »Aber Schatz«, heißt es dann, »wir haben doch heute lange und ausführlich zusammen gefrühstückt!« »Ja, das mag sein, aber du hast dich beim Frühstück nicht mit mir unterhalten, sondern Zeitung gelesen.« Das macht traurig! Lesen Sie nicht Zeitung, lesen Sie Ihren Partner. Hören Sie sichtbar zu. Schenken Sie Ihrem Gegenüber die volle Aufmerksamkeit statt nur einen Teil davon.

Eine besondere Regel haben Veronica und ich für uns selbst aufgestellt: Wir schlafen nicht sauer auf den anderen oder ärgerlich ein. Der kleine Konflikt oder die Meinungsverschiedenheit muss noch vor dem Einschlafen geklärt werden. Wenn wir uns vertragen haben oder wieder einer Meinung sind oder uns gegenseitig einen dummen Gedanken verziehen haben, schlafen wir auch besser. Da war ich früher noch ganz anders. Da mir der Job nahezu das Allerwichtigste war, habe ich, als die Kinder noch sehr klein waren und nachts öfter geschrien haben, viele Nächte im Gästezimmer geschlafen. Das tut mir rückwirkend sehr leid. Ich wollte am nächsten Tag voll durchpowern können und brauchte meinen Schlaf. Dies hat natürlich zur Entfremdung zwischen meiner ersten Frau und mir beigetragen. Meine Güte war das doof. Hätte ich mir doch lieber das gegen die Morgenmüdigkeit helfende Kaffeetrinken angewöhnt. Das habe ich geändert, als ich nach München zog und durch Veronica quasi noch eine Tochter dazubekam. Da habe ich das anders gemacht. Ich konnte noch so müde sein – ich saß fast immer am Frühstückstisch. Manchmal habe ich nur eine Tasse Tee getrunken, konnte aber so ein paar Momente mit Veronica und Lilly teilen. Das habe ich mir von Veronica abgeguckt. Sie konnte um drei Uhr nachts vom Dreh nach Hause kommen, aber sie war morgens wach und weckte Lilly. Sie machte ihr Frühstück und war für sie da – großartig.

> Führen Sie regelmäßig Gespräche in Ihrer Beziehung, klären Sie einen Streit noch vor dem Einschlafen und schaffen Sie Situationen, in denen eine gute Unterhaltung möglich wird. Ob Spaziergang oder Spieleabend – probieren Sie's einfach aus.

Ihre Beziehung ist zur Gewohnheit geworden? Brechen Sie aus!

Dass meine erste Ehe gescheitert ist, lag nicht nur daran, dass ich mit meiner Frau nicht genug Zeit verbracht habe, sondern auch daran, dass wir uns einfach auseinandergelebt hatten. Am Ende war alles zwischen uns nur noch Gewohnheit. Wenn wir ehrlich mit uns selbst gewesen wären, dann hätten wir uns schon viel früher eingestehen müssen, dass unsere Beziehung keine wirkliche Beziehung mehr war. Wir hätten uns eigentlich schon drei Jahre früher voneinander trennen müssen. Denn so lebten wir die letzten Jahre einfach aneinander vorbei. Jeder hatte sein Leben. Wir wohnten zwar noch gemeinsam in einem großen Haus, aber eigentlich machte jeder nur noch sein ganz eigenes Ding. Irgendwann wird das schon wieder besser, dachte ich mir. Irgendwie hatte ich insgeheim die Hoffnung, dass sich das alles wieder fangen würde. Wenn ich das mit der Arbeit erst einmal geklärt hätte ... wenn mein Terminkalender wieder etwas dünner wäre ... wenn ... aber das war Quatsch. Alles Ausreden. Ich habe mir die Situation selber schöner geredet, als sie eigentlich war.

Aber so wie mir damals geht es mit sehr großer Wahrscheinlichkeit vielen Menschen, die sich in einer langen Ehe oder einer langen Beziehung befinden. Irgendwann ist die Luft raus. Irgendwann lebt man einfach nur noch aneinander vorbei. Hand aufs Herz: Haben Sie sich nach einer langjährigen Beziehung eigentlich schon einmal aufrichtig die Frage gestellt, warum Sie eigentlich noch mit Ihrem Partner zusammen sind? Oftmals wird die traurige, aber ehrlichste aller Antworten lauten: aus Gewohnheit.

In vielen Beziehungen ist die Frage gerechtfertigt, ob man wirklich noch in den Partner oder eigentlich eher in die Gewohnheit der Partnerschaft verliebt ist. Es ist ja auch bequem: Er kümmert sich darum, wenn im Haus mal was kaputtgeht, sie macht – immer noch – das Familienmanagement. Oder umgekehrt. Bequemlichkeit ist der Tod der Entwicklung. Und was sich nicht entwickelt, wird kein wirkliches Glück finden. Im besseren der schlimmen Fälle lebt man einfach nur noch aneinander vorbei. Im schlimmeren Fall aber, da streitet man auch noch ständig. Da spürt man in der Beziehung eine permanente negative Energie. Ja, manchmal sogar subtilen Hass. Dieser Hass, den man auf den Partner projiziert, ist oftmals eigentlich ein Selbsthass. Weil man sich in einer Situation befindet, in der man unzufrieden mit sich selbst ist. Diese negative Energie, die wie eine permanente Gewitterwolke über der Beziehung schwebt und sich regelmäßig über Ihnen entlädt, ist das Schlimmste, was es gibt. Ein permanenter Energiekiller. Wenn man zur Arbeit geht, dann verlässt man das Haus eigentlich schon geschwächt von der Beziehung.

Aus einer solchen Lage gilt es, sich dringend zu befreien. Schaffen Sie dazu ganz besondere Momente. Oder machen Sie sich auch einmal Geschenke. Für Veronica flog ich einmal in drei Tagen zehn Stunden, nur um sie zu sehen. Als wir vor zwei Jahren unsere Geburtstage zusammen im Sommer in Südfrankreich gefeiert haben, da schenkte ich Veronica eine selbst gezüchtete Rose, die *Eleganzia Veronica* heißt. Gar nicht so teuer wie man denkt. Man muss sich nur damit beschäftigen, welche Züchter so etwas anbieten, und genug Vorlauf einplanen. Und dazu fand ich noch ein paar persönliche Worte – unsere Gäste waren auf jeden Fall gerührt und Veronica völlig verzaubert. Es sind diese kleinen Momente und unerwarteten Handlungen, die das Korsett der Gewohnheit durchbrechen und einen besonderen Moment schaffen.

> Ist in Ihrer Beziehung die Luft raus? Dann finden Sie kreative Möglichkeiten die Beziehung neu zu beleben! Wenn Ihnen das aber nicht gelingt, seien Sie konsequent: Beenden Sie das Zusammensein. Negative Energie ist ein Lebens-Killer. Im Beruf, aber auch im Privaten. Geben Sie sich einen Ruck und starten Sie neu durch!

IV. ELEMENT:
MENTALE STÄRKE

Ich konnte es einfach nicht lassen. Mein Physiotherapeut verdrehte schon die Augen, als er sah, wie ich mein Handy aus dem Jackett zog. »Mensch, Herr Maschmeyer, Sie und Ihr Handy.« Ich wusste es ja selbst. Es war mir schon ein klein wenig peinlich. Und eigentlich hatte ich ja auch den goldenen Vorsatz gefasst, zumindest nicht während der Therapiestunden auf mein Smartphone zu schauen. Schließlich wollte ich ja, dass ich wieder ohne Schmerzen gehen konnte. Leider hatte ich eine Fehlstellung im Fuß, und die Folge war nun eine chronisch entzündete Peroneussehne. Ich verstand, dass mein Physiotherapeut allergisch auf mein Handygefummel reagierte. Ich kam schließlich, um mich zu regenerieren. Außerdem war es ihm gegenüber unhöflich. Und dennoch konnte ich es nicht lassen. Während er mir also an meinem linken Knöchelgelenk herumfuhrwerkte und ich mich unbeobachtet fühlte, zog ich mein Handy ganz vorsichtig aus der Innentasche meines Jacketts und warf einen kurzen Blick auf das Display. Ich wollte wirklich nur schnell schauen, ob ich etwas verpasst hatte. Und offenbar hatte ich das. 12 Anrufe in Abwesenheit stand da. Und eine SMS von Herrn Volker, dem Chef der Revision. »Bitte umgehend zurückrufen«, schrieb er. Und setzte noch ein Wörtchen nach, das mich wirklich beunruhigte: »Weltuntergang«. Der gute Mann war eigentlich die Ruhe in Person. Wenn er von Weltuntergang sprach, dann musste er auch Weltuntergang meinen. Jetzt war ich wirklich nervös.

»Entschuldigen Sie«, sagte ich zu meinem Therapeuten, »ich müsste einmal kurz telefonieren.« Er atmete schwer aus und bearbeitete weiter meinen Fuß. Ich war mir sicher, dass er mich für einen fürchterlichen Wichtigtuer halten musste. Aber auf der anderen Seite, dachte ich, hatte er im Gegensatz zu mir auch gerade keine Nachricht mit dem Schlagwort »Weltuntergang« erhalten.

Es klingelte zweimal. Dann nahm Herr Volker ab.

»Ich grüße Sie, Maschmeyer hier, was ist denn los?«

»Herr Maschmeyer, sitzen Sie gerade?«

»Ich liege sogar.«

»Gut, dann können Sie mir nicht umkippen.«

Spätestens jetzt war mir klar, dass die Nachricht vielleicht sogar noch schlimmer sein müsste, als ich es befürchtet hatte. Und das war sie auch. Nachdem Herr Volker mir alles erzählt hatte, war mir klar, dass sein Anruf das Potenzial und die Sprengkraft hatte, mein gesamtes Leben zu verändern. »Weltuntergang«. Das traf es erschreckend gut. Ich war völlig durch den Wind.

Als ich auflegte, ließ mein Therapeut von meinem Knöchel ab und schaute mich mit großen Augen an. »Was haben Sie gemacht?«, fragte er mich.

Ich schüttelte verdutzt den Kopf. Ich verstand nicht, was er meinte.

»Ihr Fuß«, sagte er. »So etwas habe ich noch nie erlebt.«

»Was ist denn mit meinem Fuß?«, fragte ich, obwohl ich im Kopf schon ganz woanders war. Es gab in diesem Moment kaum etwas, was mir gleichgültiger gewesen wäre als mein Fuß. Die Schmerzen waren vergessen, die Heilung meines Knöchels in meiner Prioritätsliste ganz, ganz tief nach unten gerutscht.

»Von einem Moment auf den anderen hat sich alles verändert: Die Muskulatur, die Durchblutung, alles hat sich bei Ihnen völlig verkrampft! Das habe ich bei einem Patienten noch nie erlebt. Das muss ja ein fürchterliches Telefonat gewesen sein.«

Ich zog Strumpf und Schuh wieder an. Er hatte recht. Es war ein fürchterliches Telefonat. »Es tut mir leid«, sagte ich und brach die Sitzung ab. »Ich muss leider gehen.«

Mein Gesprächspartner Fritz Volker hatte mir gerade offenbart, dass es beim AWD, dem von mir gegründeten und zur MDAX-Größe geführten Finanzdienstleistungsunternehmen, eine Art Verschwörung gegeben hatte. Hochrangige Führungskräfte wie einer der vier Deutschland-Vertriebschefs, Jörg Jacob, und der CFO der Holding, Ralf Brammer, hatten sich zusammengeschlossen und planten, ein Konkurrenzunternehmen zu gründen. Dass es bei einer großen Firma immer mal einen Schwund gab, das war normal. Dass aber Top-Manager zusammen mit zahlreichen Direktoren und Hunderten von Top-Leuten gemeinsam in Konkurrenz treten wollten – das wäre in der schieren Menge für uns kaum verkraftbar gewesen. Herr Volker hatte herausgefunden, wer sich da mit wem verbündet hatte, wie genau die Konkurrenzfirma heißen sollte und wie viele Leute auf dem Weg dorthin waren. Die Namen und Zahlen waren beängstigend. Die Folgen für meine Firma waren mir sofort bewusst: Unsere Aktie würde abstürzen. Wir würden eine Gewinnwarnung herausgeben müssen, wenn sich alles so bestätigte. Ich griff nach meinem Handy und rief unseren UK-Chef an. Am nächsten Tag wollte ich nach London fliegen, um dort eine Ansprache für unsere englischen Berater zu halten. Ich fragte ihn, ob wir das noch absagen könnten. Etwas, was ich normalerweise nie machte. Ich war verlässlich. Aber dieses Mal? Mir war klar: Wenn ich diese Revolte jetzt nicht unter Kontrolle bekomme, dann konnte die ganze Firma wie ein Kartenhaus in sich zusammenstürzen und mein Leben gleich mit, das wusste ich. Aus diesem Grund musste ich mich jetzt komplett auf diese Krisensituation konzentrieren.

Noch in der Nacht beriefen wir eine Sitzung im engsten Kreis ein. Auch einige Juristen waren dabei. Was war möglich? Was konnten wir tun? Wie konnten wir uns wehren? Was würde jetzt auf uns zukommen? »Herr Maschmeyer, ich sage es Ihnen ganz offen«, erläuterte mir einer der Juristen. »Es sieht schlecht aus für Sie. Langfristig werden wir juristisch gewinnen, aber kurzfristig werden wir die Abtrünnigen nicht stoppen können.«

Ich ließ mich tief in meinen Bürostuhl sinken. Das hatte gesessen. Bisher ging ja alles weitestgehend nur bergauf. Jetzt stand die Zukunft der gesamten Firma auf dem Spiel. Mein Lebenswerk. Die Nachricht traf mich zu einer Zeit, in der ich sowieso schon angeschlagen war. Meine Frau und ich hatten uns vor Kurzem getrennt. Ich redete mir immer ein, dass das Scheitern meiner Beziehung der Preis für meinen Erfolg war. Und jetzt? Jetzt brach mir sogar mein Erfolg ein. Es fühlte sich an, als würde man mir den Boden unter den Füßen wegziehen. Als ich mich von unserer Nachtsitzung nach Hause fahren ließ, fühlte ich mich so elendig wie nie zuvor. Ich war gefangen in einer absoluten Schockstarre.

Jetzt wirst du alles verlieren, hörte ich eine Stimme in meinem Kopf. Familie weg. Firma weg. Und um deine Freunde hast du dich auch schon lange nicht mehr gekümmert. Was bleibt dir eigentlich noch? Und dann bohrte sich ein Gedanke in meinen Kopf. Ein Gedanke, den ich noch nie zuvor gehabt habe. Wenn das schiefgeht, dachte ich, dann kannst du dich auch gleich vor den Zug werfen. Und dieser Gedanke ließ mich nicht mehr los – Selbstmord. Ich spielte es in meinem Kopf wieder und wieder durch. Am Anfang war es nur ein abstrakter Gedanke. Eine Art Türchen, was man sich offenhalten könnte, wenn alles schiefgeht. Aber je öfter ich diesen Gedanken durchspielte, desto konkreter wurde er auch. Irgendwann malte ich mir ganz handfest aus, wie ich mein Leben beenden könnte. Vor den Zug werfen – das wollte ich nicht. Wenn schon, dachte ich weiter, dann auf irgendeine Art, bei der ich niemanden mit reinziehen würde. Vielleicht mit Tabletten? Das stellte ich mir verhältnismäßig angenehm vor. Einfach einschlafen und nicht mehr aufwachen. Einfach die ganzen Probleme und Sorgen hinter sich lassen.

Ein paar Tage später traf ich mich mit einem befreundeten Arzt. »Du, sag einmal«, begann ich das Gespräch, »wie haltet ihr das eigentlich mit Patienten, die einen sehr hohen Leidensdruck haben? Die schwer krank sind? Gibt es da nicht besondere Tabletten, die man denen verschreiben kann, damit sie ...« Mir fiel es schwer, den Satz zu Ende zu bringen. »... damit sie friedlich einschlafen?«

»Wie kommst du darauf?«, fragte mich mein Freund skeptisch.

»Nun, ein Verwandter von mir ist schwer krank und, na ja, er darbt so vor sich hin und ich dachte ...«

»Vergiss es, Carsten! Sprich es gar nicht erst aus. Auf gar keinen Fall!« Er schüttelte den Kopf. »Du spinnst ja wohl.«

Damit war das Gespräch beendet. Und so fiel auch diese Option für mich weg. Auf dem Weg nach Hause beugte ich mich zu meinem Fahrer vor. »Sagen Sie mal, Herr Olm«, fing ich vorsichtig an. »Ich habe in den letzten Wochen ständig Geräusche rund um das Haus gehört.

Ich mache mir da Sorgen. Könnten Sie mir nicht ... etwas zum Schutz besorgen?«

»Etwas zum Schutz besorgen?« Herr Olm erkannte sofort, was ich meinte. Denn er besaß einen Waffenschein. Mit seiner Waffe, so meine Kurzschluss-Überlegung, könnte ich doch mein Leben ...

Ich weiß nicht mehr genau, was ich mir damals in diesem Moment gedacht habe. Wie verzweifelt ich gewesen sein musste, so etwas Bescheuertes auch nur zu denken. Aber ich bin froh, dass auch Herr Olm damals nur den Kopf geschüttelt hat und mir sagte, dass er mir seine Waffe nicht geben könne und auch nicht dürfe. Vielleicht hat er auch geahnt, dass es mir nicht alleine um den Schutz in der Dunkelheit vor seltsamen Geräuschen ging. »Rufen Sie mich an, wenn Sie etwas hören, dann komme ich sofort vorbei, bewaffnet«, bot er mir an. Schnell beendete ich das Gespräch. Ich schämte mich vor mir selbst. Wie fertig musste ich damals gewesen sein, dass ich ernsthaft in Betracht zog, mir mein Leben zu nehmen? Aber ich war in einem Loch. In einem ganz tiefen Loch. Tagelang wusste ich wirklich nicht, wie es weitergehen sollte. Ich war völlig verzweifelt.

Aber nein, ich habe mir mein Leben nicht genommen. Irgendwann raffte ich mich auf und sagte mir, dass es ja nichts bringt, sich bloß hängen zu lassen. Das macht es nicht besser, nur noch schlimmer. Ich entschied mich, zu kämpfen. Ja, wenn ich kämpfe, dann kann ich verlieren. Aber in der Situation, in der ich war, da hatte ich gefühlt schon verloren. Dass ein Teil meiner engsten Mitarbeiter mich nicht bloß verlassen, sondern auch noch eine Konkurrenzfirma gründen wollten, das hatte mich schwer getroffen. Es hatte mich für einen kurzen Moment aus der Bahn geworfen. Aber statt zu resignieren, wechselte ich vom Verteidigungs- in den Kampfmodus. Mir war klar, dass nun die vielleicht anstrengendsten Wochen meines Lebens folgen würden. Ich war nun in einem Tunnel. In einem ganz eigenen Film. Welche Wahl hatte ich denn auch? Hier ging es um meine Existenz. Es ging um mein Lebenswerk. Und dieses Lebenswerk war kurz davor, wie ein Kartenhaus einzustürzen. Meine Frau hatte mich mit den Kindern bereits verlassen, und in meinem Kopf hatte sich der Gedanke eingenistet, dass ich gar nichts mehr hätte, wenn nun auch noch mein AWD kaputtginge. Carsten, sagte ich zu mir selbst, wenn das jetzt schiefgeht, dann bist du wirklich k. o. Dann erholst du dich nicht mehr. Ein Unternehmerfreund riet mir damals: »Erzähl nicht, was dir angetan wurde. Tu was dagegen!«

Also nahm ich alle meine Energie zusammen und plante die Abwehrschlacht. Ich machte eine Roadshow durch alle großen Städte, in denen wir unsere Direktionen hatten. Los ging es in Stuttgart. Ich hielt vor allen Mitarbeitern der Region eine mehrstündige flammende Rede. Ich versuchte alles, wirklich alles, um möglichst viele, am besten alle Mitarbeiter zu überzeugen, doch noch bei uns zu bleiben. Ich erzählte ihnen, was wir noch so alles in Planung hätten. Warum beim AWD die Zukunft liegen würde. Warum es in Zukunft bei uns – und nur bei uns – nicht bloß möglich wäre, noch viel mehr Spaß im Job zu haben, sondern es auch ganz einfach wäre, noch erfolgreicher zu werden. Noch mehr Geld zu verdienen. Ich erklärte, was wir noch alles vorhatten, um die individuellen Bedürfnisse der Mitarbeiter zu fördern. Ich führte Gespräche. Hörte mir Kritik an und versprach Besserung in all den Punkten, zu denen mir die Leute ihre Unzufriedenheit äußerten. Am nächsten Morgen fuhr ich nach München. Dasselbe Spiel. Weiter ging es nach Leipzig, Berlin, Köln, Frankfurt. Ich versuchte alles, um meine Mitarbeiter zu stabilisieren und sie bei uns zu halten.

Bei fast all diesen Meetings gelang es mir, die Stimmung zu drehen. Guckten mich am Anfang noch verunsicherte und zögerliche Menschen an, kippte nach einer Stunde die Stimmung ins Positive, und zum Schluss gab es fast immer lang anhaltende Standing Ovations. Diese Energieleistung dauerte fast einen Monat. Ich hatte den Schaden verringert und mein Unternehmen stabilisiert. Von den fast 1000 Beratern und Beraterinnen, die sich Formaxx, so sollte die neue Firma heißen, angeblich anschließen wollten, blieben circa 800 doch bei meinem Unternehmen. Nur 200 gingen dann am Ende, aber – was noch wichtiger war – die bestehende Mannschaft stand noch fester als vorher zum Unternehmen und auch zu mir. In diesen Wochen habe ich tatsächlich nicht gelebt. An manchen Tagen habe ich nicht mal etwas gegessen – ich kam nicht dazu. Einmal habe ich mich, als ich am Abend nach Hause zurückkam, auf mein Sofa im Hauseingang gesetzt, und genauso wie ich mich hingesetzt hatte, wachte ich am nächsten Morgen wieder auf. Ich konnte nicht sagen, ob in diesem Frühsommer 2007 die Sonne schien oder schlechtes Wetter war. Ich kannte nicht die neuesten Ergebnisse von Sportereignissen, und zu keinem Freund hatte ich zu dieser Zeit Kontakt, auch nicht zu meinen Kindern. Und erst, als es wieder bergauf ging und ich Zeit hatte, darüber nachzudenken, zu reflektieren, was in meinem Kopf damals eigentlich los war, nahm ich mir vor, dass ich nie wieder in so eine Lage kommen wollte. Dass ich mir meine mentale Gesundheit nie wieder so zugrunde richten wollte.

Warum mentale Stärke ein Element Ihres Erfolgs ist

Es waren vielleicht die dunkelsten Stunden meines Lebens. Ich erinnere mich, dass ich mich fühlte, als wäre ich in einem Loch gefangen. Und das Schlimmste war, dass ich kein Licht mehr erkennen konnte. Rückschläge, Niederlagen, Misserfolge. Es gibt Erfahrungen, die kein Mensch gerne macht. Dennoch sind das Erfahrungen, die zu jedem Leben dazugehören. Ausnahmen bestätigen bekanntlich die Regel, aber in der Regel, da verläuft kein Leben einfach nur geradlinig. In der Regel, da geht es nicht immer nur nach oben, sondern oft genug auch mal bergab. Und ich glaube, das ist irgendwie auch gut so. Denn nur in schwachen Momenten lernt man, über sich selbst hinauszuwachsen. Es gibt eine einfache dualistische Weisheit: Wo Licht ist, da ist auch Schatten. In diesem Kapitel möchte ich Ihnen zeigen, wie Sie es schaffen, nach einem Rückschlag oder einer Niederlage wieder aufzustehen, sich den Dreck von den Klamotten abzuklopfen, zu reflektieren, was da falsch gelaufen ist, weiterzugehen und es dann künftig besser zu machen. Ich möchte versuchen, Ihnen aufzuzeigen, dass Sie eine vermeintliche Niederlage immer auch als eine Chance begreifen können. Denn seien wir mal ehrlich, in welchen Momenten hinterfragen wir uns? Tun wir das, wenn alles gut läuft? Wenn wir Geld verdienen und uns glücklich fühlen? Oder wenn uns das Leben eine Vollbremsung verordnet? Und ich möchte Ihnen zeigen, wie es Ihnen gelingen kann, ein Mut-Mensch zu werden!

Träume

Leben Sie nicht nur, träumen Sie auch!

Die unabhängige Finanzberatung zu gründen, war mein Traum. Und ich hatte mir damals von keinem Menschen auf der Welt diesen Traum ausreden lassen. Ja, ich wollte mein eigenes Unternehmen aufbauen, mit einem Geschäftsmodell, das es so bisher noch nicht gab. Ich war von der Idee der freien Anbieterauswahl für die Verbraucher absolut überzeugt.

Dennoch war es für mich keine leichte Entscheidung den AWD zu gründen. Immer wieder beschlichen mich auch Selbstzweifel. Immerhin hatte ich bei der OVB, wo ich zuvor gearbeitet hatte, sichere Einnahmen in Höhe von ein paar Hunderttausend Mark im Monat. Das war ein gutes Gehalt, dass ich einfach so aufs Spiel setzte. Und was wäre, wenn wir nicht genug Versicherungen und Banken finden würden, die mit uns zusammenarbeiten wollten? Dann würde unser Geschäftsmodell, dass sich die Kundinnen und Kunden aus vielen Angeboten das für sie passende auswählen konnten, nicht funktionieren. Was wäre, wenn nicht genug Mitarbeiterinnen und Mitarbeiter gewonnen werden können? Ich wischte die Bedenken beiseite. Die positiven Vorstellungen überwogen bei Weitem. Und der Erfolg gab mir glücklicherweise recht.

Träumen Sie! Denn träumen hilft Ihnen, Ihre Ziele zu visualisieren. Sie greifbarer zu machen. Große Sportler, Olympiagewinner erzählen immer wieder, wie sie sich vor ihrem großen Rennen oder ihrem großen Wettkampf bis ins kleinste Detail vorgestellt haben, wie alles abläuft. Man nennt das auch: Visualisierung. Die Visualisierung ist eine starke Motivationstechnik, die mittlerweile von vielen Coaches und Trainern zur Zielerreichung empfohlen wird. Wie genau funktioniert das aber? Eigentlich ist das Visualisieren nichts Besonderes, wir tun das ständig, denn unser Gehirn denkt in Bildern. Wenn wir uns etwas vorstellen, beginnt eine Art Kopfkino. Ein Film läuft vor unserem inneren Auge ab. So verarbeiten wir komplexe und abstrakte Bilder zu einer einfachen Gesamtheit. Was Sie lernen sollten, ist also, richtig zu visualisieren.

Wenn Sie sich Sorgen machen und sich die schlimmstmöglichen Szenarien eines bevorstehenden Ereignisses wie einen Horrorfilm vorstellen, dann werden Ihr Denken und Ihre Einstellung negativ, Sie können nicht Ihr Bestes geben und Angst bestimmt Ihr Handeln. Sie müssen hingegen positive Bilder erzeugen und somit eine klare Vorstellung davon schaffen, wie Sie Ihr Ziel erreichen wollen.

Nehmen wir ein Beispiel. Sie möchten eine Gehaltserhöhung. Einfach so wird das vermutlich nicht klappen, also müssen Sie einen Termin mit Ihrem Chef vereinbaren und das Thema auf den Tisch bringen. Es liegt nun ganz an Ihnen, mit welchen gedanklichen Bildern Sie in das Gespräch gehen. Sie können sich im Detail vorstellen, wie Ihr Chef unzählige Gründe gegen eine Gehaltserhöhung aufzählt, Ihnen sagt, dass er Ihre Leistung dafür nicht genug schätzen würde. Das sind Albtraum-Bilder. Sie können aber auch visualisieren, wie Sie überzeugende Argumente vorbringen und der Chef ganz Ihrer Meinung ist, weil Ihre Leistungen und Ergebnisse seit langer Zeit herausstechen und positiv auffallen. Mit diesen Gedanken gehen Sie viel positiver und selbstbewusster in den Dialog und tragen so schon im Vorfeld dazu bei, erfolgreich zu sein und Ihr Ziel wirklich zu erreichen. In Ihrem Unterbewusstsein wird die Visualisierung zur Realität, und Ihr Glaube an das Erreichen des Zieles steigt, genau wie Ihre Motivation, deutlich an. Deshalb kann es gerade bei großen Problemen und Herausforderungen empfehlenswert sein, den eigenen Erfolg zu visualisieren.

Ich habe oft Tagträume gehabt. Ich habe mir erlaubt, groß zu träumen, weil ich große Ziele hatte. Ich wollte nicht nur den ersten, sondern auch den größten unabhängigen Finanzdienstleister in Europa aufbauen. Manches wird in Ihrem Leben wie ein Wunder wirken, aber wenn Sie richtig leben, dann werden Wunder auch wahr. Wenn Sie sich erlauben, zu träumen, dann werden Sie neue Perspektiven erlangen. Für mich ist ein Träumer niemand, der untätig ist, sondern jemand, der mit seiner Vision total in der Realität lebt. Schade finde ich, dass viele Menschen bereit sind, viel mehr und härter zu arbeiten, aber an dem festhalten, was sie schon haben, was sie schon besitzen, statt die notwendigen Risiken einzugehen, um ihre wirklich großen Träume zu realisieren.

Ich habe das so gemacht. Ich habe zu Beginn meiner Karriere abgelegt, wer ich war, und nur daran gedacht, wer und wie ich sein wollte. Dann hat sich mein Traum in einen konkreten Wunsch verwandelt. Mein Motto war: Das Leben wird dir alles bieten, wenn du nur mehr vom Leben verlangst. Und das habe ich mir im Kopfkino und in meinen Träumen ausgemalt. Entwickeln Sie keine Schuldgefühle, wenn Sie große Träume haben.

Im Frühjahr 2011 begann mein Sohn Marcel, seinen Fonds Paladin ONE aufzubauen. Im Souterrain unseres damaligen Büros in Hannover. Er träumte davon, irgendwann einen etablierten Fonds zu haben. Ich bastelte ihm eine Tabelle mit den besten Fonds in Deutschland und veränderte diese als Zukunftsbeispiel so, dass Paladin ONE an der ersten Stelle stand. Nach dem Motto: *Fake it until you make it.*

Jetzt, zehn Jahre später, hat er zusammen mit seinem Partner und Vorstandskollegen Matthias Kurzrock zahlreiche Auszeichnungen erhalten und öfter die beste Jahres-Performance erzielt.

Auch meine Veronica hatte nach ihren vielen Fernseh- und Kinoerfolgen in Deutschland den Traum, mit den herausragendsten Hollywood-Größen zu drehen. Sie hat unbegrenzt geträumt und dafür hart gearbeitet. Unzählige Castings absolviert, mit ehrgeizigen Nachwuchsschauspielerinnen stundenlang in Los Angeles auf das Vorsprechen gewartet, nicht aufgegeben, Niederlagen ertragen und weitergemacht. Und dann schließlich kamen die Hollywood-Rollen, eine nach der anderen. Mit Robert De Niro, Gary Oldman, Morgan Freeman, Ben Kingsley, Keanu Reeves ...

Träumen Sie! Wenn Sie träumen, erfahren Sie neue Perspektiven. Schaffen Sie sich positive Bilder. Werden Sie der Star in Ihrem Kopfkino. Und dann auch in Ihrem eigenen Leben.

Sie setzen sich kleine Ziele? Setzen Sie sich Mega-Ziele!

Zwischen Weihnachten und Neujahr gibt es immer mal stille Momente, in denen ich mich zurückziehe und das alte Jahr auswerte. Ich schreibe mir auf, was gut und was schlecht lief, wo ich über meinen Zielen lag und wo ich deutlich darunter lag. Und dann definiere ich für mich, ganz mit mir alleine, was meine persönlichen Ziele für das neue Jahr sind. Noch vor Jahren ging es dabei meistens darum, wie viele super Start-ups ich neu finden wollte, wie viele Jungunternehmen es zum Unicorn schaffen sollten, welcher tolle Exit mit hohem X-Faktor realisiert werden könnte. Darum geht es auch nach wie vor. Aber jetzt sind auch weitere Ziele dabei. Urlaube mit der Familie, der Vorsatz, meine französischen Sprachkenntnisse zu verbessern, oder, wie in diesem Jahr, das Buch *Die sechs Elemente des Erfolgs* fertigzustellen.

Auf meinem Schreibtisch habe ich eine Schreibunterlage, auf der meine Ziele stehen und die wichtigsten Prioritäten festgehalten werden. Auch Gesundheit und Sport sind dabei. Ich benötige weiter Physiotherapie für meinen geschädigten Fuß, brauche gutes Körpertraining für meine Neigung, etwas gebeugt zu sitzen und zu stehen, und will natürlich gerade durch Cardio-Training meinen Kreislauf fit und einigermaßen mein Idealgewicht halten. Neben diesen Zielen und Prioritäten drucke ich mir jeden Tag die aktuellen To-dos aus: Wer angerufen werden soll, und was ich erarbeiten muss. Im Smartphone aktualisiere ich dann die einzelnen Meetings und Termine. Das Entscheidende ist, das ich jeden Tag im Büro meine Ziele im wahrsten Sinne des Wortes vor Augen habe und die Prioritäten sehe und danach meine Aktivitäten ausrichte.

Das Leben ist zu kurz, um sich nur kleine Ziele zu setzen. Ich hatte schon immer Riesen-Ziele. Mega-Ziele. Tun Sie das auch! Nur wer sich große Dinge vornimmt und auf ein großes Ziel hinarbeitet, der wächst und reift auch zur vollen eigenen Größe. Menschen, die sich herausfordernde und hohe Ziele setzen, übertreffen Menschen, die nur einfache und niedrige Ziele haben. Schauen Sie weit in die Zukunft, denken Sie an das, was

Sie übermorgen einmal besitzen oder erreichen wollen. Bestimmen Sie die wichtigsten Fähigkeiten, die Sie dafür beherrschen müssen, und eignen Sie sich diese mit ganzer Leidenschaft an.

Wie Sie leben möchten, definiert, was Sie erreichen möchten. Es geht nicht nur um Leistung der Leistung wegen, sondern auch darum, wie Sie leben wollen. Was Sie vom Leben haben wollen. Was Sie hinterlassen wollen. Und vor allem geht es darum, was Sie tun wollen und was Sie tun sollten, um dieses Ziel zu erreichen. Werden Sie sich bewusst: Ihre Zukunft wird von der Auswahl Ihrer Ziele und Ihrer Gewohnheiten bestimmt. Warten Sie nicht darauf, dass andere festlegen, wer Sie sein sollen. Übernehmen Sie selbst die Kontrolle und legen Sie das ganz alleine fest. Und fangen Sie anschließend an, diesem Selbstbild entsprechend zu handeln und zu leben. Natürlich ist es gut, ein Ziel zu definieren. Einen Umsetzungsplan zu erstellen ist noch besser, das Tun zur Erreichung am besten. Und wenn Schwierigkeiten auftreten, dann ändern Sie trotzdem nie Ihr Ziel, sondern höchstens den Erreichungsansatz.

Denken Sie heute schon an übermorgen. Ihre Ziele bestimmen Ihre Zukunft. Nur wer sich große Dinge vornimmt und auf ein großes Ziel hinarbeitet, der wächst und reift auch zur vollen eigenen Größe. Haben Sie den Mut zu Großem: Setzen Sie sich Mega-Ziele!

Akzeptieren Sie Ihre Lebensumstände nicht, optimieren Sie sie!

Ich hatte nun meinen Traum. Und ich war bereit, alles zu geben, um ihn auch zur Realität werden zu lassen. Das ist wichtig, denn zu träumen, das ist ein erster Schritt. Es darf aber nicht Ihr letzter sein. Ich wusste, dass ich nicht nur fleißig, sondern auch fortbildungsbereit und ideenreich sein musste, um aus dem Traum Realität werden zu lassen. Und zwar rund um die Uhr. Sieben Tage die Woche. Im ersten Jahr meiner Firmengründung habe ich zum Beispiel vom 2. Januar bis Karfreitag an Ostern durchgearbeitet. Kein Wochenende, kein Sonntag, kein freier Tag. Ich war aber so beseelt von meiner Idee, dass ich die Arbeit gar nicht mehr als Arbeit wahrnahm. Und so muss es sein. Aber dafür müssen Sie arbeiten. Besonders auch an sich selbst. Ich empfehle Ihnen: Probieren Sie, alles zu werden, was Sie werden können. Versuchen Sie, die beste Version von sich selbst zu verkörpern. Seien Sie Sie selbst – nur besser. Seien Sie Ihr bestes Selbst. Wenn Sie sich trauen, in unbekannte Gebiete vorzustoßen, können Sie die beste Version Ihrer selbst werden. Seien Sie nicht nur besser als Ihr Nachbar oder Ihre Kollegen. Der einzige Mensch, mit dem Sie sich täglich vergleichen sollten, ist der Mensch, der Sie gestern gewesen sind.

Ich erinnere mich noch, als ich als 13-jähriger Schüler von manchen kräftigen Mitschülern gehänselt wurde, weil ich wirklich ein Spargeltarzan war. Muskeln? Fehlanzeige. Das ärgerte mich. Also kaufte ich mir von meinem zusammengesparten Taschengeld im Sportgeschäft eine Hantel. Ich wollte Muskeln aufbauen. Das ging natürlich nicht über Nacht, aber Woche für Woche merkte ich schon, dass da etwas anfing, an den Armen und Schultern zu wachsen. Nach einem halben Jahr merkten es beim Sport auch die ersten Mitschüler. Ich empfehle Ihnen das Gleiche – jeden Tag ein bisschen besser zu werden als derjenige, der Sie gestern waren. Auf das Jahr gesehen sorgen Sie dafür, dass Ihr zukünftiges bestes Selbst – also die ein Jahr ältere Version von Ihnen – noch stärker, noch kompetenter und erfolgreicher sein wird. Wenn Sie Ihre Fähigkeiten täglich verbessern, dann müssen Sie sich um die Verbesserung Ihrer Lebensqualität keine Sorgen machen.

Die größte Leistung und höchste Belohnung des Lebens ist es, sich weiterzuentwickeln. Nehmen Sie sich deshalb eine permanente und nie aufhörende Eigenverbesserung und Selbstoptimierung vor. Machen Sie aus Ihren Lebensumständen das Optimum. Treffen Sie eine Veränderungsentscheidung, vor allem dann, wenn Sie mit Ihrem Körper, Ihrer Fitness, Ihrem Job oder Ihrer Beziehung unglücklich sind. Sie können Ihr Leben besser ausschöpfen, wenn Sie Ihre Grenzen immer weiter hinausschieben. Überlassen Sie Ihre Zukunft nicht dem Zufall, sonst kann es Ihnen passieren, dass Sie für immer im Niemandsland des Durchschnitts leben.

> Versuchen Sie, jeden Tag ein Stück weit besser als Ihr gestriges Ich zu sein. Selbstoptimierung ist eine Fernreise zu Ihrem besseren Ich. Gehen Sie immer wieder auf Reisen, um durch Ihre Erfahrungen stetig besser zu werden.

Mut

Die Welt geht unter?
Bleiben Sie trotzdem positiv!

Wenn ich Ihnen rate, positiv zu denken, dann werden manche von Ihnen an dieser Stelle denken: »Ach, der Maschmeyer, der hat schön reden. Der hat doch schon alles, was er sich nur wünschen kann.« Dann nehmen wir doch mal meine Hautkrebserkrankung. Als ich die Diagnose »Krebs« bekommen habe, war das ein riesiger Schock. Ich hatte enorme Angst. Ich wusste nicht, was auf mich zukommt und wie es weitergeht. Und als ich die Operation endlich überstanden hatte, da musste ich mich in den Wochen danach an die damals noch große Narbe mitten im Gesicht gewöhnen. Dennoch hatte ich schnell zu meiner positiven Grundhaltung zurückgefunden. Das ist überhaupt nicht schlimm, sagte ich mir selbst. Ist doch nur die Nase. Sei froh, dass keine Organe befallen sind. Dass der Krebs nicht gestreut hat.

Denken Sie positiv. Studien belegen, dass eine optimistische Denkweise hilfreich ist, auch wenn sie die Realität teilweise verzerrt. Lernen und trainieren Sie sich optimistische Denkmuster an. Lenken Sie Ihre Gedanken absichtlich und vorsätzlich auf Positives. Sehen Sie eine Situation eher besser, als sie eigentlich ist, dann schaffen Sie somit auch eine Situation, so wie Sie diese sehen. Denn Ihr Glaube an Sie selbst ist die Kraft, die Ihr Leben formen wird. Das merkt man gerade bei Krankheiten, bei denen es auf das Immunsystem ankommt: Da ist die positive Vorstellungskraft eine enorme Hilfe. Sonst würde es doch gar nicht die magische Wirkung des sogenannten Placebo-Effekts geben. Wenn Sie sich von Ihrer Partnerin oder Ihrem Partner getrennt haben, ist das auf den ersten Blick natürlich überhaupt nicht positiv. Aber vielleicht ist es das auf den zweiten Blick. Anfangs sind Sie allein und traurig und vermissen diesen Menschen, aber gab es nicht häufig Phasen, in denen Sie sich gestritten haben? In denen Sie sich gegenseitig angeödet haben? Diese negative Energie ist jetzt weg, und es wird wahrscheinlich die Zeit mit neuer, positiver Energie kommen.

Für Verkäuferinnen und Verkäufer sind meckernde Kunden und Kundinnen ein Graus. Das wirkt zunächst nicht positiv, dabei sind Kundenreklamationen die größte Quelle des Lernens. Denn unzufriedene Kunden, die zum Beispiel die Bedienungsanleitung für ein technisches Gerät zu kompliziert finden, geben Impulse, wie es besser sein könnte. Dies sind Impulse, die das Produktmanagement dann verbessern können. Eigentlich sind Reklamationen etwas Negatives, doch wer sie als positive Verbesserungsvorschläge nutzt, kommt zu der Erkenntnis, dass unzufriedene Kunden unseren Servicebereich am besten optimieren.

> Bleiben Sie positiv. In jeder Krise steckt eine Chance – und zwei für den Optimisten. Lernen und trainieren Sie sich optimistische Denkmuster an. Lenken Sie Ihre Gedanken absichtlich und vorsätzlich auf Positives.

Sie haben Angst?
Lernen Sie, ein Mut-Mensch zu werden!

Meine Familie liebt es, Ski zu laufen. Und sie genießt es, an steilen Berghängen zu stehen und auf das Tal hinabzublicken, bevor sie sich alle ins Tal stürzen. Dabei habe ich eigentlich Höhenangst. Wieso setze ich mich dennoch ständig wieder dieser Situation aus und schaue mit wackeligen Knien aus der Gondel hinunter? Weil das Positive überwiegt! Ich liebe die Bergluft, den blauen Himmel, den unberührten Schnee und die tollen Pistenrestaurants. Skifahren ohne hohe Berge, das gibt es nun einmal nicht. Ich konnte meine Angst dadurch überwinden, dass die Vorfreude auf das schöne sportliche Erlebnis, auf das Zusammensein mit der Familie, größer war und ist als die Angst vor der Höhe. Natürlich gibt es Ängste im Zusammenhang mit der Gesundheit, dem Job, dem Verlust des Partners oder Ängste, die noch viel existenzieller sind, als sich auf einen Berg zu stellen und hinunterzuschauen. Viele Menschen haben Ängste.

Um diesen Ängsten erfolgreich entgegenzutreten, brauchen wir Mut.

Denn die Angst ist ein Lügner: Die Angst will Sie glauben lassen, dass Sie nicht gut genug sind, dass Sie nicht fähig genug sind. Die meisten Dinge, vor denen wir Angst haben, werden sich nie bewahrheiten. Das bedeutet, Sie verschwenden Zeit und Energie darauf, sich um etwas zu sorgen, was wahrscheinlich nie so passieren wird. Nutzen Sie diese Gedankengänge lieber positiv. Seien Sie ehrlich zu sich selbst, was Ihre Ängste angeht, damit sich diese nicht in Ihrem Kopf festsetzen. Mir hat immer geholfen, dass ich mir in bestimmten schwierigen Situationen einen dazu passenden Albtraum vorstelle – dass ich mir die Frage stellte: Was ist das absolut Schlimmste, was mir passieren könnte? Stellen Sie sich also den schlimmsten Fall möglichst in allen Details vor und malen Sie ihn sich in den grellsten Farben aus. Und dann fragen Sie sich ganz ehrlich, Hand aufs Herz: Ist es denn wirklich so schlimm? Oder würde das Leben auch trotz dieser schlimmstmöglichen vorstellbaren Niederlage nicht auch weitergehen? Und bedenken Sie: Der schlimmstmögliche Fall tritt ja eh so gut wie nie ein. Wichtig ist, zu erkennen: Angst lähmt Sie. Angst ist irrational. Und Angst zu haben befördert auch das Aufschieben. Die Dinge, vor denen wir uns am meisten fürchten, sind Dinge, die wir eigentlich am dringendsten tun müssen. Nur weil wir Angst vor dem ungewissen Ausgang haben, hält uns diese Angst davon ab, Notwendiges anzugehen.

Wenn Sie eine Tür öffnen, hinter der eine große Chance lauert, dann reicht es nicht, nur durchzugehen. Dann wartet erst einmal harte Arbeit auf Sie. Wenn Sie außergewöhnliche Erfolge erzielen wollen, dann müssen Sie wachsen und sich weit über das hinaus trauen, was Sie bisher gewohnt sind.

Um High-Performer zu werden, werden Sie weit mehr tun müssen, als Sie jetzt bereits können. Höchstleistungen gehen signifikant mit Mut einher. Zu wissen, was Sie tun müssen, reicht nicht! Sie müssen tun, was Sie wissen. Es reicht nicht, zu denken, dass Sie gut sind – Sie müssen sich Herausforderungen stellen und in Situationen begeben, die Sie gut und besser machen. Selbst wenn Sie sich auf der richtigen Erfolgsstraße befinden, werden Sie überfahren, wenn Sie sich einfach dort hinsetzen. Doch wie kommen Sie näher an Ihr Ziel?

Seien Sie mutig! Unter Mut verstehe ich die Entschlossenheit, zugunsten eines authentischen, moralisch vertretbaren oder lebensverbessernden Zieles zu handeln, und zwar angesichts von Angst, Risiko und Widerständen. Mut ist nicht Furchtlosigkeit, aber Mut kann in vielen Bereichen zur Furchtlosigkeit führen. Fürchten Sie sich nicht davor, zu scheitern, weil es Sie schlecht aussehen ließe. Haben Sie nicht das Gefühl, dass ein Fehler Sie inkompetent aussehen ließe. Schwach lässt Sie nur aussehen, wenn Sie es nicht probiert haben. Mut ist kein spontanes einmaliges Aufflackern, im Gegenteil: Mut ist eine ständige Willensentscheidung. Davon bin ich felsenfest überzeugt. Machen Sie sich bewusst: Am Ende Ihres Lebens werden Sie auf die mutigen Handlungen stolz sein. Die Handlungen, bei denen Sie mit großer Unsicherheit, echter Resilienz und hohem Einsatz konfrontiert wurden. Und es gewagt haben, diese Herausforderungen anzunehmen.

Gerade Menschen im Marketing und Vertrieb müssen sehr viel Mut aufwenden, fremde Menschen anzusprechen. Ich habe meinen Vertriebsmitarbeiterinnen und Vertriebsmitarbeitern immer gesagt: Wenn ihr manchmal bei einem Termin eine so hohe Provision bekommt, dann ist das vor allem eine Bezahlung für den aufgebrachten Mut. Besonders im Vertrieb mischen sich die einzelnen Substanzen der mentalen Stärke. Man muss einerseits den Mut aufbringen, nach einem »Nein« den nächsten Kunden anzusprechen und sich positiv vorstellen, dass man vielleicht bei der Präsentation noch etwas ändert. Dass man die Dramaturgie des Gespräches anders aufbaut, andere Vorteile des Produkts in den Vordergrund stellt und ein paar Nebenpunkte weglässt. Und natürlich die Beharrlichkeit aufbringt, es wieder und immer wieder neu zu versuchen.

Das Geheimnis des Vorankommens liegt darin, anzufangen. Aus Mut wird Zukunft gemacht. Das Geheimnis anzufangen, liegt darin, die wichtigste Priorität auszuwählen und diese Aufgabe in kleine To-dos herunterzubrechen und dann mit der ersten zu beginnen. Es gibt kein Versuchen – entweder Sie tun es nicht oder Sie tun es. Nur wenn Sie riskieren, zu weit zu gehen, können Sie herausfinden, wie weit Sie wirklich gehen können. Sie haben nichts zu verlieren, wenn Sie loslegen, aber viel zu verlieren, wenn Sie den Start verschieben. Ihre Lebensleistung entsteht beim Durchstarten und nicht durch Abwarten. Wenn Sie sagen »eines Tages«, dann bedeutet das in Wirklichkeit »nie«. Und das wollen Sie nicht. Daher: Bringen Sie den Mut auf und fangen Sie an.

Vielleicht fassen Sie den Entschluss, jeden Tag etwas zu tun, wovor Sie sich fürchten. So werden Sie ein Mut-Mensch! Ich habe mir vor vielen Jahren vorgenommen, dass ich regelmäßig den Kontakt zu mir noch unbekannten CEOs und Unternehmenschefs suche und sie um Rat frage. Natürlich wurde ich in den Anfängen auch von mancher Sekretärin oder Assistentin abgeblockt. Aber überraschenderweise bin ich an ein paar kluge Frauen und Männer herangekommen, etwas, was ich mir früher nie hätte vorstellen können. Es gelang mir aber nur, weil ich es probiert habe. Danach hatte ich vor Kontaktaufnahmen zu »normalen« Bewerbern und Kunden überhaupt keine Scheu mehr. Ich hatte die Angst besiegt, indem ich es bei den schwierigen »Kandidaten« probiert hatte und merkte: »Es tut gar nicht weh.« Und klappt öfter, als man denkt.

Eine meiner früheren Beraterinnen, die ich sehr schätzte, hatte Hemmungen, vermögende oder prominente Menschen anzusprechen. Ich erklärte ihr, auch ein Nein von einer Celebrity oder einer reichen Person ist nur ein Nein. Was kann Ihnen am Telefon denn passieren? Maximal wird der Hörer aufgelegt und das Gespräch beendet. Sie machte sich daraus dann fast einen Spaß und probierte, jeden Tag einen sehr bekannten Menschen anzurufen. Das Ergebnis war, dass sie auch bei diesen Menschen zwar nicht ihre normale Erfolgsquote hatte, aber jede zehnte prominente Person zu Kunden machen konnte. Innerhalb eines Jahres war diese Beraterin eine der drei erfolgreichsten Finanzberaterinnen im ganzen Konzern.

Sollen Sie etwas wagen oder nicht wagen? Viele Menschen entscheiden sich dafür, passiv zu bleiben, weil sie die Angst vor dem Scheitern lähmt. Angst verhindert Initiative. Manche Menschen sind lieber in ihrem vertrauten Umfeld unglücklich, als Unsicherheiten mit Neuem zu riskieren. Das betrifft Geldanlagen, das betrifft, sich selbstständig zu machen, das betrifft das Ansprechen eines Menschen, in den man sich verliebt hat. Trauen Sie sich. Es kann doch nichts passieren. Nichts, was wirklich dramatisch ist. Wissen Sie, es ist absurd. Aber die meisten Menschen würden wohl eher hart dafür arbeiten an dem festzuhalten, was sie haben, als das Risiko einzugehen, das notwendig wäre, um das zu erreichen, was sie sich wirklich wünschen.

Um Ihre Angst zu überwinden, sollten Sie sie auch beim Namen nennen. Sonst haben Sie auch noch Angst vor der Angst. Das führt zur Verdrängung. Dabei gilt, je öfter Sie sich Ihrer Angst stellen, desto weniger Angst werden Sie empfinden. Wir haben nämlich nur Angst vor dem ungewissen Ausgang unserer Träume. Diese vorgestellte Angst hält uns nur davon ab, das Notwendige zu tun. Tauschen Sie Angst in Aufgeregtheit um. Ersetzen Sie Angst durch den Glauben an sich selbst, und egal wie schlimm es ist: Harten Wahrheiten sollten Sie ins Auge blicken und nicht aus dem Weg gehen. Das gilt auch, wenn die Atmosphäre am Arbeitsplatz Ihnen nicht mehr gefällt, wenn Sie dort nicht mehr genug Anerkennung erhalten und das aus Ihrer Sicht angemessene höhere Gehalt verweigert wird. Die Angst, zu kündigen und dann mit nichts dazustehen, ist groß. Aber Angst kann man in einem solchen Fall mindern, indem Sie sich schon am Markt umsehen und dadurch hoffentlich positive Signale auf eine neue Chance erhalten. Aber richtig können Sie die Angst erst besiegen, wenn Sie kündigen und das Risiko des vorübergehenden Null-Jobs eingehen. Die meisten Menschen, die das getan haben, sind ein paar Quartale später sehr glücklich, dass sie die Angst besiegt und diesen Schritt gemacht haben, der sie weit nach vorne brachte. Auch wenn Ihre Chance klein ist, nutzen Sie die kleine Chance groß. Denn im Vergleich zu nichts ist wenig viel. Merken Sie sich: Erfolgreich ist nicht der, der im Leben keine Angst hat. Erfolgreich ist der, der seine Angst im Leben überwunden hat.

Viele Menschen entscheiden sich dafür, passiv zu bleiben, weil sie die Angst vor dem Scheitern lähmt. Angst verhindert Initiative. Viele Menschen sind lieber unglücklich, als Unsicherheit zu riskieren. Ändern Sie das und gehen Sie ins Risiko!

Resilienz

Sie lernen aus Erfolgen?
Aus Misserfolgen aber noch mehr!

Für mich ist Misserfolg kein Zufall. Erfolg aber auch nicht. Misserfolge sind genauso Teil des Weges zu außerordentlichen Leistungen wie der Erfolg selbst. Und ganz oft beinhaltet jede gute Geschichte Rückschläge und Momente, in denen etwas schiefging. Betrachten Sie diese Abschnitte als Lektionen und Rohstoff, aus denen Sie eine einzigartige Lebens- und Erfolgsgeschichte schaffen können.

Jeder Lebensweg beinhalt Misserfolge und Rückschläge. Misserfolge sind keineswegs Einschränkungen für die Zukunft, sondern Hinweise für notwendige Erweiterungen Ihrer Denkweise und Ihres Vorstellungsvermögens. Misserfolge können ebenso Vorteile mit sich bringen wie Erfolge. Weil nicht nur der unmittelbare Erfolg Ihnen zeigt, ob Sie auf dem richtigen Weg sind. Selbst negative Feedbacks sind auch Lernfortschritte und können Verbesserungen Ihrer Fertigkeiten hervorbringen. Denn: Fehler sind Veränderungsaufforderungen. Benennen Sie deshalb Ihre Fehler einfach um. Nennen Sie sie »Lerngelegenheiten«. Verkäufer kennen das. Den Erfolg eines Verkäufers oder einer Verkäuferin kann man daran messen, wie viele unangenehme Gespräche er oder sie zu führen bereit ist. Jeder Anruf, den Sie tätigen, erhöht die Chance auf einen Erfolg. Auch im Lotto kann man nur gewinnen, wenn man den Schein kauft und ausfüllt. Sie müssen das einfach tun! Vertriebler kennen das. Je öfter man jemanden anspricht, desto öfter ist ein »Ja« dabei. Klar, sind da auch viele »Neins« dabei. Für Gründer heißt das, dass sie für eine erfolgreiche Finanzierungsrunde im Schnitt mit 60 Investoren sprechen müssen. 59 können ablehnen. Aber wenn einer bereit ist Geld zu geben, dann hat sich das schon gelohnt. Diese Rückschläge sind Hinweise, flexibler und kreativer zu sein. Zum Beispiel bei einer Verhandlung um eine Gehaltserhöhung. Ein häufiger Fehler ist es, zu sagen, man braucht mehr Geld, will eine größere Wohnung mieten, die Kinder fangen jetzt an zu studieren, und das ist teuer. Wahrscheinlich werden Sie dann mit Ihrem Wunsch nach mehr Gehalt abgewiesen. Nur weil Sie mehr Kosten haben, wird Ihnen die Firma kaum mehr zahlen.

In meinem Buch *Selfmade* beschreibe ich viele Techniken, wie Sie Ihre Gehaltserhöhungschancen optimieren. Eine hat so vielen geholfen, dass ich sie hier erwähnen möchte: Wenn Sie 1000 Euro brutto monatlich mehr haben möchten, wäre es das Verkehrteste, dass Sie von 12.000 Euro mehr Jahresgehalt sprechen. 200 Euro pro Woche (kommt doch ungefähr hin) klingt viel weniger. Oder wie wäre es mit dem harmlos klingenden Wunsch nach 50 Euro mehr pro Werktag? Aber viel wirkungsvoller ist es, wenn Sie erst Ihre Arbeit hinterfragen und sagen, ab jetzt werde ich mich so für das Unternehmen einsetzen, dass ich erst in einem halben Jahr auf eine Gehaltserhöhung zu sprechen komme und dann auf meine besonderen Leistungen verweisen kann.

Aber manchmal sind Rückschläge auch gar keine Rückschläge. Manchmal sind sie einfach nur Perspektivwechsel: Im Frühjahr 2021 rief uns ein Gründerteam ganz frustriert an. Es handelt sich um ein recht erfolgreiches Fintech-Unternehmen. Die Geschäftsführer sind äußerst solide, sogar recht konservativ, halten sich penibel an alle Vorschriften. Zur Ausweitung ihrer Produktpalette brauchten sie eine Genehmigung des Bundesaufsichtsamts. Doch die kam und kam einfach nicht. Durch den Wirecard-Skandal ist die BaFin jetzt so genau und übervorsichtig geworden, dass sich die Bearbeitungszeiten in die Ewigkeit ziehen. Die Gründer waren völlig verzweifelt. Wir beriefen ein Meeting mit den Investoren ein. Irgendwann sagte einer der Investoren: Wisst ihr was? Ihr wolltet doch sowieso international expandieren. Dann beantragt ihr jetzt ganz einfach eine europäische statt bloß eine deutsche Lizenz. Oder verbündet euch mit einem großen, etablierten Unternehmen. Das wollten sie tun. Und auf einmal waren sie wieder im Optimismus-Modus und auf internationalem Expansionskurs.

Das Schöne ist: Sie lernen in jedem Fall. Erfolge sind gute Lehrer, aber Misserfolge sind die besseren Lehrer. Es ist völlig in Ordnung, Fehler zu machen. Aber es ist nicht in Ordnung, nicht daraus zu lernen. Diese Rückschläge senden Ihnen ein Signal, Veränderungen herbeizuführen. Sie sind nicht gescheitert, wenn etwas nicht geklappt hat. Sondern Sie haben gelernt, wie es nicht funktioniert.

Erfolge sind gute Lehrer, aber Misserfolge sind die besseren Lehrer. Es ist völlig in Ordnung, Fehler zu machen. Aber es ist nicht in Ordnung, nicht daraus zu lernen.

Sie leiden?
Setzen Sie Ihr Leid ins richtige Verhältnis

Ich hatte einen Klassenkameraden, der war lange Zeit verschwunden. Nach einem Jahr kam er zurück in die Schule. Er saß nun im Rollstuhl. Er war mit dem Moped unterwegs gewesen und jemand hatte ihm die Vorfahrt genommen, er wurde in die Leitplanken geschleudert, sein Rückenmark durchtrennt, und er konnte nie wieder gehen. Es dauerte eine Weile, doch dann begann er, sich an sein neues Leben zu gewöhnen, es zu meistern. Der Mensch ist ein wahnsinnig anpassungsfähiges Wesen. Er kann sich heute auf Gegebenheiten einstellen, die ihm gestern noch unvorstellbar schienen.

Auch wenn Leid etwas Subjektives ist, versuchen Sie, Ihre aktuell vermeintlich schlimme Situation immer auch aus einer erweiterten Perspektive zu betrachten. Erinnern Sie sich an andere Momente zurück, die für

Sie unangenehm waren. Und erinnern Sie sich, dass Sie auch die überwunden haben. Fragen Sie sich, ob Sie nicht vielleicht auch in zehn Jahren auf diesen Tag, an dem es Ihnen schlecht ging und alles aussichtlos erschien, zurückblicken werden und sich denken: Ach, so schlimm, wie es mir in dem Moment erschien, war es doch gar nicht. Sehen Sie immer die Relationen und die wahrscheinlich geringere Bedeutung aus der rückwärtigen Perspektive, wenn ein paar Jahre vergangen sind.

Wenn wir uns in einer Situation befinden, in der es uns nicht gut geht, dann befinden wir uns in einer Situation, in der es uns nicht gut geht. Daran lässt sich nicht rütteln. Von außen betrachtet können diese Gründe Nichtigkeiten sein. Ach, mögen manche Menschen sagen, was stellt der sich so an? Ist doch alles nur halb so wild! Aber das ist es nicht. Jeder Mensch hat seine ganz subjektive Wahrnehmung von Leid und Schmerz, und die resultiert aus der Summe seiner gesamten Erfahrungen und Erlebnisse. Genauso richtig ist aber auch, dass der Mensch sehr anpassungsfähig ist. Es gibt Situationen von Leid, die sind für einen Menschen unvorstellbar. Kriege und Krankheiten, Verluste und Vertreibung. Und doch gibt es auch Menschen, die in einer solchen Lage sind und damit zurechtkommen – zumindest besser als andere. Es gibt Menschen, die alles verlieren. Die erblinden, die taub werden, die körperlich beeinträchtigt sind. Und trotzdem weitermachen.

2009 war ich mit meiner Frau Veronica in Südafrika. An einem freien Tag sind wir nach Robin Island gefahren, wo sich noch immer der Steinbruchknast befindet, in welchem man Nelson Mandela gefangen hielt. Wir haben seine Zelle besichtigt. Ein Führer erklärte uns, wie es hier so ablief. Politische Gefangene bekamen pro Tag 20 Gramm Fleisch und zwei Kartoffeln. Aber das Schlimmste war, dass sie völlig absurde Aufgaben erhielten. Sie mussten drei Jahre lang sämtliche Steine von links nach rechts tragen. Und als sie fertig waren, bekamen sie die Aufgabe, die Steine wieder zurückzutragen. Mandela hat viele, viele Jahre in seiner kleinen isolierten Zelle gelebt. Anschließend aber kam er aus dem Knast und wurde der Präsident genau des Landes, das ihn jahrelang eingepfercht hatte. Er führte sein Amt ohne Bitterkeit und ohne Hass. Das machte ihn zu einer weltweit geachteten Persönlichkeit. Und dennoch: Ich hätte nicht gerne mit ihm getauscht. Dagegen ist alles, was ich auf mich nehmen musste, reines Zuckerschlecken.

Wenn Sie leiden, können Sie verschiedene – ganz gegensätzliche – Gedanken haben. Entweder sehen Sie sich als Opfer, dem etwas angetan wurde, und fragen sich: »Warum trifft es ausgerechnet mich?« Oder Sie haben etwas dagegen getan und wurden so zum Täter – und können vor sich selbst treten und sagen: »Ich habe das Beste daraus gemacht.«

Ich selbst habe aus den unterschiedlichsten Erfahrungen die Lehre gezogen: Sehen Sie sich weniger als Opfer, sondern – wo es geht – als Täter, der sein zukünftiges Leben so anpackt, dass es besser wird.

Doch Achtung. Ein solcher Blick auf die Welt gelingt nicht immer. Vor allem dann nicht, wenn es sich eben nicht um eine Verstimmung oder ein einfaches Down handelt, sondern um eine ernste Depression. Um eine psychische Erkrankung. In einem solchen Fall brauchen Sie medizinische Betreuung. Da ich aus eigener Erfahrung weiß, wie schwer es ist, sich aus einer solchen Situation ganz alleine zu befreien, bin ich an verschiedenen Start-ups beteiligt, die das Thema sehr ernst nehmen. Wie etwa an unserem amerikanischen Unicorn Modern Health. Modern Health ist eine Plattform, die sich an Unternehmen richtet. Die Mitarbeiter können in einer App Kurse zu Therapie und Coaching buchen und so an ihrer körperlichen und mentalen Gesundheit arbeiten. Wir wollen mit diesem Projekt Burnout und anderen psychischen Erkrankungen vorbeugen. Und dann gibt es da noch ein Start-up, mit dem ich eine ganz persönliche Geschichte verbinde, auf die ich noch eingehen werde. Es heißt HMNC Brain Health. Ich bin davon überzeugt, dass HMNC Brain Health die Behandlung von psychischen Erkrankungen revolutionieren kann. Das Unternehmen bekämpft mit einer neuartig entwickelten Präzisionsmethode die Auswirkungen von Depressionen und Angstzuständen. Das zugrunde liegende Verfahren wird bereits in forschungsintensiven medizinischen Bereichen wie etwa der modernen Krebstherapie erfolgreich angewendet.

Ziel ist es, für jeden Patienten eine hochindividualisierte Behandlung möglich zu machen. Um mit präziser Diagnostik und ebenso präzisen

Behandlungsmethoden betroffenen Menschen zu helfen, den Weg zu psychischer Gesundheit zu beschreiten. In der Heilung psychischer Erkrankungen ist HMNC Brain Health Vorreiter. Die Behandlungsmethoden können so viel genauer auf den jeweiligen Fall abgestimmt werden – mit kürzeren Behandlungszeiten und einer höheren therapeutischen Erfolgsquote. Weltweit leiden mehr als 320 Millionen Menschen an Depressionen – das sind zehn Mal mehr als Krebskranke. Und durch die Isolationszeit während der diversen Lockdowns in der Corona-Pandemie sind weitere Millionen hinzugekommen.

Versuchen Sie Ihre aktuelle Situation in Relation zu setzen. Oftmals sind Situationen, die sich im Moment schmerzvoll und aussichtslos anfühlen, im Rückblick halb so schlimm. Werden Sie nicht zu einem Opfer, seien Sie nicht passiv, sondern beginnen Sie zu handeln und sich aus Ihrem Loch selbst wieder herauszukämpfen.

Es gibt keine Rückschläge! Es gibt nur Chancen

Jeder Mensch würde in seinem Leben gerne auf Rückschläge und Niederlagen verzichten, aber seien wir realistisch, man wird diesen Rückschlägen nicht entgehen können. Wenn sie da sind, dann sind sie da. Man kann sie sich wegwünschen, kann sich zurückziehen, sich unter seinem Kopfkissen verkriechen und darauf hoffen, dass sich das Problem schon erledigt hat, wenn wir morgen aufwachen. So wie früher, als das Spielzeugauto kaputt war, der Lieblingspuppe die Schnur zum Sprechen abgerissen ist. Da kam, während wir schliefen, die Mama oder der Papa und hat das repariert. Das gibt es heute – da wir erwachsen sind – so nicht mehr. Sie müssen den Rückschlägen also ins Auge sehen. Und sie als eine Chance begreifen. Als eine interessante Gelegenheit, seinen eigenen Lebensentwurf infrage zu stellen.

Irgendetwas ist ja in der Vergangenheit ganz offensichtlich nicht so gut gelaufen. Sonst wäre man nicht in der Lage, in der man nun ist. Man sollte sich nun also fragen: Will ich jetzt noch einmal aufstehen und mich aus meiner Situation herauskämpfen und künftig alles besser machen? Oder will ich mich ändern und vielleicht etwas ganz anderes machen? Vielleicht hat der Rückschlag mir auch nur vor Augen geführt, dass ich sowieso nie wirklich bei der Sache war, weil ich das, was ich da gemacht habe, nie wirklich mit Leidenschaft gemacht habe. Begreifen Sie Ihren Rückschlag als eine Möglichkeit, zu reflektieren, wie Sie künftig weitermachen oder was Sie anders machen wollen.

Ich kenne so viele erfolgreiche Gründerinnern und Gründer, Investorinnen und Investoren, Prominente und Wirtschaftsgrößen. Und ich erkenne eine Besonderheit, die alle eint: Wer auf langer Strecke Erfolg hat, der hat seine Niederlagen dazu genutzt, sich neu aufzustellen, sich neu zu erfinden und sich zurückzukämpfen. Ausdauer schlägt langfristig Talent und Intelligenz.

Auch ich habe meine Rückschläge gehabt. Ich habe berufliche Niederlagen gehabt, ich habe persönliche Rückschläge erlebt, in denen Menschen, die ich brauchte, die mir wichtig waren, mich nicht nur im Stich gelassen, sondern mir auch noch Konkurrenz gemacht haben. Ich war mitverantwortlich dafür, dass meine Ehe scheiterte. Hatte gesundheitliche Rückschläge. So schwer diese jeweils in der Lebens- oder Berufsphase auch waren, hat mich jeder Rückschlag nur kurzfristig zurückwerfen können. Auf lange Sicht bin ich immer ein gutes Stück stärker und erfolgreicher zurückgekommen. Wenn ich eine Niederlage erleiden musste, dann habe ich nicht resigniert. Ich bin in den Besser-werden-Modus gewechselt. Habe neuen Ehrgeiz entwickelt. Eine Jetzt-erst-recht-Einstellung. Das ist ein ganz entscheidender Punkt. Lassen Sie sich nicht in eine Ecke drängen, sondern drängen Sie mit aller Kraft zurück.

In Phasen wie diesen entwickeln Sie ungeahnte Widerstandskräfte und wachsen über sich hinaus. Sie müssen das nur abrufen. Ich kann Ihnen empfehlen, sich regelmäßig sportlich zu betätigen, denn im Sport lernt man, was es bedeutet, Kampfgeist zu entwickeln. Über seine Grenzen hinauszugehen. Das sind Erfahrungen, die Ihnen im Geschäftsleben oder in privaten Krisensituationen helfen, standhaft zu bleiben. Als ich noch ein aktiver Läufer war, habe ich damals jeden Tag trainiert. Im Hochsommer unter der schlimmsten Hitze, aber auch im tiefsten Winter bei Minusgraden und Glatteis. Ich habe gelernt, immer weiterzulaufen. Durchzuhalten. Weil ich wusste, dass es irgendwann ja auch wieder vorbei ist. Ja, mir geht hier gerade die Puste aus. Es tut gerade ein bisschen weh. Aber es sind jetzt nur noch 2 Kilometer, dann ist es durch, dann bekomme ich meine Johannisbeerschorle oder mein Malzbier und weiß beim nächsten Lauf, wenn meine Kondition ein bisschen besser geworden ist, wofür ich das Ganze gemacht habe. Einmal hatte ich ein dickes Knie und bin zu einem Orthopäden gegangen. Er sagte mir, es gibt zwei Möglichkeiten. Entweder operieren wir das. Oder du zeigst deinem Knie in den nächsten Monaten, dass es weiterlaufen muss. Ist das Laufen nicht gut für mein Knie, oder ist mein Knie noch nicht gut genug für das Laufen, das war die Frage. Ich entschied mich dafür, weiterzulaufen. Abends gab es einen Wickel mit Schmiere, tagsüber einen Stützstrumpf und dann wurde weitergelaufen. Dadurch entwickelte sich ein Kampfgeist, den ich in Krisensituationen immer wieder abrufen kann.

Viele Mitarbeiter in vertriebsnahen Unternehmen, auch im Marketing, arbeiten analog zum Sport. Als Berater weiß man, dass es bestimmte Zielvorgaben gibt. Dass man innerhalb einer Woche eine bestimmte Summe an Umsatz erwirtschaften muss. Wenn man nach drei Wochen hintendran ist, dann legt man in der letzten Woche eben noch einmal den Turbo ein. Darum ist es nicht selten, dass die meisten Umsätze von Vertrieblern in der letzten Woche des Monats gemacht werden. Und wenn man weiß, dass man zwölf Runden um den Platz laufen muss und nach der neunten Runde bereits fünf Sekunden Rückstand hat, dann ist einem klar, dass man die in den letzten drei Runden aufholen muss.

Sie können nicht große Erfolge erzielen, ohne das Risiko der Zurückweisung einzugehen. Eine Ablehnung eines Kunden, eines Partners, das Geschäft hat nicht geklappt: Nehmen Sie sich solche Niederlagen nicht zu Herzen. Wie Sie sich auch umgekehrt die Erfolge nicht zu Kopf steigen lassen sollten. Und wenn es mal ganz schwierig ist und Sie verführt sind, hinzuschmeißen, dann gibt es nur zwei Möglichkeiten: Entweder sagen Sie der Welt, ich habe mich entschieden, aufzugeben, oder Sie beweisen Ihren Kollegen und Freunden, dass nichts Sie aufhalten kann. Erfolgreich zu werden ist kein leichter Weg. Im Gegenteil: Er ist verdammt schwer. Es gibt keinen einfachen Weg nach oben, es gibt keine Schleichwege oder Abkürzungen. Und wenn Sie sich mal irren, denken Sie nicht daran, Sie wären geschlagen: Sie schlagen nur neue Wege ein! Und dann stehen Sie vor der Wahl: Entweder geben Sie alles auf oder Sie geben alles. Im Moment der Entscheidung, im Moment der Wahrheit, denken Sie nur an den möglichen Sieg. Sie können den Deal, das Geschäft, die Partnerin verlieren, aber niemals den Glauben an sich selbst. Ein Comeback ist immer möglich. Auch in vermeintlich aussichtlosen Lagen.

Trainieren Sie sich unbedingt eine mentale Jetzt-erst-recht-Einstellung an. Lassen Sie sich nicht in eine Ecke drängen, sondern drängen Sie mit aller Kraft zurück. Sport kann Ihnen helfen, dieses Mindset zu entwickeln. Sie geben nicht auf. Sie geben alles!

V. ELEMENT:

ZEITMANAGEMENT

Rumms! Das hatte gesessen. Ich hatte in meinem Leben ja schon viele Vorträge gehalten. Meistens habe ich mich dabei halbwegs gut geschlagen. Auch dieses Mal hatte ich nicht das Gefühl, dass groß was schiefgelaufen wäre. Im Gegenteil. Ich hatte einen guten Tag. Die Rede vor den AWD-Beratern in Oldenburg war ordentlich vorbereitet, ich hatte den richtigen Ton getroffen, viele Praxisbeispiele gefunden und anschließend den Mitarbeitern auch noch ein wenig Motivation mit auf den Weg gegeben. Ganz nach dem Motto: Wer sich anstrengt, der kann alles erreichen! Die Sache war rund. Und der Applaus gab mir recht. Zumindest dachte ich das. Aber als wir danach noch mit einigen Beraterinnen und Beratern zusammenstanden, ergriff der Oldenburger Büroleiter das Wort. »Herr Maschmeyer, haben Sie vielen Dank«, begann er. »Sie haben uns die Finanzprodukte auf fachlichem Level super erklärt. Auch dass Sie uns die Fortbildungsmöglichkeiten aufgezeigt haben – ganz klasse.« Er ließ eine kurze Pause. »Aber diese Fleiß-Geschichten, die Sie da angesprochen haben? Ganz ehrlich, das hat mir nicht so richtig gut gefallen.«

Ich blickte in die Runde. Betretenes Schweigen und zustimmendes Kopfnicken bei den anderen. Ich konnte es nicht glauben!

»Herr Maschmeyer, wir wissen, dass Sie viel Geld verdienen«, fuhr der Büroleiter fort. »Und das ist ja auch schön und gut. Aber so viel arbeiten wie Sie? Das wollen wir hier nicht!«

Ich lehnte mich in meinem Stuhl zurück und ließ die Ansage einmal sacken. Komisch, dachte ich. Irgendwas war hier ziemlich schiefgelaufen. Dabei wollte ich die Leute doch eigentlich aufrütteln. Sie motivieren. Aber scheinbar habe ich genau das Gegenteil erreicht. Ich habe sie verschreckt und demotiviert.

Was war geschehen? Ich brauchte ein bisschen Zeit, um zu verstehen, dass ich es in meinem Übereifer und Ehrgeiz vielleicht doch ein wenig übertrieben hatte. Der Gedanke war es, den Leuten zu zeigen, dass es keine Grenzen gab, dass man immer noch mehr erreichen konnte. Und so gab ich ihnen Tipps, dass sie morgens vielleicht noch ein wenig früher anfangen und abends ein bisschen später aufhören könnten, dass man seine Beratungsgespräche nicht erst nachmittags führt, sondern auch schon auf den Vormittag und auf das Wochenende zusätzlich legt, um noch mehr Kunden erreichen zu können. Ich hatte den Fehler gemacht zu glauben, dass mein ganz normales Verständnis von einem klassischen 18-Stunden-Tag auch für andere Menschen erstrebenswert sein könnte. Ich hatte einfach den falschen Maßstab genommen. Der Oldenburger Filialleiter nahm mich beim Abschied noch einmal beiseite. »Herr Maschmeyer«, sagte er vertraulich. »Mal ganz ehrlich? Dieses Arbeit, Arbeit, Arbeit. Das kann es doch nicht wirklich sein, oder?«

Viel zu arbeiten war für mich zu diesem Zeitpunkt ganz normal. Aber irgendwann, da habe ich es einfach übertrieben. Da habe ich auf Krampf versucht, immer mehr und mehr und noch mehr aus meinem Tag herauszuholen. Das ging anderen zunehmend auf die Nerven. Für Meetings konnte ich mich immer weniger vorbereiten, weil ich einfach viel zu viel zu tun hatte. Und ich konnte das nicht einmal überspielen, sondern musste parallel nahezu die ganze Zeit auf meinem Handy herumtippen. Ich war fast ständig im Multitasking-Modus. Obwohl ich eigentlich ganz genau wusste, dass er nicht funktionierte. Ich nutzte wirklich alle Tricks, um möglichst viele Dinge in möglichst kurzer Zeit gleichzeitig zu erledigen.

Ich hatte mir extra einen Fahrer besorgt, damit ich während der Fahrten von Termin zu Termin noch arbeiten konnte, auf dem Rücksitz vom Auto habe ich dann gelesen, geschrieben und telefoniert. Ein paar Stunden Extra-Zeit gewonnen. Ich habe beim Essen nebenbei E-Mails geschrieben und sogar bei den wenigen Sporteinheiten, die ich pro Woche absolvierte, fing ich schon an, mir an das Kopfende von meinem Laufband einige Vorbereitungspapiere zu legen, die ich schon einmal querlesen wollte. Ja, ich habe meine Beine dabei vielleicht ein wenig bewegt, aber die eigentliche

Chance, mal in sich zu gehen und während des Trainings auf seinen Körper zu hören, die war völlig verschenkt. Es war absolut verrückt. Ich versuchte aus dem Tag so viel Zeit zu pressen, wie ich nur konnte.

Dass mein übertriebenes Arbeitspensum auch Auswirkungen auf mein privates Familienleben hatte, das war selbst mir schon aufgefallen, aber ich sah noch keinen Grund, wirklich etwas zu ändern. Erst einige Wochen vor meiner Rede in Oldenburg kam es zu einer unliebsamen Situation. Meine damalige Frau wollte am Samstagvormittag zum Friseur gehen und bat mich, auf unsere beiden Söhne aufzupassen. Maurice war zwei, Marcel sechs Jahre alt. Na klar, sagte ich. Ich hatte die besten Absichten und spielte mit den beiden irgendwelche Kinderspiele am Wohnzimmertisch. Als meine damalige Frau dann wieder nach Hause kam, spielten Maurice und Marcel immer noch im Wohnzimmer. Und ich, ich war zwischen den Jungs eingeschlafen. Das war nicht im Sinne des Erfinders.

Ich verstand den Unmut meiner Frau völlig. Erstmals seit Wochen bat sie mich, zwei bis drei Stunden für die Kinder da zu sein, und was passierte? Ich pennte ein. Völlig überarbeitet und erschöpft. Wochenenden (wenn ich denn ausnahmsweise ein freies hatte) waren für mich fast nur noch da, mich auszuschlafen und mich zu erholen. Richtig mit Interesse und Wachheit für die Familie da zu sein: Fehlanzeige.

Auch als ich und meine Frau schon geschieden waren und ich Veronica kennenlernte, ging das leider so weiter. Wir waren frisch zusammen, da wollte sie mir ganz stolz eine Preview von ihrem neuen Film zeigen. Sie hatte ihn gerade aus der Produktion bekommen. Das war aber nicht nur irgendein Film für sie. Als sie die DVD in den Player schob, erzählte sie mir, wie besonders das doch alles für sie gewesen sei. Ein halbes Jahr lang habe sie sich auf diese Rolle vorbereitet. Es sei mit einer der anstrengendsten Drehs ihrer Karriere gewesen. Die Produktionsbedingungen waren eine Katastrophe. Das Wetter am Set der Horror. Mal war es viel zu heiß, dann war es wieder viel zu kalt. »Ich bin so gespannt, wie er dir gefällt«, sagte sie. Der Film fing schon an zu laufen, als sie noch weitererzählte, und irgendwann, da wunderte sie sich, dass ich gar nichts mehr sagte. Sie machte das

Licht im Wohnzimmer an. Und sah, dass ich eingeschlafen war. Und dafür bedurfte es nach diesem stressigen Tag nicht mal einer Schlaftablette. Oh, Mann, das war mir wirklich peinlich.

»So«, sagte Veronica, »jetzt reicht es!« Sie war wirklich stinksauer. Ich versuchte ihr noch zu erklären, dass es ja nicht am Film oder mangelndem Interesse meinerseits gelegen hätte, sondern nur an meiner Erschöpfung. Ich fühlte mich im Halbdunkel entspannt und geborgen. Zudem forderten die Anstrengungen ihren Preis. Aber meine Erklärungen halfen nicht mehr. Ich lebte zu dieser Zeit nur aus einem Koffer bei ihr und durfte jetzt feststellen, dass es gerade Mal eine gute Minute brauchte, um diesen Koffer mit meinen Sachen vollzuschmeißen. Sie warf ihn mir vor die Füße. »Ich habe dir ein Taxi bestellt, du kannst gehen.«

»Aber Schatz«, versuchte ich sie ein wenig zu beruhigen. »Es hat doch wirklich nichts mit deinem Film zu tun gehabt, es ist einzig und allein diese lange Woche gewesen und ...«

»Schluss jetzt!«, unterbrach sie. »Ich arbeite ein Vierteljahr rund um die Uhr, nehme die Rolle einer anderen Person ein, und du schläfst mir hier nach fünf Minuten ein! Du beachtest nicht, was mir wichtig ist. Du hast nur deine Arbeit im Kopf. Du interessierst dich nicht für mich. So lasse ich mich nicht behandeln.«

Es half alles nichts. Ich hatte ihre Künstlerseele verletzt und musste jetzt mit den Konsequenzen leben. Aus dem Fenster sah ich schon das Taxi vorfahren. Und so checkte ich im Hotel ein. Glücklicherweise hatte sich Veronica nach einer Stunde wieder etwas beruhigt und telefonierte gemeinsam mit ihrer Agentin jedes Hotel in München ab, bis ich wiedergefunden wurde und schließlich zurückdurfte.

Heute können wir über dieses Drama herzhaft lachen. Vor allem auch aus dem Grund, weil ich Family-Time mittlerweile wichtiger nehme. Gerade am Wochenende uneingeschränkte Zeit für die Familie zu haben, war eine entscheidende Änderung in meinem Leben. Nur wochentags übertrieb ich es während der Arbeit nach wie vor. Dazu kam dann ein paar Jahre später mein Déjà-vu-Erlebnis. Da saß ich nämlich bei einer Alibi-Beteiligung bei unserem Start-up Blacklane – eine weltweit tätige Limousinen-Plattform.

Ich hatte ein Meeting mit dem CEO und bestellte mir den Vormittag über eine große Tasse schwarzen Tee nach der anderen. Er schaute mich skeptisch von der Seite an. Als wir unter uns waren, griff er mich am Arm. »Carsten, darf ich dich etwas Persönliches fragen?«

»Na klar«, sagte ich und schenkte mir noch einen Tee nach.

»Musst du denn wirklich so viel arbeiten? Ich weiß ja, du verdienst viel Geld, du bist bekannt, du hast dir was erarbeitet. Aber du bist so kaputt. So müde. Ist das wirklich dein Leben?«

Spätestens an diesem Tag spürte ich, dass ich auch endlich wochentags etwas ändern musste! Meine viele Arbeit stand einfach nicht im richtigen Verhältnis zu dem »Ertrag«, den ich von ihr hatte. Geld, schön und gut. Aber ich machte fast alles andere dadurch kaputt. Ich belastete immer noch mein neues Familienleben, schadete meiner Gesundheit und war durch meine permanente Überarbeitung sicher kein beflügelndes Vorbild für Gründerinnen und Gründer. Ich dachte zurück an den Oldenburger Büroleiter. Nein, dachte ich. So geht es nicht weiter. Jetzt ist Schluss. Du hast es arbeitsmäßig so übersteigert, dass du das Gegenteil bewirkst. Du hast zwar die Tablettensucht besiegt, aber schrottest dich jetzt auf andere Weise. Hier musst du nun wirklich endgültig etwas ändern!

Warum Zeitmanagement ein Element Ihres Erfolgs ist

»Es tut mir leid, ich habe keine Zeit.« Kommt Ihnen das bekannt vor? Diesen Satz haben Sie höchstwahrscheinlich mindestens genauso oft gehört, wie Sie ihn selbst auch schon einmal ausgesprochen haben. Richtiger wird er dadurch nicht. *Ich habe keine Zeit*. Das ist einer dieser Sätze, die Sie aus Ihrem Wortschatz streichen sollten. Denn dieser Satz ist wirklich Unfug. Natürlich haben Sie Zeit – nur wahrscheinlich falsche Prioritäten. Sie haben mehr als genug Zeit. Jeder Tag hat 24 Stunden. Jede Woche hat sieben Tage. Und jedes Jahr hat 8760 Stunden. Das ist jede Menge Zeit, in der man ziemlich viele Dinge machen kann. In Wahrheit sind wir alle Millionäre. Wir sind

Zeitmillionäre. Und dennoch haben wir ständig das Gefühl, dass uns diese Zeit zwischen den Fingern verrinnt. Woran liegt das? Zum einen am technischen Fortschritt, der das Unvorstellbare plötzlich vorstellbar macht. Wer hätte noch vor 30 Jahren gedacht, dass wir eines Tages ein Gerät in der Tasche tragen werden, mit dem wir ganz zentral unsere gesamten Kommunikationsabläufe steuern würden? Mit dem wir digitale Briefe und Nachrichten schreiben, Filme gucken und Menschen aus aller Welt zu jeder Zeit kostenfrei mit einem Videoanruf erreichen können? Wahnsinn! Vor einer Generation wäre so etwas noch eine kaum vorstellbare Utopie gewesen. Science-Fiction. Doch mit der Digitalisierung hat eine neue Geschwindigkeit in dieser Welt Einzug gehalten. Es kommen nicht nur regelmäßig neue Endgeräte auf den Markt, sondern auch neue Anwendungen, die unser Leben verändern. Die die Abläufe unseres Lebens verändern.

Früher hatten wir in meiner Firma einmal die Woche eine Postbesprechung. An diesem Tag haben wir sämtliche Briefe beantwortet, die uns erreicht haben. Danach war das Thema für sechs Tage und 23 Stunden erledigt. In unserer neuen Zeit wäre das unvorstellbar. Mich erreichen jetzt E-Mails teilweise im Minutentakt, manchmal spät nachts oder sehr früh am Morgen. Und wenn es nach den Absendern geht, hätten sie ihre Antworten am liebsten asap, *as soon as possible.*

Dieses neue Tempo ist Fluch und Segen zugleich. Es sorgt dafür, dass wir ständig auf Abruf, dass wir permanent erreichbar sind. Und dass wir unser Büro, unseren Job und unseren Arbeitsplatz in unserer Hosentasche mit uns herumtragen. Auf der anderen Seite bringt dieses mobile Büro auch jede Menge Vorteile mit sich, die unser Leben so viel schöner machen. Ohne mein Smartphone würde mich ein Bild meiner Frau, die als Schauspielerin oft an verschiedenen Drehorten am anderen Ende der Welt ist, nämlich nicht in Echtzeit erreichen, sondern erst zwei Wochen später. Vielleicht gerade noch pünktlich, bevor sie selbst wieder zurück ist. Es hat auch jede Menge berufliche Vorteile. Man kann viel direkter kommunizieren, ganz egal ob per Anruf, Videotelefonie, Chatprogramm oder was auch immer. Man kann sich permanent vernetzen, ganz egal wo und mit wem. Das bedeutet aber auch: Die Welt wird nicht nur schneller, sie wird erst einmal auch komplexer. Unübersichtlicher. Das gibt uns das Gefühl, dass wir die Kontrolle über unsere Zeit verlieren. Umso wichtiger wird es nun, sich zu fokussieren. In diesem Kapitel möchte ich Ihnen zeigen, wie das funktionieren kann. Wie Sie Zeitfresser identifizieren und abschalten können. Wie Sie einen neuen Work-Life-Flow hinbekommen, flexibler im Denken und im Handeln werden. Wie Sie Ihren Alltag ganz neu strukturieren können. In diesem Kapitel möchte ich Ihnen entsprechend zeigen, wie Sie es schaffen können, mit einer Veränderung Ihres Zeitmanagements zu einem erfolgreicheren Leben zu finden. Wie es Ihnen gelingen kann, mit weniger Arbeit wesentlich effizienter zu werden. Wie Sie es schaffen können, sich aus dem Hamsterrad zu befreien. Wie es Ihnen gelingt, dass Sie nicht mehr die Tage zählen, sondern dafür sorgen, dass jeder Tag zählt, ohne mehr Zeit darauf zu verwenden, zu arbeiten. Denn was Sie tun ist unendlich viel wichtiger, als wie Sie es tun. Merken Sie sich: Ihre Vergangenheit ist irrelevant. Ihre Zukunft ist unberechenbar. Aber dieser Moment jetzt, der stellt die Weichen für Ihr ganzes weiteres Leben.

Organisation

Sie leben von Tag zu Tag? Definieren Sie lieber Ihre Ziele!

Der erste Schritt ist, dass Sie Ihrem Alltag kurz-, mittel- und auch langfristig eine sinnvolle Struktur geben müssen. Damit Ihnen das gelingt, brauchen Sie zunächst einen Fahrplan, wo Sie Ihr Leben eigentlich hinführen soll. Sie brauchen Ziele. Denn nur wer Ziele hat, ist in der Lage, sein Leben in die richtigen Bahnen zu lenken. Ein klares Ziel gibt Ihnen den Kurs vor. Setzen Sie sich also einmal in Ruhe hin und versuchen Sie sich bewusst zu machen, wo Sie eigentlich hinwollen, was der Zweck all Ihrer Tätigkeiten ist. Denken Sie dabei in alle Richtungen. Wollen Sie in Ihrem Leben mehr Freiheit haben? Dann definieren Sie für sich, worin diese Freiheit besteht. Bedeutet Freiheit einfach nur mehr Freizeit? Mehr Abwesenheit von Arbeit?

Oder bedeutet Freiheit für Sie vielleicht, dass Sie der Arbeit nachgehen können, die Ihnen wirklich Spaß macht? Sie träumen von einem Eigenheim? Wofür steht dieses Eigenheim? Geht es Ihnen um das Haus an sich? Oder geht es Ihnen um die Möglichkeit, sich in ihrem privaten Umfeld so zu verwirklichen, wie Sie es sich schon immer erträumt haben?

Es ist völlig egal, welche Ziele Sie dabei für sich definieren. Es gibt hier kein richtig oder falsch, aber hoffentlich etwas für Sie Erstrebenswertes. Wenn Sie sagen, dass es Ihr Ziel ist, in zehn Jahren auf Mallorca zu leben, dann ist das Ihr Ziel. Lassen Sie sich unter keinen Umständen davon verunsichern, was Ihre Kollegen oder Ihre Freunde darüber denken könnten. Ihr Ziel ist Ihr Ziel. Und ein Ziel ist nichts, wofür man sich rechtfertigen müsste, solange der Weg, der Sie zu diesem Ziel führt, mit Ihren Wertvorstellungen übereinstimmt. Bei einer Verlagerung des Lebensmittelpunktes ist die Einbindung der Familie sicher sinnvoll, es sei denn, Sie wollen dort allein leben.

Wenn Sie nun Ihr Ziel definiert haben, wird es Zeit, sich einen Zielplan zu machen. Nehmen Sie ein Blatt Papier und malen Sie an den linken Rand einen Kreis, den Sie als Ihren Startpunkt definieren. Schreiben Sie daneben, was Ihre Startvoraussetzungen sind. Welchen Job haben Sie? Wie viel verdienen Sie? Wie viel haben Sie angespart? Dann zeichnen Sie an das rechte Ende des Papiers einen weiteren Kreis. Der symbolisiert Ihr Hauptziel. Den Endpunkt Ihrer Reise. Sie müssen sich bewusst sein: Das wird kein Tagestrip. Das wird eher eine langfristige Expedition. Und die bekommt man auch als Leistungssportler nicht in einem Rutsch gewuppt. Notieren Sie sich deshalb ein paar Zwischenetappen, die Sie auf Ihrer Reise erreichen wollen. Kleine Zwischenziele, die Sie näher an das Hauptziel heranbringen. Sie wollen Chef eines bestimmten Unternehmens werden? Dann sind Ihre Zwischenziele die Sprossen der Karriereleiter, die Sie nach ganz oben führen.

Die Zwischenziele sind von großer Bedeutung, denn im besten Fall sollte Ihnen der Weg zu Ihrem großen Ziel schon ein besseres Leben ermöglichen. Unterschätzen Sie nicht die positive Kraft, die Sie freisetzen, wenn Sie morgens aufwachen und wissen, dass Sie auf einer Reise sind, die Sie zu Ihrem Traumziel führen wird. Die Zwischenerfolge, die Sie erzielen, sind eine Verbesserung Ihres Selbst, Ihres Standards, Ihres Wohlbefindens. Allein schon diese Zwischenbelohnungen sind es wert, sich auf die Reise zu begeben.

Wenn Sie Ihren Zielplan fertig haben, dann brauchen Sie zusätzlich noch einen Durchführungsplan. Es waren nicht die großen Ideen, die die Welt verändert haben, es waren Menschen, die diese Ideen umgesetzt haben. Darum brauchen Sie eine ganz konkrete Vorstellung davon, was Sie genau tun müssen, um die Zwischenetappen zu erreichen, die Sie erreichen wollen. Notieren Sie, was dazu notwendig ist.

Ein konkretes Beispiel: Ein Start-up ist seit drei Jahren erfolgreich in Deutschland tätig. Auf dem Zielplan steht nun eine Auslandsexpansion. Sie wollen den US-Markt erobern. Doch um das zu erreichen, müssen sie zunächst einmal einige Zwischenziele erreichen. In der Mitte, zwischen Start- und Zielpunkt, schreiben die Gründer nun also: UK. Das erscheint logisch. Großbritannien ist nicht weit weg, und wenn man es schafft diesen Markt zu erobern, ist man zumindest sprachlich schon einmal nahe am US-Markt dran.

In einem Jahr wünschen sich die Gründer die ersten Umsätze in England. Jetzt schreiben sie auf, was es braucht, in England Fuß zu fassen. Zwischenziel eins: Die Kosten müssen abgeklärt werden. Welche steuerlichen Auswirkungen hat eine Niederlassung in London? Was für Zollkosten kommen auf sie zu, wenn sie ihr Produkt außerhalb Deutschlands verkaufen? Dann kommt das Zwischenziel zwei: Die Klärung, was es alles konkret benötigt: Man braucht Mitarbeiter in England. Man braucht eine Dependance. Man muss ein Logistik-Center aufbauen oder zumindest einen Kooperationspartner gewinnen, der sich darum kümmert. Und man braucht eine extra Finanzierungsrunde. Zwischenpunkt 3 ist ebenfalls eine zentrale Frage: Im Start-up sind 15 Mitarbeiter angestellt, die Hälfte spricht relativ gut Englisch. Die Human-Resources-Chefin leider nicht. Sie hat ein sehr gutes Händchen für Mitarbeiter, ist enorm empathisch, kann die Leute an das Unternehmen binden und gute Bewerber rekrutieren. Trotzdem muss man sprachlich die Brücke schlagen, um auch die Unternehmenskultur zu transportieren, um nicht zwei Firmen zu haben, die zufällig den gleichen Geschäftsführer haben, aber sonst völlig losgelöst voneinander existieren. Neben jedes dieser Zwischenziele, das erreicht werden muss, werden nun die Verantwortlichen geschrieben, die sich um die offenen Fragen kümmern. Wer leitet dieses Unterfangen? Wer kümmert sich um das Rekrutieren von Mitarbeitern in England? Schalten wir eine Headhunter-Agentur ein? Wer sucht die Räumlichkeiten? Suchen wir uns einen Makler? Wer klärt mit unseren Logistik-Partnern, wer die Aufgaben alternativ überlegen kann?

Bewahren Sie diesen Ziel- und Durchführungsplan unbedingt auf. Verstehen Sie ihn wie eine Schatzkarte, der Sie zu Ihrem ganz persönlichen Ziel führen wird.

> »Keine Zeit« – streichen Sie diesen Satz aus Ihrem Wortschatz! Fokussieren Sie sich, organisieren Sie sich. Und erarbeiten Sie einen Zielplan, bei dem Sie Ihre kurz-, mittel- und langfristigen Ziele klar aufschreiben.

Sie haben Angst vor Ihren Schwächen? Konzentrieren Sie sich auf Ihre Stärken!

Werden Sie sich Ihrer Stärken und Ihrer Schwächen bewusst und hören Sie auf, Ihre Schwächen stärken zu wollen. Sie haben nur ein begrenztes Energielevel. Versuchen Sie nicht, in etwas besser zu werden, in dem Sie niemals erstklassig sein können. Versuchen Sie lieber, erstklassig in etwas zu werden, in dem Sie bislang schon recht gut sind. Denn es reicht oftmals aus, in einem bestimmten Bereich herausragend zu sein, um auf diese Weise so weit voranzukommen, dass Sie sich Ihre Schwächen leisten können.

Sind Sie ein kreativer Mensch? Dann verschwenden Sie Ihre kostbare Zeit nicht damit, sich in Organisation und Planung zu verlieren. Nutzen Sie lieber jede Stunde, um ein mega-kreativer Mensch zu werden. Sie sind ein Wort-Mensch? Dann überlassen Sie die Arbeit mit Zahlen den Menschen, die gut mit Zahlen umgehen können. Stärken Sie Ihre Stärken, um sie zu einer Super-Stärke zu machen. Oder anders: Schöpfen Sie das Potenzial aus, das Ihnen in die Wiege gelegt wurde.

Aber Achtung: Das bedeutet nicht, dass Sie überhaupt nicht mehr an Ihren Schwächen arbeiten sollen. Sie sollen nur an den richtigen Schwächen arbeiten. Machen Sie also eine Persönlichkeitsanalyse. Es gibt zahlreiche kostenlose Anbieter, Sie müssen nur einmal googeln. Nehmen Sie einen Zettel und schreiben Sie sich ganz klar Ihre Stärken und Schwächen auf. Und dann überlegen Sie, wie Sie Ihre Gesamt-Performance optimieren. Das kann sein, eine eklatante Schwäche abzustellen, es kann aber auch sein, die Stärke noch mehr auszuleben. Um sich Ihrer Stärken und Schwächen so wirklich bewusst zu werden, sollten Sie nicht bloß über sich selbst reflektieren, sondern ruhig auch einmal die Familie, die Freunde und die Kollegen fragen, wie diese denn die Leistung so einschätzen. Oder Sie lesen dazu Bücher, nehmen sich einen Coach oder machen Analysetests im Internet. Das kann wirklich helfen, da unser Fremd- und Eigenbild nicht selten eklatant auseinanderklaffen. Sie glauben, Sie sind ein hervorragender Kommunikator? Nun, wenn kein anderer Mensch das so sieht, sollten Sie Ihre eigene Meinung kritisch hinterfragen. Entscheidend ist hier, dass Sie ehrlich zu sich selbst sind.

Nehmen Sie einen Zehnkämpfer, der in fast allen Disziplinen unterdurchschnittlich schwach und bloß beim 100-Meter-Lauf der mit deutlichem Abstand beste Athlet ist. Wäre es dann für ihn nicht klug, zu sagen, das mit dem Zehnkampf lasse ich jetzt bleiben und werde doch lieber Läufer? Wenn ein anderer Zehnkämpfer jetzt aber in neun von zehn Disziplinen sehr gut, nur beim Springen starke Defizite hat, dann macht das für ihn total Sinn, an dieser einen Schwäche zu arbeiten, damit er seine Siegeschancen im Gesamtranking steigern kann. Am Ende soll die Gesamtperformance besser werden.

> Verschwenden Sie keine Zeit damit, Ihre Schwächen verbessern zu wollen. Konzentrieren Sie sich lieber auf Ihre Stärken! Schöpfen Sie somit Ihr ureigenes Potenzial aus.

Sie haben viel zu tun? Schaffen Sie sich Freiräume!

Der menschliche Körper ist ein Kraftwerk. Er ist in der Lage, Erstaunliches zu leisten. Doch Ihr Körper hat nicht unendlich viel Energie. Darum ist es enorm wichtig, seine Akkus immer wieder neu aufzuladen. Sie glauben, Sie müssen viel arbeiten, um produktiv zu sein? Tatsächlich sind Sie viel produktiver, wenn sie *richtig* statt viel arbeiten. Richtiges Arbeiten ist kontrolliertes Arbeiten, bei dem man auf seine natürlichen Intervalle hört, seine aktiven Zeiten ausnutzt und sich für seine passiven Zeiten auch Ruhephasen gönnt. Nehmen Sie sich einen Off-Day in der Woche. Einen Tag, an dem Sie ganz bewusst nicht arbeiten. Keine geschäftlichen Telefonate führen. Keine E-Mails lesen, geschweige denn beantworten. Sowieso sollten Sie darauf achten, nicht jede Mail zu beantworten. Klar, es gibt Menschen, die ziemlich harmoniebedürftig sind und aus Höflichkeit auf jede Mail antworten. Ich gehörte auch dazu. Bis mir mein jüngerer Sohn einmal eine klare Ansage gemacht hat. Ich fragte ihn damals, warum er mir auf eine Mail nicht zurückgeschrieben hatte. Seine Antwort war klar. »Warum sollte ich denn, Papa?«, fragte er. »Es ging doch um nichts Wichtiges. Du hast mir nicht einmal eine Frage gestellt. Das war nur eine Bla-Bla-Mail.« Er hatte recht. Seitdem filtere ich Bla-Bla-Mails, die keiner Antwort bedürfen einfach aus. Sehen Sie Ihre berufliche Arbeitszeit als Arbeitsinstrument. Und gehen Sie mit diesem Arbeitsinstrument sorgsam um.

Ja, mehr arbeiten kann kurzfristig eine Lösung sein. Langfristig aber auf keinen Fall. Bei Leistungssportlern spricht man davon, dass sie übertrainiert sind. Aus Ehrgeiz legen Kraftsportler immer höhere Gewichte auf, aus Übermotivation laufen Ausdauersportler zwei Einheiten mehr am Tag. Man denkt: Na klar, je mehr ich trainiere, desto besser bin ich. Aber das ist ein Trugschluss. Denn jeder gute Trainer würde jetzt eine klare Ansage machen: »Stopp, Trainingspause! Je mehr du jetzt trainierst, desto schlechter bist du im Wettkampf.« Der Körper braucht Regenerierung und Entspannung. Damit die Muskeln neue Energie zur Verfügung gestellt bekommen. So wie Sportler übertrainiert sein können, können Sie auch überarbeitet sein. Ich habe das am eigenen Leib erfahren. Schlaflosigkeit, Lustlosigkeit bis hin zur Depression sind die Folgen. Sie sind wesentlich effizienter, wenn Sie sich irgendwann mal eine Pause gönnen und am nächsten Tag mit aufgetankten Batterien wieder frisch an die Arbeit gehen!

Sich solch eine Auszeit zu nehmen ist im Smartphone-Zeitalter besonders schwierig, aber erst recht wichtig. Immerhin ist Ihr Smartphone eine Art Allrounder, auf dem sich nicht bloß sämtliche soziale und finanzielle Aktivitäten bündeln. Ihre Börse, Ihre E-Mails, Ihre Social-Media-Accounts, Ihre Fotos und Videos. Sie erfahren über Ihr iPhone heute die Uhrzeit, stellen sich Ihren Wecker, bestellen Ihr Abendessen, bekommen sowohl berufliche Nachrichten als auch private Anrufe und hören Musik. Alles läuft hier zusammen. Natürlich fällt es schwer, dieses Werkzeug für einen Tag komplett aus der Hand zu legen. Es gibt jedoch mittlerweile eine Menge guter Apps, die Ihnen helfen können, die beruflichen Aspekte Ihres Smartphones für bestimmte Zeiten auszusperren. So können Sie zum Beispiel Zeiträume festlegen, in denen Sie keine E-Mails erhalten. Oder in denen Ihnen nur Anrufe von vorher festgelegten Personen durchgestellt werden.

Über den freien Tag in der Woche hinaus – in meinem Fall ist das der Sonntag – sollten Sie sich auch noch mindestens zweimal im Jahr eine komplett medienfreie Woche gönnen. Ich nehme mir die meistens über Ostern und Weihnachten bis zum Neujahrstag. Das sind bei mir klar definierte Zeiträume, in denen ich nicht ins Internet gehe, keine geschäftlichen E-Mails lese. In denen ich nicht ans Telefon gehe. Das ist für mich klar definierte Familienzeit. Ich habe an diesen Tagen auch nicht das Gefühl, dass ich etwas verpassen könnte. Denn meine Familie, meine Frau und unsere Kinder sind ja bei mir.

Dieses ganz bewusste Abschalten fällt mir jedes Mal die ersten Stunden sehr schwer. Ich brauchte ein wenig, um mich daran zu gewöhnen. Aber ich mache jetzt seit 40 Jahren Business, und da weiß man auch, dass sich zwischen Weihnachten und Neujahr in der Regel geschäftlich nichts Großartiges ereignet. Wenn nötig, nimmt man die letzten Notartermine noch am 23. Dezember wahr, danach kann bis zum 2. Januar kaum noch etwas passieren, weil ja alles stillsteht. Auch die Gründer besprechen zwischen

Weihnachten und Neujahr keine neuen Geschäftsideen, die dann sofort in diesem Moment gelauncht werden müssen. Das kommt fast nie vor. Die Angst, etwas zu verpassen, ist viel größer als die reale Gefahr, dass man durch seine Nicht-Erreichbarkeit etwas versäumt.

Aber der ständige Gedanke daran, dass Sie vielleicht etwas verpassen, lässt Sie auch das Hier und Jetzt nicht richtig genießen? Dann bauen Sie sich ein Sicherheitsnetz. Eine Art Notfall-Hotline. Ich habe eine super Assistentin. Die ist sogar in meinen Off-Zeiten erreichbar und weiß, wo sie mich kontaktieren kann. Sie hat meine Festnetznummer oder die Telefonnummer von dem Hotel, in dem ich mich gerade befinde. Wenn wirklich ein dringender Notfall sein sollte, dann würde sie mich anrufen. Eine andere Möglichkeit wäre, dass Sie sich ein Notfall-Handy zulegen, das Sie einmal am Tag anschalten und überprüfen. Am besten ein ganz altes Teil. Kein Smartphone, dass Ihnen die E-Mails anzeigt. Ein Gerät, auf dem man nur anrufen kann.

Der Formel-1-Weltmeister und mein Löwen-Kollege Nico Rosberg etwa handhabt das so. Zwar bespielt er seine zahlreichen Follower auf seinen sozialen Netzwerken regelmäßig mit tollem Content. Dennoch besitzt er für seine medialen Off-Zeiten ein Uralt-Handy, um sich von der anstrengenden Dauererreichbarkeit zu befreien. Die Nummer von diesem Notfall-Handy könnten Sie in Ihrer Abwesenheitsnotiz hinterlegen mit dem Verweis, diese nur zu nutzen, wenn es wirklich brennt. Glauben Sie mir, es brennt sehr viel seltener, als man es befürchtet. Und Sie werden Ihre freien Tage besser genießen können, wenn Sie wissen, dass die ganz heiklen Nachrichten Sie schon erreichen würden. Sollte es sie denn geben.

SMARTE START-UP-IDEE:

Wenn Sie Ihre Tagesabläufe besser managen wollen, nutzen Sie Todoist.com. Eine Anwendung zur Aufgabenverwaltung, die Ihnen hilft, Arbeit und persönliche Aufgaben zu managen.

Sie werden sehr schnell feststellen, wie sehr diese neuen Freiräume Ihre Arbeit positiv beeinflussen werden. Wenn man sich auch nur ein Wochenende mal komplett rausnimmt, sich dauerhaft mit anderen Dingen beschäftigt, dann werden Sie am Montagmorgen ganz neue, kreative Gedanken haben, um Ihre Probleme zu lösen. Sie werden eine ganz andere Energie mitbringen. Ihre Mitarbeiter werden Ihnen diese Ruhepausen danken, denn wenn man ausgeruhter ist, hat man auch die Distanz, viel entspannter im Arbeitsalltag zu sein. Wenn ich gestresst war, war ich auch intoleranter gegenüber den Mitarbeitern. Der Ton veränderte sich. Ich habe weniger gelobt, mich noch stärker in Details verbissen. Heute bin ich viel relaxter, auch durch diese Media-Pausen.

Schaffen Sie sich also bewusste Freiräume. Sie werden überrascht sein, wie sehr Ihr E-Mail-Volumen im Laufe der Zeit abnimmt. Von Tag zu Tag erreichen Sie weniger Nachrichten. Warum? Weil Sie einen Teil der enormen E-Mail-Flut selbst produzieren. Jede Antwort, die Sie verschicken, hat nämlich meistens eine Nachricht zur Folge.

> Werden Sie erstklassig, wo Sie bisher nur gut sind. Ihre Stärken zu stärken, statt Schwächen auszugleichen, bringt Ihnen viel, viel mehr. Machen Sie eine Persönlichkeitsanalyse. Und überlegen Sie, wie Sie Ihre Gesamt-Performance optimieren.

Management

Sie sind gebildet? Dann bilden Sie sich weiter!

Sie haben nun also Ihre Ziele definiert und sich einen Fahrplan aufgestellt. Sehr gut. Der erste Schritt ist gemacht. Jetzt geht es darum, dass Sie Ihre Ziele Schritt für Schritt umsetzen. Dazu müssen Sie sich zeitgleich auch intellektuell fortbewegen. Sehr oft ist Fortschrittmangel auch ein Wissensmangel. Mit viel Wissen kommen Sie schneller weiter. Sie sollten dabei zwei Bereiche im Blick behalten. Zum einen sollten Sie Ihren Allgemeinwissensschatz pflegen, und zum anderen sollten Sie Fachwissen aufbauen. Fachwissen bedeutet, sich intensiver mit Themen auseinanderzusetzen, die für Ihre berufliche Tätigkeit von zentraler Bedeutung sind. Eben nicht nur einmal flüchtig ein paar Zeitungen durchzublättern und von Artikel zu Artikel zu hüpfen. Fachwissen bedeutet mehr, als nur Überschriften zu lesen. Fachwissen zu erwerben bedeutet, bestimmte Themengebiete zu studieren. Sie müssen natürlich nicht in allen Bereichen Fachwissen erwerben. Aber in dem Bereich, in dem Sie sich bewegen, sollten Sie Experte sein. Sie sollten immer tiefer informiert sein als alle anderen. Das verschafft Ihnen einen unglaublichen Vorsprung. Um Fachwissen zu erwerben, können Sie die Hangeltechnik nutzen. Bei der Hangeltechnik hangeln Sie sich von Frage zu Frage, um Fachmann oder -frau in einem Bereich zu werden.

Ein Beispiel: Für einen Expertentalk sollte ich über die GameStop-Aktie referieren, die Anfang 2021 einen ungewöhnlichen Aufschwung hingelegt hat. Da waren junge Leute, die sich im Internet organisiert und im Schwarm gegen die etablierten Hedgefonds gewettet haben. Durch die Presse waren mir die Vorgänge grob bewusst. Aber das reichte nicht aus, um als Experte über ein Thema sprechen zu können. Also musste ich mich tief in das Thema einfuchsen. Der erste Schritt war, sich einen groben Überblick zu verschaffen. Ich habe mir eine Menge Berichte und viele Kommentare, die ich zu diesem Thema auf Social Media finden konnte, angeschaut, und darin einige besonders relevante Stellen markiert. Versuchen Sie, sich zunächst die nüchternen Informationen zusammenzusuchen, bevor Sie die Bewertung dieser Informationen durch Dritte studieren. Es ging um GameStop. Doch was genau war das besondere Geschäftsmodell von GameStop, was waren die Gründe für die damals immens hohe Kurssteigerung der US-Einzelhandelskette, die innerhalb weniger Wochen von 20 Dollar auf 480 Dollar gestiegen war? Zu dem Unternehmen sammelte ich weitere Informationen. Ich hangelte mich also von Schlagwort zu Schlagwort und versuchte, mir in jedem neuen Themengebiet, was sich mir dadurch eröffnete, wiederum tiefergehende Informationen zu erschließen. Schließlich habe ich mir Fragen notiert, die sich aus dem puren Sachverhalt ergeben: Wer sind die größten Gewinner dieser Aktion? Ist diese Form der Zusammenarbeit auf informeller Basis, die sich *Acting in Concert* nennt, überhaupt legal? Dafür habe ich mit Fachanwälten ausführlich telefoniert und mich in die juristischen Grundlagen eingearbeitet. Ganz zum Schluss habe ich mir erst die Kommentare von Spezialisten durchgelesen.

Greifen Sie bei dem Erwerb von Fachwissen unbedingt auf Fachbücher zurück. Das Internet ist eine fantastische Quelle für Erstinformationen. Doch für eine Vertiefung von Wissen sollten Sie immer auch mit dieser Expertenliteratur arbeiten. Und das bedeutet: Lesen Sie diese Bücher nicht nur. Arbeiten Sie diese Bücher durch. Unterstreichen Sie wichtige Passagen, machen Sie sich am Rand Notizen, arbeiten Sie mit Post-it-Zetteln. Und: Nutzen Sie das Literaturverzeichnis. Dort wird Ihnen weiterführende Literatur empfohlen, die Ihnen hilft, noch tiefer in die jeweils angeschnittenen Themengebiete einzutauchen. Von dort aus können Sie sich nämlich weiterhangeln und sich noch eingehender mit dem Thema beschäftigen. Ich persönlich kann analoges Lesen sehr empfehlen. Wenn Sie ein haptisches Buch vor sich haben, konzentrieren Sie sich ganz anders auf die Materie, als wenn Sie das Buch auf einem Bildschirm lesen. Ganz wichtig: Wenn Sie lesen, dann lesen Sie. Legen Sie unbedingt Ihr Smartphone weg. Lassen Sie sich nicht ablenken.

Ich unterscheide zwischen Fachkompetenz und menschlicher Kompetenz. Die Fachkompetenz hilft Ihnen, die Karriereleiter aufzusteigen. Klar, wenn Sie ein Fachmann oder eine Fachfrau in dem sind, was Sie tun, dann wird Sie das ganz automatisch ein gutes Stück nach vorne bringen. Aber je höher Sie in der Karriereleiter aufsteigen, desto mehr benötigen Sie auch menschliche Kompetenz. Ich glaube nicht daran, dass der Arzt, der am schnellsten und besten Gelenke operieren kann, automatisch zum Chefarzt wird, nur weil er besser und schneller operieren kann als seine Kollegen. Ich bin überzeugt, dass der- oder diejenige Chefarzt wird, der zusätzlich zu seinen medizinischen Fähigkeiten auch eine bewegende Weihnachtsansprache an das Pflegepersonal halten kann, der sein Team aufbauen kann. Einer, der Mensch kann. Und Mensch ist. Und dafür ist – neben sozialer Kompetenz – auch ein gutes Stück weit Allgemeinbildung sinnvoll. Wenn Sie den Namen »Kant« hören und sich fragen, ob es sich dabei um einen Fußballspieler handelt, dann ist das unangenehm.

Wenn Sie Ihren beruflichen Schwerpunkt nicht im geisteswissenschaftlichen Bereich haben, dann müssen Sie nun auch nicht die »Metaphysik der Sitten« rezitieren können, aber dennoch ist es von Vorteil, sich aus allen Fachgebieten zumindest ein Basiswissen angeeignet zu haben. Dieses Basiswissen hilft Ihnen, Ihre menschliche Kompetenz zu verbessern. Es macht es Ihnen leichter, unbeschwert Gespräche mit Kollegen und Geschäftspartnern führen zu können, weil Sie zumindest oberflächlich jeden Small Talk bestehen. Um sich dieses Basiswissen anzueignen, müssen Sie keine dicken Fachbücher wälzen. Hier reicht es, auf unterhaltende Formate zurückzugreifen. Nehmen Sie sich hin und wieder mal ein klein wenig Zeit, um bei Netflix nicht nur den neuesten Blockbuster zu schauen, sondern auch mal in eine Doku reinzuswitchen. Oder lesen Sie historische Romane. Das ist meine favorisierte Lektüre vor dem Einschlafen, ein Historienroman über Pompeji oder zu einem anderen geschichtlichen Ereignis. Mir ist schon bewusst, dass in solchen Büchern eine Fiktionalisierung stattfindet, dass sie nicht den exakten historischen Ansprüchen gerecht werden. Und dennoch schaffen solche Bücher eine halbwegs authentische Atmosphäre, die mich spielerisch etwas über die damalige historische Situation der Menschen und der beschriebenen Städte mitnehmen lässt, was ich auf meiner geistigen Allgemeinwissensfestplatte abspeichern kann. Es gibt aber auch Dienstleister wie Blinkist, die komplexe Sachbücher so herunterbrechen, dass Sie ihre Inhalte in fünfzehn Minuten erfassen können. So können Sie bei einem längeren Spaziergang vier Bücher inhaltlich in Ihren Wissensfundus aufnehmen.

Fortschrittsmangel ist Wissensmangel. Deshalb: Bilden Sie sich fort. Lesen Sie – am besten analog. Und arbeiten Sie Ihre Bücher wirklich durch. Nutzen Sie die Hangel-Technik, um Ihr Wissen zu vertiefen. Und aktualisieren Sie Ihr Basiswissen ständig.

Strukturen schränken Sie ein?
Bilden Sie eine Flexi-Struktur!

Struktur ist wichtig. Struktur gibt dem Leben Halt. Aber das Leben sollte sich nicht nach der Struktur, sondern die Struktur sollte sich nach dem Leben richten. Je mehr Regelmäßigkeiten und feste Abläufe Sie sich ermöglichen können, desto besser. Aber das Leben lässt sich nicht immer planen. Wer sich zu stark an künstlichen Strukturen und Ablaufplänen festhält, der beraubt sich einer der wichtigsten Fähigkeiten, die ein Mensch hat. Der beraubt sich seiner Flexibilität. Keine Frage, es wäre hilfreich, feste Tagesabläufe zu haben. Eine feste Morgenroutine zu entwickeln. Jeden Tag zur selben Zeit aufzustehen. Jeden Tag zur selben Zeit ins Bett zu gehen. Jeden Tag zur selben Zeit sein Sportprogramm zu absolvieren. Aber schauen wir den Realitäten ins Gesicht. Das geht nun einmal nicht immer.

Wenn ich als Investor in der »Höhle der Löwen« bin, gibt es etwa Drehtage, die sehr viel länger dauern als ursprünglich geplant. Oder ich bekomme abends noch einen Anruf, weil sich ein Gründer spontan mit mir treffen möchte. Dann sitzt man nun einmal gemeinsam bis Mitternacht beim Italiener und bespricht das wichtige Investitionsgespräch, was ansteht, weil es leider nicht anders geht. Natürlich könnte ich auch sagen: »Du, hör mal, ich habe eine feste Tagesstruktur, und um 17.30 Uhr muss ich zum Sport, mein nächster freier Slot für ein Mittagessen wäre nächste Woche Freitag, wie sieht es denn bei dir aus?« Aber das ist unrealistisch. Damit ist niemandem geholfen, und wer an dieser steifen Behörden-Mentalität festhält, der muss sich nicht wundern, wenn er sein Unternehmen früher oder später gegen die Wand fährt.

Um dieses Problem zu lösen, versuchen Sie sich an einer Flexi-Struktur. Machen Sie sich einen genauen Plan, was Sie in diesem Monat, in dieser Woche und an diesem Tag unbedingt erledigen wollen. Haben Sie den Plan, viermal die Woche Sport zu treiben? Dann ziehen Sie das unbedingt durch, legen Sie die Einheiten aber auf Tage, an denen Sie genügend Freiraum haben, weil Sie nicht gerade eine wichtige Deadline einhalten müssen. Definieren Sie Dinge, die Sie unbedingt machen wollen, Dinge, die Sie im besten Falle schaffen möchten, und Dinge, die in dieser Woche nur optional sind.

> Bleiben Sie flexibel. Mit starrer Behörden-Mentalität fahren Sie Ihr Unternehmen nur gegen die Wand. Bilden Sie lieber eine Flexi-Struktur: Definieren Sie die Dinge, die Sie in einem festgelegten Zeitraum unbedingt machen wollen – und ziehen Sie das unbedingt durch. Ob Sie das dann montags, dienstags oder mittwochs machen, entscheiden Sie nach Situation.

Die Zeit rinnt Ihnen davon? Werden Sie Herrscher über Ihre Zeit!

Zeit ist – nach Ihrer Gesundheit – die wertvollste Ressource, die Sie besitzen. Und darum sollten Sie sparsam mit ihr umgehen. Wie Ihnen das gelingen kann, das hat der ehemalige US-Präsident Dwight D. Eisenhower in einer Rede vor dem *World Council of Churches* ziemlich gut auf den Punkt gebracht. Dabei zitierte er eigentlich nur seinen ehemaligen College-Präsidenten. »Ich habe zwei Arten von Problemen«, hatte der gesagt. »Die dringenden und die wichtigen. Die dringenden sind nicht wichtig, und die wichtigen sind nie dringend.« Das war für viele Menschen so inspirierend, dass sie aus der Eisenhower-Rede eine Eisenhower-Matrix gemacht haben.

Die Eisenhower-Matrix soll Ihnen helfen, Ihre Aufgaben nach Dringlichkeit und Wichtigkeit zu strukturieren und diese dementsprechend in einer priorisierten Reihenfolge abzuarbeiten. Das Ganze ist überzeugend und einfach. Die Matrix umfasst vier Felder. Ordnen Sie Ihre Aufgaben als sehr wichtig und dringend ein, gehören diese in den ersten Quadranten rechts oben. To-dos, die Sie dem oberen rechten Quadrat zuordnen, haben die oberste Priorität. *First things first.*

Ist Ihre Aufgabe wichtig, aber nicht dringend, gehört diese in den zweiten Quadranten rechts unten. Dringende, aber nicht wichtige Aufgaben werden dem dritten Quadranten links oben zugeordnet. Und Aufgaben, die weder wichtig noch dringend sind, gehören in den vierten Quadranten links unten. Angelegenheiten, die Sie hier einordnen, können Sie getrost auch lassen und Vorgänge von unten links auch ruhig wegschmeißen oder löschen. Die Eisenhower-Matrix bezieht sich also auf das Verhältnis von Dringlichkeit zu Wichtigkeit.

Bevor Sie also Ihre nächste To-do-Liste aufsetzen, sollten Sie die anstehenden Aufgaben in diese Matrix einordnen und entscheiden: Welche Aufgaben haben Top-Priorität, und welche können noch warten? Denken Sie daran: Wenn die dringenden Ziele nicht wichtig sind und die wichtigen Ziele nicht dringend sind, dann müssen Sie Ihre Ziele überdenken. Und wenn alles wichtig ist, dann ist eigentlich gar nichts wichtig.

Eine weitere Möglichkeit, seine Zeit besser zu strukturieren, ist die konsequente Anwendung des Pareto-Prinzips. Der Name stammt von dem italienischen Ökonomen Vilfredo Pareto. Pareto hat Anfang des 20. Jahrhunderts eine Studie durchgeführt und herausgefunden, dass in Italien etwa 20 Prozent der Bevölkerung rund 80 Prozent des Bodens besitzen. Tatsächlich gibt es erstaunlich viele ökonomische 80/20-Verteilungen. So wurde sehr viel später festgestellt, dass etwa 20 Prozent der Bevölkerung rund 80 Prozent des Weltvermögens besitzen. Daraus leitete Pareto ein Prinzip ab, dass sich auch für das Zeitmanagement gut nutzen lässt. Es besagt: 80 Prozent der Ergebnisse können mit 20 Prozent des Aufwands erreicht werden. Für die anderen 20 Prozent müssen 80 Prozent des Gesamtaufwands eingeplant werden. Das heißt also konkret: 80 Prozent unseres Outputs kommen von 20 Prozent unseres Inputs. Jetzt dürfen Sie allerdings nicht den Fehler machen und glauben, dass es reicht, bloß noch 20 Prozent am Tag schlechte Arbeit zu erbringen und damit schon 80 Prozent des Ergebnisses erreicht zu haben. Nein, die Herausforderung liegt vielmehr darin, die 20 effizienten Prozente zu identifizieren und diese Aufgaben exzellent durchzuführen.

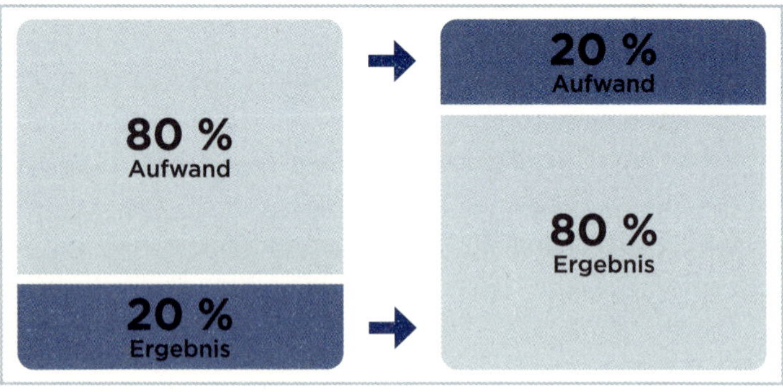

Welche Aufgaben, die Sie am Tag erledigen, sind wirklich sinnvoll und bringen Sie weiter? Welche Kunden sind wirklich wertvoll und welche nur Zeitfresser? Welche Telefonate sind wichtig und bringen Sie voran und welche sind nur sinnloser Small Talk. Identifizieren Sie die wichtigen 20 Prozent Ihres Arbeitsalltags und konzentrieren Sie sich darauf. Wenn es Ihnen möglich ist: Delegieren Sie die Aufgaben mit dem geringsten Output an jemand anderen und konzentrieren Sie sich selbst nur auf das Wesentliche. Vergessen Sie nicht, es ist nicht zu wenig Zeit, die wir haben, sondern es ist zu viel Zeit, die wir nicht richtig nutzen.

Und auch eine dritte Möglichkeit möchte ich Ihnen nun noch vorstellen, die Pomodoro-Technik. Wahrscheinlich haben Sie schon viel von Intervall-Fasten und Intervall-Training gehört. Das ist gerade ziemlich in Mode. Forscher haben herausgefunden, wie effizient es ist, in Intervallen zu trainieren, weil unsere gesamte Biologie nach genau diesem Prinzip funktioniert. Die Pomodoro-Technik ist nun so etwas wie Intervall-Arbeiten. Die Idee dahinter ist, dass Sie in hoch intensiven 25-minütigen Intervallen arbeiten und anschließend eine Pause von fünf Minuten einlegen. Nach vier Arbeitsintervallen steht eine längere Pause zwischen 15 und 30 Minuten an. Zugegeben: Diese Technik erfordert höchste Konzentration und Disziplin. Sie müssen jegliche Ablenkung um sich herum verbannen. Ja, auch Tabs in Ihrem Browser, die gerade für die Arbeit irrelevant sind, werden geschlossen, und das Handy legen Sie auf stumm geschaltet außer Sichtweite. Wichtig ist, sich nicht an einer Aufgabe festzubeißen und tatsächlich nach 25 Minuten für fünf Minuten die Arbeit zu unterbrechen und bestenfalls kurz frische Luft zu schnappen. Die Pomodoro-Technik wird Ihnen helfen, Ihre Konzentration so effizient wie möglich zu nutzen.

Überlegen Sie ganz genau, welche der von Ihnen aufgelisteten Aufgaben den größten Output haben. Diese werden dementsprechend zuerst angegangen. Erst danach kommen die Aufgaben, die die restlichen 20 Prozent Ihres Outputs ausmachen werden. Und wenn Ihnen das nicht möglich ist, dann können Sie die Aufgaben mit dem geringsten Output gerne an andere delegieren. Oder hier – erlaubterweise – auch einmal verschieben.

Eine weitere Technik, die ich Ihnen gerne vorstellen möchte, ist das One-Moment-In-Time-Prinzip. Wenn Sie beispielsweise eine Stunde Zeit haben, um alle angefallenen E-Mails in Ihrem Postfach abzuarbeiten, dann wenden Sie das Prinzip der sofortigen Erledigung durch eine Einmal-Handhabung an. Das bedeutet konkret: Sie öffnen die erste Mail und entscheiden in dem Moment, ob Sie sie an jemanden weiterleiten (Vorgang erledigt), ob die Mail in den Papierkorb kommt (Vorgang ebenfalls erledigt) oder ob sie einer Antwort bedarf. Und diese Antwort schreiben Sie sofort. Sie lassen die E-Mail so lange geöffnet, bis der Vorgang beendet ist. Eine Sache nach der anderen. Schauen Sie nicht in die nächste Mail hinein, bevor die erste nicht abgearbeitet ist. Ich habe das früher oft selber anders gehandhabt. Ach, die Nachricht ist komplexer, habe ich dann gedacht, die beantworte ich später – und das sind dann die Mails, die oftmals nie beantwortet werden. Dieses Hin- und Herschieben, das sorgt für Chaos. Man fängt im wahrsten Sinne des Wortes viel an und beendet nur wenig. Das ist ein Zeitfresser!

Das One-Moment-In-Time-Prinzip ist sehr effizient. Aber nur, wenn man es auch wirklich konsequent anwendet. Wer es nur halbherzig berücksichtigt, der muss sich auf einen gegenteiligen, auf einen negativen Effekt einstellen. Den sogenannten Sägezahn-Effekt. Was genau ist das? Versuchen wir uns das anhand eines konkreten Beispiels vorzustellen. Sie arbeiten an einem Investoren-Pitchdeck. Das ist eine anspruchsvolle Aufgabe, bei der man sich schon richtig konzentrieren und sich was einfallen lassen muss. Wenn Sie nun zwei Stunden an diesem Pitchdeck sitzen und zweimal in dieser Zeit ans Telefon gehen und jeweils fünf Minuten sprechen, dann arbeiten Sie äußert ineffizient. Während Sie mit Ihrem Gesprächspartner reden, sind Sie gedanklich noch am Pitchdeck. Und wenn Sie nach dem Telefonat wieder am Pitchdeck arbeiten, sind Sie gedanklich noch ein Stück weit im Telefonat. Wenn Sie zehn Minuten telefoniert haben, arbeiten Sie nicht konzentriert eine Stunde und 50 Minuten am Pitchdeck. Sie haben viel mehr als die zehn Minuten verloren, weil Sie aus Ihrer Konzentration gerissen werden. Machen Sie lieber das Handy aus und entscheiden Sie sich für einen späteren Telefonblock.

Ebenfalls eine beliebte Technik, die ich gerne anwende, ist das sogenannte Timeboxing. Sie boxen sich Zeit frei für die von Ihnen festgelegten (wichtigen) Aufgaben. Ganz zu Beginn überlegen Sie sich: Wie viele Stunden werden Sie diese Woche arbeiten? Wird das eine entspannte 25 Stunden-, eine klassische 40-Stunden oder auch mal eine 60- oder 70-Stunden-Woche? Wenn Sie eine Entscheidung getroffen haben, dann teilen Sie sich Zeitfelder für verschiedene Aufgaben ein. Sie können das gerne visualisieren: Eine Stunde an jedem Tag nehmen Sie sich Zeit für E-Mails, zwei Stunden für Meetings, vier Stunden für konzentrierte Projektarbeit. Diese Timeboxing-Methode schützt vor Ablenkung, weil Sie sich in einem festgelegten Zeitraum nur um einen fixen Themenblock kümmern. Bleiben Sie unbedingt in Ihren Zeitfenstern. Wenn eines abgelaufen ist, Sie die Aufgabe aber noch nicht erledigt haben, wenden Sie sich trotzdem der nächsten zu. So schaffen Sie es notwendigerweise auch einmal loszulassen und sich anderen Aufgaben zu widmen. Das ist gut, denn so vermeiden Sie es, sich in etwas festzubeißen. Eine Technik, die beim Timeboxing zum Tragen kommt, ist das Batching. Damit werden sich wiederholende oder thematisch ähnliche Aufgaben gebündelt und in einem Rutsch abgearbeitet. So können Sie in Ihrem Timetable alle Meetings in Gelb, alle Anrufe in Rot, jede Schreibarbeitsphase in Rot markieren. Hier werden ähnliche Aufgaben in ein Zeitfenster gepackt. Ein Telefonblock: Da werden alle acht Anrufe durchgebracht. Auch ich habe ganz klar umrissene Themenblöcke, in denen ich konzentriert nur an einer Sache arbeite. Aber ich habe mir auch sogenannte Kuddel-Muddel-Stunden angewöhnt. Da wird alles kombiniert. Ich lasse mir Nachrichten durchstellen, schreibe Textmessages, nutze auch manchmal eine Autofahrt hinten auf dem Rücksitz. Alles was da anfällt wird gemacht. Das ist nicht sehr priorisiert und konzentriert. Aber einige, eher unwichtige, Dinge müssen auch einmal abgearbeitet werden. Alleine schon aus Höflichkeit.

Die verschiedenen Zeitmanagement-Modelle sind individuell auf Ihre Lebens- und Arbeitssituation anwendbar. Testen Sie sich ruhig durch. Fühlen Sie sich frei die einzelnen Modelle so zu kombinieren und so anzupassen, dass sie in Ihren Arbeitstag passen und die echte Effizienzwirkung entfalten können. Nur eines muss Ihnen bewusst sein: Sie können Ihren Stress nur verringen und Ihr Zeitmanagement optimieren, wenn Sie nach Methoden arbeiten.

Behalten Sie Ihre Zeitplanung im Griff. Managen Sie Ihren Tagesablauf mit klugen Techniken, die zu Ihnen passen, damit Ihre Ziele Priorität haben und Sie mehr Freiräume gewinnen können.

Ihre Zeit ist begrenzt? Werden Sie zum Zeitjongleur!

Stellen Sie sich Ihre Zeit wie eine Wasserkaraffe vor. Da passen drei Liter rein. Wenn Sie aber mehr und mehr Wasser einfüllen, dann läuft die Karaffe irgendwann über. Und das Wasser, das überläuft, das sind symbolisch die nicht erledigten Aufgaben, die für uns dann in den nächsten Tag hineinfließen. Je mehr das sind, desto mehr sind Sie gezwungen Dinge nachzuarbeiten. Das hindert uns daran, vorwärtszukommen. Sie müssen also Techniken entwickeln, der Zeit nicht mehr hinterherzulaufen. Sie müssen mit dem, was Sie an Zeit haben, haushalten. Nein, Sie müssen damit jonglieren. Das besonders faire oder auch unfaire an der Zeit ist: Sie ist demokratisch. Ihre Kinder, Ihr Vorgesetzter, Ihr Nachbar, sie alle haben 24 Stunden am Tag, das sind 1440 Minuten, über die sie frei verfügen können. Lernen Sie Techniken, Ihre Zeit optimierter zu nutzen. Dann werden Sie Ihren Stress reduzieren, mehr Erfolge erzielen und auch privat glücklicher sein. Ich halte oft Vorträge vor Gründerinnen und Gründern und bekomme immer und immer wieder eine Frage gestellt: Wie sollen wir das nur alles hinbekommen? In der Tat haben gerade Gründerinnen und Gründer in der Anfangsphase sehr viele unterschiedliche Dinge auf einen Schlag zu erledigen, die alle auf sie einprasseln. Aber egal wie viel zu tun ist: Gleichzeitig geht das alles nicht. Darum benötigt man eine Reihenfolge. Ich rate jedem, der sich gerade ein wenig erschlagen fühlt: Sortieren Sie Ihre Aufgaben nach A-, B- und C-Aufgaben. Das Wichtigste, das für den Job Entscheidende wird zu Beginn gemacht. Ohne Ablenkung. Dann arbeitet man nach und nach die nicht so relevanten Aufgaben ab. Aber Achtung: So einfach, wie das klingt, ist das gar nicht.

Das Thema Zeit ist abstrakt. Es ist nicht greifbar. Darum bemühe ich gerne ein Beispiel. Stellen Sie sich vor, Sie haben fünf Geldmünzen. Und mit jeder dieser Geldmünzen können Sie eine Sache erledigen, die auf Ihrem Plan steht. Nun stehen da aber 10 Dinge. Sie würden doch jetzt nicht die erstbeste Aufgabe wegkaufen, sondern sorgfältig überlegen, wofür Sie die Münze investieren, oder? Und mit der vorletzten und letzten Münze würden Sie noch kostbarer umgehen. In der Theorie erscheint es logisch. Man verbringt rund 60 Prozent der Arbeitszeit mit den A-Aufgaben, 30 Prozent mit den B-Aufgaben und 10 Prozent mit den C-Aufgaben. Aber wagen Sie doch einmal ein kleines Experiment und dokumentieren Sie Ihren Arbeitsalltag ganz penibel. Wenn Sie das Ergebnis auswerten, werden Sie feststellen: Sie haben oftmals genau gegenteilig gehandelt und die meiste Zeit mit den eher irrelevanten Aufgaben verbracht. Woran liegt das?

Nun, wir drücken uns ganz automatisch vor Aufgaben, die besonders wichtig sind, weil wir Angst haben, ein schlechtes Ergebnis einzufahren. Nehmen wir mal ein konkretes Beispiel. Sie haben zehn Telefongespräche, die Sie führen müssen. Eines ist besonders wichtig. Wenn das schiefgeht, dann bricht Ihnen die Finanzierung für Ihr Unternehmen weg. Also rufen Sie wahrscheinlich erst einmal die anderen Menschen an, weil Sie wissen, dass Sie da angenehmere Gespräche erwarten. Das ist wie bei einem Zahnarztbesuch. Den zögert man auch gerne möglichst lange heraus, weil man weiß, dass es unangenehm werden könnte. Der Trick ist das umzukehren. Machen Sie die unangenehmen Aufgaben sofort. Wenn Ihnen das schwierige Gespräch gut gelingt, dann sind Sie so euphorisch, dass Ihnen die anderen Telefonate noch mehr Spaß machen werden. Und wenn es eben nicht gelingt, dann bauen die weiteren Gespräche Sie zumindest wieder ein Stück weit auf.

Mit unwichtigen Telefonaten verlieren Sie jede Menge Zeit. Und das ist schlecht. Mir passiert das auch. Ich bin jemand, der lieber mit Menschen redet, als Ihnen schreibt. Aber oftmals verheddert man sich in den Gesprächen, kommt von dem einen auf das andere, und schon ist wieder eine halbe Stunde vergangen. Was mir hilft? Ein kleiner Zettel, auf dem ich notiere, was die wichtigsten Punkte des anstehenden Telefonats sind. Dadurch verheddere ich mich nicht. Weiß, worauf ich mich konzentrieren muss. Ich bin dann zielorientierter. Und noch ein Tipp. Vor den Aufgaben kommen die Hausaufgaben: Die Vorbereitung der Arbeit. Ich weiß schon, was Sie jetzt denken. Vorbereitung? Wofür brauche ich das? Statt jeden Tag vor meiner Arbeit eine Viertelstunde mit Planung zu verbringen, könnte ich doch viel sinnvollere Dinge erledigen. Erste Mails abarbeiten. Erste Gespräche führen. Vorbereitung ist doch Verschwendung. Das ist ein Trugschluss. Denn durch die Vorbereitung werden Sie hintenraus effektiver. Stellen Sie sich vor, Sie hätten zwei Teams, die ein Möbelstück aufbauen sollen. Team 1 legt sofort los und fängt mächtig an zu schrauben und zu basteln. Jeder denkt: Die werden ganz sicher als Erstes fertig sein, denn Team 2 studiert erst einmal die Anleitung, legt sich alle Teile und Schrauben sorgfältig zurecht und bereitet sich ordentlich vor. Auf diese Weise geraten sie in Rückstand. Und dennoch: Team 2 wird den Schrank wahrscheinlich trotzdem schneller fertig haben. Weil sie durch die gute Vorbereitung schlussendlich sehr viel weniger Handgriffe brauchen. Lange Vorbereitung, kurze Durchführung ist die Devise.

Am effektivsten bin ich übrigens immer dann, wenn ich erst am späten Vormittag in München lande und nur vier Stunden später in den Zug muss. Ich muss kurz im Büro abspringen und schließlich weiter zum Bahnhof. Effektiv bleibt mir ein Zeitfenster von drei Stunden. Diese drei Stunden, diese vorgegebene Zeitlimitierung macht mich effektiv. Ich mache konzentriert das, was ich wirklich dringend tun muss. Zeitdruck ist ein fantastischer Priorisierer. Reduzieren Sie nicht nur Ihre Aufgaben auf das Wesentliche, sondern reduzieren Sie auch Ihre Arbeitszeit auf das Wesentliche. Bringen Sie sich selber in Zeitnot. Verkürzen Sie Ihre Arbeitszeit, und schon zwingen Sie sich selber, sich auf das Nötigste zu konzentrieren. Denn dann liegt Ihr Fokus automatisch auf dem Ergebnis statt auf dem langen Prozess. Also schaffen Sie sich eigene Deadlines. Dann können Sie mit weniger Zeitaufwand das Wichtigste besser erreichen.

Bei vielen Menschen steht die Aktivität in keinem Zusammenhang mit der Produktivität. Auch bei mir nicht. Was helfen kann? Wandeln Sie eine Auftragsliste in eine Erfolgsliste um. Überlegen Sie ganz genau: Welche Themen, welche Aufgaben bringen Sie wirklich voran? Was sind Karriere-Aufgaben? Diese Themen, die für Ihren Erfolg wichtig sind, sollten Ihre Prioritäten vorgeben.

Vor den Aufgaben kommen die Hausaufgaben. Bereiten Sie die Arbeit für den Tag gut vor, dann sind Sie leistungsfähiger und effizienter. Das kostet im Vorfeld ein wenig Mühe, wird Ihnen den Tag über aber jede Menge Zeitersparnis ermöglichen.

Lesen Sie keine Nachrichten! Selektieren Sie Nachrichten!

Wir leben in einer Informationsgesellschaft. Und diese Informationsgesellschaft bietet uns einen ganz wunderbaren Service: Wir werden sieben Tage die Woche und 24 Stunden am Tag mit Nachrichten versorgt. Ganz ohne Unterbrechung. Und das auch noch völlig umsonst. Klingt erst einmal super. Während man sich früher vielleicht noch auf das Abonnement einer lokalen oder überregionalen Tageszeitung beschränkt hat, sind nun Nachrichten aus den USA, aus Italien, Spanien, Frankreich, sogar Afrika und Asien nur einen Klick entfernt. Mittlerweile müssen wir die Nachrichten nicht einmal mehr aktiv suchen. Sie finden uns. Oft werden wir schon via Push-Nachricht über das relevante Nachrichtengeschehen informiert. Informieren Sie sich auf den Nachrichtenseiten Ihres Vertrauens, benutzen Sie aber auch News-Aggregatoren wie Google-News. Dort werden Ihnen die Nachrichten von den unterschiedlichsten Seiten kompiliert angezeigt. Der Vorteil: Der Algorithmus passt sich Ihrem Leseverhalten an. Klicken Sie immer nur auf Fußballnachrichten, wird Ihnen künftig alles aus diesem Bereich verstärkt angezeigt.

SMARTE START-UP-IDEE:

Sie wollen eine bessere Kontrolle über Ihre E-Mails? Dann benutzen Sie superhuman.com. Dank Künstlicher Intelligenz wird Wichtiges von

> Unwichtigem getrennt, Sie können falsch verschickte E-Mails wieder zurückrufen, und über eine Verbindung zu den Social-Media-Kanälen Ihrer Gesprächspartner finden Sie bessere Einstiege in Korrespondenzen und erfahren, was Ihr Gegenüber gerade bewegt.

Ich halte es für sehr wichtig, gut informiert zu sein. Aber ich halte es für genauso wichtig, sich auch ganz bestimmte Nachrichten-Ruhephasen zu gönnen. Damit wir nicht überflutet werden. Dazu muss man verstehen, dass sich das Nachrichtengeschäft einer bestimmten Systematik bedient. Es wird logischerweise nicht über das berichtet, was gut läuft, sondern meist darüber, was nicht so gut läuft. Das ist gar keine Kritik, sondern die Kernaufgabe von Medien, die in demokratischen Ländern ja auch eine Kontrollfunktion haben. Wenn im System etwas schiefläuft, muss das aufgedeckt werden. Uns interessiert es ja auch nicht, dass jeden Tag weltweit rund 200.000 Flugzeuge irgendwo sicher starten und landen. Das ist für uns eine Selbstverständlichkeit. Uns interessiert es aber umso mehr, wenn irgendwo ein Flugzeug vom Himmel fällt. Wenn das System an bestimmten Stellen nicht mehr funktioniert. Dann müssen wir nachfragen: Warum ist das so? Wo sind die Schwachstellen? Was ist da schiefgelaufen? Und wie kann man es künftig verhindern?

Das sind richtige und wichtige Fragen. Aber das bedeutet in der Praxis nun einmal auch, dass für eine Nachrichtensendung im Grunde genommen die weltweit schlimmsten Geschehnisse zusammengesucht und kompiliert werden. Ja, da sind heute zwei Feuerwehrmänner in Australien verbrannt. Aber es wurden auch 300.000 gesunde Kinder geboren und darunter vielleicht einige tolle, ganz besonders süße Zwillinge. Davon erfährt man nichts. In den Nachrichten gibt es komprimierte negative News. Schreckliche Geschehnisse, mit denen man sich beschäftigen sollte. Allerdings nicht rund um die Uhr. Und schon gar nicht kurz bevor man schlafen geht. Meine Frau guckt vor dem Einschlafen immer das RTL-Nachtjournal oder liest *BILD*-Online, für sie ist das Entspannung. Sie kann trotz Meldungen wie »Vater erschießt Frau und Tochter« gut ein- und durchschlafen. Ich kann das überhaupt nicht. Das ist für mich negative Energie, das beeinflusst meinen Schlaf, das beeinflusst meine Träume, das möchte ich eher nicht. Während Veronica News schaut – aus Rücksicht auf mich mit Kopfhörern, lese ich mich entspannt und müde.

> Werden Sie Ihr eigener Chefredakteur: Lesen und schauen Sie, was Ihnen nützt, nicht das, was Sie am meisten bestürzt. Das Medienangebot war nie größer. Profitieren Sie von den Möglichkeiten, sich die interessantesten News ganz nach Ihren Interessensgebieten zusammenzustellen.

Sie sagen gerne Ja? Lernen Sie, Nein zu sagen!

Leben ist Zeit, und Zeit ist Leben. Darum gibt es ein Wort, das von zentraler Bedeutung für Ihr Zeitmanagement ist. Und dieses Wort lautet: »Nein«. Wo liegt das Problem, könnte man sich fragen. Es ist doch nicht schwer, »Nein« zu sagen. Wir lernen schon als Kinder, den Kopf zu schütteln, wenn uns die Erwachsenen ekliges Grünzeug statt der so leckeren Salami-Pizza andrehen wollen, wenn man uns ins Bett schickt, statt noch ein bisschen Fernsehen gucken zu lassen, oder uns zum sonntäglichen Familienausflug überreden will, statt uns mit unseren Freunden spielen zu lassen. Ein »Nein!« kam uns da vermeintlich leicht über die Lippen. Stimmt. Aber im Job ist das etwas ganz anderes. Wenn der Chef vor Ihnen steht und Sie plötzlich fragt, ob Sie die für Freitag angeforderte Präsentation auch bis Donnerstag schaffen würden – können Sie da »Nein!« sagen? Wenn die freundliche Kollegin, die Sie so besonders gut leiden können, Sie bittet, noch eine Aufgabe zu übernehmen, von der Sie wissen, dass Sie Ihnen leichtfällt, während sie seit Stunden daran verzweifelt? Können Sie »Nein!« sagen, wenn die Kollegin ganz aufgelöst anruft und fragt, ob Sie noch ausnahmsweise ihre Schicht übernehmen könnten, da ihr kleines Kind mit Fieber zu Hause liegt und sie partout keinen Babysitter auftreiben kann? Seien wir ehrlich, das fällt uns schwer. Und das ist nicht überraschend.

Das Problem, in seinem Arbeitsumfeld »Nein!« zu sagen, hat einen psychologischen Hintergrund. Der Mensch möchte seiner Umgebung gefallen. Jede Umgebung, in der wir uns befinden, erfordert eine andere soziale Rolle, derer wir uns bedienen müssen. Das können Sie ganz leicht bei sich selbst beobachten: Wenn Sie mit Ihren engsten Freunden unterwegs sind, verhalten Sie sich anders, als wenn Sie mit Ihrem Ehepartner zusammensitzen oder Ihre Eltern besuchen. Jeder soziale Raum, den Sie betreten, lässt Sie in eine andere Rolle schlüpfen. Und wenn Sie zur Arbeit gehen, dann schlüpfen Sie nun einmal in die Rolle des Angestellten. Ein Angestellter, so haben wir es zumindest bis jetzt immer gelernt, wird nicht über seine Persönlichkeit, sondern über seine Qualifikation und seine Fähigkeiten bewertet. Man kann der charmanteste und freundlichste Mensch der Welt sein und wird wahrscheinlich dennoch nur sehr schwer einen Software-Entwicklerposten in einem führenden IT-Unternehmen bekommen, wenn man zuvor Germanistik studiert und noch nie einen Computer angeschaltet hat. Auf der Arbeit wurden wir bislang nach unserer Professionalität bewertet. Und weil wir unserem sozialen Arbeitsumfeld gefallen wollen, möchten wir nicht den Eindruck hinterlassen, eine uns gestellte Aufgabe nicht bewältigen zu können. Wir wollen nicht den Eindruck hinterlassen, dass wir nicht belastbar wären. Wir wollen nicht den Eindruck hinterlassen, dass wir unseren Kollegen in besonderen Situationen nicht helfen würden. Denn umgekehrt würden wir es ja auch ärgerlich finden, wenn man uns nicht helfen würde. Oder?

SMARTE START-UP-IDEE:

Wenn Sie in Ihrem Team Termine koordinieren müssen, dann nutzen Sie Doodle.com. Hier kann man kinderleicht Terminvorschläge unterbreiten, auf die sich alle anderen per Abstimmungsklick einigen können.

Versetzen Sie sich bei jedem Einzelfall in die Lage des Gegenübers. Wäre es wirklich so schlimm, wenn die Präsentation, die sowieso erst nächste Woche vorgeführt wird, am Freitag statt am Donnerstag fertig ist? Reicht es nicht, wenn Sie dem Kollegen einen Hinweis geben, wie er die Lösung zu seinem Problem selbst findet, statt es ihm komplett aus der Hand zu nehmen? Und was wäre, wenn die Kollegin einfach mit dem kranken Kind zu Hause bleibt – und die Schicht gar nicht besetzt wird? Ein Geschäftspartner von Warren Buffett hat einmal die Losung ausgegeben: »Pay yourself first.« Sie sind Ihrem Chef und Ihren Kollegen eine sehr viel größere Hilfe im Arbeitsalltag, wenn Sie Ihre Aufgaben einfach exzellent bewältigen, statt sich zu überfordern. Wenn Sie sich verzetteln und mehr annehmen, als Sie eigentlich leisten können, dann schaden Sie nicht bloß sich selbst, sondern am Ende auch allen anderen. Sie können es nicht allen recht machen, aber Sie können das Richtige machen. Wenn Sie zu allem ja sagen, dann sagen Sie zu sich nein.

> »Nein« ist auch ein positives Wort – für Ihr Zeitmanagement. Lösen Sie sich von dem Drang, nur gefallen zu wollen. Denken Sie auch und ganz besonders an sich. Und vor allem daran, Ihre eigene Aufgabe exzellent zu bewältigen statt sich mit den Problemen Ihrer Kolleginnen und Kollegen zu überfordern. Deshalb: Pay yourself first!

Sie reagieren? Agieren Sie lieber!

Das 21. Jahrhundert hat eine neue Angewohnheit mit sich gebracht. Viele Menschen checken als Erstes ihre Nachrichten, ihre WhatsApp-Verläufe oder SMS-Eingänge, wenn sie aufwachen. Ein Fehler. Verbringen Sie die erste Stunde Ihres Tages nicht damit. Begrüßen Sie den Tag, nicht der Tag Sie! Denn Sie lesen eine Nachricht und haben sofort das Bedürfnis zu antworten. Ein Terminvorschlag für Freitag? Sehr gerne. Oder doch lieber nächste Woche? Auf einer neurologischen Ebene bekommen Sie einen Impuls, auf den Sie gerne reagieren möchten. Unser Gehirn lebt noch in der Prä-Digitalisierungs-Ära. In dieser Zeit war es grundsätzlich richtig und auch wichtig, auf einen Impuls sofort zu reagieren. Denken Sie an die Steinzeit. Ein Säbelzahntiger kommt um die Ecke? Es wäre nicht verkehrt, dem Impuls nachzugeben und sofort wegzulaufen.

Durch die Digitalisierung bekommen wir allerdings mittlerweile im Sekundentakt so viele neue Nachrichten und Impulse, dass wir uns in ihnen zu verlieren drohen. Darum ist es enorm wichtig, seinen Fokus wiederzufinden. Richten Sie sich feste Zeiten ein, in denen Sie Dinge tun, die Sie tun müssen. Definieren Sie eine Zeit, um auf Nachrichten zu antworten. Definieren Sie eine Zeit, in der Sie Ihre privaten Kontakte pflegen. Definieren Sie eine Zeit, in der Sie ganz klar arbeiten und nichts anderes machen. Und ganz wichtig: Definieren Sie auch Ihre Pausen. Wenn ich mir eine kleine Essenspause nehme, dann muss diese Pause auch zum Essen gedacht sein. Dann sollte man das Smartphone aus der Hand legen. Keine SMS lesen. Keine Nachrichten schreiben. Sonst ist eine Pause keine Pause. Eine Pause hat den Sinn, dass man gestärkt zu seinen Themen zurückkehrt. Wer sich beim Essen ablenkt, der merkt nicht, dass er isst. Dadurch isst man nicht nur mehr, man isst auch ungesünder.

> Begrüßen Sie den Tag, nicht der Tag Sie! Lassen Sie sich Ihre Handlungen nicht von den Messages auf Ihrem Smartphone diktieren. Definieren Sie Zeiträume für Ihre einzelnen Tätigkeiten – E-Mails, Anrufe etc. Ihr Motto: agieren statt reagieren!

VI. ELEMENT:
GESUNDHEIT

Ich war noch in die schönsten Träume versunken, als mich der Wecker um 6.30 Uhr aus meinem sowieso schon sehr kurzen Schlaf zurück in die Realität riss. Mit einer suchenden Handbewegung schaltete ich das nervige Gerät aus, kämpfte mich aus dem Bett und ging ins Badezimmer. Ich war recht müde. Es war ziemlich spät geworden. Ich hatte am gestrigen Abend noch einen wichtigen Investoren-Termin in Westdeutschland und kam erst nach Mitternacht in mein Hotelzimmer. Und heute war das Programm nicht weniger anspruchsvoll. Ich musste einen frühen Flieger bekommen. Die wenigen Stunden Schlaf, die waren eigentlich nicht ausreichend für mich. Ich stellte mich unter die Dusche, drehte das Wasser auf und wurde langsam wach. Guten Morgen, Carsten, da sind wir wieder. Anschließend stellte ich mich vor das Waschbecken und fing an, mich vor dem Badezimmerspiegel zu rasieren. Nanu, dachte ich, als ich mich im Spiegel betrachtete. Was war denn das? Ich trat ein wenig näher an den Spiegel heran. Da war eine weißliche Stelle mitten auf meiner Nasenspitze. Komisch. Vielleicht eine Hautunreinheit? Ich versuchte sie erst wegzuwaschen, und dann drückte ich ein bisschen an der Nase herum. Ohne Erfolg. Die weiße Stelle blieb. Na ja, dachte ich. Wird schon wieder weggehen. Vielleicht nur ein etwas tiefer unter der Haut liegender Pickel. Ich machte mir keine großen Gedanken darüber, zog mich an und beeilte mich, dass ich meinen Flieger noch erwischte.

Nach ein paar Tagen bemerkte ich, dass die weiße Fläche immer noch da war, vielleicht war sie sogar ein bisschen größer geworden. Auch jetzt war ich noch nicht wirklich beunruhigt. Es tat ja auch nicht weh. Da war einfach nur ein weißer Fleck auf der Nase. Zum ersten Mal richtig unangenehm wurde es mir, als ich zu einem Recap zu der »Höhle der Löwen« ging. »Na, Carsten«, sagte Sophia, meine Visagistin, »da müssen wir etwas mehr drüberschminken. Das sieht ja sonst ein bisschen komisch aus.« Das weckte bei mir erste Zweifel. Und auch, wenn wir Videos für meine Social-Media-Accounts drehten, überdeckte ich die Stelle mit ein wenig Schminkpuder. Mein Social-Media-Team sagte natürlich nichts, aber ich fühlte mich zum einen ein klein wenig bei meiner Eitelkeit gepackt, zum anderen aber auch ein Stück weit alarmiert und beschloss, am nächsten Tag zu meinem Hautarzt zu gehen. Der sollte sich das einmal anschauen und möglichst gleich wegmachen.

»Hm«, sagte der Arzt, als er den weißen Fleck betrachtete. »Ich will Ihnen keine Angst machen, aber das könnte auch ein Basaliom sein.« Ich wusste nicht genau, was ein Basaliom sein sollte, aber so wie der Herr Doktor seine Augenbrauen hochzog, war es jedenfalls nichts ganz Harmloses, vermutete ich. »Ein Basaliom ist eine Krebserkrankung«, sagte er. Das zog mir die Schuhe aus. Damit hatte ich nicht gerechnet. Ich dachte, das wäre einfach nur ein weißer Fleck, den er kurz wegmachen könnte. Aber Krebs? »Bleiben Sie erst einmal ganz ruhig«, sagte er zu mir. »Wir machen eine Biopsie und gucken dann, was dabei herauskommt.« Dann schabte er mir ein wenig von meinem weißen Fleck ab. Na toll, dachte ich. Jetzt hatte ich auch noch Schorf auf der Nasenspitze. Fotogen war ich jetzt erstmal für die nächsten ein bis zwei Wochen nicht.

Als ich nach Hause ging, hatte ich die ganze Zeit nur noch einen Gedanken im Kopf: Krebs. Was wäre, wenn ich wirklich eine Form von Krebs hätte? Ich hatte nie darüber nachgedacht, wie es wäre, eine schwere Krankheit zu haben und eventuell deutlich vorzeitig zu sterben. Doch in dieser Nacht wurde ich von Albträumen geplagt. Und auch die nächsten Tage waren für mich eine schlimme Zeit. Ich befand mich in einem unschönen Schwebezustand. Ich wusste nicht, ob das nun harmlos oder ernst war. Ich trug die Ungewissheit mit mir herum. Und ich machte das mit mir alleine aus, erzählte das so gut wie niemandem – außer natürlich meiner Veronica. Vielleicht war es ja auch nichts. Und dann würde ich die Leute, die um mich herum waren, nur unnötig verunsichern. Aber was, wenn es doch etwas war? Hautkrebs, dachte ich wieder und wieder. Vielleicht mit dem Risiko von Metastasen im Körper. Das war schon heftig.

Es dauerte ganze zehn Tage, bis ich endlich das Ergebnis erfuhr. Als mein Arzt mich auf meinem Handy anrief, schloss ich meine Bürotür und sprach ganz leise. »Und?«, fragte ich ihn. »Haben Sie Neuigkeiten?«

»Habe ich, Herr Maschmeyer. Es ist alles in Ordnung. Machen Sie sich keine Gedanken. Es ist kein Krebs. Nur eine Hautveränderung, wahrscheinlich altersbedingt.« Eine Hautveränderung! Kein Krebs! Ich spürte, wie eintausend Steine gleichzeitig von meinem schweren Herzen rollten. Ich legte auf. Weihnachten war gerettet! Ich fuhr beruhigt mit meiner Familie in unseren lang geplanten jährlichen Skiurlaub und kostete das Leben mit meinen Lieben so richtig aus. Natürlich war ich aufgeregt, wie die Hautstelle auf der Nase aussehen würde, wenn erst mal der Schorf abgefallen sein würde. Als es dann so weit war, war mein Eindruck, dass die Stelle eher größer geworden ist. Aber, nun gut. Vielleicht ist es dann eben so. Der Arzt hatte es ja untersucht. Und hatte gesagt, es sei nichts Schlimmes. Mehr konnte ich nicht tun. Nach unserem Skiurlaub flog ich dann in die USA auf die Consumer Electronics Show in Las Vegas. Anschließend flog ich nach Vancouver, um mich mit Veronica zu treffen. Sie drehte dort gerade den Film *Every Breath You Take*, einen Psychothriller mit Casey Affleck. Wir hatten uns bereits zwei Wochen nicht gesehen, und da ich schon in derselben Zeitzone war, fand ich es schön, sie am Filmset zu besuchen.

Abends bei gutem Badezimmerlicht sagte sie besorgt: »Carsten, der Fleck wird ja immer größer.« Ich zuckte mit den Schultern. Ja, na klar. Aber ich konnte es ja nicht ändern. Schön fand ich das auch nicht, aber was sollte ich denn tun? Der Arzt hatte mir ja durch den Laborbefund bestätigt, dass das etwas ganz Normales sei. »Das ist nicht normal!«, beharrte Veronica und inspizierte meine Nase sehr genau. »Du musst mir versprechen, dass Du als Allererstes, wenn du zu Hause bist, noch mal zu diesem Arzt gehst.«

»Wenn es sein muss ...«

»Versprich es mir!«

»Also gut«, sagte ich. Ich hatte ja auch ein eigenes Interesse daran, dass der lästige Fleck endlich verschwand.

Eine Woche später stand ich also erneut in der Praxis, und mein Arzt, der mir meine größte Angst genommen hatte, stemmte seine Hände in die Hüften und schüttelte den Kopf. »Ich kann mir das nicht erklären«, sagte er. »Wir haben ein ganz klares Laborergebnis, und das ist negativ. Wir haben auch garantiert nicht Ihren Namen vertauscht ...«

»Aber?«, hakte ich ein.

»... aber das, was ich hier sehe, das sieht aus wie Hautkrebs. Herr Maschmeyer, lassen Sie uns noch eine Biopsie machen. Nur um auf Nummer sicher zu gehen.«

Ich willigte direkt ein. Aber nicht mehr bei ihm. Ich ging in die Hautklinik München zum Chefarzt. Ein absoluter Fachmann in der Diagnostik von weißem und schwarzem Hautkrebs. »Es ist ganz sicher ein Basaliom«, sagte der Professor. Wahrscheinlich war die Biopsie nicht tief genug, wir machen eine Stanzbiopsie.

»Wann?«, fragte ich.

»Sofort, jetzt.«

»Wir werden die Ergebnisse abwarten, aber stellen Sie sich bitte schon einmal darauf ein, dass wir Sie operieren müssen.« Na toll, dachte ich. Und durchlitt wieder dieselben Ängste und dasselbe Gefühlschaos, wie schon nach der ersten Untersuchung. Die vermeintliche Gewissheit, dass ja alles gut war, hatte sich als trügerisch erwiesen.

Freitagnachmittag schaltete ich mein Handy ein und fand eine Sprachnachricht von dem Herrn Professor auf meiner Voice-Box. Ich möge ihn doch bitte dringend zurückrufen. In diesem Moment war mir klar, was ich die gesamte Woche schon befürchtet hatte. Entwarnung klang auf jeden Fall anders. Ich wählte seine Nummer.

»Herr Maschmeyer«, bestätigte er meine Sorge. »Das hier, das ist alles andere als harmlos. Wir haben es mit einem Basalzellkarzinom, einer bösartigen Krebserkrankung der Haut zu tun. Ein Hautkrebs, der wächst. Der geht durch Knorpel und Knochen. Es muss so schnell wie möglich wegoperiert werden.«

Ich ließ mich auf meinen Stuhl fallen. Ich brauchte ein paar Sekunden, um zu realisieren, was ich da gehört hatte. Ich hatte Hautkrebs. Einen bösartigen Krebs. Und das nicht irgendwo, sondern auch noch mitten im Gesicht. Ich habe die ganze Zeit versucht, diesen Gedanken in meinem

Kopf zu verdrängen, aber jetzt war er auf einmal da. Und ich bekam ihn nicht mehr weg. Ich ertappte mich für einen kurzen Moment dabei, dass ich mir dachte, wäre er doch wenigstens am Hals entstanden. Ich wusste, dass meine Eitelkeit eigentlich unangebracht war. Ich hatte Krebs. Vielleicht ja nicht nur auf der Nase, sondern auch an anderen Stellen oder im schlimmsten Fall schon Krebszellen, die sich abgelöst und mit dem Blut oder der Lymphe in andere Körperteile gewandert sind. Vielleicht würde das gefährlich werden. Aber ich konnte den Gedanken dennoch nicht abschütteln. Wenn man ihn mir wegoperiert, würde ich dann künftig entstellt sein? Würde man mir die halbe Nase abnehmen müssen? Ich spürte, wie sich mein Hals ganz fest zuschnürte. Der Gedanke machte mich wahnsinnig. Ich fuhr gleich nach Hause. Veronica nahm mich in den Arm, als ich ihr von der Diagnose erzählte, und strich mir über den Kopf. »Mach dir keine Sorgen«, flüsterte sie mir ins Ohr. »Wir werden das zusammen hinbekommen. So wie wir auch andere Dinge zusammen schon hinbekommen haben.«

Ich fühlte mich in diesem Moment hilflos. Wie ein kleines Kind. Ich hätte am liebsten einfach nur losgeheult. Ich wünschte mir, dass ich irgendetwas machen könnte, um aus dieser Lage wieder herauszukommen. Aber das konnte ich nicht. Ich hatte keinen Einfluss auf die Situation. Das war das Schlimmste. Veronica erkannte sofort, wie sehr es mich belastete, dass ich einer Krankheit einfach so ausgeliefert war. Sie kannte mich. Sie wusste, dass ich ein Macher war. Und dass ich irgendetwas brauchte, was ich dagegen tun konnte, um das Gefühl zu haben, die Kontrolle zurückzugewinnen. Und so tat sie genau das Richtige.

»Komm«, sagte sie. »Lass uns noch einmal den Professor anrufen und mit ihm in Ruhe durchgehen, was wir jetzt tun werden.« Ich nickte. Es half mir ein wenig, dass wir nun gemeinsam etwas planen konnten. Und so überlegten wir uns zu dritt, was die besten Kliniken waren und wo die größten Experten saßen. Es ging bei mir ja nicht bloß darum, den Krebs herauszuschneiden. Es ging auch darum, dass ich anschließend noch halbwegs wie ein Mensch mit normalem Gesicht aussehen wollte. Der Professor empfahl uns ein paar Kliniken, die wir alle abtelefonierten. Eine war in

New York, eine andere in Stanford. Dass ich nun ein bisschen recherchieren konnte, gab mir wieder ein wenig Energie. Es verschaffte mir die Illusion, dass ich etwas tun konnte. Während wir mit den Kliniken telefonierten, riefen mich auch meine beiden Söhne aus dem Ausland an und versuchten mich aufzubauen. »Komm schon, Papa, das wirst du überstehen. Und ganz ehrlich, mit einer Narbe im Gesicht siehst du eh viel männlicher aus«, sagte Marcel. »Denk an die coolen Piraten«, erinnerte mich Maurice an die alten Abenteuerfilme, die wir in seiner Kindheit immer gesehen hatten. Da hatten die Piraten auch alle eine Narbe im Gesicht. Veronica pflichtete ihnen bei. »Ich finde dich mit Narbe noch männlicher und sexy.« Es tat mir gut, dass meine Familie mich liebevoll und mit vorsichtigem Humor aufbaute.

Und während ich abwechselnd mit meinen Kindern und den Kliniken auf aller Welt telefonierte, kristallisierte sich langsam heraus, dass direkt in München ein Rekonstruktionschirurg praktizierte, der perfekt für diese Operation geeignet wäre.

Noch am Samstag fuhr Veronica bei ihm in der Klinik vorbei und setzte Himmel und Hölle in Bewegung, um noch einen Termin für mich zu bekommen. Sie schaffte es mit ihrer liebevollen Art und ihrem einnehmenden Wesen immer wieder, das eigentlich Unmögliche möglich zu machen. Und so traf ich schon am folgenden Montag den Professor, der mich in den kommenden Wochen fünfmal operieren würde. Ich saß auf einer kleinen Liege mit herabbaumelnden Armen und ließ mir von dem Mann erklären, wie groß die Stelle werden würde, die er wegoperieren wollte. »Und dazu«, sagte er, »kommt noch, dass ich zu allen Seiten hin noch einmal sechs Millimeter zusätzlich von der gesunden Haut entfernen müsste, um auf Nummer sicher zu gehen. Wir wollen ja nicht, dass der Krebs sich weiterverbreitet.« Er nannte es »das Bösartige im Gutartigen entfernen«. Und das Fazit war: Ich würde dadurch nach dem Rausoperieren zunächst ein großes Loch in der Nase haben. Und wo würde die Haut herkommen, um dieses Loch zu stopfen, fragte ich ihn. Er erklärte mir in vielen Details, dass die Nasenhaut eine ganz besondere Haut ist, die nirgendwo anders am Körper vorkommt. Er müsste also einen Trick anwenden und meine Gesichtshaut über der Nase bis unter die Haare lockern und sie gewissermaßen herunterziehen. »Ihre Zornesfalte«, sagte der Mann, wird dann ein wenig tiefer auf der Nase sitzen. Aber ansonsten bemerkt man diese Verschiebung nicht mehr. Zumindest wenn es gut geht.« Na toll, dachte ich. Dann hoffen wir mal, dass es gut geht.

Am Montag, dem 10. Februar 2020, wurde ich dann zum ersten Mal operiert. Örtlich betäubt in der Nase. Es tat höllisch weh. »Die Nase«, erklärte der Professor, der da gerade mit einem Skalpell an mir herumschnitt, »ist die empfindlichste Stelle überhaupt. Wenn Sie von einem Hund oder von einem Hai angegriffen werden – schlagen Sie dem Tier auf die Nase. Das hilft immer, die hauen dann ab.«

Während der Mann da an mir herumoperierte, dachte ich amüsiert darüber nach, wann ich wohl die Gelegenheit haben würde, bei meinem nächsten Besuch auf Maui einen Hai zu sehen, um zu testen, ob dessen Nase wirklich so empfindlich war wie meine. Eineinhalb Stunden dauerte die gesamte Prozedur. Dann war das Basaliom entfernt, aber das »Loch« noch nicht geschlossen. Zwei Tage später bekam ich die Nachricht, dass es noch nicht ausgestanden war. Es musste noch mehr entfernt werden. Wieder die schmerzhafte örtliche Betäubung. Wieder die Operation. Das entfernte Gewebe musste erst noch in der Histologie analysiert werden. Es war richtig blöd. Aber ich konnte es etwas leichter überstehen, weil Veronica und Lilly extra aus Amerika zurückgekommen waren, um mir während der OPs beizustehen.

Wie schon beim ersten Eingriff saß Veronica im Zimmer des Professors und bangte mit, weil sie kein Blut sehen kann, Lilly hingegen störte das nicht, sie saß sogar mit im Operationssaal und hielt Händchen. Am nächsten Tag bekam ich wieder einen Anruf. Es muss noch einmal weggeschnitten werden. Und dann gleich im Anschluss die Rekonstruktions-OP, also das Schließen der offenen Stelle.

In diesen Tagen fing mich meine Familie auf, wie ich es mir schöner nicht hätte ausmalen können. Ich saß in dieser Zeit meistens kreidebleich im Wohnzimmer und schaute fern oder las ein Buch. Ich hatte ziemliche Schmerzen. Aber die Kinder teilten sich untereinander auf, und es war immer für ein paar Tage einer von ihnen rund um die Uhr bei mir. Sie kamen extra aus London und Amerika angereist. Aber auch die ermutigenden Anrufe meiner Freude gaben mir Kraft, das durchzustehen. »Carsten«, sagte mir ein Freund, »du hast doch jetzt nicht mehr vor, in einer Diskothek Schönheitswettbewerbe für deine Nase zu gewinnen, oder? Na, dann ist da eben eine Narbe drauf. Was soll's? Sei doch lieber froh und dankbar über das, was du ›gewonnen‹ hast.« Ich dachte darüber nach. Er hatte recht. Er hatte absolut recht. Es gab viele Menschen, die viel schlimmere Krebserkrankungen tapfer und mit Würde ausgehalten hatten. Und ich hatte ja nun wirklich nichts Bedeutendes verloren. Sondern, im Gegenteil, wertvolle Lebenszeit gewonnen. Ich habe in diesen schweren Wochen und Monaten gelernt, was wirklich das Wichtigste im Leben ist. Und das ist bestimmt keine hübsche, unversehrte Nase. Das ist die Gesundheit, die uns erst das Leben ermöglichen kann, dass wir uns eigentlich wünschen. Ich nahm mir vor, in Zukunft noch sehr viel stärker darauf zu achten, meinen Körper wirklich gut zu behandeln.

Warum Gesundheit ein wichtiges Element Ihres Erfolgs ist

Die Tage und Wochen und Monate, nachdem ich meine Krebsdiagnose erhielt, sind für mich eine Zäsur gewesen. Mir wurde endgültig bewusst, wie schlecht ich in den vergangenen Jahrzehnten mit meinem Körper umgegangen war. Wie wenig ich auf meine Gesundheit geachtet hatte. Natürlich hatte ich immer wieder auch schon früher Phasen, in denen ich Saft-Kuren machte oder mich gesund ernährte. Und Fast Food hatte ich auch schon seit ein paar Jahren weitestgehend aus meinem Ernährungsplan verbannt. Aber das tat ich eher intuitiv und nicht systematisch. Und genau das war ein Fehler. Wenn Sie ein wirklich erfolgreiches Leben führen möchten, dann ist Ihre Gesundheit die absolute Grundlage dafür. Zu viel Stress, zu wenig an Schlaf, eine ungesunde Ernährung und mangelnde Bewegung leiten häufig eine negative Gesundheitsspirale ein. Die Konsequenz ist, dass unsere natürlichen Abwehrkräfte nachlassen und wir für

Krankheiten anfälliger werden. Wie wollen Sie die Karriereleiter heraufklettern, wie wollen Sie eine glückliche Beziehung führen, wenn Ihr Körper das alles nicht mitmacht? Wie wollen Sie ein Unternehmen lenken, wenn Sie irgendwann einfach übermüdet zusammenklappen? Ihre Gesundheit ist ein wesentliches Element, das eine Stützfunktion für alle anderen Elemente hat. Wenn Sie krank sind, dann werden Sie weder glücklich noch erfolgreich sein können.

Im folgenden Kapitel möchte ich Ihnen also zeigen, wie Sie mit einigen wenigen, aber wichtigen Umstellungen ein sehr viel gesünderes Leben führen werden und dennoch nicht das Gefühl haben müssen, auf etwas zu verzichten. Ein gesunder Körper benötigt drei Dinge: die richtige Ernährung, genügend sportliche Ertüchtigung und ausreichend Schlaf. Wir werden uns zunächst mit den Grundlagen der richtigen Ernährung auseinandersetzen, uns damit beschäftigen, was gute und was schlechte Lebensmittel sind, und in welchem Verhältnis wir sie benötigen. Keine Sorge, ein gesunder Lebensstil muss nicht automatisch Verzicht bedeuten. Anschließend schauen wir uns an, wie Sie mit nur ein wenig mehr Sport in der Woche Ihre Leistungsfähigkeit um ein Vielfaches steigern können. Schließlich blicken wir auf ein oft unterschätztes Feld, auf den Schlaf. Forscher bestätigen, dass ein guter Schlaf existenziell für die Regeneration unseres Körpers ist und wir durch einen gesunden Schlaf sehr viel konzentrierter und aufnahmefähiger werden. Gesund sein ist eine Gabe, lange gesund zu sein ist hingegen eine Aufgabe.

1. Ernährung

»Papa, du hast eine Essmacke!« Diesen Satz habe ich nicht nur einmal gehört. Diesen Satz schlugen mir meine beiden Söhne ständig um die Ohren. »Entweder isst du gar nichts«, sagten sie, »oder du isst Mist. Kannst du nicht einfach normal essen?« Sie hatten ja recht. Mein Essverhalten war eine ziemliche Katastrophe. Und ich muss zugeben, dass die Analyse meiner Söhne mein Essverhalten ziemlich genau auf den Punkt brachte. Ja, ich hatte definitiv eine Essmacke! Oder anders ausgedrückt: Ich hatte ein unnatürliches Verhältnis zum Essen. Für mich war ein gutes Essen eine Belohnung. Und das kam aus meiner Kindheit. Ich begriff die warme Mahlzeit als Genuss weil ich ja wusste, was es bedeutet, Hunger zu haben. Als Kind hatte ich ständig Hunger, denn in der Ganztagsschule hatte ich ja mein Geld für die Essensmarken zweckentfremdet und mir davon lieber Schallplatten gekauft. Ich hatte viele Wochentage erlebt, an denen ab mittags der Magen knurrte. Eine warme Mahlzeit war und ist für mich deshalb etwas Besonderes. Eine Belohnung. Und belohnen wollte ich mich immer dann, wenn ich einen Tag erfolgreich hinter mich gebracht hatte. Nach Feierabend also. Doch Feierabend war bei mir früher ganz oft erst gegen 23 Uhr oder auch mal um oder nach Mitternacht. Wenn ich noch ein Restaurant fand, dass zu diesem Zeitpunkt offen hatte, dann belohnte ich mich dort für einen anstrengenden Tag. Ich wollte ein Erfolgserlebnis, ein Genussgefühl auf der Zunge haben. Dazu wählte ich natürlich keine leichten Speisen, sondern das, was aus meiner Sicht richtig lecker und köstlich war. In den Wintermonaten am liebsten Fleisch mit viel Sauce, Nudeln und anschließend dann noch ein Dessert und Pralinen. Alles, was auch nur nach Marzipan und Schokolade aussah, war vor mir sowieso nicht sicher. In der Regel gab es dazu auch noch ein halbes Fläschchen Wein. Ich mochte damals besonders gerne gute und schwere Rotweine.

Fast noch schlimmer war es, wenn ich auf Reisen war. Dann ging alles richtig durcheinander. Mein Tag war dann meistens vollgepackt mit Meetings, Konferenzen oder Deal-Verhandlungen, und wenn ich so gegen 23 Uhr ins Hotel kam, da legte ich mich erst einmal aufs Bett, atmete tief durch und dachte über den ganzen Stress nach, den ich den Tag über hatte. Dann raffte ich mich auf und griff zu meinem klassischen Stress-Reduzierer. Der Roomservice-Karte. Und da standen immer tolle Sachen drauf. Burger mit Pommes Frites, Currywurst oder Schnitzel. Das war so gut, und ich war so ausgehungert, dass ich oftmals mehrere Sachen bestellt und einfach miteinander kombiniert habe. Anschließend wurde dann die Minibar geplündert, in der schon so einige Schokoladentafeln und -riegel auf mich warteten.

Es gab einen Grund, warum ich am Abend einen so großen Hunger hatte. Ich musste Mahlzeiten nachholen. Denn mittags hatte ich nie so wirklich Zeit zum Essen. Viel wichtiger war es mir, durchzuackern. Ich hing ständig am Telefon, hangelte mich von Telefonat zu Telefonat, und während ich am Hörer hing, wollte mein Team schon die nächsten zwei Telefonate durchstellen. Und dann jagte auch noch eine Besprechung die nächste. Durch mein übertriebenes Arbeitspensum verschob sich meine warme Mahlzeit dann von normalen Essenszeiten hinein in den späten Abend. Je älter ich wurde, desto mehr spürte ich das auch. In jungen Jahren war das anders. Da konnte ich sogar nachts um vier Uhr aus der Disko kommen, noch etwas essen und schlief dann trotzdem wie ein Stein bis mittags. Aber mittlerweile ließen meine Arbeitstage nicht mehr zu, bis mittags auszuschlafen.

Um das ungesunde Essen noch zu steigern, aß ich nicht nur spät am Abend, sondern auch am nächsten Morgen noch völlig falsch und viel zu viel. Für mich musste es immer lecker sein. Ich wollte eine richtige Geschmacksexplosion am Gaumen haben. Ich dachte, ich könne mir das erlauben, schließlich würde ich ja mittags nichts essen. Also gab es morgens Brot und Brötchen mit Fleischsalat, Roastbeef mit Remoulade und Ei, leckere italienische Salami und was ich besonders liebte: Sahnejoghurts in allen Varianten. Zu dem ungesunden Ess-, kam auch noch ein ungesundes Trinkverhalten. Von wegen drei Liter Wasser am Tag! Da hatte ich aus meiner Kindheit bereits eine ganz falsche Prägung. Denn bei uns zu Hause, da gab es kein Mineralwasser. Da gab es Saft, Malzbier und Kakao.

Je länger ich mit dieser Essmacke lebte, desto mehr wirkte sich mein Lebensstil auf meine Gesundheit und meine Fettpölsterchen aus. Eines Tages stand ich vor dem Spiegel und bemerkte, dass ich ganz schön zugelegt hatte. Wahres Hüftgold. Das war ein Problem für meine Eitelkeit. Dass ich aber anfing, träger zu werden, dass es mir schwerer fiel, morgens aufzustehen – das war ein Problem für meinen Job! Ich fühlte mich unausgeschlafen und nicht vital. Manchmal war mein Gesicht auch aufgedunsen. Ich kämpfte dagegen an, indem ich mit Unmengen von schwarzem Tee gegensteuerte, pushte mich immer weiter auf, aß zwischendurch ein paar

Pralinen oder ein Stück Kuchen, um meine Energie wenigstens kurzfristig wieder etwas hochzudrücken, und merkte gar nicht, wie dieser ungesunde Essensstil mir nach und nach immer mehr schadete.

Ich habe tatsächlich erst sehr spät in meinem Leben gelernt, wie wichtig es doch ist, sich um eine gesunde Ernährung zu kümmern. Weil ich mir erst sehr viel später bewusst gemacht habe, dass unsere Ernährung eine enorm wichtige Grundlage unseres Wohlbefindens bildet. Aber wenn man einmal beginnt, sich mit gesunder Ernährung auseinanderzusetzen und durch eine Ernährungsumstellung erste Erfolge einfahren kann, dann fängt man ganz automatisch an, sich tiefer und tiefer in die Thematik einzuarbeiten.

So ging es auch mir. Ich fing an, viel zu lesen, und plötzlich wurde mir bewusst, wie wichtig es etwa ist, ausreichend Wasser zu trinken. Klar, das hatte ich schon oft gehört. Aber zu verstehen, warum der Körper das Wasser braucht, zu begreifen, dass unser Organismus zu 70 Prozent aus Wasser besteht, und den Zusammenhang zu begreifen, dass wir mindestens 3 Liter am Tag trinken sollten, damit unser Stoffwechsel optimal funktioniert, wir auf diese Weise sehr viel leistungsfähiger werden – das war mir alles recht neu. Der Mensch nimmt Nahrung ja nicht bloß zu sich, weil sie ihm so gut schmeckt, sondern weil sein Körper sie auch braucht. Tatsächlich hat die Nahrungsaufnahme für uns drei Funktionen.

Erstens: Nahrung gibt uns Energie. Man muss sich den Körper als eine komplexe biomechanische Maschine vorstellen. Und jede Maschine braucht Treibstoff. Aus Nahrung wird unser Treibstoff gemacht. Unser Körper besteht aus bis zu 100 Billionen Zellen. Und jede Zelle besitzt ein eigenes kleines Kraftwerk, das bestimmte Nahrungsstoffe in Energie umwandeln kann. Wir brauchen diese Energie für Wachstum und Regeneration, für die Aufrechterhaltung unserer Körpertemperatur, für das Denken, Bewegen, Sprechen. Kurz: Ohne Energie geht gar nichts. Und welche Stoffe können unsere winzigen Zellkraftwerke in Energie umwandeln? Die folgenden vier: Kohlenhydrate, Fette, Proteine und Alkohol.

Alkohol? Das mag merkwürdig klingen, aber auch Alkohol liefert uns jede Menge Energie. Allerdings mit Nebenwirkungen. Sie können Ihren Körper mit einem Motor vergleichen, mit dem Sie so richtig durchstarten wollen. Doch um ihn in Schwung zu bringen, braucht er Brennstoff. Entweder versorgen Sie ihn mit schonendem, guten Benzin – oder sie kippen irgendeinen anderen billigen Brennstoff hinein. Dann läuft der Motor zwar, aber Sie dürfen sich auch nicht wundern, wenn er irgendwann den Geist aufgibt. Ähnlich ist es mit Alkohol in Ihrem Körper. Zwar sorgt er kurzzeitig auch für Energie, doch die Nachwirkungen am nächsten Morgen und die langfristigen Folgen kennen Sie ja selbst.

Der wichtigste Energielieferant ist aber selbstverständlich nicht der Alkohol. Unsere Energie gewinnen wir primär aus Kohlenhydraten. Aber auch Eiweiße und Fette versorgen uns mit Kilokalorien – die Maßeinheit für Energie.

Zweitens braucht der Körper die Nahrung nicht bloß als Brenn-, sondern auch als Baustoff. Die vielen Zellen, die Sie in Ihrem Körper haben, sind da nicht umsonst. Die Zellen sind die Grundeinheiten aller Organe, Muskeln und Knochen. Innerhalb jeder einzelnen Zelle finden Tausende aufeinander abgestimmte chemische Reaktionen statt, und in ihrer Gesamtheit koordinieren diese Zellen die gesamte Funktionsweise unseres Organismus. Sie sorgen dafür, dass unser Herz schlägt, dass unser Gehirn arbeitet und dass uns unsere Lungen mit Sauerstoff versorgen.

Doch unsere Zellen haben nur eine begrenzte Lebensdauer. Irgendwann sterben sie einfach ab. Dann muss der Körper neue bauen. Das passiert ständig. In jeder Sekunde sterben Millionen von Zellen. Gleichzeitig entstehen auch wieder Millionen neue. Unser Körper ist so gesehen eine permanente Baustelle. Und diese Baustelle braucht Baumaterialien. Unser Körper besteht bis zu 70 Prozent aus Wasser, bis zu 15 Prozent aus Eiweiß und zu 10 bis 20 Prozent aus Fett. Der Rest sind Mineralstoffe, Vitamine und Kohlenhydrate. Wenn Sie wollen, dass Ihre Baustelle also nun immer in Betrieb bleibt, dann sorgen Sie dafür, dass Sie genug und verschiedene Baumaterialien haben. Nehmen Sie genügend Wasser, Eiweiß und Fett zu sich, zum Beispiel in Form von Hähnchenbrust oder Hülsenfrüchten (Eiweiß) oder Leinsamenöl (Fett).

Drittens benötigen Sie Nahrung nicht nur als Brenn- und Treibstoff, sondern auch als Hilfsstoffe, um den einmal laufenden Organismus in

Schwung zu halten. Vergleichbar mit dem Motoröl, ohne den ein Motor nicht richtig anlaufen kann und ins Stottern gerät. Wenn Sie ein Brot backen wollen, dann sollten Sie ein Stück Hefe hinzugeben, damit der Brotteig auch so richtig aufgeht. Ohne die Hefe ist das Brot bloß ein Teigklumpen. Und ohne natürliche Hilfsstoffe bleibt Ihr Körper bloß eine Hülle, die nicht richtig funktioniert. Als Hilfsstoffe benötigen wir Spurenelemente, Mineralstoffe und Vitamine. Eine gute Ernährung ist also eine Ernährung, die unserem Körper Energie gibt, die ihm den Baustoff für unsere Zellen zur Verfügung stellt und Hilfsstoffe an die Hand gibt, damit biologische Prozesse überhaupt erst ins Laufen kommen. Die wichtigsten Nahrungsergänzungsstoffe sind Vitamin C (baut Bindegewebe und Knochen auf, fördert die Eisenaufnahme und hemmt die krebserregende Nitrosaminbildung), Vitamin B12 (fördert die Zellteilung und die Blutbildung), B6 (fördert den Stoffwechsel und hilft bei der Umwandlung von Eiweiß) und Vitamin D3 (fördert den Stoffwechsel, stärkt die Knochen), sowie Magnesium und Calcium. Calcium steckt vor allem in Milchprodukten und ist besonders wichtig für die Muskelfunktion und den Knochenaufbau. Gerade Menschen über 65 Jahren unterschreiten in der Regel die empfohlene Zufuhrmenge. Magnesium ist vor allem in Gemüse und Vollkornprodukten enthalten. Es hilft dem normalen Energiestoffwechsel. Zu wenig Magnesium kann zu Ermüdungszuständen und auch zu Muskelkrämpfen führen.

Ich bin seit vielen Jahren mit dem Sportmediziner Hans-Wilhelm Müller-Wohlfahrt befreundet, der als langjähriger Mannschaftsarzt für die deutsche Fußballnationalmannschaft und für Bayern München bekannt wurde. Aber nicht nur die Bayern-Spieler liebten ihren »Wunder-Doc«, sondern auch internationale Superstars. Der U2-Sänger Bono soll Müller-Wohlfahrt sogar mal auf der Bühne für seine Wunderkünste gedankt haben. Was ist sein Geheimnis? Ganz einfach: Er versorgt seine Patienten mit einer Art Best-of von allen möglichen Hilfsstoffen. Essentielle Aminosäuren, Mineralien und Vitamine gehören dazu. Nach einer solchen Mixtur fühlt man sich geistig und körperlich wieder frisch und gestärkt. Aber eben nicht gepusht. Das ist kein Doping, sondern ein Aufbau des Körpers, der die Gelegenheit bekommt, wieder ganz aus dem Vollen zu schöpfen. Dabei ist es gar nicht so schwer. Die allermeisten Hilfsstoffe nehmen Sie automatisch auf, wenn Sie sich ausgewogen ernähren. Es gibt da nur zwei Ausnahmen.

Die erste ist Vitamin B12. Das Vitamin entstammt ursprünglich Bakterien, die sich im Erdboden oder an der Erdoberfläche befinden. Früher hat der Mensch in seiner natürlichen Ernährungsform auch mal Kartoffeln oder andere Gemüsearten aus dem Boden gezogen oder direkt vom Baum gepflückt. Durch diesen Kontakt haben wir B12 aufgenommen. Da wir unsere Lebensmittel aber heutzutage nicht mehr vom Boden, sondern fein säuberlich aus dem Supermarktregal nehmen, haben wir zwar jede Menge sonstiger hygienischer Vorteile. Allerdings aber auch ein B12-Defizit. Das gilt übrigens nicht nur für die Menschen, sondern auch für Tiere, die ihr Futter aus Trögen bekommen und auch nicht mehr mit dem Boden direkt in Kontakt kommen. Auch Vitamin D3 nimmt der moderne Mensch nicht mehr genügend zu sich. Das Vitamin wird vom Körper selbst durch die Sonneneinstrahlung produziert. Da wir heutzutage aber nicht mehr nackt auf der Savanne herumlaufen, sondern maximal bekleidet unterwegs sind, im Sommer auch eine Creme mit hohem Lichtschutzfaktor auftragen, mangelt es uns chronisch an Vitamin D3. Das ist nicht unbedingt schlimm. Früher entstand durch den mangelnden Schutz viel häufiger Hautkrebs. Wer die Wahl zwischen Vitamin D-Mangel oder Hautkrebs hat, der wird dankbar über die Errungenschaften der modernen Zeit sein, in der es Sonnencreme gibt. Und dennoch: Ein Mangel an Vitamin B12 ruft Müdigkeit und Schwäche vor. Vitamin-D-Mangel verursacht Gliederschmerzen, denn die Knochenmineralisolation wird gestört. Zu wenig Vitamin D kann unsere emotionale Stimmung drücken. Dagegen hilft die Einnahme von oralen Nahrungsergänzungsmittel, die nicht nur die Hormone ausgeglichen halten, sondern auch die Abwehrkräfte des Immunsystems verbessern und die Stimmung heben.

Sie essen gerne?
Essen Sie nun auch das Richtige!

Es ist nicht so, dass bei mir das Schnitzel jetzt gar nicht mehr auf den Tisch kommt. Das gibt es immer noch. Aber selten. Und nur zu besonderen Anlässen. Seitdem ich mich damit auseinandergesetzt habe, wie eine gesunde und ausgewogene Ernährung aussieht, und verstanden habe, welche Stoffe mein Körper eigentlich benötigt, habe ich meine Ernährung zu großen Teilen umgestellt. Ich setze jetzt hauptsächlich auf ganz bestimmte Lebensmittel. Lebensmittel, die die Maschine besonders gut zum Laufen bringen. Lecker sollen die natürlich auch sein.

Achten Sie zunächst einmal darauf, dass Sie alle Nahrungsgruppen gut bedienen. Wir sprechen hier von drei Makronährstoffen, die überlebenswichtig sind. Proteine (oder Eiweiße) beschleunigen das Wachstum im Körper, sie sorgen dafür, dass sich unser Immunsystem aufbauen kann, und sie sind für den Zellaufbau entscheidend. Ihre Zellen bestehen, wie fast bei jedem Menschen, zu 15 bis 17 Prozent aus Proteinen. Keine Sorge: Auch wenn die Werbung von neuen Produkten wie Protein-Puddings Ihnen etwas ganz anderes suggerieren will: Sie nehmen bei einer normalen Ernährung ganz automatisch genügend Proteine zu sich. Proteine sind in vielen Lebensmitteln fast immer mit enthalten, und der Tagesbedarf wird sehr schnell abgedeckt. Achten Sie nur darauf, dass Sie Ihr Eiweiß aus einer ausgewogenen Ernährung ziehen. Eier, Hülsenfrüchte und Soja sind tolle Proteinquellen. Fleisch und Fisch sind gute Proteinträger.

Ich liebe zum Beispiel ein gutes Hühnchen oder frische Meeresfrüchte wie Garnelen. Hier sollten Sie aber besonders auf gute Qualität achten. Zum einen im Sinne des Tierwohles, zum anderen aber auch in Ihrem ganz eigenen Sinn! Tiere, die in Massentierhaltung leben, Rinder, die in viel zu engen Ställen stehen, zeitlebens krank sind und sich niemals richtig bewegt haben, mögen günstig im Preis sein. Aber gut für Sie ist das nicht. Oder glauben Sie wirklich, dass es gesund sein kann, ein ganzes Hühnchen, das Sie für 99 Cent im Discounter kaufen, zu sich zu nehmen? Unabhängig davon, wie moralisch verwerflich es ist, den Preis für ein Leben so zu bemessen. Das sehen mittlerweile sogar die ersten Discounter ein und haben Mitte 2021 angekündigt, Billigfleisch aus dem Sortiment zu werfen. Tun Sie das auch! Werden Sie ein Qualitarier. Wenn schon Fisch und Fleisch, dann bitte gute Qualität. Dasselbe gilt auch für Ihr Gemüse. Die meisten Menschen kümmern sich mehr um ihr Auto als um ihre Gesundheit. Ein super Benzin, ein tolles Motoröl, genauso sollten Sie es mit der Qualität Ihres ganz eigenen Motors halten. Versorgen Sie ihn nur mit dem Besten des Besten. Übrigens: Auch wenn Sie ganz auf tierische Produkte verzichten, können Sie genügend Eiweiß zu sich nehmen. Denn Eiweiß wird ausschließlich in Pflanzen produziert und von den Tieren auch nur aufgenommen. Kühe haben Eiweiß im Körper, weil sie Pflanzen fressen. Ob Sie Ihr Eiweiß nun aus der Kuh oder der Pflanze, der direkten Quelle, holen, bleibt Ihnen überlassen. Wenn Sie ganz auf tierische Produkte verzichten, dann bekommen Sie Proteine auch in Gemüse und Hülsenfrüchten wie Bohnen.

Achten Sie darauf, auch genügend gesunde Fette zu sich zu nehmen. Diese helfen uns bei vielen Prozessen im Körper, unter anderem dabei, Zellen aufzubauen, Hormone zu produzieren und Vitamine aufzunehmen. Fette helfen auch, unsere Denkfähigkeit zu steigern. Aber unterscheiden Sie zwischen guten und schlechten Fetten. Das Fett, in das Sie Ihre Pommes frites reinwerfen, das Fett, das oben auf dem Käse Ihrer Pizza schimmert, das ist schlechtes Fett. Gesättigtes Fett. Gute Fette hingegen sind Omega-3-Fette. Omega-3-Fettsäuren sind in Fisch enthalten. Es gibt für günstiges Geld Fischölkapseln. Aber Fische sind gewissermaßen nur Mittelsmänner. Sie selber gewinnen ihr Omega 3 wiederrum aus Algen. Ich würde Ihnen empfehlen: Greifen Sie auf Algenöle zurück. Auf die Primärträger. Denn die Fischöle werden meistens aus Fischresten gewonnen, für die die Industrie keine Verwertung mehr hat. Da werden oftmals die Fischabfälle ausgepresst, um noch die Öle zu Geld zu machen. Aber auch in Avocado, Leinöl und Nüssen befinden sich die begehrenswerten Fette. Das ist gut für die Leistungsfähigkeit des Gehirns. Es hilft uns, schneller zu denken und uns besser zu konzentrieren. Das Gleiche gilt für natürliche Fette, die Sie in Nüssen finden. Nicht umsonst hat man einem bekannten Nuss-Mix damals den pfiffigen Titel »Studentenfutter« gegeben.

Kohlenhydrate sorgen dafür, dass Sie Energie bekommen. Aber Kohlenhydrate sind nicht gleich Kohlenhydrate. Es gibt bessere und es gibt schlechtere von ihnen. Denken Sie daran, dass nicht alles, was Sie in Ihrem Motor verbrennen können, auch gut für Ihren Motor ist. Die besseren Kohlenhydrate geben Ihnen langfristig Energie. Die schlechteren Kohlenhydrate lassen Ihr Energielevel kurz ansteigen und dann rapide wieder abfallen. Eine gute Maßeinheit, um zu bestimmen, wie hoch die Qualität der Kohlenhydrate ist, ist der sogenannte glykämische Index. Der glykämische Index, kurz GI, zeigt an, wie lang und hoch der Blutzuckerspiegel nach dem Verzehr eines Lebensmittels ansteigt.

Lebensmittel mit einem hohen glykämischen Wert lassen ihn schnell ansteigen, fallen dann aber auch wieder schnell ab. Sie kennen das vielleicht, wenn Sie ein Stück Schokolade essen oder ein Red Bull trinken. Für einen kurzen Moment steigt die Power. Mittel- und langfristig fällt sie hingegen radikal wieder ab. Achten Sie also darauf Kohlenhydrate mit einem niedrigen GI-Wert zu konsumieren. Darunter fallen etwa Körner, Gemüse, Obst und Hülsenfrüchte.

Ja, auch Obst hat jede Menge Fruchtzucker. Und der ist nicht unbedingt gut. Aber: Er kommt in Kombination mit jeder Menge Vitaminen, Mineralstoffen und anderen hilfreichen Spurenelementen, die im Obst enthalten sind. Das macht ihn besser verträglich und die Aufnahme des Zuckers im Körper wird verlangsamt. Das gibt uns langfristige Energie.

Zugegeben: Mir persönlich gefällt das auch nicht. Aber ich habe erkannt, wie blöd es eigentlich ist, sich mit Industriezucker kurzfristig hochzupumpen, damit man vielleicht eine knappe Stunde besser drauf ist und sich fitter fühlt, die nächsten fünf, sechs Stunden dann aber Kräfte und Konzentrationsfähigkeit deutlich reduziert sind. Ein schlechter Deal. Und dennoch: Auf Kuchen, Pralinen, Schokolade oder Gummibärchen zu verzichten fiel mir gerade anfangs besonders schwer. Das waren alles meine Lieblinge gewesen. Aber seit ich sie weitestgehend aus meiner Speisekarte gestrichen habe, spüre ich erst, wie viel mehr Power ich eigentlich freisetzen kann!

Wenn Sie Lebensmittel kaufen, dann sollten Sie darauf achten, dass diese grundsätzlich möglichst unverarbeitet und frisch sind. Setzen Sie wo möglich auf Superfoods. Superfoods sind für mich die wirklich beste Entdeckung seit Langem! Superfood bezeichnet natürliche, nicht verarbeitete Lebensmittel, die besonders hohe Mengen an Vitaminen und Mineralstoffen aufweisen. Sie erinnern sich? Die Hilfsstoffe. Mit denen pushe ich auch mein Energielevel ganz ungeheuer. Superfoods sind keine Allzweckwaffe, meistens sind sie nur in einer Sache so richtig super, denn sie haben in der Regel ein paar besondere Merkmale. Superfoods sind wie kleine Superhelden. Als Spezialisten auf ihrem Gebiet sind sie perfekt geeignet, um einer ausgewogenen Ernährung in bestimmten Bereichen den Turbo zu verschaffen. Etwa die indische Stachelbeere. Nur 100 Gramm davon beinhalten ganze 600 Milligramm Vitamin C – das 15-Fache des täglichen Mindestbedarfs! Kein Lebensmittel auf der Welt hat einen höheren Vitamin-C Gehalt. Wenn Sie also genau dieses Vitamin brauchen – greifen Sie hier zu. Oder die Paranuss – zwei Nüsse pro Woche reichen in der Regel aus, um den Bedarf an Selen vollständig zu decken. Statt Currywurst oder gar nichts hole ich mir zur Mittagszeit heute meistens einen Powersalat mit Edamame, Chiasamen und Avocado. Das ist leicht und macht nicht müde. Im Gegenteil, es versorgt mich mit der Energie, die ich brauche, um den restlichen Tag voll vital zu sein. Sie sollten gerade zur Mittagszeit darauf achten, dass Sie keine schweren Gerichte essen, die Ihnen im Magen liegen. Der Schweinsbraten mit der Rotweinsauce oder die Pommes frites rauben Ihnen die Energie. Versuchen Sie mittags eher kalorienreduziert und möglichst vollwertig zu essen.

Sie können in der Verarbeitungsform dieser Lebensmittel durchaus variieren. Wenn ich an einem langen Tag ein wenig müde bin, dann trinke ich manchmal einen Karotten-Ingwer-Saft. Der gibt mir wieder Energie. Greifen Sie auch mal zu einem Smoothie. Der Effekt ist durchaus der gleiche, als wenn Sie ein Tellergericht zu sich nehmen.

Die Power, die man durch so einen Saft erlangt, habe ich zum ersten Mal in Amerika erfahren. Im Jahr 2016 war ich sehr viel in Kalifornien unterwegs. Dort habe ich etwas kennengelernt, was mein Leben nachhaltig verändert hat. Eine ganz neue Esskultur! Die Menschen in Kalifornien haben gefühlt ein komplett anderes Verständnis von Ernährung als alle anderen Menschen, die ich bisher kannte. Dort ging es nicht so sehr um Geschmack, sondern immer nur um den nächsten Gesundheitstrend. Welche Lebensmittel machen mich noch fitter? In Malibu und Los Angeles gibt es eine Kette namens Sunlife. Vor den Filialen standen die Leute Schlange, um sich gesunde Bowls oder Säfte oder Smoothies zu kaufen. So etwas hatte ich noch nie gesehen. Ich kannte nur die Schlangen vor Starbucks. Ich betrat einen der Läden und kaufte mir eine Bowl mit Haferflocken und Mandeln und dazu einen Karotten-Ingwer-Smoothie. Zugegeben. Das war geschmacklich erst einmal gewöhnungsbedürftig. Ich bin kein Freund von Bitterstoffen. Aber man schmeckte gleich, dass das Zeug unglaublich gesund und vitalisierend ist. Ich schaute mir die Flasche an. Dort stand: Nahrung ist Medizin. Und das passte ganz gut. Auch Medizin ist manchmal bitter, aber man spürt schnell, wie gut sie einem tut.

Einmal habe ich Kevin mitgenommen. Kevin ist ein Teammitglied der Maschmeyer Group Ventures und eigentlich auch nicht so der Saft-Typ. Er schaute sich ängstlich um, als ich ihn dazu überredete, es doch einfach mal auszuprobieren. Er wählte einen grünen Smoothie. Er bestand aus Spinat, Grünkohl, Gurke, Sellerie. Er nannte ihn hinterher die »grüne Hölle«, was zu einem Running Gag zwischen uns wurde. Mittlerweile hat Kevin aber ganz schön Gewicht abgebaut und ist regelmäßiger Besucher in dem Laden. Die Saft-Medizin wirkt. Man muss sich nur selbst überlisten. Wenn man sich vorstellt, wie gesund das Zeug ist, dann schmeckt es auch besser. Wenn man sich ausmalt, wie gut es dem Körper tut, dann fällt es einem leichter, sich an den Geschmack zu gewöhnen. Und wenn man morgens so gesund mit der Ernährung beginnt, will man fast automatisch mittags damit weitermachen, statt irgendetwas Schweres, Ungesundes zu sich zu nehmen. Ein gesunder Körper ist genauso wichtig, wie ein gesunder Geist. Wie wir im Kapitel »Mentale Stärke« bereits gelernt haben, muss man sowohl den Körper, als auch den Geist manchmal ein wenig überlisten, um ihn an das zu gewöhnen, was ihm eigentlich Guttut.

Sie werden merken, dass die richtige Wahl der Lebensmittel Sie ganz anders durch den Tag bringen wird. Merken Sie sich: Gute Lebensmittel sind Nährstoffe. Schlechte Lebensmittel sind Schadstoffe. Je weniger Sie Gefahr laufen wollen, unter Mangelerscheinungen zu leiden, desto abwechslungsreicher essen Sie bitte. Sie finden oftmals tolle Inspirationen in Büchern. Ich habe etwa von meinem Sohn Marcel das Buch *How Not To Die* von Gene Stone und Michael Greger empfohlen bekommen. Es hat mir eindrucksvoll vor Augen geführt, dass sich viele frühzeitige Todesfälle verhindern lassen könnten – würde man sich einfach nur vollwertig ernähren!

> Sorgen Sie für eine ausgewogene Balance Ihrer Makronährstoffe. Fette sind Gehirnfutter, Kohlenhydrate Energielieferanten und Proteine Wachstumstreiber. Achten Sie auf die richtige Balance in Ihrer Ernährung und darauf, die Nährstoffe möglichst unverarbeitet zu sich zu nehmen.

Sie essen gesund?
Trinken Sie noch gesünder!

Ich selber habe immer wahnsinnig gerne Wein getrunken. Ja, ich liebe Weine. Aber es gibt Besseres. Heute verzichte ich weitestgehend darauf, habe den Wein gegen Wasser, Smoothies und grünen Tee eingetauscht, trinke, wenn überhaupt, nur noch Weißwein zu besonderen Anlässen und in Gesellschaft. Niemals alleine, um ihn als Stressreduzierer zu benutzen oder Probleme für ein, zwei Stunden kleiner werden zu lassen. Wenn ich überhaupt Wein trinke, dann ist das meistens Freitag- oder Samstagabend. Sonntag schon nicht mehr, da ich von Montag bis Freitag durchpowern möchte. Die weitverbreitete Meinung, ohne Alkohol kann man in Gesellschaft keinen Spaß haben, wenn die anderen trinken, kann ich nicht teilen. Seit einigen Jahren trinke ich im ersten Quartal überhaupt keinen Alkohol. Also vom ersten Januar bis quasi Ostern. Ich gehe sogar mit anderen essen, und es gibt viel Wein. Ich sage dann nicht, dass ich nichts trinke, sondern ich trinke einfach nicht, mein Glas wird einfach nicht leerer. Ein guter Freund von mir hat seit drei Jahren eine Erkrankung und darf seitdem keinen Alkohol trinken. Der hat genauso gerne wie der Rest unserer Clique Wein getrunken. Und ihm macht das überhaupt nichts aus, und ich merke überhaupt nicht, dass er nicht in der gleichen Stimmung ist oder sich nicht wohlfühlt. Viele praktizieren den sogenannten »dry january«. Das ist in

Großbritannien, aber auch in Frankreich eine Gesundheitskampagne, die dazu auffordert, im kompletten Januar auf jeglichen Alkohol zu verzichten. Man committet sich vor der Familie und Freunden, ab der Silvesternacht einen Monat lang vollständig auf jegliches Bier, Wein, Cocktails oder andere harte Drinks zu verzichten. Ursprünglich kommt diese Bewegung aus UK, wo die häufigste Todesursache von Menschen im Alter von 15 bis 49 Jahren Alkohol ist. Forschungsergebnisse der internationalen Agentur für Krebsforschung kommen zu der Schlussfolgerung, dass 4 Prozent aller erstmals registrierten Krebsfälle 2020 weltweit mit Alkoholkonsum zusammenhängen. Unter den Diagnostizierten, sind auch die mit sogenanntem moderaten Trinkverhalten. Darunter versteht man 20 g Alkohol am Tag, was einem halben Liter Bier oder einem Glas Wein entspricht.

Die Erfahrungsberichte von Teilnehmern und Teilnehmerinnen ist, dass sie besser schlafen und Gewicht verlieren. Die eigentliche Hoffnung ist, dass man nach dem trockenen Januar nicht so weitermacht wie vorher, vor allem nicht wie im Dezember, wo es den Glühwein, Rotwein und Silvesterchampagner gab. Dass man erkennt, es geht auch ohne Alkohol. Und es geht oftmals sogar besser.

Wie viel fitter man ohne Alkoholkonsum ist, merke ich auf Langstreckenflügen. Immer wenn ich nach San Francisco zu unserem Büro fliege, um dort die neuesten entdeckten Start-ups zu treffen und mit meinem Team zu reden. Dann bin ich elf bis zwölf Stunden in der Luft. Dort werden relativ gute Weine angeboten, und das habe ich natürlich zu Anfang auch angenommen. Irgendwie ist der Flug dann auch ein bisschen schöner, aber man hat eigentlich schon einen Kater, wenn man gelandet ist. Dies zusätzlich zur Zeitverschiebung ist einfach keine gute Idee. Mittlerweile trinke ich auf dem langen Flug keinen einzigen Tropfen Alkohol mehr – egal wie oft mir dieser angeboten wird, und wenn ich ankomme, dann mache ich als erstes eine Stunde Sport. Irgendwie komme ich dadurch mit der Zeitverschiebung besser klar.

Und etwas ganz Blödes mache ich auch nicht mehr, wenn ich nach Haus komme: eine halbe Stunde intensiv Sport treiben und direkt danach ein Glas Wein trinken. Mit dem Sport möchte man sich fit machen, und dann passen direkt danach ein paar Giftstoffe überhaupt nicht. Trinken wir Alkohol, fühlen wir uns gerädert und müde am nächsten Tag, weil der Alkohol dem Körper Wasser und Mineralstoffe entzieht. Machen wir uns ganz klar: Alkohol schädigt mit jedem Schluck Ihren Körper, weil es ein gefährliches Zellgift ist. Alkohol ist Ethanol, und selbst wenige Gramm werden Ihrem Körper schaden. Große Mengen schränken die Wahrnehmung ein und beeinflussen unser Verhalten. Auch, wenn es harmlos anfängt, mit kleinen Mengen, die entspannen und aufheiternd wirken. Unsere Leber baut das Ethanol durch Umwandlung ab, aber dabei entsteht eine Erhöhung von Fettsäuren, die sich über die Dauer in der Leber versammeln und zu einer Verfettung des Organs führen.

Essen Sie nicht mehr wahllos – Entwickeln Sie ein Ernährungskonzept!

Doch es gilt nicht nur, darauf zu achten, welche Lebensmittel Sie zu sich nehmen. Machen Sie sich einmal Gedanken über ein langfristiges Ernährungskonzept. Davon gibt es unzählige verschiedene Formen. Das passt gut in unsere leistungsorientierte Zeit, in der die Selbstoptimierung als Wert an sich gilt. Wir wollen möglichst gesünder und vitaler und fitter leben. Um das auch langfristig zu gewährleisten, hilft es tatsächlich, sich einmal ein ganzheitliches Ernährungskonzept anzuschauen, das nicht für einen kurzfristigen Effekt sorgt, wie bei einer Diät – wo man kurzfristig abnimmt, aber noch schneller zunimmt – sondern darauf ausgerichtet ist, Ihnen langfristig neue Energie und Vitalität zu schenken. Es gibt zahlreiche verschiedene Konzepte. Jedes dieser Konzepte hat Vorteile und Nachteile, aber ich glaube, wenn man sich für eins entscheidet, dann sollte man das ganz individuell nach Geschmack machen.

Sie essen gerne Unmengen an Fleisch und Fisch, können aber getrost auf Kartoffeln und Nudeln verzichten? Na, dann probieren Sie es doch einmal mit Low Carb! Sie sind jemand, der aus ethischen Gründen kein Fleisch oder, besser noch, gar keine Tierprodukte essen möchte? Werden Sie Veganer! Es gibt hier kein richtig und kein falsch. Jeder Körper ist anders. Jeder Körper hat einen anderen Stoffwechsel. Und so reagiert auch jeder Körper auf die verschiedenen Lebensmittel anders. Orientieren Sie sich also bei einem Ernährungskonzept sowohl an wissenschaftlichen Erkenntnissen, als auch an Ihren ganz persönlichen Vorlieben. Ich möchte Ihnen im Folgenden vier Konzepte vorstellen, die ich selber ganz besonders spannend finde.

Low Carb

Wenn Sie Ihre Ernährung auf Low Carb umstellen, dann nehmen Sie möglichst wenig Kohlenhydrate zu sich. Das ist besonders dann sinnvoll, wenn Sie eine Diät machen wollen. Wie bei jeder Diät gilt: Sie müssen weniger Kalorien zu sich nehmen, als Sie benötigen. Da Kohlenhydrate Energielieferanten sind, haben sie auch einen zumeist recht hohen Kaloriengehalt. Sprich: Wenn Sie bevorzugt auf andere Lebensmittel zurückgreifen, wird es Ihnen leichter fallen, ein Kaloriendefizit aufzubauen. Bei einer Low-Carb-Ernährung bleiben noch genügend Lebensmittel übrig, mit denen Sie eine halbwegs ausgewogene Ernährung gewährleisten können. Gemüse, Fleisch, Fisch, Nüsse, Salate und Beeren – das können Sie alles weiterhin ohne Probleme essen. Nur auf den Genuss von Kartoffeln, Nudeln, Reis und Brote müssten Sie ein Stück weit verzichten. Wenn Sie Kohlenhydrate komplett vermeiden, dann sprechen wir nicht mehr von Low-, sondern von No-Carb. Bei unter 30 Gramm Kohlenhydraten pro Tag wechselt der Körper in einen anderen Stoffwechselmodus. In die Ketose. Aber Moment, werden Sie sagen! Wir haben doch eben noch gelernt, dass Kohlenhydrate für die Energie zuständig sind? Wo sollen wir die denn dann herbekommen?

Tatsächlich gibt es noch eine zweite Möglichkeit für den Körper, an Energie heranzukommen. Wenn er keine Kohlenhydrate mehr vorfindet, beginnt er damit, Fette zu verbrennen. Bei diesem Prozess entstehen sogenannte Keto-Körper, die uns mit Energie versorgen. Entsprechend nennt sich dieser Stoffwechselmodus: Ketose. Wenn wir in die Ketose kommen, haben wir also einen entscheidenden Vorteil: Unsere Fettreserven, die einige von uns manchmal als kleine Rettungsringe um den Bauch herumtragen, schmelzen einfach so dahin. Aber Achtung: Eine solche Extremernährung ist nicht wirklich gesund, weil Ihnen zu viele Nährstoffe schlichtweg fehlen. Eine kohlenhdyratreduzierte Ernährung ist für all die Menschen empfehlenswert, die sehr leicht zunehmen und Probleme mit ihrem Gewicht haben. Low Carb kann ihnen helfen, Ihre Kalorienzufuhr ein bisschen besser unter Kontrolle zu haben und zugleich trotzdem noch Lebensmittel auf dem Speiseplan zu haben, die ausgewogen sind und gut schmecken.

Intervallfasten

2015 durfte ich der Golden-Globe-Verleihung in Los Angeles beiwohnen. Am Buffet traf ich einen alten Bekannten von mir. Einen Film-Investor, der auch in Start-ups investierte. Ich hatte den Mann schon seit etwa einem Jahr nicht mehr gesehen. »Na, mein Lieber«, sprach ich ihn an. »Du siehst ja fantastisch aus.« Und ich meinte, was ich sagte. Der gute Mann war schlank und rank. Er hatte ordentlich abgenommen. Das letzte Mal, als ich ihn gesehen hatte, da hatte er noch ein paar Rettungsringe am Bauch mit sich herumgetragen.

»Carsten«, sagte er, »mir geht es blendend. Ich habe seit einem halben Jahr mehr als zwölf Kilo abgenommen. Und ich fühle mich fitter als je zuvor.« Da wollte ich natürlich wissen, wie er das macht. Schließlich hatte ich auch noch das eine oder andere Polster angesetzt. Der Mann berichtete mir von der Intervall-Methode. Die Intervall-Methode? Davon hatte ich damals noch nichts gehört.

Intervallfasten bedeutet, dass man für klar definierte Zeiträume auf Essen verzichtet. Es gibt zwei gängige Varianten. Bei der 16:8-Methode liegen zwischen den Mahlzeiten des Vortages und der ersten Mahlzeit des neuen Tages sechzehn Stunden. Das bedeutet: Wenn ich abends um 20 Uhr meine letzte Mahlzeit zu mir genommen habe, dann esse ich frühestens um 12 Uhr am Folgetag wieder etwas. Ich habe dann ein Zeitfenster von acht Stunden, in denen ich zwei Mahlzeiten zu mir nehmen darf. Manche denken, in diesen acht Stunden Intervall können sie essen, was und wie viel sie wollen. Das ist natürlich Quatsch. Es zählt auch die Gesamtmenge an Kalorien eines Tages, also innerhalb der 24 Stunden.

Eine andere Art des Intervallfastens ist die 5:2-Methode. Sie besagt, dass ich an fünf Tagen in der Woche wie gewohnt esse, und dafür an zwei Tagen die Nahrungszufuhr auf ganz wenige Kalorien reduziert wird oder sogar komplett gefastet wird.

Durch die klar definierte Fastenzeit wird der Insulinspiegel gesenkt. Was heißt das? Damit der Körper die Kohlenhydrate in Energie umwandeln kann, braucht es Insulin. Insulin ist ein Hormon, dass die Zuckermoleküle aus dem Blut in die Zellen bringt. Dort werden sie dann umgewandelt. Insulin ist also so etwas wie ein Postbote. Wenn die Zelle aber schon voll ist, dann weist sie das Insulin ab – und nimmt nichts mehr an. Die Zellen reagieren irgendwann nicht mehr auf das Insulin. Diese »Insulinresistenz« führt zu Diabetes. Das Fasten hilft uns, das Fett in den Zellen abzubauen, sodass das Insulin wieder neue Zuckerpakete liefern kann, die in Energie umgewandelt werden. Die Kohlenhydrate, die wir zu uns nehmen, werden also nicht angesetzt, sondern verbrannt. Außerdem hat das Fasten noch einen weiteren Effekt. Dadurch, dass dem Körper über längere Zeiträume hinweg keine Nahrung zugefügt wird, versucht er die Energie, die er benötigt, von woanders zu gewinnen. Er geht an seine Langzeitspeicher und beginnt damit, Körperfett zur Energiegewinnung zu verbrennen. Er wechselt nach zwei bis drei Tagen in den uns schon bekannten Ketose-Modus. Intervallfasten hilft also auch, wenn Sie abnehmen wollen. Aber auch sonst werden Sie sich viel frischer und fitter fühlen, weil Sie nicht ständig einen vollen – müde und träge machenden – Magen haben.

Der Vorteil beim Intervallfasten ist, dass Sie nur auf die Zeiträume achten müssen, *wann* Sie essen. *Was* Sie essen, spielt hingegen eine untergeordnete Rolle. Natürlich sollten Sie sich nicht ständig die Pizza mit dem doppelten Käsebelag reinhauen, besser Sie greifen auch in diesen Ess-Intervallen zu den oben angesprochenen »sauberen Lebensmitteln«. Dennoch muss man beim Intervallfasten in erster Linie nicht auf Kalorien oder Mikro- und Makronährstoffe achten. Ob Sie 30 oder 50 oder 70 Gramm Kohlenhydrate zu sich genommen haben, spielt keine allzu entscheidende Rolle.

Seit nunmehr vier Jahren esse ich zumindest wochentags nur noch in Intervallen. Ich verzichte auf Frühstück, genehmige mir ein sehr leichtes Mittagessen und habe dann noch eine Mahlzeit am Abend. Ärzte und Experten sagen, dass es noch gesünder wäre, wenn ich das Abendessen weglassen würde und dafür frühstücke, aber das passt nicht zu meinem Rhythmus und wäre nicht kompatibel mit meinem sozialen Leben. Der Tag ist bei mir noch heute stressig, aber abends, da ist, so oft es geht, Gemütlichkeit angesagt, da will ich etwas essen. Übrigens: Fasten tun wir im Schlaf ja automatisch. Das englische Wort für Frühstück »Breakfast« bedeutet ja nichts anderes, als das Fasten zu brechen.

Veganismus

Mein Sohn Marcel war ein echter Fleischfresser. Nicht ohne Grund. Marcel machte ziemlich viel Krafttraining, und entsprechend viel Proteine nahm er zu sich. Fleisch. Fisch. Whey-Protein. Ganz klar, wer Muskeln aufbauen will, der braucht Eiweiß. Doch Marcel hatte immer wieder Gelenkschmerzen. Es hörte nie so wirklich auf. Mal waren es Schmerzen in der Schulter, dann wieder im Knie. Irgendwann suchte er einen Physiotherapeuten auf. Und der erzählte ihm etwas Interessantes. »Diese ganzen Entzündungen, die du ständig hast, die würden deutlich weniger werden, wenn du auch weniger Fleisch essen würdest«, sagte er zu meinem Sohn. Marcel schüttelte den Kopf. Für ihn war das ein völlig revolutionärer Gedanke. Weniger Fleisch? Unmöglich! Wer viel trainiert, der braucht Proteine. »Klar«, sagte ihm sein Physiotherapeut. »Aber es gibt auch pflanzliche Proteine. Hast du schon einmal etwas von Patrik Baboumian gehört?« Hatte er nicht. Aber er recherchierte.

Baboumian ist ein deutscher Kraftsportler, der bei den Strongman-Meisterschaften 2011 zum stärksten Mann Deutschlands gekürt wurde. Und Baboumian war seit vielen Jahren Veganer. Na, dachte mein Sohn, wenn der das schaffen kann, sogar Strongman zu werden, dann ist es vielleicht doch möglich, Kraftsportler zu sein und auf Fleisch zu verzichten. Und dann fing er an, sich weiter und weiter in das Thema reinzufuchsen. Er las das Buch *The China Study* von dem emeritierten Professor T. Colin Campbell, der in zahlreichen Studien nachweisen konnte, dass es tatsächlich einen Zusammenhang zwischen Fleischkonsum und Krankheiten gibt.

Aber den Ausschlag, seine Ernährung komplett zu verändern, gab es für Marcel erst ein paar Monate später. Er besuchte ein Seminar von Motivationscoach Anthony Robbins in London. Die riesige Halle war ausgebucht. 7000 Menschen waren vor Ort. Und dann passierte es. Ein Mann kam auf die Bühne. Ein athletischer, lockerer Mann, mit einer guten Figur, der das Seminar gemeinsam mit Robbins leitete. Irgendwann rief er das Publikum auf, doch einmal zu schätzen, wie alt er denn sei. Marcel hätte ihn auf Anfang oder Mitte 40 geschätzt. Dann löste er auf. Er ginge auf die 60 zu, sagte er. Staunen im Saal. »Und wie mache ich das?«, fragte er in die Stille hinein. »Indem ich vegan lebe!« Zack, da war es um Marcel geschehen. Am Ende des Seminars brachte Robbins seinen klassischen Abschluss: »Gehen Sie nach Hause«, rief er seinem Publikum zu. »Und ändern Sie ab heute irgendeine Sache, die Sie hier gehört haben, ab sofort und für immer in Ihrem Leben! Ganz egal, welche.« Und Marcel nahm sich vor, das mit dem Veganismus auszuprobieren. Zunächst einmal drei Monate lang. Bis heute ist er dabeigeblieben.

Auch ich versuche seit einigen Jahren, möglichst auf Fleisch zu verzichten. So ganz schaffe ich das noch nicht. Aber ich bin schon ein gutes Stück weit besser darin geworden, auf Alternativprodukte umzuschwenken. Marcel hat mich dazu inspiriert. Er verzichtet als überzeugter Veganer nicht bloß auf Fleisch, sondern auf sämtliche tierische Produkte. Zum einen natürlich aus ethischen Gründen. Und das, muss ich sagen, ist ein Punkt, dem man einfach nicht widersprechen kann. Wenn man sich die Massentierhaltung unserer Gegenwart so anschaut, dann wird einem ganz schwer ums Herz. Die Bilder von den eingepferchten Tieren in kleinen Boxen sind grausam. Doch Marcel ist auch fest davon überzeugt, dass eine vegane Ernährungsweise gesünder für uns alle ist. Besonders Fleisch und Fisch sind für den menschlichen Organismus schwerer verdaulich. Außerdem fallen bei einer veganen Lebensweise noch viele andere Lebensmittel weg, die nicht allzu gesund für uns sind.

Wer sich vegan ernährt, der greift beinahe automatisch auf frisches, möglichst unbelastetes Gemüse und Obst zurück. Pflanzliche Lebensmittel sind in der Regel auch fett- und kalorienarm und enthalten im Gegensatz zu Fleisch, Milchprodukten und Eiern mehr Ballaststoffe, weswegen es bei

Fleischessern häufig zu Verstopfung kommt. Wer also schlank sein will, dem fällt dies mit einer veganen Ernährungsweise sicherlich leichter als mit fetten tierischen Produkten.

Für Marcel war es zu Beginn gar nicht so einfach, auf Fleisch und tierische Produkte zu verzichten, denn er war kein gelernter Veganer, sondern an den Geschmack dieser Produkte gewöhnt. Was ihm geholfen hat, das sind die mittlerweile ganz exzellenten Ersatzprodukte, die es auf dem Markt heute gibt. Ob ich mir einen Burger aus echtem Fleisch auf den Grill lege oder ein Beyond-Meat-Produkt: Die Technik ist mittlerweile so weit fortgeschritten, dass man schlichtweg keinen Unterschied mehr schmeckt. Im Gegenteil. Es gibt auch vegane Käsesorten, die viel leckerer sind als die klassischen Milchprodukte, oder zumindest gleich gut. Ich glaube, dass sich eine vegane Lebensweise mehr und mehr durchsetzen wird. In Zukunft wird es künstliches Laborfleisch geben, das geschmacklich so nah an dem Original dran ist, dass die allermeisten Menschen freiwillig darauf verzichten werden, eine tote Kuh zu essen, wenn sie den gleichen Geschmack und ausreichend Nährstoffe auch so bekommen können.

Clean Eating

Forscher haben vor einiger Zeit ein interessantes Experiment gestartet. Sie haben Mäuse mit verschiedenen Lebensmitteln versorgt. Zunächst haben sie ihnen besonders fetthaltige Lebensmittel gegeben. Die Mäuse haben sie gefressen. So lange bis sie keinen Hunger mehr hatten. Am nächsten Tag haben die Wissenschaftler die Mäuse mit besonders zuckerhaltigen Lebensmitteln versorgt. Auch die wurden so lange gefressen, bis die Mäuse keinen Hunger mehr hatten. Am dritten Tag hat man den Tieren eine Kombination aus fettigen und zuckrigen Lebensmitteln gegeben – und die Mäuse haben gefressen und gefressen und gefressen. Sie haben gar nicht mehr aufgehört. Es ist erstaunlich, denn diese Kombination ist eine Erfindung der Nahrungsmittelindustrie. In der Natur kommt so etwas gar nicht vor. Aber wir Menschen haben Snickers und Pommes-Rot-Weiß erfunden. Ein genialer Trick der Industrie, um Kalorien zu verkaufen. Es war übrigens genau diese Kombination von fettig und zuckrig, die mich auf den Room-Service-Karten der Hotels hat wieder und wieder schwach werden lassen. Auch das ist ein Grund warum ein alter Ernährungstrend gerade wieder eine neue Konjunktur erfährt. Clean Eating, also »sauberes Essen«, ist als Trend gar nicht so neu, wie er daherkommt. Im 20. Jahrhundert kannte man die Clean-Eating-Methode schon. Man nannte sie da noch »Vollwerternährung«. Aber was hat es damit auf sich?

Der Gedanke ist, dass man sich so natürlich wie möglich ernährt. Sprich: dass man komplett auf verarbeitete Lebensmittel, Fertigprodukte und Fast Food verzichtet. Verarbeitete Lebensmittel? Das sind Produkte, bei denen irgendwelche chemischen Ergänzungen wie Farb- und Konservierungsstoffe zugefügt wurden. Diese Stoffe sorgen dafür, dass die Produkte länger halten und vielleicht auch von außen besser aussehen. Aber so wirklich gesund sind sie meistens nicht, denn durch den Verarbeitungsprozess haben die Inhaltstoffe gelitten, und die Lebensmittel sind nicht mehr so nährstoffreich, wie sie es einmal waren. Sie wurden eher schadstoffreich ergänzt. Ob man aus einem Weizenkorn nun eine gesunde Graupensuppe oder ein Croissant macht, ist schon ein gewaltiger Unterschied. Und woran erkennen Sie bearbeitete Produkte? Ganz einfach. Ein Blick über die Zutatenliste ist meistens schon recht aufschlussreich. Je länger die nämlich ist, desto weniger clean ist ein Produkt. Tauchen dort mehr als fünf Zutaten oder sogar Konservierungsstoffe, Bindemittel oder Aromen auf, dann greifen Sie besser nicht zu. Auch alle Produkte, in denen Salz- oder Industriezucker verarbeitet sind, sollten Sie von Ihrer Einkaufsliste streichen.

SMARTE START-UP-IDEE:

Sie haben eine Lebensmittelunverträglichkeit? Die App HealthMe schafft Abhilfe. Einfach beim Einkaufen den Barcode scannen, schon wird Ihnen mittels KI angezeigt, ob sich in dem Produkt schädliche Allergene oder andere für Sie ungeeignete Inhaltsstoffe befinden. Die App zeigt Ihnen dann Alternativen auf.

Wenn Sie ein *Clean Eater* werden, dann landen auf Ihrem Teller ab sofort nur noch die unterschiedlichsten Obst- und Gemüsesorten, Naturjoghurt, Nüsse und Hülsenfrüchte, und wenn Sie nicht Vegetarier sind, möglichst unverarbeitetes Fleisch und Fisch (Lachsfilet ja, Fischstäbchen nein), Vollkornreis und Vollkornnudeln und ganz viel Superfood. Streichen sollten Sie hingegen Chips, Eiscreme, Schokoriegel, Fertigtütenprodukte, Fertigsuppen, Tiefkühllasagne (aber Achtung: Bei Tiefkühlgemüse dürfen Sie zugreifen, das ist gesund!), Ketchup, Grillsaucen und Salatdressings, Wurstwaren, Limonaden und fast alle Energydrinks. Als Clean Eater werden Sie auch genügend Ballaststoffe zu sich nehmen. Keine Selbstverständlichkeit. Laut einer Studie nehmen 97 Prozent der Amerikaner zu wenig davon ein. Das ist besonders erstaunlich, da Ballaststoffe eigentlich in den meisten natürlichen Lebensmitteln vorkommen. In Vollkornbroten, Hülsenfrüchten oder Obst sind fast immer genügend Ballaststoffe enthalten, die wir brauchen, um unseren Tagesbedarf von rund 35 Gramm zu decken. Doch immer mehr Menschen essen immer weniger natürliche Lebensmittel und greifen stattdessen auf Industrieprodukte zurück. Und in denen sind kaum Ballaststoffe enthalten. Das hat zwei fatale Folgen. Zum einen sind die Ballaststoffe gut für die Verdauung. Zum anderen aber signalisieren sie uns auch, wann wir genug gegessen haben. Wenn wir satt sind! Doch wenn es diese Ballaststoffe nicht mehr gibt, dann essen wir immer weiter. So wie die Mäuse es in dem Experiment getan haben.

Das sind nur vier von unzähligen Ernährungskonzepten, die dazu dienen, dass Sie sich wohler in Ihrem Körper fühlen. Ob Sie sich nun für die Dukan-Diät (besonders proteinreiche Ernährung), für die Logi-Methode (strikte Ausrichtung der Ernährung an der Nahrungspyramide), das Paleo-Prinzip (nur Lebensmittel essen, die es auch schon in der Steinzeit gab), für Atkins (Kohlenhydrate komplett weglassen) entscheiden, es bleibt ganz Ihnen überlassen. Alle Ernährungskonzepte haben gewisse Vor- und gewisse Nachteile, aber bei den meisten werden Sie sehr schnell eine Verbesserung Ihrer Leistungsfähigkeit feststellen. Wichtig ist nur, dass es sich hier nicht um kurzfristige Diäten, sondern um eine langfristige Ernährungsumstellung handelt. Entsprechend sollten Sie zu einer

Methode greifen, die zu Ihnen passt. Die sich gut in Ihren Alltag integrieren lässt. Manche Konzepte lassen sich auch gut miteinander kombinieren. So können Sie Clean Eating oder Intervallfasten betreiben und sich dabei nur mit Low-Carb-Produkten ernähren. Probieren Sie aus, kombinieren Sie, essen Sie das, wonach Sie sich am besten fühlen. Food creates mood. Nur: Essen Sie unbedingt bewusst!

Sie sind strikt bei der Ernährung? Schummeln Sie auch mal!

Heute habe ich meine »Essmacke« weitestgehend überwunden. Ich ernähre mich meist mit gesunden Lebensmitteln, und ich esse nur noch in absoluten Ausnahmefällen so spät am Abend wie damals. Und zwar nur dann, wenn es einen sozialen Anlass gibt. Zum Beispiel, wenn mal wieder eines der berühmten Start-up-Closing-Dinner ansteht. Das ist eine Veranstaltung, bei der sich der Gründer oder die Gründerin mit allen Geldgebern zu einem Dinner treffen. Da mache ich natürlich mit. Versuche mich aber ein wenig zurückzuhalten. Wenn es ein festes Menü gibt, dann esse ich nicht jeden Gang komplett auf. Und ich halte mich mit Alkohol zurück. Wenn es möglich ist, á la carte zu wählen, dann nehme ich immer das leichteste Gericht. Ein bisschen gedünsteten Fisch, ein bisschen Gemüse, aber kein Dessert. Am wohlsten fühle ich mich aber, wenn ich abends nichts mehr esse. Wenn es geht, nehme ich spätestens drei Stunden vor dem Schlafengehen meine letzte Mahlzeit zu mir.

SMARTE START-UP-IDEE:

Sie können sich einen kleinen Snack hin und wieder nicht verkneifen? Dann greifen Sie zumindest auf Produkte von The Nu Company zurück. Die Schokolade dort schmeckt fantastisch – hat aber 65 Prozent weniger Zucker. Ein Schokoriegel für das gute Gewissen!

Schwer fällt mir das im Sommerurlaub, wenn wir im mediterranen Raum sind. Da isst man eben spät, gerade in Italien. Ich liebe das Land schon für seine Pasta. Da gibt es dann Ausnahmen. Es ist schließlich Urlaub, und ich muss am nächsten Morgen nicht in Bestform beruflich performen. Für Ausnahmeregelungen aller Art hat man einen schönen neumodischen Begriff gefunden: den Cheatday. Den Schummeltag. An diesem einen Tag ist all das erlaubt, was sonst nicht erlaubt ist. Der Gedanke dahinter ist, einen Tag zu definieren, der am Gesamtkonzept nicht viel kaputtmachen kann, Ihnen aber psychologisch ein klein wenig hilft, die oftmals trockenen Durststrecken eines Ernährungskonzeptes durchzustehen. Aber Achtung: Übertreiben Sie es nicht. Gönnen Sie sich etwas, aber verfallen Sie nicht gleich in große Fress- und Trinkgelage. Es geht um den Genuss. Nicht um den Exzess.

Beim Intervallfasten erlaube ich mir ebenfalls des Öfteren eine Ausnahme, das ist Sonntagfrüh, da genehmige ich mir ein spätes Frühstück, was schon eher ein Brunch ist. Und zwar zusammen mit der Familie. Dann laufe ich zum Bäcker in Schwabing und hole Semmeln, die noch schön warm sind, und dann gibt es auch mal einen meiner früher so heiß geliebten Sahnejoghurts.

Die Kuchen- und Tortenschlachten gibt es bei mir nur noch an den Geburtstagen der Familienmitglieder. Und selbstverständlich lasse ich auch die Advents- und Weihnachtszeit mit dem köstlichen Gebäck, den Dominosteinen und der Weihnachtsgans nicht komplett weg. Aber dafür wird Anfang Januar auch eine konsequente Fastenkur gemacht. Durchschnittlich esse ich dann fünf Tage überhaupt nichts. Trinke nur Wasser, Kräutertees und Gemüsesäfte. Der erste Nachmittag und der erste Abend sind sehr schwer zu überstehen. Ich fühle mich da wirklich schlapp. Auch der zweite Nachmittag und Abend erfordern eine Menge Disziplin. Da beginnen dann die Kopfschmerzen. Ich bin in dieser Zeit auf einem klassischen Entzug. Die ersten beiden Tage sind doof, und die Stimmung wechselt teilweise von depressiv zu aggressiv. Manchmal müssen meine Büroleute darunter leiden, denn damit ich nicht den ganzen Tag darüber nachdenke, wie schön es wäre, jetzt zu essen, mache ich die Saftkur wochentags – während ich arbeite.

Viele Experten empfehlen, das an freien Tagen zu machen. Aber ich versuche auf diese Weise, meine Psyche zu überlisten: Ich versuche mir selbst einzureden, dass ich jetzt eh nicht zum Essen komme, und dann denke ich auch gar nicht mehr so oft daran. Verbringt man die Zeit aber zu Hause und hat nicht viel zu tun, dann denkt man an nichts anderes mehr als die nächste Mahlzeit oder wie toll jetzt ein Restaurantbesuch wäre. Während der Arbeit fällt mir der konsequente mehrtägige Verzicht zumindest viel weniger schwer. An Säften trinke ich vor allem Gemüsesäfte mit Rote Beete, Sellerie, Gurke oder Spinat. Wenn es mir zu bitter wird, dann nehme ich mir auch einmal einen Ananas-Saft mit Karotte oder Karotte mit Apfel. Reine Gemüsesäfte sind aber wesentlich gesünder und beinhalten vor allem nicht den Fruchtzucker.

Cheatdays sind verkraftbar. Ein Cheatday ist völlig in Ordnung. Noch besser aber ist es, sich langsam, Stück für Stück, zu gesunden Alternativen vorzuarbeiten, die genauso gut schmecken – Ihnen aber kein schlechtes Gewissen machen müssen. Eine meiner ganz großen Leidenschaften, das sind Nudeln. Das lässt sich allerdings nur schwer mit einem gesunden Lebensstil vereinbaren, immerhin haben Nudeln jede Menge Kohlenhydrate. Mein Geheimrezept: Pasta Primavera. Ganz viele frische Tomaten, Pilze, Erbsen, weiße Bohnen, Paprika, Zwiebeln, Knoblauch – ein riesiger Topf mit Gemüse, mit allem, was gesund ist. Und das in einem Verhältnis von Zwei-Dritteln zur Pasta. Die Pasta besteht mittlerweile aus Vollkorn. Und wer es wirklich hundertprozentig kompatibel haben will, der macht sich Nudeln einfach selbst. Etwa aus Zucchini – sogenannte Zoodles. Sie brauchen dafür nur einen Spiralschneider, der Ihnen das Gemüse in Streifen schneidet. Alternativ können Sie auch auf Möhren zurückgreifen. Und wenn Sie einmal in einer kompletten Diät-Phase sind, dann gibt es Nudeln aus der Konjakwurzel. Sogenannte Null-Kalorien-Nudeln, die auch keinerlei Kohlenhydrate haben. Auch Reis kann aus der Konjakwurzel gewonnen werden. Das ist völlig geschmacksneutral, nicht sonderlich reichhaltig, hilft aber, wenn man auf sein Gewicht achten muss. Auch bei einem weiteren Lieblingsessen von mir, dem Schnitzel, gibt es Alternativen. Zwar handelt es sich meist nicht um das hochwertigste Fleisch, noch schlimmer aber ist die leckere Panade, eine kohlenhydratlastige Weizenmehl-Umrandung, in der sich jede Menge Fett und Butter ansammelt. Aber auch hier gibt es Innovationen.

Eine vegane Panade aus 100 Prozent Gemüse, genannt Veggie Crumbz. Und für alle Pizzaliebhaber gibt es Lizza. Ein Pizzateig, der aus Chia- und Leinsamen hergestellt wurde. Schmeckt wie das Original, ist aber viel gesünder! Sie sehen: Sie brauchen nicht auf Geschmack zu verzichten, wenn Sie gesund leben wollen. Bloß auf einige unnatürliche Industrielebensmittel, für die es in der Natur aber sowieso viel bessere Alternativen gibt. Noch nie war es dem Menschen möglich sich so ausgewogen und gesund zu ernähren, wie heute, wie in der Moderne. Technische Errungenschaften und Fortschritte haben dazu geführt, dass unser Körper sämtliche Bedürfnisse befriedigen kann, dass alles an Lebensmitteln verfügbar ist. Nutzen Sie diese Innovationen! Sie werden selber merken, wie gut es Ihnen schon sehr schnell gehen wird, wenn Sie auf eine gesunde, eine ausgewogene und vollwertige natürliche Ernährung achten.

2. Sport

Als ich das Fernsehstudio verließ, war die Sonne schon lange untergegangen. Ich öffnete die drei obersten Knöpfe meines Hemdes, schloss die Augen und genoss den frischen Wind, der mir um die Nase wehte. Zwölf Stunden war ich zum Dreh im »Höhle-der-Löwen«-Studio. Zwölf Stunden waren nicht nur zahlreiche Kameras, sondern noch sehr viel mehr Lampen, Lichter und Spots auf mich gerichtet. Ich streckte mich und drückte meinen Rücken durch. Mir tat alles weh. Ich versuchte in den letzten Jahren so gut es ging zu vermeiden, den ganzen Tag bloß zu sitzen. Das kannte ich ja noch von früher. Auch wenn ich in verschiedenen Städten Kundengespräche hatte, saß ich dann doch sieben oder acht Stunden im Auto und hatte keine Bewegung. Geschweige denn an den Tagen, an denen ich von früh morgens bis spät nachts im Büro ein Meeting nach dem anderen hatte. Es gab Tage, an denen konnte man das nicht vermeiden. Aber ich spürte, wie sehr es mir zusetzte.

Die Natur hat den menschlichen Körper nicht zum Sitzen gebaut. Die Natur hat den Menschen als Jäger und Sammler konstruiert. 2,5 Millionen Jahre lang waren unsere Körper nur darauf ausgerichtet, ständig auf der Hut und permanent in Bewegung zu sein. 75.000 Generationen lang. Dann kamen der Ackerbau und die Viehzucht. Das ist jetzt 350 Generationen her. Aber auch in dieser Zeit waren die Menschen körperliche Arbeit gewohnt, ob sie nun auf den Feldern schufteten oder als Ritter durch ferne Ländereien zogen. Man bewegte sich. Erst vor rund 250 Jahren begann das Industriezeitalter. Das ist gerade einmal zehn Generationen her.

Unsere Lebensweise hat sich schneller verändert, als unsere Biologie nachziehen kann. Und somit sind wir körperlich noch immer so aufgestellt, wie wir es vor Hunderten von Jahren schon waren. Auch wenn wir heute ganz anders leben. Unser Körper ist darauf optimiert, den ganzen Tag auf den Beinen zu sein. Als der liebe Gott uns damals geschaffen hat, da hatte er also nicht im Kopf, dass ich den gesamten Tag nur in einem Fernsehstudio sitzen und mir die Pitches junger Investoren anhören würde – oder dass Sie von morgens bis abends im Büro oder im Homeoffice vor dem Rechner hocken.

Die Konsequenzen sind dramatisch. Allein in Deutschland sind laut einer aktuellen Studie zwei Drittel aller Männer (67 Prozent) und die Hälfte aller Frauen (53 Prozent) übergewichtig. Ein Viertel der Erwachsenen im Land gilt sogar als adipös. Als stark übergewichtig. In den USA sind die Werte noch höher.

Wie gehen wir nun damit um? Sollen wir wieder in einer Höhle leben und uns von der Jagd ernähren? Die Zeit ist vorbei. Dennoch braucht unser Körper einen Ausgleich zu der täglichen Herumsitzerei, zu der ewigen Büroarbeit. Er braucht Bewegung. Nur so kann man gesund, fit und vital bleiben.

Sie machen Sport, um sich besser zu fühlen? Machen Sie Sport, um jünger zu werden!

Vor einiger Zeit hörte ich von einem neuen Programm, das zwei weltberühmte Professoren von der Medizinischen Hochschule Hannover entwickelt hatten. Es nennt sich Rebirth Active. Die beiden Professoren, ein

Herzchirurg und ein Sportmediziner, haben eine interessante Entdeckung gemacht. Sie haben herausgefunden, dass sich im zunehmenden Alter die Telomere verkürzen. Die Telomere sind eine Art Schutzkappe, die oben auf den Chromosomen sitzen. Wenn sich unsere Zellen teilen, werden die Telomere automatisch ein Stückchen kleiner. Irgendwann aber werden sie so klein, dass sie einfach kaputtgehen. Das ist schlecht. Denn dann können sich unsere Zellen auch nicht mehr teilen. Und wenn unsere Zellen sich nicht mehr teilen können, verfällt der Körper nach und nach. Wir altern. Jetzt haben diese beiden klugen Männer aber eine Methode gefunden, wie man die Telomere wieder ein Stück weit verlängern kann. Und ein Programm daraus gemacht. Rebirth Active. Da analysieren Sie ganz genau, in welchem Zustand sich Ihr Körper befindet und in welcher Dosierung und wie viel Bewegung Sie am Tag benötigen. Mit dieser Methode können Sie Ihr biologisches Zellalter um bis zu 10 manchmal sogar 15 Jahre verjüngen. Das beste Anti-Aging, da kommt keine Anti-Faltencreme mit.

Doch auch unabhängig von diesem hochkomplexen und komplett individualisierten Programm geben die beiden Herren den Menschen einen ganz grundlegenden Tipp mit auf den Weg. Jeder kann es ganz einfach schaffen, seine Telomere zu verlängern, wenn er ein ganz bestimmtes Sportpensum in der Woche erfüllt. Der Bedarf ist bei jedem Menschen unterschiedlich, aber was zählt, ist, dass Sie überhaupt etwas machen. Egal ob Sie fünfmal die Woche eine Stunde spazieren gehen, ob Sie dreimal für zwanzig Minuten rudern oder zweimal zum Kickbox-Training gehen. Sportliche Bewegung ist super gesund. Sie stärken Ihr Immunsystem, den Herzkreislaufapparat, stärken Ihre körperliche Fitness und tun Gutes für Ihr junges Aussehen. Gleichzeitig beugen Sie Krankheiten vor und stabilisieren Ihren Bewegungsapparat. Diese Art von Sport ist das beste Medikament, ohne jegliche Nebenwirkung. Hauptsache regelmäßige Aktivitäten, und die Telomere verlängern sich wieder.

Sport ist ein Jungbrunnen! Wer sich fit hält und regelmäßig Sport treibt, der kann dadurch sein biologisches Zellalter senken.

Sie machen Sport? Machen Sie ihn regelmäßig!

Meine Maßstäbe haben sich in den letzten Jahren ein wenig verändert. Wenn ich es abends nicht mehr schaffe, nach Hause zu kommen, dann übernachte ich in einem Hotel. Früher, da habe ich ein Hotel nach den Zimmern ausgesucht. Heute entscheidet das Gym, wo ich abends unterkomme. Ein Hotel-Gym ist ein Muss. Am besten ist es, wenn der Fitnessraum auch noch rund um die Uhr geöffnet ist. Nur so schaffe ich es, regelmäßig im Training zu bleiben. Und das ist entscheidend! Mussten Sie schon einmal einen Gips tragen? Dann werden Sie einen ganz interessanten Effekt bemerkt haben. Je länger Sie einen Körperteil eingegipst hatten, desto mehr werden Sie an dem entsprechenden Arm oder Bein an Muskelmasse verloren haben. Das entspricht einem ganz natürlichen Prinzip der Natur. Dem Prinzip des *Use it or lose it*! Dies ist auch das Grundprinzip der Evolution. Wenn sich ein Lebewesen stark genug an seine neue Umwelt gewöhnt hat, dann verliert es nach und nach die Körperteile, die es noch in seiner alten Umwelt benötigte, die hier aber nicht mehr zum Einsatz kommen. Etwa die Fische, die mittlerweile an Land leben und zu Amphibien geworden sind. Die haben heute keine Flossen mehr. Brauchen sie ja nicht. Also verschwinden sie. Aber genauso ist es natürlich auch umgekehrt. Wenn Sie ein Körperteil besonders häufig benutzen, dann wird es dadurch trainiert und entsprechend stärker. Wenn Sie täglich ins Fitnessstudio gehen und schweres Eisen stemmen, dann wachsen die Muskeln. Sie können also alle Ihre körperlichen Fähigkeiten verbessern, wenn Sie sie regelmäßig trainieren. Sie können Ihre Muskelmasse erhalten und aufbauen, wenn Sie sie regelmäßig trainieren. Sie können Ihre Knochensubstanz bewahren und verstärken, wenn Sie Ihre Knochen regelmäßig stärken, indem Sie Cardio-Training betreiben. Und Sie können Ihre Ausdauer behalten und sogar erhöhen, wenn Sie sie regelmäßig ausreizen. Was bedeutet das also? Trainieren Sie regelmäßig. Eine Trainingsroutine ist alles!

Sie werden auch schnell merken: Wenn Sie sich einmal überwunden haben und mindestens 14 Tage regelmäßig Sport treiben, dann wird Ihnen jeder Tag, der ausfällt, beinahe physisch und auch psychisch fehlen. Sie werden diesen Bruch mit der Routine als einen Mangel erleben. Aber Achtung. Wenn Sie mehrere Tage aussetzen, dann wird aus dem Mangel eine neue Routine und Sie geraten aus dem Tritt. Ideal wäre es, wenn Sie es mindestens an fünf Tagen der Woche schaffen würden, Sport zu treiben. Es muss nicht immer viel sein. Hauptsache etwas. Aber nutzen Sie hier auch ruhig schon die bereits vorgestellte Flexi-Struktur. Wenn es Tage gibt, an denen Sie nicht trainieren können, weil Sie von früh morgens bis spät nachts eingebunden sind, dann ist das eben so. Versuchen Sie diesen einen Termin aber an einem anderen Tag in der Woche nachzuholen. Setzen Sie sich ein grobes Ziel. Fünf Trainingstage die Woche oder zehn Trainingstage in zwei Wochen. Wie genau Sie das aufteilen, richtet sich nach Ihrem Terminkalender.

Auch beim Sport gilt: Schaffen Sie sich eine Flexi-Struktur, in der Sie Wochen- und Monatsziele definieren, die Sie unbedingt erreichen wollen. Wie Sie das Tag für Tag aufteilen, bleibt Ihnen überlassen.

Die zwei Grundsportarten für Ihre perfekte Fitness

Was für eine Strecke. Jeden einzelnen Tag bin ich nach der Schule zum Lauftraining gegangen. Nein. Jeden Tag bin ich zum Lauftraining gelaufen. Ich habe die kilometerlange Strecke zum Sportplatz als eine Art Vortrainingsstrecke begriffen. Das war mein Warm-up. Für andere wäre das eine zusätzliche Belastung gewesen. Für mich war es eine zusätzliche Gelegenheit. Und ich nutzte sie gerne. Ich lief, wann immer ich laufen konnte.

Das Schöne beim Laufen ist, dass man sehr schnell einen Effekt spürt. Es braucht nicht lange, und schon erhöht sich die Kondition spürbar. Sind Sie am Anfang nach zwei, drei Kilometern schon erschöpft und haben Schmerzen in den Beinen, können Sie dieselbe Strecke nach zwei Wochen Training schon ohne große Probleme zurücklegen. Ihr Organismus passt sich an. Und Sie spüren das auch ganz schnell im Alltag. Sie kommen nicht mehr so schnell aus der Puste, wenn Sie Treppen steigen, Sie sind morgens wacher und abends länger vital. Um eine Grundfitness zu erreichen, sollte man sich aber nicht nur auf ein Training fokussieren, sondern versuchen, mit einem ausgewogenen Fitnessplan die beiden wesentlichen Fitnesselemente abzudecken. Das bedeutet, Kraft- und Ausdauertraining gleichermaßen zu absolvieren.

Ausdauer

Die Ausdauer steigert man am besten durch ein intensives Cardio-Training. Das Cardio-Training definiert sich dadurch, dass durch eine körperliche Anstrengung die Atem- und Herzfrequenz stark erhöht wird. Klassische Cardio-Sportarten sind Fahrradfahren, Schwimmen oder Laufen. Das Laufen hat es mir bis heute am meisten angetan. Zu laufen ist auch für viele Anfänger die klassische Einsteigersportart. Woran liegt das? Nun, das Laufen ist für uns Menschen die artgerechteste Form des Sports. Gehen tun wir ja sowieso. Jeden Tag. Dafür wurde unser Körper gebaut. Unser ganzer Organismus ist darauf ausgerichtet, zu laufen. Wir haben lange Beine, große Lungen und eine Haut, die in der Lage ist, zu schwitzen. Laufen ist von allen sportlichen Aktivitäten auch mit die effizienteste. Alleine schon, weil wir gar nichts dafür brauchen. Wir können einfach so loslegen. Wer läuft, aktiviert rund 70 Prozent seiner Muskeln. Und um diese beanspruchten Muskeln ausreichend mit Sauerstoff zu versorgen, bekommen auch Herz, Zwerchfell und Lungen jede Menge Arbeit. Laufen stärkt Ihr Herz, Ihre Muskeln, Ihren Kreislauf und Ihr Immunsystem. Und Ihr Gehirn wird dabei mit ordentlich Sauerstoff versorgt. Das ist das beste Doping, dass Sie bekommen können. Und das Allerschönste ist: Wenn man einmal seinen inneren Schweinehund besiegt hat und sich eine Laufroutine erarbeitet hat, dann schüttet der Körper bei jedem Lauf auch noch Dopamin aus. Ein Glückshormon. Laufen macht Sie also nicht nur fit, sondern auch noch wirklich glücklich.

SMARTE START-UP-IDEE:

Wenn Sie laufen gehen, dann tracken Sie unbedingt Ihre Zeiten. Nur so können Sie besser werden und Ihre Fortschritte im Blick behalten. Runtastic hilft Ihnen dabei.

Kraft

Beim Krafttraining setzen Sie Ihren Körper schweren Belastungen aus und zwingen ihn damit, sich an diese Belastungen anzupassen. Und wie tut er das? Ihr Bewegungsapparat, der aus Knochen, Bändern und Sehnen besteht, Ihr Zentralnervensystem, Ihr Herz-Kreislauf-System und Ihr Stoffwechsel verändern sich, damit Ihre Muskulatur die Reize aushalten kann. In der Konsequenz werden sie – einfach gesagt – stärker. Viele Menschen haben nun den klassischen Bodybuilder vor Augen, wenn Sie an Krafttraining denken. Riesige aufgepumpte Muskelberge. Aber das ist nur ein Teil der Wahrheit. Natürlich führt Krafttraining zu Muskelaufbau. Aber wie sehr Sie Ihre Muskeln aufbauen wollen, liegt an der Intensität Ihres Trainings. Sie können durch leichteres Krafttraining auch andere Ziele erreichen, etwa abzunehmen oder Rückenschmerzen oder Osteoporose vorzubeugen. Denn wie bei jeder körperlichen Anstrengung benötigt der Körper während des Krafttrainings Energie. Um Energie zu bekommen, verbrennt er Kalorien. Je intensiver das Work-out ist, desto größer ist auch der Kalorienverbrauch. Und besonders schön: Nach dem Training setzt noch einmal der sogenannte »Nachbrenneffekt« ein, der dafür sorgt, dass der Körper auch weiterhin Fett und Kohlenhydrate in Energie umwandelt. Sie können sich nach einer Krafttrainingseinheit also mit gutem Gewissen eine ordentliche Mahlzeit gönnen. Sie wird Sie kaum dicker machen!

Und was sind nun die klassischen Übungen, die Sie beim Krafttraining so machen? Am meisten arbeiten Sie mit Fremd- oder Eigengewicht. Klassische Eigengewichtsübungen sind Liegestütze und Kniebeugen. Sie ziehen oder heben dabei Ihr eigenes Körpergewicht hoch. Bankdrücken ist das klassische Langhantelheben im Liegen, aber auch Kniebeugen und Kreuzheben gehören zu den Grundübungen. Krafttraining lässt sich natürlich auch zu Hause machen. Dafür können Sie Ihr Eigenkörpergewicht nutzen. Dennoch hat es Vorteile, sich ins Fitnessstudio zu begeben, denn dort gibt es zahlreiche Geräte, mit denen Sie im Prinzip jede einzelne Muskelgruppe isoliert trainieren können. Krafttraining sorgt aber nicht nur dafür, dass Ihr Körper gut aussieht, es reduziert auch das Verletzungsrisiko bei Stürzen, optimiert die Haltung und strafft den Körper. Das Bindegewebe wird gestrafft und der Fettanteil vermindert. Je stärker Ihre Rumpfmuskeln sind, umso besser ist Ihr Körper geschützt. Krafttraining reduziert auch den Blutdruck und schützt Gefäße und Herz. Ebenso optimieren sich die Cholesterinwerte. Zudem verbrennen Muskeln sehr viele Kalorien. Also je mehr Sie davon haben, umso mehr werden die Kalorien verbrannt. Es ist ein nachhaltiges Fatburning. Übrigens: Wenn Sie bei Ihrem Trainingsprogramm so richtig ins Schwitzen kommen, dann wissen Sie, dass Sie etwas richtiggemacht haben! Denn Schweiß ist der Indikator dafür, dass Kalorien verbrannt werden.

Ich versuche meinen Trainingsplan auch dann einzuhalten, wenn ich eine stressige Reisewoche habe. Wenn ich mal kein Hotel mit Fitnessraum bekommen sollte, dann besuche ich spät abends oder frühmorgens noch eine überregionale Fitnesskette, die deutschlandweit Filialen hat. Kostet nicht viel, bietet einem aber eine unglaubliche Trainingsfreiheit. Denken Sie daran: Ausreden verbrennen keine Kalorien.

SMARTE START-UP-IDEE:

Sie schaffen es heute nicht ins Fitnessstudio? Kein Problem! Es gibt auch genügend Apps für den Heimbedarf, die Ihnen ein individuelles Trainingsprogramm zusammenstellen. Besonders effektiv: Freeletics, das Methoden des High Intensity Trainings (HIT) und des High Intensity Interval Trainings (HIIT) kombiniert.

In solchen Hotel-Gyms kann man manchmal auch interessante Dinge kennenlernen. Als ich einmal in dem Wellness-Spa Chiva Som in Thailand war, da bot man mir eine Sauerstofftherapie an. Das fand ich spannend. In der Praxis funktionierte das so: Im Fitnessraum mit den Cardio-Geräten bekam man die 30 Minuten, die man auf dem Laufband oder Ergometer war, auf diese Weise eine Art zusätzliche Sauerstoff-Dusche. Man bekam ein Ozon-Sauerstoff-Gemisch mit einer Atemmaske zugeführt. Ich fühlte mich immer herrlich danach. Bei einer Abnehm- und Vitalitätskur im Lanserhof wurde ich das erste Mal mit einem Gerät der Firma Cellgym behandelt. Die arbeiten mit kontrollierter Hypoxie. Mit einer Sauerstoffmaske wird Ihnen für einige Minuten, während Sie sitzen oder liegen, Sauerstoff entzogen. So, als wenn Sie einige 1000 Höhenmeter aufgestiegen wären, wo die Luft entsprechend dünner ist. Danach bekommen Sie besonders viel Sauerstoff für einige Minuten zugeführt. Es werden vor allem defekte Mikrokonidien erneuert. Diese Art Atemtraining ist ein Mix von sauerstoffarmen und sauerstoffreichen Reizen. Ich selbst und alle Patienten, die ich dort gesprochen habe, berichten über sichtbare Hautverjüngung und Schlafverbesserung, dazu hätten sie mehr Energie im Alltag und ein optimiertes allgemeines Wohlbefinden. Solche und ähnliche Geräte gibt es in vielen Wellness-Clubs, wo man für ein paar Stunden im wahrsten Sinne des Wortes auftanken kann.

Wir können wahrscheinlich einen Monat ohne Nahrung, knapp eine Woche ohne Flüssigkeitszufuhr, aber nur wenige Minuten ohne Sauerstoff auskommen. Er ist lebenswichtig, damit die Energieproduktion der Zellen aufrechterhalten werden kann. Auf die Zufuhr von Sauerstoff ist das komplette menschliche Gewebe permanent angewiesen. Das Blut transportiert den Sauerstoff, den wir für die Energiegewinnung benötigen, den alle Zellen und unser gesamtes Gewebe benötigen. Deshalb empfehle ich Ihnen, möglichst jeden Tag an die frische Luft zu gehen. Ein Spaziergang durch den Park oder ein längerer Walk durch den Wald, damit Sie den Sauerstoff-Akku richtig auffüllen. Da es mit Gehen kombiniert ist, wird auch die Blutzirkulation gefördert. Ich gehe teilweise mit Gründerinnen oder Gründern, wenn wir schwierige Themen zu besprechen haben, spazieren. Wir sind viel inspirierender und kreativer. Die frische Luft gibt Ihnen Power, hebt Ihre Stimmung, und wenn Sie das noch mit Sonnenlichttanken kombinieren, ist das schon ein kostenfreies, aber hochwirksames Wundermittel.

> Die Natur hat den Menschen nicht zum Sitz-Hocker gemacht. 75.000 Generationen lang war unser Körper darauf ausgerichtet, zu jagen und zu sammeln. Vor allem: sich zu bewegen. Bleiben Sie in Bewegung. Lösen Sie sich vom Sessel. Schaffen Sie sich einen gesunden Ausgleich zum Büro- oder Homeoffice-Alltag.

Sie kennen Ihren Körper? Lernen Sie ihn noch besser kennen!

Vor einiger Zeit, da habe ich das Start-up »Million Friends« in Kiel kennengelernt. Die Gründer haben einen Weg gefunden, wie man mit einer ganz einfachen App und einem am Oberarm anzubringenden Glukose-Sensor den Blutzucker messen kann. Blutzucker? Es ist so, dass wir mit unserer Nahrung auch eine Menge Bakterien mit aufnehmen. Das ist nicht gut. Aber unser Körper kann diese Bakterien bekämpfen. Dafür bildet er die sogenannten Fresszellen des Immunsystems aus. Diese Fresszellen produzieren Interleukin-1β, das ist ein entzündungsfördernder Signalstoff, der auch die Insulinausschüttung aus der Bauchspeicheldrüse simuliert. Dadurch entsteht Blutzucker. Ist der Anteil zu hoch, dann kann es gefährlich werden. Ein stark schwankender Blutzuckerspiegel reduziert die Gewichtsabnahme und erhöht das Gesundheitsrisiko. Man droht, an Diabetes zu erkranken.

Doch es ist gar nicht so einfach, den Blutzuckerwert zu kontrollieren, denn von Mensch zu Mensch ist es sehr unterschiedlich, wie stark unser Blutzucker nach einer gewissen Nahrungsaufnahme steigt. Das liegt an den Million Friends, unseren Millionen Darmbakterien. Doch mittlerweile kann man den Blutzucker ganz einfach messen. Dank dieser neuen Entwicklung.

Das digitale Zeitalter hilft uns dabei unsere Gesundheit noch besser im Blick zu behalten: Ob Sport oder Ernährung, es gibt jede Menge Apps, die uns unser Leben ein klein wenig leichter machen. Wenn wir joggen gehen, dann haben wir eine App, die uns genau aufschlüsselt, wie schnell wir in welcher Zeit gelaufen sind und wie groß unsere Fortschritte sind. Wenn wir nicht joggen gehen, dann haben wir eine App, die zumindest unsere Schritte zählt, die wir am Tag gehen. Und eine App, die uns daran erinnert, wann wir was trinken müssen. Wer auf Intervallfasten setzt, der kann sich eine App herunterladen, die ihm aufzeigt, wann er was essen darf, und wer auf Low Carb setzt, der muss nur einmal das Lebensmittel einscannen und bekommt angezeigt wie hoch der Anteil an Kohlenhydraten ist. Die moderne Technik macht es uns ganz leicht, unsere gesundheitlichen Fortschritte im Blick zu behalten.

Genauso können Sie auch Ihre Bewegung tracken. Mit der Apple Watch, Wearables oder WHOOP – was wir in der Familie verwenden –, diese smarten Innovationen messen Schlafdauer und Intensität, die verbrauchten Kalorien, erfassen jeden Schritt, jedes Hantelheben, jede Ruderbewegung, jede Radumdrehung, zählen Pulsschlag, ermitteln Blutsauerstoff und Körpertemperatur. Wichtige Daten, die Ihnen weitere Hinweise für Optimierungen Ihres Lebens- und Gesundheitszustands liefern. Sie können alles messen und sich dadurch verbessern.

> Die moderne Technik gibt Ihnen Gelegenheit mehr über Ihren Körper zu erfahren. Nutzen Sie das. Tracken Sie Ihre sportlichen Fortschritte und verwenden Sie Apps, um einen Überblick über Ihre Ernährung zu behalten.

3. Schlaf

Wir hatten da unser kleines Ritual. Fast jede Nacht, die ich bei Veronica in München verbrachte, habe ich mich zur Einschlafzeit noch einmal zu Lilly ans Bett gesetzt und ihr ein Buch vorgelesen. Eine Gutenachtgeschichte. Lilly war da gerade in der dritten Klasse. Nur hatte unser Ritual einen kleinen Haken. Denn meistens war ich so müde, dass ich schon eingeschlafen bin, bevor ich die Geschichte fertiggelesen hatte. Meine Akkus waren leer. Ich habe damals einfach viel zu viel gearbeitet. Dabei ist genügend Schlaf und eine gesunde Schlafhygiene ein entscheidender Faktor für Ihre Gesundheit und Ihr tägliches Wohlbefinden.

Sie sind ein Workaholic, der glaubt, dass Schlaf nur lästig ist, weil Sie zu viel verpassen? Völlig falsch! Wenn Sie drei Stunden weniger schlafen und diese Zeit für die Arbeit nutzen, dann heißt das ja nicht, dass Sie am Ende auch wirklich mehr geschafft haben. Wenn Sie hingegen drei Stunden mehr in Ihren Schlaf investieren und am nächsten Morgen aufwachen und fit sind, dann werden Sie sich drei Stunden Arbeit sparen können, weil Sie geistig viel eher auf der Höhe sind und Ihre Aufgaben in einer viel kürzeren Zeit und mit besseren Ergebnissen erledigen können. Glauben Sie mir, ich bin der lebende Beweis.

Doch was hat es mit unserem Schlaf eigentlich auf sich? Schlaf ist ein merkwürdiger Zustand. Schon der griechische Philosoph Aristoteles dachte darüber nach. 350 vor Christi veröffentlichte er mit seinem Essay »De somno et vigilia« (»Über Schlafen und Wachen«) die erste theoretische Auseinandersetzung überhaupt mit dem Thema. Aristoteles gliederte das Prinzip von Schlaf in sein Weltbild ein. Er war der Überzeugung, dass unsere gesamte Welt dualistisch ist – also aus Gegensätzen gebaut wurde. Aus Gut und Böse. Aus Licht und Schatten. Und eben aus Schlafen und Wachen. Für Aristoteles ist Schlaf »offensichtlich das Nichtvorhandensein des wachen Zustandes«, wie er schreibt. Aristoteles sagt, der Wach-Zustand sei geprägt von Funktionstüchtigkeit. Der Zustand des Schlafens hingegen von dem Verlust der Funktionstüchtigkeit. Aristoteles war der Überzeugung, dass sich der Körper »herunterfährt«, um die Nahrung zu verdauen, die man tagsüber zu sich genommen hat. Anschließend wacht er wieder auf. Auch wenn das nicht ganz richtig ist, so hat man doch viele Jahrhunderte an den Theorien von Aristoteles festgehalten. Die Medizin blieb seiner Kernvorstellung treu. Schlaf, da war man sich ganz sicher, sei bloß eine Erholungsphase für den menschlichen Organismus. Eine Phase, in der sich das Gehirn herunterfährt und die Aktivitäten auf ein Minimum beschränkt. Erst sehr spät begann man diese Thesen zu hinterfragen. Wenn doch schon ein leichtes Geräusch reicht, um jemanden zu wecken, wie kann das Gehirn denn dann abgeschaltet sein? Irgendwie muss es ja noch eine Verbindung mit der äußeren Welt geben.

Und so fing man mit ersten Experimenten an. Einen Durchbruch gab es in den 1950er-Jahren. In sogenannten Schlaflaboren, wurde der Schlaf von Probanden ganz systematisch untersucht. Mithilfe von Elektroden hat man die Augenbewegungen, die Muskelspannung und die Gehirnströme der Schlafenden gemessen. Schnell haben die Mediziner herausgefunden: Nein, Schlaf ist eben nicht gleich Schlaf.

Unser Schlaf unterteilt sich in fünf verschiedene Phasen. Die erste Phase ist die sogenannte Einschlafphase. Der Körper beginnt sich zu entspannen. Die Muskulatur beruhigt sich. Auch unsere Gedanken kommen nach und nach zur Ruhe. Dennoch nehmen wir noch immer äußere Reize wahr, was dafür sorgt, dass wir sehr leicht wieder geweckt werden können. Die zweite Phase ist das Leichtschlafstadium. Ab hier schläft man nun wirklich. Atem- und Herzfrequenz verlangsamen sich. Die Körpertemperatur sinkt ab. Dann folgt die dritte und vierte Phase, der Übergang zur Tiefschlafphase und die Tiefschlafphase selbst, die oftmals zusammengefasst werden, weil sie einen fließenden Übergang beschreiben. Hier schaltet unser Körper nun endgültig auf Stand-by. Die Körpertemperatur und der Blutdruck sinken, die Atemfrequenz und der Herzschlag verlangsamen sich, es finden weiterhin keine Augenbewegung statt. Die Muskulatur ist vollständig entspannt.

Man spricht vom Tiefschlaf, da der Schläfer nun sehr schwer aufzuwecken ist. Diese Phase des Schlafes ist besonders ausschlaggebend für einen erholsamen Schlaf. Es werden Wachstumshormone ausgeschüttet, und Zellteilung findet statt. Der Körper regeneriert sich. Die fünfte Phase schließlich ist die REM-Phase. REM steht für Rapid Eye Movement, also schnelle Augenbewegungen unter den Lidern, die für diese Phase bezeichnend sind. Im REM-Schlaf beginnt der Mensch auch plastisch und intensiv zu träumen. In diesem Zustand ist das Nervensystem besonders aktiv. Es erschlaffen gleichzeitig sämtliche Muskeln. Man nennt diesen Zustand Schlafparalyse. Vielleicht kennen Sie das Muskelzucken, das häufig während der Einschlafphase auftritt? Im REM-Schlaf ist dieses nicht mehr möglich. Man ist nahezu gelähmt. Wird man in diesem Zustand wach, kann es passieren, dass man sich tatsächlich nicht bewegen kann, weil der Geist zwar wach, der Körper aber noch einige Sekunden im Schlafzustand »gefangen« ist.

Die Abfolge der Schlafphasen dauert etwa 90 Minuten und wiederholt sich während des Schlafs immer wieder aufs Neue.

Nur wenn Sie diese sich wiederholenden fünf Schlafphasen voll und ganz auskosten, sprechen wir von einem wirklich erholsamen Schlaf. Es bringt nichts, wenn Sie Ihren Wecker alle fünf Minuten klingeln lassen und damit verhindern, dass Sie überhaupt erst in die erholsame Tiefschlafphase hineinkommen. Gönnen Sie Ihrem Körper acht Stunden Schlaf pro Nacht! Damit Ihnen das gelingt, sollten Sie beginnen, eine echte Schlafhygiene zu entwickeln.

> Schlaf ist fundamental wichtig für Ihre Leistungsfähigkeit. Glauben Sie nicht, dass Sie die Zeit, in der Sie nicht schlafen, mehr leisten können. Das Gegenteil ist der Fall. Ausgeschlafen werden Sie in kürzerer Zeit bessere Ergebnisse erzielen.

Sie schlafen einfach?
Entwickeln Sie besser eine Schlafhygiene!

Wie ich bereits dargelegt habe, hatte ich selber viele Jahre Probleme damit, einen gesunden Schlaf zu finden. Ich habe zu Hilfsmitteln gegriffen, die mich am Ende beinahe mein Leben gekostet haben. Dabei ist es ganz einfach mit natürlichen Mitteln eine gesunde Schlafhygiene zu erreichen. So lange man sich nur an ein paar Regeln hält. Die erste Regel ist die Wichtigste: Das Schlafzimmer ist zum Schlafen da. Nehmen Sie Ihr Handy also nicht mit ins Bett. Das ist eine absolute Grundregel. Wenn es nachts neben

Ihnen liegt und Geräusche macht, dann wird Ihr Schlaf ständig unterbrochen. Selbst wenn Sie das gar nicht aktiv mitbekommen. Es passiert trotzdem. Außerdem verleitet Ihr Handy Sie in der Einschlafphase immer mal wieder, Nachrichtenseiten oder Social-Media-Accounts durchzuscrollen. Das sollten Sie nicht tun! Das stört Ihre Ruhe. Und das gleich zweifach. Zum einen, weil sie immer wieder versucht sind aktiv zu werden. Zum anderen aber auch, weil ihre mobilen Endgeräte blaues Licht ausstrahlen. Bevor Sie einschlafen schüttet Ihr Gehirn ein Schlafhormon aus, Melatonin, das Ihnen hilft zur Ruhe zu kommen. Melatonin wird automatisch bei Dunkelheit ausgeschüttet. Das blaue Licht Ihres Smartphones oder iPads suggeriert Ihrem Gehirn, dass es noch Tag ist. Sie bringen sich auf diese Weise selbst um den Schlaf. Wenn das Handy schon unbedingt am Nachttisch sein muss, dann stellen Sie es zumindest in den Nachtmodus. Diese Funktion bieten mittlerweile alle Anbieter an. Das blaue Licht wird dann reduziert. Besser aber: Lesen Sie lieber eine halbe oder auch eine ganze Stunde, bevor Sie einschlafen, ein Buch. Das fördert für den nächsten Tag die Konzentration und ist sehr viel besser für Ihre Denkleistung.

Ein weiterer wichtiger Faktor, auch beim Einschlafen, sind die Schlafroutinen. Auch wenn ich es aufgrund meiner vielen Geschäftsreisen, selber nicht immer einhalten kann, so spielt ein regelmäßiger Schlaf-wach-Rhythmus doch eine wichtige und schlaffördernde Rolle. Feste Einschlaf- und Aufwachzeiten sind förderlich, um Sie energievoller und fitter aufwachen zu lassen. Die Schlafqualität wird dadurch gefördert. Wissenschaftler der New York University haben einen Zusammenhang zwischen einer rhythmischen Nachtruhe zu festen Uhrzeiten und der Gemütslage herausgefunden. Bevor Sie ins Bett gehen, lüften Sie Ihr Schlafzimmer noch einmal ordentlich durch. Auch das sollte eine kleine Routine werden, die Sie einhalten. Denn Forscher haben herausgefunden, dass genügend Sauerstoff beim Ein- und Durchschlafen hilft. Außerdem wird auf diese Weise Ihr Zimmer ein wenig herunter gekühlt. Die ideale Schlaftemperatur liegt zwischen 15 und 17 Grad Celsius. Und das ideale Schlafzimmer ist komplett abgedunkelt.

Ach ja – Sie müssen nicht nur nachts schlafen. Es ist längst erwiesen, dass wir Menschen vom Biorhythmus her nach dem frühen Nachmittag ein

Tief haben. In vielen Start-ups, die oftmals für vermeintliches Durchpowern stehen, gibt es Schlafplätze. Ein kleiner Mittagsschlaf wird deshalb Powernap genannt, weil danach einfach die mentalen Ressourcen aufgefrischt sind.

SMARTE START-UP-IDEE:

Probleme beim Einschlafen? Headspace schafft Abhilfe! Die App hilft Ihnen einen Einstieg in die Meditation zu finden, spielt einschlaffördernde Geräusche wie sanften Regen ab und sorgt dafür, dass Sie konzentrierter sind und zur Ruhe kommen.

Auch Sport kann Ihnen beim Einschlafen helfen. Wenn Ihr Körper ausgepowert ist, dann fällt es sehr viel leichter einzuschlafen. Allerdings sollten Sie nicht direkt vor dem Schlafengehen zu intensiv trainieren. In der Regel sollten Sie Ihrem Körper noch zwei bis drei Stunden Regeneration gönnen, bevor Sie ihn komplett herunterfahren. Was Experten allerdings direkt vor dem Schlafengehen empfehlen, das sind Entspannungsübungen. Yoga oder Meditation helfen Ihrem Körper wieder in Balance zu kommen und verbinden Bewegung mit Entspannung. Auch ein leichtes Stretching hat sich als Einschlafritual bewährt. Alternative: Gönnen Sie sich ein richtig schönes, heißes Bad. Der Rückgang der Körpertemperatur macht Sie schläfrig. Wichtig ist aber, dass Sie nach dem Baden auch wirklich ins Bett gehen.

Ein gesunder Schlaf ist Vorbereitungssache! Entwickeln Sie Schlafroutinen, die es Ihnen ermöglichen besser ein- und durchzuschlafen. Es bedarf nur weniger Umstellungen für einen effektiven Schlaf.

DIE VERÄNDERUNGEN IN DER ZUKUNFT

Wir haben auf den letzten Seiten gelernt, dass es von großer Bedeutung ist, veränderungsbereit zu sein. Heute mehr als je zuvor. Denn nicht nur wir selbst, sondern auch unsere Welt befindet sich im ständigen Wandel. Wir leben in einer Zeit der sogenannten Megatrends – Veränderungen, die unsere Welt mindestens für die kommenden 50 Jahre prägen, die zahlreiche Lebensbereiche berühren. Weltweit und gleichzeitig. Die Geschwindigkeit, in der diese Umbrüche stattfinden ist radikal. Was heute noch als unvorstellbar gilt, wird schon morgen Realität sein. Und nur wer bereit ist, sich wirklich zu verändern, wird auch in Zukunft noch erfolgreich sein können.

Wenn Sie es schaffen, sich ein flexibles Mindset anzutrainieren, wenn Sie eine Geisteshaltung entwickeln, die Veränderungsbereitschaft als Wert an sich versteht, dann werden Sie in dieser neuen Welt nicht nur bestehen, Sie werden auch zu den Gewinnern zählen.

In diesem Kapitel will ich mit Ihnen gemeinsam einen Blick in unsere Zukunft werfen. Ich werde Ihnen zeigen, wie grundlegend die Transformationen sein können, die wir alle noch erleben werden. Und warum es so wichtig ist, dass Sie die Erfolgs-Regeln der sechs Elemente aktiv umsetzen. Dann muss niemand Angst vor der Zukunft haben. Dann können auch Sie mit Zuversicht und Mut nach vorne blicken. Denn ich bin fest überzeugt: Die Zukunft wird besser werden als die Vergangenheit es jemals war.

Die Arbeit im Metaversum

Einen kleinen Vorgeschmack auf das, was sich in Zukunft alles verändern wird, haben wir im Jahr 2020 und auch 2021 bereits bekommen. Die Corona-Pandemie ist eine Zäsur. Dies haben wir insbesondere in unserer Arbeitswelt erfahren. Die größte, offenkundigste Veränderung ist die Umstellung auf Remote-Work, auf die Arbeit im Homeoffice oder an einem anderen geeigneten Ort außerhalb des traditionellen Büros. Da zeigte sich bis auf wenige Ausnahmen plötzlich, was doch alles möglich war. Und in welcher Geschwindigkeit. Sehr viele Unternehmen hatten sich zuvor lange Zeit gegen das Arbeiten von zu Hause gewehrt. Und plötzlich geht es eben doch. Viele Mitarbeiterinnen und Mitarbeiter haben erfahren, wie viele Vorteile es hat, auch von zu Hause arbeiten zu können – eine Entwicklung, die sich nicht mehr zurückdrehen lässt. Natürlich wird es auch in Zukunft noch Büros geben. Es gibt Menschen, deren Präsenz in der Schaltzentrale weiterhin benötigt wird. Der Kapitän sollte auf dem Schiff stehen. Und natürlich gibt es auch Mitarbeiterinnen und Mitarbeiter, die bewusst lieber im Büro arbeiten wollen als von zu Hause aus. Vielleicht um mal wieder den direkten Kontakt mit Kolleginnen und Kollegen zu suchen; gerade die kreative Kommunikation am Kopierer oder am Kaffeeautomaten hat schon tolle Ideen entstehen lassen. Oder weil sie in der Wohnung bei drei kleinen Kindern nicht genügend Ruhe für die Arbeit finden oder weil ihre Wohnung zu klein und es nicht ideal ist, mit dem Laptop am Küchentisch zu sitzen. Die Gründe können vielseitig sein. Dennoch bin ich davon überzeugt, dass Homeoffice zum Standard werden wird. Es wird in vielen Branchen keine Rolle mehr spielen, ob man seine Aufgaben von Bali, Berlin oder Bielefeld aus erledigt. Hauptsache sie werden überhaupt erledigt. Denn in der Arbeitswelt der Zukunft wird ein Mitarbeiter oder eine Mitarbeiterin mehr an den Ergebnissen bewertet. Ob er lange Pausen macht, wie viel, wann und wo er arbeitet, spielt dann kaum noch eine Rolle. Hauptsache er oder sie liefert gut und pünktlich ab. Entsprechend werden Mitarbeiterinnen und Mitarbeiter künftig auch global eingestellt. Für bestimmte Jobs ist es dann egal, ob man in Deutschland, Amerika oder Indien lebt und arbeitet. Eine Programmiererin kann von jedem Punkt der Erde einen guten Job machen. Für Mitarbeiter ist das eine Riesenchance. Und für Arbeitgeber ebenfalls. Unsere Arbeit ist bereits heute schon mobil und multilokal. Morgen aber ist sie virtuell und findet im Metaversum statt, ein Begriff, der den neuen kollektiven, virtuellen Raum beschreibt. So wird es für jedes Unternehmen und auch die meisten Startups zwar noch immer einen festen Firmensitz geben, aber dieser Firmensitz wird keine große Rolle mehr spielen. Das Headquarter eines Unternehmens ist in Zukunft die Welt. Schon heute gibt es Unternehmen, die wesentlich mehr Angestellte haben als Schreibtische. Diese Unternehmen vermitteln ihren Mitarbeitern sehr bewusst: Arbeitet, von wo ihr wollt. Geht hinaus in die Welt. Macht euch ein gutes Leben. Nur: Erledigt pünktlich – und bitte auch gut – eure Aufgaben. Auf diese Weise werden auch die Arbeitszeiten flexibler werden. Arbeitszeit wird nicht mehr als Wochenkontinuum verstanden, sondern als flexibles Kontingent, das sich individuellen Situationen und Lebensphasen anpassen kann. Alles wird möglich: Eine Sieben-Tage-Woche mit je fünf Stunden Arbeit genauso wie eine Vier-Tage-Woche mit je neun Stunden und viele weitere individualisierte Modelle. Und entsprechend wird sich auch Ihre Freizeitgestaltung verändern.

In unserem schnelllebigen digitalen Zeitalter verschwinden schon heute die früheren Trennlinien zwischen dem Berufs- und Privatleben. Wir leben nun im digitalen Zeitalter, in dem alles mit allem vernetzt ist. Wir kennen es doch fast alle: Oftmals erwischen wir uns selbst dabei, wie wir während der regulären Arbeitszeit privat auf Facebook surfen oder weit nach Feierabend auf berufliche E-Mails reagieren. Deshalb zielt das Konzept der Work Life Integration darauf ab, die klare Trennung von Berufs- und Privatleben aufzuheben durch eine unverkrampfte Steuerung beider Welten.

Sie wollen eigentlich nur in den Urlaub fliegen, aber vor lauter Aufgaben im Office bleibt Ihnen keine Zeit? Wie wäre es denn, einfach den Urlaubsflug zu buchen und den Laptop im Handgepäck mitzunehmen? Diese neue Entwicklung möchte den Mittelweg finden, um eine ideale Balance zwischen der Arbeits- und Privatwelt zu schaffen, die jeder Einzelne gestalten kann, genauso wie er möchte.

Die größte Veränderung in den kommenden 20 Jahren wird bei den Führungskräften sein: Wir werden wirklich pari bei der Besetzung von Posten in Vorständen und Führungspositionen haben. Und dies ohne eine Benachteiligung bei der Bezahlung. Denn Gehälter werden künftig unternehmensintern komplett transparent werden und weit über die Maßnahmen des beschlossenen Entgeldtransparenzgesetzes, das die Vergleichbarkeit von Gehältern in Unternehmen im Allgemeinen regelt, hinausgehen. Auch das schafft mehr Gerechtigkeit zwischen Männern und Frauen: *Equal pay is here to stay!*

Die Homes werden zum Office, und Offices werden zum Home

Wenn das Homeoffice immer verbreiteter wird, dann werden die Homes auch immer mehr zum Office. Schon jetzt ist es so, dass die Wohngröße in Deutschland im Schnitt immer weiter zunimmt. Die Anforderung an das Zuhause gleichzeitig auch Arbeitsplatz zu sein, wird dafür sorgen, dass sich die Wohnungssituation verändert. Das Smart Home wird neuer Standard. Die unterschiedlichen Bereiche, in denen wir künftig arbeiten, werden vollständig miteinander vernetzt – Arbeit, Auto, Smart Home. Weil es in den Städten aber nur begrenzten, bezahlbaren Wohnraum in der richtigen Größe gibt, wird es wohl zu einer Art neuen Landflucht kommen. Warum auch nicht? Viele Menschen fühlen sich auf dem Land sehr viel wohler als in der Stadt. Der einzige Grund, dass sie heute in einer Metropole leben, ist schon jetzt für viele der kurze Arbeitsweg, der für sie bequemer erscheint als zeitraubendes Pendeln. Doch wenn wir in Zukunft sowieso nur noch im Metaversum arbeiten, dann kann man das auch vom Land aus tun. Denn das Land wird in Zukunft sehr viel attraktiver werden. Die Digitalisierung wird auch die Infrastruktur außerhalb der Ballungszentren deutlich verbessern. Dementsprechend werden Städte und Gemeinden in den flächendeckenden Ausbau von Glasfaser investieren müssen. Der Druck auf Politikerinnen und Politiker, die Infrastruktur auch in ländlichen Gebieten weiter zu modernisieren, wird massiv zunehmen. Dann muss man künftig nicht mehr zu einem Arzt fahren, der viele Kilometer weit entfernt seine Praxis hat, sondern kann, zumindest bei kleineren Beschwerden, auch die Online-Praxis anklicken. Das Leben auf dem Land wird begehrt, die Sehnsucht nach dieser Lebensweise weiter wachsen.

Wenn die Homes zum Office werden, müssen gleichzeitig die Offices auch zum neuen Home werden. Wenn Unternehmen wollen, dass die eigenen Mitarbeiter noch ins Büro kommen, statt zu Hause zu bleiben, dann müssen sie sich etwas Besonderes einfallen lassen, um diese Räume auch attraktiv zu gestalten. Ein Blick ins Silicon Valley zeigt schon heute, wie das aussehen könnte: Angebote wie Yoga-Stunden im Büro, eigene Köche, spezialisiert auf die Zubereitung von besonders gesundem Essen, morgendliche Abholung mit dem firmeneigenen E-Bus, regelmäßige Team-Dinner und Anteile an der Firma sind Elemente, mit denen Unternehmen Mitarbeiter binden und begeistern wollen. Dazu kommen zusätzliche Leistungen, die auch bei uns immer häufiger angeboten werden: ein integriertes Fitnessstudio, eine mobile Massage-Einheit, die Verspannungen löst und zweimal täglich im jeweiligen Bürotrakt vorbeikommt oder ein Concierge-Service im Eingangsbereich, der sich darum kümmert, dass Hemden und Hosen gereinigt werden, sind schon heute vielfach Lockmittel, das Arbeitsumfeld attraktiver zu gestalten. Gerade junge Start-ups zeigen sich da ganz besonders kreativ.

Die neue Mobilität

Wenn die Arbeit der Zukunft im Metaversum stattfindet und nicht mehr so viele Menschen geballt in den Städten, sondern verteilt auf dem Land leben, dann wird sich auch die klassische Mobilität verändern. Das enorme Berufsverkehrsaufkommen, wie wir es heute kennen, wird sich massiv verringern. Sowieso werden wir Mobilität neu denken müssen. Alleine schon, weil Autos in der Zukunft nach und nach autonom fahren werden. Autohersteller sprechen von verschiedenen Phasen, die durchlaufen werden müssen, bis man schließlich – in der sogenannten Phase 5 – ein Auto hat, das uns ohne jegliches Zutun von Punkt A nach Punkt B bringt. Rein technisch wäre das schon in allernächster Zukunft möglich. Was diese Entwicklung allerdings verzögert, sind juristische Fragen, die noch im Raum stehen: Welche Reaktion programmiert man einem autonomen Auto ein, wenn ein Kind auf die Straße läuft und die Ausweichmöglichkeit – etwa das Wechseln in den Gegenverkehr oder der schnelle Schwenk auf den Gehweg – einen noch schwereren Unfall verursachen würde? Eine Programmierung, die dem autonomen Fahrzeug befiehlt »Überfahr das Kind« ist nicht nur heikel, sondern auch moralisch verwerflich. Und es werden sich dazu nicht nur Juristen die Köpfe drüber zerbrechen müssen.

Gleichzeitig sind, gerade wenn es um Sicherheit im Straßenverkehr geht, die Vorteile des autonomen Fahrens gigantisch: In Deutschland gab es allein im Jahr 2020 mehr als 2700 Tote im Straßenverkehr, die meisten von ihnen haben ihr Leben durch menschliche Fehler verloren. Diese Fehler werden die autonomen Fahrzeuge, wenn sie einmal ausgereift sind, nicht mehr machen. Insider rechnen damit, dass die ersten vollautonomen Autos in den 2030er Jahren in Deutschland fahren werden. Die Zeit, die Sie dann selbst nicht hinter dem Steuer verbringen müssen, ist für Sie zu 100 Prozent gewonnene Zeit, die Sie flexibel gestalten können. Für Ihr Zeitmanagement ist das eine gute Nachricht, die jede Menge Potenzial birgt: Sie können auf dem megabequemen Vor- oder Rücksitz arbeiten, sich entspannen, einen Film gucken oder sich zielgerichtet auf einen anstehenden Termin vorbereiten. In Zukunft werden sogar Meetings auf solchen autonomen Fahrten stattfinden, an denen auch der- oder diejenige mit voller Aufmerksamkeit teilnehmen kann, der einst das Auto fuhr. Nachdem das Auto Sie an dem einprogrammierten Zielort abgesetzt hat, wird es autonom an eine vorbestimmte Ladebox rollen. Das entlastet Sie von der Parkplatzsuche. Gut, denn Parkplätze für den Individualverkehr wird es in Zukunft weitaus weniger geben – aus ökologischen Gründen und auch, um den zahlreichen Lieferdiensten mehr Halte-Raum zu geben, damit deren Fahrzeuge nicht mehr den städtischen Verkehrsfluss verstopfen.

Der Wille, ein eigenes Auto zu besitzen, wird weiter zurückgehen. Carsharing-Modelle werden – zumindest in Metropolen – zunehmen. Auto-Abo statt Auto-Besitz wird markenübergreifend möglich sein: Heute schon können Sie bei Audi im Sommer ein Cabrio und im Herbst einen Kombi steuern. In Zukunft werden Sie im Juli Audi, im August Mercedes und im Oktober Fiat oder beliebige andere Modelle fahren können – elektrisch! Denn: Auch die großen Autokonzerne haben reagiert und angekündigt, Verbrenner weitaus früher als geplant zu verbannen. Audi will ab 2026 keine Verbrenner-Motoren mehr entwickeln, Mercedes ab 2030 nicht mehr. Tankstellen werden zu Ladestellen!

Einmal elektrifiziert und autonom fahrend wird sich die Funktion des Autos komplett ändern: Das Auto der Zukunft wird zu einem Third Place werden – ein Ort, an dem man Zeit verbringt, arbeitet und seine Ruhe findet. Oder Sie steigen in ein Flugtaxi, das seine Passagiere mit rund 200 km/h automatisch gesteuert 100 km weit transportieren kann. Schon in drei bis fünf Jahren will das von Google-Gründer Larry Page unterstützte Start-up »Kitty Hawk« seine vollelektrischen Flugtaxis für kommerzielle Zwecke anbieten.

Weitere Strecken können Sie mit Überschallflugzeugen zurücklegen – in 3 ½ statt in 7 Stunden von München nach New York. Ihr Überschalljet wird mit Biokraftstoffen und mit synthetischem Kerosin befüllt sein – anders als das Vorgängermodell, die Concorde, das mit herkömmlichem Flugbenzin ebenso schnell wie umweltbelastend war. Die Zukunft ist grüner Überschall: 50 Maschinen dieses neuen umweltgerechteren sogenannten Boom-Overture Jets will alleine die US-Gesellschaft United Airlines bis 2029 ordern.

Das große Rennen ist um das Weltall entbrannt, dieses Race for Space hat Start-ups weltweit elektrisiert. Jenseits von Bezos, Branson und ihren privaten All-Ausflügen boomt die Weltraumbranche als Mega-Wachstumsmarkt. In den nächsten zehn Jahren gehen Experten von einer Verdreifachung der kommerziellen Nutzung mit einem Gesamtvolumen von einer Billionen Euro, also 1000 Milliarden, aus.

Zu den Geschäftsfeldern im All zählen das Ausbringen kleinerer Satelliten zur Gewinnung und Nutzung von Daten in Echtzeit, die sie an Kunden in Forschung, Industrie oder auch an Lobby-Gruppen verkaufen. Die können dann per Maus-Klick in Echtzeit erkennen, ob in Myanmar illegal Tropenhölzer geschlagen werden und wo diese Hölzer hin verschifft werden. Auch Wetterdaten werden so immer genauer, können zielgerichteter vor Unwettern warnen.

Wenn Sie auf der Erde eine weitere Strecke zurücklegen müssen, dann steigen Sie künftig in einen Hyperloop, ein Hochgeschwindigkeitssystem, das sich mit bis zu 1200 Kilometern pro Stunde in einer fast luftleeren Röhre fortbewegt. Klar, das wird sicher nicht flächendeckend verfügbar sein, aber die Metropolen miteinander vernetzen. Elon Musk war der erste, der dieses System als Idee im Jahr 2013 erstmals vorstellte. 7 Jahre später fuhr in Las Vegas die erste bemannte Kapsel durch eine unterirdische Röhre, noch mit nur 172 Kilometer pro Stunde und nur auf einer Strecke von 500 Metern. Doch auch in Europa und in Deutschland gibt es Pläne für einen Ausbau. Dann soll sich per Hyperloop die Fahrtzeit zwischen Hamburg und Berlin auf 20 Minuten verkürzen, die zwischen München und Paris auf weniger als eine Stunde. Auch die Technische Universität München (TUM) forscht erfolgreich an der Umsetzung des Hyperloop-Konzeptes. Oder Sie fahren mit einem High-Speed-Train, der die Passagiere mit bis zu 600 Kilometern pro Stunde an ihr Ziel bringt. Wir wollen hoffen, dass diese Züge wenigstens dann auch pünktlich sind.

So wird die Welt der Zukunft eine dekarbonisierte sein. Eine, aus der wir weltweit umweltschädliche Elemente verbannen – wie Öl, Verbrennermotoren, Plastik. In der ein CO2-Abdruck ein wesentliches Element der Unternehmensbewertung sein wird. In der wir 1000 km ohne Unterbrechung elektrisch fahren und Sonnenenergie effizient von Nordafrika nach Nordeuropa transportieren. Vor allem: Eine Welt, in der wir uns immer wieder auch selbst prüfen, ob wir den Anforderungen, unseren Planeten zu schützen und zu bewahren, mit unseren persönlichen und unternehmerischen Handlungen gerecht werden. Und in der wir daher auf Kurzstreckenreisen mit dem Flugzeug weitgehend verzichten, oder – wenn wir es doch tun – uns verpflichten, die dadurch entstehenden CO2-Umweltschäden durch eine entsprechende Abgabe jenseits staatlicher Maßnahmen auch individuell auszugleichen. Klar, das macht vieles, was wir bisher lieb gewonnen haben – Städtereisen am Wochenende oder auch Business-Trips mit dem Corporate-Jet – teurer. Wir werden dann wohl auch nicht dreimal im Jahr für eine Woche wegfliegen, sondern vielleicht einmal für drei Wochen. Solaranlagen auf Dächern von Neubauten werden dann nicht nur im Wahlprogramm der Grünen Pflicht. Doch wenn es sich rechnet, Sonnenkollektoren auf dem Dach zu haben und diese dann in heimische Energie umzuwandeln, kann jeder die Umwelt schützen und zusätzlich Geld sparen. Mit diesem Mix von Maßnahmen werden wir unser Ziel erreichen und Treibhausgasemissionen in Deutschland bis 2030 um zwei Drittel senken. Deutschland kann hier mit seiner herausragenden Umwelttechnologie Spitzenreiter werden, auch im Wettbewerb innerhalb der Europäischen Union. Denn die gesamte EU hat sich zum Ziel gesetzt, bis 2050 als erster Kontinent vollständig klimaneutral zu sein. *The race is on: Go for green!*

Die neue Shopping-Realität

Sowieso werden Sie in Zukunft sehr viel Zeit sparen können. Viele Dinge, die Ihnen heute in Ihrem Alltag wertvolle Stunden rauben, werden morgen beinahe automatisiert stattfinden. Sie werden keine Zeit mehr verlieren, um zu einem übervollen Supermarkt zu fahren, den Parkplatz zu suchen, um einzukaufen. Sämtliche Artikel des täglichen Bedarfs werden Ihnen nach Hause gebracht. Und zwar innerhalb allerkürzester Zeit. Schon jetzt gibt es in großstädtischen Ballungsräumen verschiedene Start-ups, die Ihnen die gesamte Palette von Lebensmitteln und Haushaltsbedarf innerhalb von nur zehn Minuten bis an die Tür liefern. Das wird künftig in ganz Deutschland so sein. Und Sie werden dafür nicht einmal die Zeit verschwenden müssen, etwas zu bestellen. Schon jetzt erkennen erste innovative Kühlschränke per Sensortechnik, was fehlt und nachgeordert werden muss. Künftig wird diese Zusammenstellung auch nach Ihren individualisierten Vorgaben möglich sein – je nach Ihren Anforderungen: Wünschen Sie Lebensmittel für ein Abnehmprogramm, Muskelaufbau, vegane Kost? Sie erhalten dann Vorschläge für eine ganz nach Ihren Gesundheitsvorgaben automatisiert erstellte Einkaufsliste, die Sie nur noch bestätigen müssen. Auch die Liefermöglichkeiten werden ausgeweitet. Klar ist: Wenn alles nur noch geliefert wird, dann wird der Einzelhandel nicht mehr so existieren, wie wir ihn heute noch kennen. Die Transformation des Einzelhandels ist eine natürliche, eine regelmäßige Entwicklung. Die einstigen Tante-Emma-Läden wurden mit ihrem Gemischtwaren-Kleinstangebot von Supermarktketten und Tankstellen abgelöst. Dort war das Sortiment einfach größer. Doch die Supermarktketten haben nun ihrerseits ihren Zenit überschritten und werden in Zukunft von Lieferdiensten beerbt. Das heißt nicht, dass es gar keine Supermärkte mehr gibt. Doch sie werden weniger. Und größer. Denn Supermärkte werden künftig auch Verteiler-Knotenpunkte sein, von denen Lieferanten ihre Ware abholen. Wenn Sie in Zukunft shoppen gehen, dann wird Ihnen dort auch etwas Herausragendes geboten werden müssen. Shopping wird zu einem Event mit vielen aufregenden Fun-Faktoren.

Digitales, statt bares Geld

Das klassische Bargeld wird nach und nach verschwinden. Durch die Corona-Pandemie hat bargeldloses Zahlen einen Aufschwung erlebt. Staaten forcieren diese Entwicklung, denn Bargeld ist auch Mittel zur Bezahlung z.B. von Schwarzarbeit, der Bezahlung unerlaubter Waren oder Dienstleistungen und von Terrorismus. Wenn es kein Bargeld mehr gibt, dann wird es auch keine Kassen mehr geben. Die Bezahlung erfolgt über physische oder virtuelle Karten oder über ein technisches Device. Bei uns zunehmend gebräuchlich ist dies in den skandinavischen Ländern, in China, Südkorea oder auch in Teilen der USA ist dies schon Alltag: Dort wird meist per Smartphone, Smartwatch oder per digitaler Geldbörse gezahlt. Beim Betreten eines Ladens registriert man sich, beim Verlassen des Ladens wird die eingekaufte Ware sekundenschnell per Kamera oder mit Sensoren aufgenommen und digital abgerechnet.

Auch Ihre Bank wird in Zukunft keine große Bedeutung mehr haben. Banken werden in Zukunft eher regulatorische Funktionen im Hintergrund haben. »Banking is necessary, banks are not«, so hat Microsoft-Gründer Bill Gates die kommende Entwicklung vorhergesagt. Das meiste, was Sie an Transaktionen erledigen müssen, läuft dann automatisiert oder digital über Ihre Apps ab. Wenn Sie den Bedarf haben, mit einem Berater zu sprechen, wird es eine Konferenz per Webcam geben, Sie werden kaum noch Gründe haben, eine Bankfiliale zu betreten. Das würde auch schwer werden, denn in Zukunft wird es kaum noch Bankfilialen geben. Fintechs und Insurtechs werden die Finanzwelt transformieren. Ursprünglich hatten diese in der Start-up-Welt geborenen technikorientierten Finanz- und Versicherungsunternehmen nur einen Teil der Dienstleistungen klassischer

Banken übernommen. Künftig werden sie ihre Kompetenzen ausweiten, Geschäftsmodelle der klassischen Banken zu besseren Konditionen übernehmen und diese attackieren. Und dank Künstlicher Intelligenz können diese schlanken und modernen Start-ups vieles besser als die schwerfällig tradierten Banken.

Es wird auch weiterhin unterschiedliche Länderwährungen geben. Aber zusätzlich wird es noch einen Digital-Dollar geben, der als Gegengewicht zu den aufstrebenden Kryptowährungen gegründet wurde. Auch einen Digital-Euro wird in Umlauf sein, wahrscheinlich ab 2026, entschied der Rat der Europäischen Zentralbank im Juli. Und legte fest: Alle Händler werden dieses digitale Bargeld künftig akzeptieren müssen. Diese Entwicklung wird mit Macht vorangetrieben, weil Staaten es nur so schaffen werden, den völlig autonom und ohne staatliche Kontrolle boomenden Krypto-Währungen etwas Gleichrangiges entgegenzusetzen. Denn nur so werden staatliche Notenbanken ihren Einfluss wahren können, den Wert des Geldes stark mitzubestimmen und – etwa durch Festlegung der Höhe von Zinsen – weiterhin wichtige Impulse für die Wirtschaft zu geben.

In welcher Währung Sie sich hingegen bezahlen lassen, bleibt Ihnen überlassen. Auf Basis des Modells erfolgreicher Kryptowährungen entsteht zudem ein völlig neuer Finanzsektor. Dort, im sogenannten DeFi, der Dezentralen Finanzwirtschaft, werden unabhängig von Banken und Versicherungen teils völlig neue Finanzdienstleistungen angeboten, die es jedem ermöglichen, daran ohne Hürde teilzunehmen – von digitalen Krediten bis zu komplexen Finanzprodukten. Schon jetzt werden in diesem DeFi-Sektor Milliarden umgesetzt. Und dies weitgehend noch ohne Kontrolle oder Regulierung durch Regierungen oder Zentralbanken. Wir werden hier einen neuen Finanzsektor erleben, der heute noch wie der Wilde Westen anmutet, aber zunehmend professionalisiert wird.

Eine weitere spannende Entwicklung ist: Die Einkommen der Menschen werden sich nach und nach angleichen. Warum sollte eine IT-Spezialistin in San Francisco ein durchschnittliches Jahreseinkommen von 300.000 Euro haben, während der IT-Mann aus Indien bei gleicher Leistung nur 10.000 bekommt? Remote is remote. So far and so close at the same time.

Die Einkommen werden sich also zum Teil egalisieren. Die höchsten Löhne werden etwas sinken, und die niedrigsten werden deutlich steigen. Auch wenn Angebot und Nachfrage weiterhin wichtige zusätzliche Faktoren bei Festlegung des Preises bleiben werden. Steuersätze werden in nahezu allen Ländern der Welt – zumindest der westlichen – die gleichen sein. Denn es wird ein globales Steuersystem geben. Anfänge haben wir kürzlich gesehen, als sich die G7-Finanzminister auf eine globale Mindestbesteuerung von Unternehmen verständigt haben. Heute ist für Vermögende London noch ein interessanter Wohnort, andere ziehen in die Schweiz, weil es dort keine Erbschaftssteuer gibt. In Zukunft wird dies schon bei Einkommenssteuern anders sein. Wer global arbeitet, wird auch global gleiche Steuersätze zahlen.

Die neue Art Geld zu verdienen

Doch wie verdienen Sie eigentlich das Geld, das Sie in den Mega-Malls mit neuen Zahlungsmodellen ausgeben werden? Sehr wahrscheinlich anders als heute. Denn in der Zukunft wird anders gearbeitet werden. Durch neue Techniken, Künstliche Intelligenz und Robotik werden viele der bisherigen Arbeitsplätze verloren gehen. Gleichzeitig werden aber auch neue Jobs geschaffen. Und diese neue Arbeit wird für viele Menschen befriedigender und sinnstiftender sein, da eine Vielzahl anstrengender, monotoner und sich wiederholender Vorgänge wegfällt, die künftig von Maschinen erledigt werden. Damit rücken menschliche Stärken wie Intelligenz und Kreativität, Erfindungsgabe und Empathie neu in den Fokus. Und das Lösen von Zukunftsaufgaben bestimmt die Arbeit. Automatisierbare Prozesse werden von Automaten übernommen; Menschen gestalten dann vor allem innovative Aufgaben. Die Arbeit der Zukunft wird Ihnen die Chance bieten, persönliche Potenziale und Neigungen weitaus stärker zu entfalten.

Wie die Arbeit, so wird sich auch die Bildung verändern. Das ist gut! Die Corona-Pandemie wird für viele Länder, auch für Deutschland, ein Weckruf gewesen sein. Gegenwärtig verschlafen wir im Bildungssektor völlig den digitalen Wandel, der doch so dringend nötig ist. Die Erfahrungen in der Pandemie werden nun aber neue, wichtige Entwicklungen anstoßen. Homeschooling wird in Zukunft ein Teil des Bildungsangebots werden, mit bestimmten Fächern, die hauptsächlich digital unterrichtet werden. Mit Anwesenheit in der Schule wird dann ein besonderes Erlebnis verknüpft. In der Grundschule kann das etwa ein wiederkehrender Besuch im Zoo sein oder ein Ausflug in den nahegelegenen Wald zur Festigung des Wissens in Naturkunde. Kenntnisse über Tiere oder Früchte, über Bäume oder Pflanzen sollten nicht digital gelernt, sondern direkt erfahrbar gemacht werden, auch wenn Apps zur genauen Bestimmung sehr hilfreich sind. Pädagogen werden darauf achten, dass es weiterhin genügend Begegnungsmöglichkeiten im schulischen Raum gibt, da eine soziale Isolation insbesondere für Kinder gefährlich ist.

Grundsätzlich werden sich ganz neue Unterrichtsschwerpunkte bilden. Die wichtigste Fremdsprache heißt nun Digitalunterricht. Programmieren – und das nicht nur auf Amateur-Niveau – wird zu einem eigenen verpflichtenden Schulfach werden, so wie es heute in Teilen Asiens schon der Fall ist. Wer nicht digital kann, ist für die meisten Jobs am Arbeitsmarkt kaum noch vermittelbar. Und auch das Alltagsleben wird ohne digitale Grundkenntnisse nicht mehr möglich sein. Alles wird digital sein – vom Hausrezept bis zur U-Bahn-Karte. Eine Parallelität der Elemente, wie sie heute noch zu finden ist – hier digital, dort analog – wird komplett verschwinden. Englischunterricht wird bereits in allen Schulen in der ersten Klasse eingeführt, weil Englisch als Weltsprache mittlerweile so verbreitet und dominierend ist – die neue Lingua franca. Effizient und quellenreich zu lernen wird ein neues Unterrichtsfach werden, ebenso wie Kommunikation, Diskussion und Präsentation. Ja, die Bildung der Zukunft wird eine Revolution sein. Zahlreiche der bisherigen Bildungswerte werden kaum noch eine Rolle spielen. Selbst die Regeln der Rechtschreibung zu beherrschen, wird keine Priorität mehr haben, weil diese Fähigkeit kaum noch gebraucht werden wird: In Zukunft diktieren wir unserem Computer etwas, was das Gerät weitaus perfekter als heute beim Diktieren von Sprachnachrichten umsetzen wird. Warum soll also ein Kind noch Noten bekommen für Rechtschreibung? Geschichtsunterricht ist wichtig. Aber

Kinder müssen nicht mehr das Datum der entscheidenden Schlacht von Alexander dem Großen auswendig lernen. Das kann man ja schon heute einfach googeln. Es geht darum historische Horizonte zu erfassen. Logisch und vernetzt zu denken, interdisziplinäre Gruppen zu bilden, multifunktional auch multinational zu lernen. International zu denken.

Beim Lernen wird es auch darum gehen, wie sich die Menschen neue Wissensbereiche erschließen können, ohne stumpf auswendig zu lernen. Plattformen wie YouTube machen es vor, dort gibt es für alle Bereiche Lernvideos, vom Handwerk bis zur Programmiersprache. Die besten Lehrerinnen und Lehrer können ihre jeweilige Disziplin weltweit anbieten – und damit skalieren. Bildung kann auf diese Weise auch ein Gut werden, zu dem jedes Kind Zugang hat.

Gerade im universitären Rahmen wird sich die digitale Vorlesung und das E-Learning durchsetzen.

Der gesündere Mensch der Zukunft

Gesundheit wird eines der zentralen Themen der Zukunft. Unsere Lebenserwartung wird sich drastisch steigern. Es wird für Sie kinderleicht sein, permanent Ihre wichtigsten Gesundheitsdaten im Blick zu behalten. Die ersten Smart Watches können heute hochpräzise EKGs erstellen und somit viel früher über mögliche Herzprobleme informieren. Kleinstimplantate werden wichtige Vitalsignale wie Blutdruck rund um die Uhr erfassen und diese über Apps zur Verfügung stellen. Start-ups sind schon heute in der Lage, eine Vielzahl von Parametern mit kleinen Proben, die per Post eingesendet werden, zu analysieren und dann übersichtlich aufbereitet mit konkreten Therapie- und Behandlungs-Empfehlungen zur Verfügung zu stellen. Künftig wird schon am Morgen ein digitaler Scanner, der in Ihrer Toilette eingebaut ist, Ihre Urin- und Stuhlproben automatisiert analysieren und so erkennen, ob Sie irgendwelche Mangelerscheinungen haben. Die Daten werden dann an ihren intelligenten Kühlschrank oder direkt an ein Nahrungsergänzungsmischgerät in der Küche weitergeleitet, das einen möglichen Mangel – etwa an Vitaminen oder Kalzium – durch eine individuell auf Ihre aktuellen Bedürfnisse abgestimmte Nahrungsergänzungsmischung korrigiert. Die täglichen Daten, die von Ihnen erhoben werden, werden in einer App gespeichert. Sie werden die freie Entscheidung haben, ob die App die Daten an Ihren Arzt und Ihre Versicherung weiterleiten darf oder nicht. Noch heute sind sehr viele Menschen skeptisch, würden nur 23% dem Hausarzt Zugriff auf personalisierte Gesundheitsdaten erlauben, ergab eine jüngste Forsa-Umfrage. Schon in wenigen Jahren aber, wird sich die Freigabe der Daten großflächig durchsetzen, denn die Menschen werden den Nutzen erkennen, dem Arzt oder der Ärztin ihres Vertrauens die eigenen Daten zur Verfügung zu stellen. Die Datenaggregation ist das neue Röntgen. Früher musste man Menschen aufschneiden, um zu sehen, wie es in ihnen aussieht. Dann kam das Röntgen. In Zukunft wird die Analyse und Vernetzung sämtlicher gesammelter Daten es ermöglichen, die meisten potenziellen Krankheiten richtig zu diagnostizieren. Wenn Sie Ihre getrackten Gesundheitsdaten Ihrem Arzt zur Verfügung stellen, macht der daraus ein medizinisches Profil. Er sieht die durchschnittliche Schlafdauer, wie viel Bewegung und welche Mangelerscheinungen ein Patient hat. Wenn es Gesprächsbedarf gibt, wird Ihr Arzt sich proaktiv an Sie wenden. Und wenn Sie dann noch offene Fragen haben, hilft Ihnen die Tech-Diagnostik: Apps können durch millionenfach gespeistes Wissen häufig schneller und besser als ein Hautarzt erkennen, ob es sich bei einem Fleck auf dem Arm um eine Schuppenflechte, ein Muttermal oder um Krebs handelt.

Operative Techniken werden sich rasant verändern: Operationsnarben verschwinden weitestgehend, weil Eingriffe immer minimalinvasiver werden. Leistungsstarke Computer werden Chirurgen unterstützen, noch besser durch den menschlichen Körper zu navigieren. Roboter werden einen Teil der Aufgaben in der Pflege übernehmen. »Dann haben Pflegekräfte mehr Zeit, um mit Patienten zu reden«, sagt Prof. Dr. Sami Haddadin, Direktor der Munich School of Robotics and Machine Intelligence der TU München. »Und können sich – indem Roboter sie bei Routineaufgaben entlasten – auf das Zwischenmenschliche konzentrieren.«

Die Telemedizin wird zudem viele Arztbesuche überflüssig machen. Über eine App-Abfrage mit einem KI-Bot wird dann eine Grunddiagnose gestellt, die der Arzt in einem Videotelefonat konkretisieren kann. Bestimmte Standarduntersuchungsverfahren lassen sich ganz einfach per App regeln. Etwa das Messen des Pulses. Sie können auch von zu Hause aus Speichelabstriche machen, die Sie per Post ins Labor schicken. Die Corona-Selbsttests waren der erste Schritt zu einer neuen Form der Home-Diagnostik. Entsprechende Sets wird es in Zukunft überall zu kaufen geben.

Die von Ihnen gesammelten Daten bestimmen auch Ihren Versicherungstarif, denn Sie werden die Möglichkeit bekommen, diese Daten auch mit einer Versicherung zu teilen. Ihr Tarif generiert sich dann nach Ihrem ganz individuellen Lebensstil. Sie stellen der Versicherung Ihre Bewegungsprofile und Ernährungsdaten zur Verfügung und bekommen einen entsprechenden Tarif. Das lohnt sich dann vor allem für die Menschen, die besonders gesund leben und dank eines neuen Health-Tarifs viel Geld sparen können. Werden wir dadurch zum gläsernen Menschen? Ja. Aber die meisten Menschen werden bereit sein, dies zu akzeptieren, denn Gesundheit wird in der Gesellschaft der Zukunft einen deutlich höheren Stellenwert haben. Wenn Sie dann einmal wirklich krank sind, wird es für Sie viel bessere Heilungschancen geben. Nicht nur, dass die Diagnostik besser ist, sondern auch die Behandlungsmöglichkeiten der Medizin sind künftig ausgereifter. Der Druck auf Versicherungen, die private Versicherung abzuschaffen, wird steigen. Die Angebote privater und gesetzlicher Krankenversicherungen werden verschwimmen, wahrscheinlich sogar gänzlich verschmelzen.

In Zukunft wird es Ihnen sehr viel leichter fallen, sich gesund zu ernähren, denn alle abgepackten Kombi-Lebensmittel werden transparent werden: Ein aufgedruckter QR-Code, der sich mit dem Smartphone einscannen lässt, gibt Auskunft über sämtliche Inhaltsstoffe und deren gesunde oder ungesunde Wirkung für den Körper sowie über Lieferketten und CO_2-Abdruck. Es wird kaum noch Fleisch gegessen, weil die angebotenen im Labor gezüchteten Fleischersatzprodukte, das sogenannte In-vitro-Fleisch, geschmacklich keinen Unterschied mehr machen. Dasselbe wird für Fisch und Meeresfrüchte gelten. Und für das wenige echte Fleisch, was noch gegessen wird, wird die Gesellschaft eine humanere Tierhaltung einfordern. Von der Geburt bis zur Schlachtung wird für lebenswürdige Umstände gesorgt. Tierqual-Exzesse wie in der Gegenwart sind vorbei. Es wird keine in viel zu engen Käfigen eingekerkerten Hühner mehr geben. Das wird dafür sorgen, dass der Preis für Fleisch steigen wird. Man wird keine Chemikalien bei der Aufzucht von Tieren mehr erlauben. Die Ernährung der Zukunft ist wieder vermehrt auch lokal. Das bedeutet nicht, dass wir uns künftig wieder vor allem von Kartoffeln und Mais ernähren. Im Gegenteil: Produkte, die heute noch aus Übersee angeliefert werden, werden durch neue Anbau-Methoden hierzulande aufgezogen werden können. Eine der ungesündesten Angewohnheiten wird verbannt: Rauchen wird weltweit beendet werden. Philip Morris, Hersteller der Marke Marlboro und mit rund 25 Milliarden Euro Umsatz einer der größten Tabakkonzerne der Welt, hat angekündigt, bis 2030 den Verkauf von Zigaretten in Großbritannien komplett einzustellen. Und kommt damit einer Initiative der britischen Regierung zuvor, das Land bis 2030 »rauchfrei« zu machen. Andere Länder werden schnell folgen. Und umstellen – auf E-Auto und E-Zigarette, deren Inhaltsstoffe dann nicht mehr gesundheitsschädigend sein dürfen.

Schockbilder wie auf Zigarettenpackungen werden in wenigen Jahren als Aufdruck auf Flaschen und Dosen auch vor Alkoholkonsum warnen. Noch wehrt sich die Alkohol-Lobby, doch bis spätestens Ende 2023 will die EU-Kommission eine Konkretisierung der Maßnahmen auf den Weg bringen. Denn auch Alkohol zählt Experten zufolge zu der Gruppe potenziell krebserregender Stoffe.

Wenn wir uns besser ernähren, gesundheitsschädliche Stoffe aus unserem Leben verbannen, uns mehr bewegen und eine bessere medizinische Versorgung genießen, dann werden wir auch länger leben. Und länger fit und einsatzfähig sein.

Experten halten es für wahrscheinlich, dass wir die menschliche Lebenszeit auf mindestens 120 Jahre entwickeln können. Indem wir die jetzt noch meisten Todesursachen wie Herzkrankheiten und Krebs effektiver bekämpfen. Altersbeschwerden werden wir zusätzlich in das dann höhere Alter verlagern können. Eine Folge dieses längeren Lebens wird auch sein, dass wir länger arbeiten können und wohl auch werden müssen, um unseren

Lebensstandard zu halten. 80 wird dann auch in Bezug auf die Arbeitswelt das neue 60 sein, aber eben auch bezogen auf Ihre Gesundheit und Ihr persönliches Wohlbefinden.

Der Mental Coach für jedermann

Ein immer größerer und wichtigerer Bestandteil Ihrer Gesundheit wird in der Zukunft nicht nur Ihr physisches, sondern auch Ihr mentales Wohlbefinden sein. Sich geistig zu stärken folgt dem allgemeinen Trend einer allumfassenden gesundheitlichen Optimierung. Wer Karriere machen will, wer in den Zirkel der Führungskräfte aufsteigen möchte, der muss lernen, wie er seine Eigenmotivation stärkt, aber auch, wie er es schafft seine Mitarbeiter zu begeistern. Denn dies wird eine Grundvoraussetzung für beruflichen Erfolg sein. Mental Health wird als Thema so zentral werden, dass es bereits in der Schule gelehrt werden wird. Zusätzlich wird es auch einen reinen Motivationslehrer geben, der die Schüler direkt anspricht: *Kommt schon, ich weiß, das Schuljahr war anstrengend, aber es sind nur noch zwei Klassenarbeiten, dann seid ihr durch. Hängt euch noch einmal voll rein. Gebt noch einmal alles!* Die Fähigkeit Menschen zu motivieren und aufzurichten wird überall zentral sein. Im Sport ist sie das jetzt schon. Natürlich muss ein Trainer auch jede Menge fachlicher Kompetenzen haben. Aber auch die Halbzeitansprache in der Kabine, während man vermeintlich hoffnungslos zurückliegt, ist von zentraler Bedeutung für den Erfolg.

Zusätzlich wird es zur Unterstützung ihrer mentalen Verfassung auch technische Lösungen geben. Es werden Apps entstehen, die weit genauer als bisher Ihre Tagesstimmung analysieren und Ihnen dann wirklich effektiv helfen, auf eine Durchhängephase zu reagieren. Und nicht nur »Achtung«, anzeigen, »es wird Zeit, mal eine Stunde raus an die frische Luft zu gehen« oder »Pause machen«. Diese neuen Apps werden dann mit Ihrem Spotify-Algorithmus verknüpft sein und Ihnen eine Playlist einspielen, die auf Ihre jeweilige Tagesstimmung reagiert. Gleichzeitig wird sie Ihnen aber auch Nahrungsergänzungsmittel vorschlagen, die auf natürlicher Basis stimmungsaufhellend oder angstlösend sind, so wie B-Vitamine, die den

Serotoninspiegel heben. Es werden Ihnen auch Ernährungspläne vorgeschlagen, denn food creates mood. Es gibt eine Vielzahl von Lebensmitteln, die wie Mood-Booster wirken.

Bislang legt die sogenannte »Psycho-Medizin« den Fokus auf die Behandlung psychischer Erkrankungen. In Zukunft wird der Hauptansatz die dauerhafte Verbesserung emotionaler, geistiger und verhaltensbedingter Funktionen der menschlichen Psyche und geistiger Eigenschaften. So wie es heute etwa in den Vereinigten Staaten beinahe zur Normalität gehört, einen Psychologen zurate zu ziehen, so wird in der Zukunft beinahe jeder Mensch einen eigenen Mental Coach haben. Und der wird Ihnen helfen, Ihren Durchhaltewillen, Ihre Widerstandsfähigkeit und Ihren Optimismus zu stärken. Wer sich das nicht leisten kann, wird auf unterstützende Apps oder auf neue technische Errungenschaften setzen. So können Sie in der Zukunft Therapeuten-Avatare nutzen. Machine Learning und der verstärkte Einsatz von Artificial Intelligence (AI) beschleunigen die Entwicklung dieser digitalen Helfer. Diese AI-Therapeuten-Avatare sind so entwickelt, dass sie gegenüber ihren Nutzern (Patienten) menschliche Empathie simulieren und individuellen Rat geben. Die Kenntnisse der AI-Avatare beruhen auf stets aktualisierten Ergebnissen internationaler neuro-wissenschaftlicher Forschung, die die effektivsten Erkenntnisse aus den USA, Asien und Europa für bestmögliche und höchst individualisierte Mental-Optimierung kombinieren.

Bei der Stärkung Ihrer mentalen Gesundheit wird das neue Wissen um die genetischen Faktoren, die mitverantwortlich sind für unsere großen und kleinen angeborenen Schwächen, helfen, eine bessere Behandlung möglich zu machen. Mentale Erkrankungen wie ADHS oder Bipolarität werden – sofern sie nicht durch traumatische Ereignisse ausgelöst waren – schon in ihrer genetischen Anlage erkannt und vor Ausbruch therapiert. Der stationäre Aufenthalt in psychiatrischen Einrichtungen wird der Vergangenheit angehören.

Emotionen unter der Haut

Der Austausch zur Gewinnung mentaler Stärke mit Experten oder Therapeuten wird über Wearables – Sensoren, die die emotionale Verfassung der Menschen, die sie tragen, genau erfassen – an Therapeuten oder an den Therapeuten-Avatar übertragen.

Wissenschaftler wie James H. Lake, vom Stanford Arizona Center für Integrative Medizin, sagen voraus, dass Menschen sich noch vor Ende unseres Jahrhunderts programmierbare Mini-Implantate ins Hirn einsetzen lassen werden, um durch diese psychologische und neurologische Vorgänge zu optimieren. Dann wird es uns auch möglich sein, sagen die Wissenschaftler voraus, uns mit den im Hirn von anderen Menschen eingesetzten Implantaten oder auch mit großen, AI-gestützten Wissensdatenbanken zu vernetzen. Was heute noch wie eine Szene aus einem Horrorfilm klingt, soll in nicht einmal einer Generation Realität werden. Klar, dass zu einer möglichen Anwendung dieser Neuro-Wissenschaft wichtige ethische Fragen geklärt werden müssen. Und dass es vielen Menschen schwerfällt, zu erkennen, welche Vorteile eine solche Entwicklung haben kann, die in die Tiefen der Psyche eines Individuums eindringen kann. Ebenso wichtig ist es aber, sich zu verdeutlichen, dass wir an der Schwelle stehen, das menschliche Hirn aktiv mit computergestützten intelligenten Systemen zu vernetzen. Und dies hat etwas ebenso Abschreckendes wie Faszinierendes.

Schon in den nächsten Jahren wird die Hinwendung zu Mental Health neue Geschäftszweige eröffnen: So wie sich Wellness-Tourismus im letzten Jahrzehnt massiv entwickelt hat, so wird sich der Medizin-Tourismus in den kommenden Jahrzehnten ausweiten. Dabei wird die Stärkung des Geistes ein wesentlicher neuer Baustein sein, mit einem großen Schwerpunkt im Herbeiführen emotionaler Zufriedenheit und mentaler Stärke.

Connectete Freundschaften

Gesundheit wird zum Paradigma einer neuen Zeit werden. Der Mensch und sein Wohlbefinden rücken immer stärker in den Fokus. Und somit auch die Partnerschaft. In einer Zeit, in der alles immer noch schnelllebiger und spontaner wird, werden auch die menschlichen Beziehungen auf den ersten Blick schnelllebiger. Die Möglichkeit passgenau neue Partner kennenzulernen, wird sich über Apps und KI noch verstärken, der Algorithmus wird schneller Menschen zusammenführen, die auf einen ersten Blick und nach der ersten Daten-Analyse gut zueinander passen. Gerade in einer Zeit, in der man unendlich viele potenzielle Auswahlmöglichkeiten hat, wird aber das Bedürfnis nach einem lebenslangen Partner steigen. Und dennoch werden in Zukunft viele Beziehungen in die Brüche gehen, weil man sich erhofft, einen noch besser passenden Partner zu finden. Das führt zu einer seriellen Monogamie. Man ist seinem Partner zwar treu. Wechselt ihn aber häufiger aus, wenn die Beziehung nicht mehr optimal läuft. Durch die beschriebenen Implantate und Vernetzungsmöglichkeiten wird es möglich sein, auch seinem Partner näherzukommen, als man sich das heute vorstellen könnte. Nicht nur auf einer physischen und emotionalen – sondern auch über eine neurologische Ebene. Man wird wortwörtlich in die Gefühlswelt des Partners eindringen können. Das führt zu einer ganz neuen Nähe zwischen den Menschen. Auch Freundschaften werden sich verändern. Sie werden auch weiterhin der soziale Kitt unserer Gesellschaft sein. Aber in Zukunft wird die Form der digitalen Freundschaft eine ganz neue Bedeutung gewinnen. Das persönliche Beisammensein, Zusammensitzen, sich nahe sein, mal in Gemeinschaft das Glas zu erheben, wird nicht mehr den gleichen Stellenwert haben, den es heute hat. Die physische Nähe wird durch eine emotionale Nähe ersetzt, die dank der Neuro-Implantate eine neue Vernetzung erlauben. Man lässt seine Freunde künftig teil an seiner eigenen Gedanken- und Gefühlswelt nehmen und erlaubt so einen Einblick in sein Innenleben.

Die Zukunft ist der Mensch

Die Arbeit der Zukunft wird den Menschen nicht mehr als Objekt sehen, sondern ihn und seine Bedürfnisse in den Fokus stellen, Gesundheit und mentale Stärke werden einen noch höheren gesellschaftlichen Stellenwert haben, die Beziehung zu Freunden und Familie wird durch neurale Vernetzungen noch intensiver sein, die Finanzwelt der Zukunft wird individualisierter auf die Bedürfnisse des Einzelnen zugeschnitten und die vielen Neuerungen werden Ihnen in Ihrem Zeitmanagement-Plan viele Möglichkeiten geben, mehr Raum für sich selbst einzuplanen. Die Welt, in der wir morgen aufwachen, wird eine andere sein als die, in der wir heute eingeschlafen sind. Aber wenn Sie die Bereitschaft zeigen, sich auf Veränderungen einzulassen, ja, wenn Ihr persönliches Mindset ein Mindset der Veränderung ist, dann haben Sie das beste Rüstzeug in der Hand, um in der Welt von morgen zu den absoluten Gewinnern zu gehören. Wenn Sie mehr aus Ihrem Leben machen wollen, dann verlassen Sie sich nicht auf Ihr Glück. Dann vertrauen Sie nicht auf Ihr Schicksal. Dann vertrauen Sie auf sich selbst. Und vertrauen Sie auf die Zukunft. Sie wird sich zu einer besseren verändern. Und Sie können das auch!

EPILOG

Und hier war ich. Am Scheidepunkt meines Lebens. Ganz tief unten, aber so langsam, das spürte ich, ging es doch auch wieder ein Stück weit bergauf. So langsam, da verspürte ich wieder ein bisschen Hoffnung. Ich betrachtete noch einmal mein kleines Zimmer. Das Max-Planck-Institut war in den letzten Wochen für mich zu einer Art zweitem Zuhause geworden. Gut, nicht ganz freiwillig. Man gewöhnt sich doch an so vieles, dachte ich. Nicht, dass ich hier länger als nötig bleiben wollte. Aber ich spürte dann doch, wie sehr mir der Klinikaufenthalt half. Ich spürte die Fortschritte. Es wurde besser. Von Tag zu Tag wurde meine Dosis an Schlaftabletten kontinuierlich gesenkt. Das ging nicht im kalten Entzug. Der Konsum musste langsam aber stetig heruntergefahren werden. Zu Beginn reagierte mein Körper noch mit schweren Entzugserscheinungen. Ich hatte kaum Kontrolle über mich. Ich zitterte. Auch wenn die Reduktion genau überwacht wurde, ich jeden Tag im EEG gescannt wurde, man mir zur Kontrolle Blut abnahm, schwitzte ich, sah Schlieren von meinen Augen. Nachts hatte ich häufig Sinnestäuschungen. Die Ärzte versicherten mir, dass das ein bei der Entgiftung häufiges Phänomen ist. Das Bett, in dem ich lag, fühlte sich für mich so an, als würde es schweben. Um mich herum nahm ich spinnwebenartige Fäden wahr, und tatsächlich sah ich auch weiße Mäuse. Unheimlich. Zu den angesetzten Gruppentherapien ging ich nicht. Mir war die Gefahr zu groß, erkannt zu werden. Es wäre mir gar nicht mal unangenehm gewesen, mich mit anderen Patienten auszutauschen und mein Schicksal bei einem Gruppengespräch mit ihnen zu teilen. Doch ich hatte Angst. Angst, dass die Geschichte über meinen Klinikaufenthalt womöglich durch einen Mitpatienten nach außen und in die Medien dringt. Das wollte ich zu diesem Zeitpunkt vermeiden. Ich hatte viel Kraft und Überwindung gebraucht, um diesen Schritt zu machen. Und die Kontrolle über diesen sehr persönlichen

Schritt, der mir so unendlich schwergefallen ist, die wollte ich nicht aus der Hand geben.

Und so verbrachte ich die Zeit ausschließlich in meinem Zimmer, in das ansonsten nur Professor Holsboer und einige weitere Ärzte kamen. Die einzigen Ausnahmen waren die Spaziergänge im Innenhof der Klinik, begleitet von Veronica, die sich oftmals für den Besuch extra mit einer schwarzen Perücke tarnte.

Langsam schaffte ich es, die Kontrolle zurückzugewinnen. Erst die Kontrolle über meinen Körper. Dann, nach und nach, auch die Kontrolle über mein Leben. Eines Abends bekam ich wie üblich meine Tagesdosis an Schlaftabletten ausgehändigt. Es war der letzte Tag, da ich überhaupt etwas bekommen sollte. Die Ärzte waren immer weiter mit der Dosierung heruntergegangen, und jetzt war nur noch eine einzige Tablette übrig, die mir gewährt wurde. Ich hielt sie in der Hand. Spielte ein wenig mit ihr herum. Dieses Teufelszeug, dachte ich. Es hätte mir beinahe mein gesamtes Leben ruiniert. Ich rieb die kleine Tablette zwischen meinen Fingerspitzen. Dann entschied ich mich dazu, auf sie zu verzichten. Ich ging zu der kleinen Toilette in meinem Patientenzimmer und spülte sie einfach weg. Ich setzte mich auf mein Bett und atmete durch. Das war nicht geplant. Aber es fühlte sich gut an. Und selbst, wenn heute Abend wieder die Entzugserscheinungen zurückkommen sollten: Ich hatte eine Entscheidung getroffen. Nie wieder wollte ich mich von diesem Gift abhängig machen, sagte ich zu mir, nie wieder wollte ich von irgendetwas abhängig sein. Ich hatte mein von der Tabletten-Sucht geprägtes Leben geändert. Und das nachhaltiger, als ich es mir je hätte vorstellen können.

Als ich mich wieder auf das Bett legte und an die Decke starrte, da fragte ich mich, was wohl die Menschen darüber denken würden, wenn sie wüssten, dass ich hier in einer Entzugsklinik liege. Ausgerechnet ich. Carsten Maschmeyer. Wahrscheinlich hielten mich doch noch immer viele Leute für relativ erfolgreich. Weil ich in meinem Leben viel Geld verdient hatte. Ich verschränkte die Arme hinter meinem Kopf und lächelte. Wenn diese Leute wüssten, dass es für mich nicht der größte Erfolg war, irgendein Vermögen angehäuft zu haben oder die tollsten Statussymbole zu besitzen, sondern die kleine verdammte Tablette da eben in der Toilette heruntergespült zu haben, was würden sie wohl dazu sagen? Würden sie es verstehen? Vielleicht. Der größte Erfolg ist es doch, dachte ich, imstande zu sein, dem Leben, das man führt, eine neue Richtung zu geben. Und das hatte ich getan. Gerade eben. Ich war in der Lage mich zu verändern. Und alleine dieses Bewusstsein erfüllte mich mit einem unglaublichen Stolz.

Als ich gerade darüber nachdachte, öffnete sich die Tür zu meinem Zimmer. Professor Holsboer stand vor mir.

»Herr Maschmeyer«, fragte er mich, »wie geht es Ihnen?«

Ich richtete mich auf. »Besser als je zuvor«, sagte ich. Das war nur ein Stück der Wahrheit. Natürlich spürte ich noch immer, dass mein Körper alles andere als fit war. Aber geistig, da fühlte ich mich wirklich gut. Weil ich wusste, dass ich meinem Leben in den letzten Wochen eine ganz neue Richtung gegeben hatte. Dass ich mich aus meinem Loch befreien konnte. Und dass ich von heute an nie wieder zu einem solchen chemischen Gift greifen würde.

»Das habe ich Ihnen zu verdanken«, sagte ich zu Holsboer. Und ich meinte, was ich sagte. Der Professor nahm meinen Fall wirklich ernst. Jeden Tag hatte er nach mir geschaut, mich gefragt, wie es mir ging, meine Fortschritte begutachtet. Sogar an seinen freien Tagen kam er rein, um nach mir zu sehen und mit mir zu sprechen. Und unsere Gespräche waren Gold wert. Sie halfen mir wahnsinnig gut, diese schwere Zeit zu überstehen. Mich abzulenken. Denn je mehr ich den Professor kennenlernte, desto faszinierter war ich von ihm. Da saß mir ein Top-Wissenschaftler gegenüber, der eine faszinierende intellektuelle Kapazität war. Ein Mann, der sein gesamtes Leben seiner Forschung widmete. Und voller Leidenschaft war. Er erzählte mir von seinen Studien. Erklärte mir, wie Depressionen und Angsterkrankungen etwas mit dem chemischen Ungleichgewicht im Gehirn zu tun haben, und wie man sie doch viel effizienter bekämpfen könnte, wenn man sie individuell behandeln würde, statt immer nur den Patienten die gleichen, oft untauglichen Medikamente zu geben. Ich fand das wahnsinnig spannend, was er da berichtete.

Aber ich freute mich auch, wenn ich hier bald wieder rauskäme. Ich freute mich so wahnsinnig, bald wieder bei meiner Veronica zu sein. Und meine

Kinder wiederzusehen. Allein diese Vorfreude half mir, die Zeit durchzustehen. Und mich ganz auf meine Genesung fokussieren zu können.

Doch mein neues, altes Leben – so viel war mir klar – es würde nicht so weitergehen können, wie bisher. Ich hatte in der Klinik viel Zeit zum Nachdenken gehabt. Und mir wurde bewusst, dass ich auf gar keinen Fall wieder in alte Muster zurückfallen wollte. Ich würde mich anders aufstellen. Würde meine Zeit besser einteilen, würde besser auf meine mentale und körperliche Gesundheit achten, würde ein besseres Verhältnis zu meiner Arbeit entwickeln und lernen, viel mehr auf mich selbst zu hören. Und vor allem, das wusste ich, würde ich mehr Zeit mit meinen Freunden und meiner Familie verbringen. Denn das waren die Menschen, die mich immer aufgefangen haben, wenn ich gefallen bin. Ich hatte viel kaputtgemacht in den letzten Jahren. Aber ich war bereit, die Scherben aufzusammeln und sie zu etwas Neuem zusammenzusetzen. Etwas, was besser ist als das, was einmal war.

Ein paar Tage später, war es dann tatsächlich soweit. Ich durfte die Klinik verlassen.

»Wissen Sie, Herr Maschmeyer«, sagte Professor Holsboer bei unserem Abschlussgespräch. »Sie verlassen uns als absoluter Rekordhalter hier.« Ich schaute ihn fragend an. »Rekordhalter?«

»Ja, und das sogar gleich zweimal. Zum einen war noch nie jemand in dieser Einrichtung, der täglich eine so hohe Dosis an Schlaftabletten genommen hat, wie Sie. Und es gab noch nie jemanden, der so schnell wieder davon heruntergekommen ist. Sie haben wirklich einen starken Willen.«

Vielleicht hatte ich den, dachte ich. Aber nur, weil ich auch eine Perspektive vor Augen hatte. Ich wusste, dass ich das alles hier nicht nur für mich machte. Sondern auch für Veronica. Ich wollte sie auf keinen Fall verlieren. Und ich wollte auch endlich ein Vater für meine Kinder sein. Ich wollte meiner Familie beweisen, dass ich bereit war, mich zu ändern. Denn das hatte ich getan. Ich hatte mich geändert. Ich hatte alles geändert. Vor allem gegenüber Veronica empfand ich große Dankbarkeit. Sie hatte sich die gesamte Zeit über um mich gekümmert. Bis auf zwei Tage, an denen sie in einer anderen Stadt drehte, besuchte sie mich jeden Tag. Oftmals mehrfach. Häufig brachte sie mir mein Lieblingsessen mit. Und Bücher. Sie war für mich da. Nie werde ich vergessen, dass sie mir das Leben gerettet hat. Ich entschloss mich, Veronica einen Heiratsantrag zu machen und eröffnete mein Hauptbüro in München und machte diese schöne Stadt zu meinem und unserem gemeinsamen Lebensmittelpunkt.

Ein paar Monate nach meinem Klinikaufenthalt meldete ich mich noch einmal bei Professor Holsboer. Einmal um mich für alles bei ihm zu bedanken. Aber auch, um ihm ein Angebot zu machen. Mir gingen die Gespräche, die wir geführt hatten, nicht mehr aus dem Kopf. Ich fand seine Idee einer individualisierten Bekämpfung von Depressionen und Angsterkrankungen so spannend und so zukunftsträchtig, dass ich bereit war, einen Teil meines Geldes in seine Forschungen zu investieren. Er hat das wissenschaftliche, ich das Business-Know-how und die unternehmerische Expertise. Ich hatte in meinem Leben mittlerweile viele spannende Gründergeschichten gehört. Aber ich fand die Idee, dass sich ein Arzt mit seinem ehemaligen Patienten zusammentut, um die Welt ein Stück weit besser zu machen und Menschen von ihrem seelischen Leid zu befreien, einen faszinierenden Gedanken. Einen authentischen Gründergedanken. Und so gründeten wir tatsächlich als komplementäres Gründerteam unser gemeinsames Jungunternehmen. Es heißt HMNC Brain Health und bietet eine personalisierte Diagnostik und Therapie von Depressionen und Angstzuständen. Mittlerweile sind bereits zahlreiche Produkte und Projekte, die wir mit Brain Health verwirklichen wollen, in einem fortgeschrittenen Zustand – und quasi auf dem Weg »from university to society«. Hoffentlich werden wir so vielen Menschen helfen, dank der Brain-Health-Lösungen aus ihren seelischen Tiefs herauszukommen.

Gestärkt nach meiner Krankheit, meiner Krise und durch ihre Überwindung bin ich überzeugt, dass auch die dunkelsten Momente in unserem Leben vor allem auch Chancen sind, die wir lernen müssen zu erkennen. Wir können an allen Dingen, die uns im Leben widerfahren wachsen. Wenn wir bereit sind, Veränderungen als das zu akzeptieren, was sie sind. Neue Chancen für ein besseres Leben.